LES

CÉLÉBRITÉS

DU JOUR

TYPOGRAPHIE ERNEST MEYER
Rue de Verneuil, 22, à Paris.

LES
CÉLÉBRITÉS
DU JOUR

PAR

LOUIS JOURDAN ET **TAXILE DELORD**

1860—61

PARIS
AUX BUREAUX DU JOURNAL LE SIÈCLE
16, RUE DU CROISSANT, 16
1860

Typ. Ernest Meyer, à Paris.

PIE IX

PIE IX

I

Si nous pouvions oublier un instant que la courtoisie et la modération du langage, la plus sévère impartialité, sont de devoir strict pour l'écrivain qui se respecte, nous nous le rappellerions en prenant la plume pour écrire la biographie de Pie IX au milieu des circonstance difficiles où la Papauté est placée. Ces circonstances ont été provoquées, il est vrai, par ceux-là même qui en souffrent le plus aujourd'hui; Pie IX a été entraîné, plus qu'il ne l'aurait voulu peut-être, dans une voie fatale, dans un système de résistances opiniâtres et aveugles; la cour de Rome enfin recueille aujourd'hui ce qu'elle a semé, mais ce n'est pas une raison pour que nous nous laissions, à notre tour, entraîner par une passion que nous voulons contenir au contraire.

Nous parlerons du Pape actuel comme si, depuis longtemps, la mort avait livré son nom à l'histoire, comme si les débats ardents, les irritations que le clergé entretient et envenime avec plus de zèle que de prudence, étaient déjà loin de nous, séparés par d'autres générations et d'autres événements.

Jean-Marie Mastaï-Ferretti naquit à Sinigaglia, le 13 mai 1792, dans une famille dont la noblesse remonte au XIII° siècle. Son père, le comte Jérôme Mastaï-Ferretti, était gonfalonnier de Sinigaglia. Son oncle, Andréa Mastaï, était évêque de Pesaro. La comtesse Mastaï, sa mère, une douce et pieuse femme, l'éleva chrétiennement et tendrement. Elle surveilla son instruction avec une sollicitude éclairée.

L'enfant grandit et entra au collége de Volterra, où ses idées, se développant, prirent une tournure libérale qui étonna fort ses maîtres. Ainsi, il admirait très-haut Savonarole, le moine éloquent et hardi qui fut un des plus ardents adversaires de la Papauté et qui mourut en martyr sur le bûcher de l'inquisition.

Il fit de bonnes études et sa vocation l'entraînait vers l'état militaire; il entra dans les gardes-nobles, mais la faiblesse de sa santé ne lui permit pas d'y rester; on a prétendu qu'il avait été sujet à des attaques d'épilepsie et que ce motif le détourna de la carrière qu'il avait embrassée. Ce fut aussitôt après sa sortie des gardes-nobles qu'il suivit les cours de théologie à Rome, sous la direction de l'abbé Graziosi, pour se mettre en mesure d'embrasser la carrière ecclésiastique.

Il fut ordonné prêtre, et ce qui donnerait lieu de croire que l'église fit en sa faveur une exception; qu'il avait été sujet, sinon à des accès d'épilepsie, au moins à une maladie nerveuse assez grave, c'est qu'il ne fut autorisé à dire la messe d'abord qu'en particulier et avec un assistant. Ce fut en 1819 seulement, le jour de Pâques, qu'il célébra la messe en public; sa santé s'était améliorée et il ne fut plus sujet au mal nerveux, dont il était affligé, qu'à de longs intervalles.

Avant son ordination il avait prêché la mission à Sinigaglia avec Mgr Odescalchi, qui, depuis, a été élevé au cardinalat. Dès qu'il fut prêtre, il se voua aux soins, à l'instruction des orphelins pauvres. Il existe à Rome un hospice spécialement destiné à ces pauvres petits êtres, l'hospice du *Tata Giovanni*. Le jeune Mastaï y entra; il y introduisit quelques améliorations, il y développa l'enseignement professionnel. On montre aujourd'hui aux visiteurs l'humble cellule que, pendant sept ans, il a habitée, entouré de ses enfants d'adoption qui l'aimaient tendrement.

Sa famille était trop influente, il portait un trop grand nom et son mérite d'ailleurs était trop réel, pour qu'on ne se préoccupât point de son avenir et de sa position. Les obscures et apostoliques fonctions du *Tata Giovanni* ne pouvaient le conduire aux dignités ecclésiastiques. On lui offrit diverses missions; il refusa longtemps, puis il accepta celle qui lui paraissait la plus difficile et la plus périlleuse. Il se rendit au Chili, en 1823, avec le titre de secrétaire de la Nonciature.

Il s'y fit remarquer par d'aimables qualités d'abord, puis par un dévouement sans bornes lorsque l'épidémie de la fièvre jaune s'y déclara avec une violence inouïe. Les fonctionnaires, les prêtres eux-mêmes fuyaient la capitale où le mal sévissait avec le plus de rigueur, donnant ainsi le déplorable exemple de cette scandaleuse lâcheté que le Cardinal-Archevêque de Lisbonne devait montrer plus tard en présence du choléra. Mastaï resta à son poste, consolant, évangélisant, secourant les malades.

Sa belle et courageuse conduite fut signalée, et en 1825 il fut nommé chanoine, chargé de la direction de l'hospice de Saint-Michel, puis admis dans la prélature.

Léon XII lui confia, en 1827, l'évêché de Spolète où il donna des preuves d'une piété éclairée et tolérante. On raconte, que lors de l'insurrection des Romagnes, dans laquelle le frère de l'Empereur Napoléon III succomba bravement pour la cause de l'indépendance italienne, on lui porta une liste de personnes gravement compromises et qu'il la brûla sans la lire.

Il fut nommé archevêque d'Imola en 1832 et proclamé Cardinal dans le consistoire du 14 décembre 1839.

II.

Le Pape mourut et le conclave s'assembla le dimanche 14 juin 1846. Le Cardinal Mastaï quitta son diocèse pour s'y rendre. En traversant Fossombrone une colombe vint s'abattre sur sa voiture; on la chasse, elle revient. Pour des paysans romains, c'était presqu'un miracle; un érudit de l'endroit fait remarquer que, dans une circonstance analogue, on a vu une colombe se percher aussi sur la voiture de nous ne savons quel cardinal et que ce cardinal fut élu par le conclave. Et le peuple aussitôt entoura Mastaï en criant à tue-tête : *Evviva! Evviva! Ecco il Papa!*

Ce fut sous ces auspices que le cardinal arriva à Rome et alla s'enfermer avec ses collègues au nombre de 54. Nous nous éloignerions de notre sujet, si nous racontions ici quelles intrigues politiques et cléricales précèdent l'élection d'un Pape. Le Saint-Esprit n'y est certainement pour rien. Hâtons-nous de dire que la candidature de Mastaï fut proposée par le cardinal-prince Alfieri et que, dès le premier tour de scrutin, elle rallia plus de voix qu'aucune autre; au second tour il fut élu à la majorité de 36 voix contre 18. Lui-même, en qualité de scrutateur, avait dépouillé le vote et lu un à un les bulletins qui l'appelaient au suprême pontificat. Qu'on juge de son émotion !

Le cardinal Macchi, sous-doyen du Sacré-Collége, s'approcha respectueusement alors de l'élu et lui demanda s'il acceptait la tiare : « Je me soumets avec amour à la volonté de Dieu, répondit Mastaï, et je prends le nom de Pie IX. » La colombe ne s'était pas trompée.

Le préfet des cérémonies, monseigneur de Ligne, remplissant les fonctions de notaire du Siège apostolique, passa l'acte authentique de l'élection et de l'acceptation. Les cardinaux Riario-Sforza et Bernetti accompagnèrent le nouveau Pape dans la sacristie où il revêtit les habits pontificaux ; ils le conduisirent ensuite à la chapelle du Quirinal où il reçut la première obédience des cardinaux et passa à son doigt l'anneau du Pêcheur.

Le lendemain Rome était dans l'allégresse, les cloches sonnaient à toute volée, les pacifiques canons du fort Saint-Ange tonnaient de leur mieux, et du haut du Quirinal le cardinal Riario-Sforza annonça au peuple l'élection du Pape dans la formule habituelle : « *Annuntio vobis gaudium magnum : Papam habemus Emmentissimum ac Reverendissimum Dominum Joannem-Mariam-*Mastaÿ-Ferretti, *presbyterum cardinalem qui sibi nomen imposuit Pius Nonus*.

Le peuple était loin de s'attendre à cette élection ; il n'avait entendu parler que de la candidature du cardinal Lambruschini dont les tendances réactionnaires ou, pour mieux dire, autrichiennes, étaient bien connues, et de celle du cardinal Gizzi qui avait manifesté à une certaine époque des velléités libérales. L'élection de l'archevêque d'Imola, exact observateur de la résidence épiscopale et qu'on n'avait plus vu à Rome depuis que ses fonctions l'en avaient éloigné, causa une vive et agréable surprise. Pie IX parut au balcon et bénit le peuple en pleurant. Il fut couronné dans la basilique de Saint-Pierre le 21 juin 1846.

Les premiers actes du nouveau Pape furent significatifs. Il autorisa le professeur Orioli, ministre de l'instruction publique sous le gouvernement révolutionnaire de 1831, à rentrer dans les États pontificaux ; il renvoya sa garde suisse ; il accorda une amnistie partielle, et enfin il se rendit à pied à l'église des *Nonnes-Salisiannes*, ce qui n'était point arrivé depuis le pape Ganganelli et ce qui charma le peuple. Décidément, dit-on, le Pape est libéral.

Pie IX ne s'en tint pas là ; il fit établir près de son palais une boîte aux lettres dont il avait seul la clé, afin de connaître les plaintes et les réclamations de ceux qui ne pouvaient l'aborder.

L'ambassadeur du Piémont près la Cour de Rome, le comte Broglia, passait pour un réactionnaire et un ami de l'Autriche ; le pape, cédant à l'opinion, demanda et obtint le rappel de l'ambassadeur. Pie IX s'attaque aux vieux abus ; un des plus criants consistait à donner à certains prélats dits *del fiocchetto* (du nœud) le privilége de ne pouvoir être révoqués de leurs fonctions sans être promus au cardinalat : ainsi de hauts dignitaires, tels que le trésorier général, le majordome du palais, le gouverneur de Rome, etc., étaient prélats *del fiocchetto*, et quels que fussent leurs désordres ils ne pouvaient êtres destitués de leurs fonctions qu'en recevant le chapeau de cardinal en échange. Pie IX remit en vigueur une bulle de Martin IV qui abolissait le monstrueux privilége du *fiocchetto*. Mais ce ne fut là qu'une de ces bonnes intentions dont l'enfer est, dit-on, pavé, car le gouverneur de Rome, Marini, qui avait été directeur général de la police sous Grégoire XVI et qui avait excité contre lui les haines les plus vives, fut parfaitement promu au cardinalat, en quittant son poste de gouverneur. Toutefois ce ne fut là qu'une ombre au tableau.

Pie IX donnait des audiences publiques ; il distribuait, tant sur sa liste civile que sur sa fortune privée, d'abondantes aumônes. Le cardinal Gizzi était aimé du peuple parce qu'étant cardinal et légat de Forli il s'était énergiquement opposé à l'établissement d'une commission militaire pour le jugement des délits politiques. Pie IX choisit ce cardinal pour son premier ministre.

Peu de temps après, le journal officiel annonça la nomination de trois commissions, composées de prélats et de laïcs, chargées d'étudier et de préparer : 1º la réforme de la procédure criminelle et civile ; 2º l'amélioration du régime municipal ; 3º la répression du vagabondage.

Un édit relatif à l'établissement de chemins de fer fut promulgué et le Pape renvoya du palais le chevalier Gaëtano Moroni, barbier de Grégoire XVI, auquel l'opinion publique reprochait sévèrement ses intrigues et la funeste influence qu'il avait exercée sous le dernier pontificat.

L'enthousiasme des Romains, surexcité par cet ensemble de mesures, s'exalta alors en manifestations bruyantes. Il n'y avait plus à en douter : le Pape était libéral.

III

Cette attitude de la papauté causa en Europe de très-vives et très-diverses impressions. Charles-Albert, roi de Sardaigne, écrivait à Pie IX pour le féliciter ; le prince de Joinville venait le visiter et le complimenter au nom de son père, le roi Louis-Philippe. L'empereur de Russie envoyait à la Cour de Rome deux diplomates : le comte Bloudoff et le conseiller d'État

Hube, polonais catholique, pour aplanir les difficultés qui subsistaient entre Rome et Saint-Pétersbourg.

En revanche, on n'était pas émerveillé à Vienne. Les actes de Pie IX y étaient violemment attaqués ; le roi de Naples boudait et une feuille dirigée par son confesseur ne ménageait guère le Pape.

C'est à cette époque que commencèrent à courir les bruits de complots, de tentatives d'empoisonnement contre Pie IX; leur double effet était d'exaspérer le peuple et d'alarmer le pontife.

Le cardinal Gizzi n'était plus à la hauteur du libéralisme pontifical ; il fut remplacé par le cardinal Ferretti, parent du Pape, homme ferme dont les idées étaient très-avancées. Ce fut lui qui déjoua la conspiration dont le cabinet de Vienne et le cardinal Lambruschini avaient préparé les éléments. Il destitua M. Grasselini, gouverneur de Rome, et ne lui donna que vingt-quatre heures pour quitter Rome. Grassellini n'attendit pas l'expiration de ce délai et partit pour Naples.

Dans ce temps là, comme aujourd'hui, les évêques de France ordonnaient des prières pour le pape, mais dans un tout autre esprit. Ainsi le cardinal de Bonald, archevêque de Lyon, priait Dieu pour que « le grand Pontife ne se laissât pas arrêter, dans la voie qu'il parcourait si glorieusement, par les intrigues de ceux qui regrettent les abus. »

Les députés désignés par le Pape, sur la proposition des autorités provinciales, s'assemblèrent à Rome le 5 novembre. C'était comme un travestissement : le gouvernement Romain déguisé en gouvernement constitutionnel ! Ajoutons que, par un *motu proprio* organique, la responsabilité des ministres et celle de leurs agents avaient été décrétées en principe. Rome avait aussi un semblant de garde nationale. Jugez de la joie de ce peuple depuis si longtemps opprimé. — C'était Lazare sortant du tombeau. — Aussi, lorsque le 1er janvier 1848 le pape parut au balcon, les cris de : *vive Pie IX, à bas les Jésuites ! Mort aux rétrogrades !* furent si violents, si tumultueux, si enthousiastes, que le Pape, dont l'extrême sensibilité se manifeste à tout propos par des larmes, pleura, puis s'évanouit.

La cour de Vienne paraissait beaucoup plus inquiète qu'elle ne l'était réellement. Elle tenait Pie IX comme le pêcheur qui a lancé et planté son harpon tient la baleine ; il est bien sûr qu'un moment viendra où, épuisée, elle s'arrêtera et où il la ramènera à lui.

Des troupes autrichiennes occupaient Ferrare. Les légats et le Pape protestèrent ; Charles-Albert écrivit à Pie IX pour lui offrir son armée et sa flotte.

L'Autriche persista. La Révolution de 1848 éclata sur ces entrefaites et mit le feu aux poudres.

Pie IX confia une armée de 17,000 hommes au général Durando qui se dirigea vers le Pô, avec ordre de ne combattre qu'à la dernière extrémité. « Durando ne m'inquiète pas » disait le Pape. Durando cependant l'inquiéta, car il combattit et fut désavoué par Pie IX. Les ministres donnèrent leur démission.

Ce fut le commencement de la réaction. Pie IX cependant aurait bien voulu conserver les bonnes grâces de la cour de Vienne et sa popularité de prince Italien. Il écrivit, avec une naïveté par trop juvénile, à l'Empereur d'Autriche pour lui conseiller une renonciation volontaire à la souveraineté de Venise et de la Lombardie. L'Empereur accueillit d'un sourire cette proposition et refusa net. La guerre alors fut définitivement résolue et Durando ouvertement autorisé.

Les événements, à partir de ce moment, se précipitent. Nous n'écrivons pas l'histoire de la révolution Romaine. C'est à peine si ce cadre restreint nous permet de faire connaître les faits principaux de la carrière du faible et doux pontife dont nous racontons la vie. Pie IX avait cru, de bonne foi, qu'il pouvait concilier des éléments inconciliables, réformer les abus, donner une juste satisfaction aux vœux du peuple et en même temps conserver de bonnes relations avec l'Autriche et le parti jésuitique représenté par le cardinal Lambruschini. Il voulait, suivant une expression populaire, faire une omelette sans casser des œufs, illusion permise à un séminariste, toujours dangereuse et funeste chez un homme d'État, chez un souverain.

Les irrésolutions de Pie IX se traduisaient déjà par des actes et des tendances regrettables. Au ministère Ferretti avait succédé le ministère Mamiani, au ministère Mamiani le cabinet Fabbri et à celui-ci le ministère Rossi. Nous n'avons pas besoin de rappeler les circonstances à jamais déplorables de l'horrible et inutile assassinat du comte Rossi, de celui de monseigneur Palma qui fut tué au Quirinal sous les yeux du Pape. L'âme tendre et peu énergique du pontife ne put résister à ces cruelles épreuves. Le Pape sentit le harpon et l'Autriche ressaisit sa proie. Pie IX n'avait plus qu'une préoccupation : s'enfuir, quitter Rome et aller chercher un abri sous la protection des armes de l'Autriche.

Le Pape partit pour Gaëte, déguisé, d'une façon peu héroïque, et dans cet homme inquiet, troublé, cachant ses yeux sous des lunettes vertes, il eût été difficile de reconnaître le successeur de Pierre, le vicaire du Christ, le souverain qui avait soulevé en Italie de si ardents enthousiasmes.

On sait l'intervention de la France, la lutte regrettable sous laquelle succomba la république romaine. Le récit de ces événements n'est pas du domaine de la biographie.

Le Pape est à Gaëte, gardé par le roi de Naples, premier lieutenant de l'Autriche en Italie. Tant de secousses avaient profondément ébranlé l'esprit de Pie IX. La fermeté n'avait point été sa qualité dominante. A partir de cette époque il s'accomplit en lui une transformation profonde. On n'eut pas de peine à lui persuader qu'il était la cause primitive des événements qui agitaient l'Europe; que ses imprudentes concessions avaient déterminé un mouvement révolutionnaire dont il était la victime, et dont la religion souffrait plus encore. Alors il pleura suivant son habitude, il pria avec ferveur; il eut des extases, des visions; sainte Philomèle lui apparut et le gronda doucement; nouveau torrent de larmes !

Pendant qu'il se lamentait ainsi, la Constituante romaine qui s'était réunie le 6 février, proclamait, à la majorité de 143 voix contre 11, sa déchéance comme souverain temporel avec garantie de son indépendance spirituelle. Le cardinal Antonelli fut le Richelieu de ce faible monarque. Dès que la résolution de l'Assemblée constituante lui fut connue, il rédigea et adressa une note pressante aux quatre grandes puissances catholiques : la France, l'Autriche, l'Espagne et Naples, pour réclamer leur secours. Les armes de la France suffirent. Le corps expéditionnaire commandé par le général Oudinot fit plus qu'il ne devait. Ce corps d'armée qui, suivant l'expression du général de Lamoricière, « n'avait été envoyé que pour prévenir l'Autriche dont l'intervention aurait provoqué à Rome une contre-révolution complète, » bombarda et prit Rome, malgré l'énergique et courageuse opposition de M. Ferdinand de Lesseps, alors ministre plénipotentiaire de la République française.

Pie IX pouvait rentrer à Rome, mais, sous la triste influence des conseillers qui l'entouraient, il se défia de l'armée française plus encore que de ses propres sujets. La France c'était la révolution. Au lieu de rentrer immédiatement dans sa capitale sous la protection des régiments français, il envoya d'abord trois commissaires : les cardinaux Alfieri, Vannicelli et della Genga chargés de reprendre possession de son pouvoir temporel. Les délégués du Pape rentrèrent à Rome comme en pays conquis, regardant presque comme une ennemie cette armée française qui venait, au prix de si grands sacrifices, de rétablir le Saint-Siége. On la tint en suspicion, on manqua pour elle des plus simples égards, on restaura les vieux abus, à ce point que le Président de la République française s'en plaignit dans une lettre restée célèbre et adressée à M. Edgar Ney, son aide de camp.

Certes, le chef du gouvernement français ne se montrait pas exigeant. C'était la France qui restaurait le trône pontifical ; c'était la République française qui, au prix d'une lutte fratricide, venait de rétablir l'autorité temporelle du Pape et, pour cela, de renverser la république romaine. C'était bien le moins que la France eût le droit de faire entendre de sages conseils, de réclamer quelques réformes, de demander quelques soins, quelques égards pour ses soldats. La postérité croira avec peine à tant d'ingratitude. La France n'obtint rien. Au lieu d'avancer, le gouvernement romain rétrograda, et à l'heure où nous écrivons ces lignes (novembre 1860), il subit le juste châtiment de sa faute. Les évêques, les cardinaux, le Pape, tous se lamentent et se plaignent, ils s'efforcent d'éveiller des sympathies, de ranimer des passions éteintes. Il n'est plus temps ! L'affection des peuples, c'est la Toison d'or des temps modernes ; il faut la conquérir. Vous l'avez dédaignée, vous n'avez compté que sur la force et la violence, cette affection aujourd'hui se détourne de vous et vous fuit. C'est la justice de Dieu qui s'accomplit.

C'est sur Pie IX sans doute que l'histoire fera retomber toute la responsabilité de la situation et des crises où la Papauté est engagée, mais si l'histoire est équitable, elle tiendra compte au pontife de la faiblesse de son caractère, de l'ébranlement que causèrent à son intelligence et à son cœur les scènes dont il fut témoin en 1848, de la fatale influence que prirent alors sur lui des hommes redoutables. Pie IX n'était pas fait pour ces luttes ardentes, il fallait à cette âme tendre, sensible à l'excès, mélancolique, de modestes et paternelles fonctions comme celles qu'il remplit, pendant sept ans, à l'hospice de *Tata Giovanni*, au milieu des enfants et des faibles d'esprit ; il lui fallait des horizons bornés, les soins d'un doux apostolat, la direction d'un diocèse tout au plus.

Quand le cardinal Jean-Marie Mastaï accepta la candidature dans le conclave et le pontificat que ses collègues lui offraient, il se fit illusion sur lui-même et sur les rudes fonctions qu'il acceptait. Il crut que, pour gouverner la barque de Pierre, il suffisait de bonnes intentions, d'une âme pieuse et honnête ; il ne songea pas que la fermeté était la première condition du pontificat et que toute fermeté lui était impossible. Aussi, tout ce qu'il avait rêvé, toutes ses bonnes résolutions qui se manifestèrent au début de son règne et qui produisirent de si vifs enthousiasmes, tant ce malheureux peuple italien était habitué à l'oppression ! tout s'évanouit-il aux premières résistances sérieuses qu'il rencontra. L'oiseau qui s'était posé sur sa voiture, quand il se rendait au conclave, était bien un symbole : Pie IX a été une colombe parmi des vautours.

Le Pape, à qui son entourage faisait peur des Français, ne rentra à Rome, pour y remonter sur son trône, que le 4 avril 1850. Déjà son ministre, le cardinal Antonelli, avait exercé dans les Légations de rigoureuses représailles. Dans un *motu proprio*, daté du 19 septembre 1849, le Pontife avait promis une amnistie presque complète. Mais il n'avait plus le pouvoir de bien faire. Il appartenait à la réaction et la promesse d'amnistie avait été éludée. Son histoire personnelle pendant les dix années qui nous séparent de cette triste époque est tout entière dans cette lutte permanente entre les inspirations de son cœur et les fatales nécessités de la politique romaine. Il serait sans intérêt de suivre Pie IX à travers ces tiraillements. Sa piété s'y est exaltée, elle a pris cette teinte mystique dont l'origine remonte à l'exil de Gaëte. Ce n'est pas l'histoire du pontificat, c'est celle du pontife que nous écrivons et la vie du pontife, à partir de la période où nous sommes parvenus, n'offre plus aucun intérêt. Pie IX est, sous un certain rapport, le type des rois constitutionnels : il règne et ne gouverne pas. C'est un religieux fervent, il prie avec ardeur, il verse d'abondantes larmes, il répand des aumônes, il demande pardon à Dieu des fautes qu'il a commises au début de son règne en ayant la velléité de réaliser des réformes et de rendre aux peuples quelque liberté ; il est convaincu qu'il a été pendant tout ce temps sous l'inspiration du mauvais esprit et il mourrait bravement, s'il le fallait, plutôt que de recommencer une œuvre de perdition, une œuvre libérale.

Nous avons dit que, dans le conclave, il fut, en sa qualité de questeur, chargé de dépouiller les bulletins de vote, on raconte que lorsqu'il lut le dernier bulletin qui assurait son élection et le faisait Pape, il s'évanouit et que, revenant à lui, il s'écria : « Quelle charge ! qui m'aidera à la porter ! »

Il avait à choisir entre deux points d'appui : le peuple et le parti jésuitique ou absolutiste dont le quartier général est à Vienne. C'est ce dernier qu'il a définitivement choisi ; et le meilleur, le plus bienveillant, le plus charitable des Papes est celui qui aura le plus cruellement compromis l'autorité temporelle et peut-être aussi l'autorité spirituelle du Saint-Siége.

C'est ce perpétuel tiraillement entre le roi temporel et le pontife spirituel qui a causé tous les malheurs de la papauté, paralysé les meilleures intentions et conduit le gouvernement romain au fond de l'abîme où il se débat maintenant. Nul ne l'y a poussé ; il était dans la loi de sa nature d'y glisser d'abord, puis d'y rouler avec fracas. Malgré ses qualités personnelles qui sont incontestables, Pie IX a été l'instrument le plus actif de la chute que l'on déplore si naïvement aujourd'hui, mais dont on se refuse à reconnaître la cause. Ainsi cet homme excellent, charitable, que la moindre infortune émeut, qui a des larmes pour tous les malheurs, a laissé s'accomplir sous son pontificat des actes déplorables ; il a récompensé publiquement le colonel Schmidt qui, après avoir repris Pérouse, a assisté aux plus terribles désastres, aux actes les plus révoltants commis par ses soldats. Il a souffert, dans les provinces qui s'étaient soulevées contre l'autorité pontificale en 1849, l'établissement d'un régime barbare, indigne d'un pays chrétien. Nous voulons seulement emprunter quelques lignes au Journal de Rome (n° 133, 13 juin 1851) :

« Maria Biagia, de Città di Castelleto, ayant été convaincue, par les dépositions des témoins assermentés, d'avoir injurié des personnes paisibles, a été condamnée à recevoir vingt coups de fouet, aux termes de l'édit en vigueur contre les perturbateurs de l'ordre public ; elle a subi sa peine à Pérouse, le 9 du mois courant. »

Le 21 mai 1851 le tribunal de la sacrée consulte, à Rome, avait condamné Pietro Ercoli, coupable d'avoir empêché un fumeur d'allumer son cigare, à vingt ans de galères. Tous les témoins avaient déposé que Pietro Ercoli avait seulement voulu faire une plaisanterie. Vingt ans de galères pour cela!

Si nous voulions citer des documents de ce genre, nous en remplirions un volume! Il nous suffit de donner une idée des extrémités où peut se laisser entraîner la faiblesse d'un souverain, quand il est dominé par la peur et quand la fermeté de sa raison et de sa volonté lui font défaut. Faut-il rappeler la scandaleuse et déplorable affaire de l'enlèvement du petit Mortara? Pie IX a suivi en cette circonstance les errements de ses prédécesseurs ; les larmes du père et de la mère de l'enfant si cruellement ravi à la tendresse de sa famille ont, nous n'en doutons pas, éveillé la sensibilité et fait couler les larmes de Pie IX, mais pouvait-il céder? Le cardinal Antonelli n'était-il pas là? Que deviendrait la religion? et c'est au nom de la religion que toutes ces horreurs s'accomplissaient sous l'œil du bienveillant Pie IX. Pour faire comprendre l'état d'abaissement, nous dirions presque de sauvagerie, où la confusion du spirituel et du temporel a fait descendre le gouvernement romain, il suffit de publier cet édit de la Sainte-Inquisition, — édit en vigueur — contre les Israélites des États pontificaux. Cet édit fut promulgué en 1843 par l'inquisiteur général Salvo ; le voici ; on ne commente pas de tels documents :

« Aucun des Israélites résidant à Ancône et Sinigaglia ne pourra plus loger ni nourrir les chrétiens, ni recevoir de chrétiens à son service, sous peine d'être puni d'après les décrets pontificaux. — Tous les Israélites des États devront vendre, dans l'espace de trois mois, leurs biens meubles et immeubles, autrement ils seront vendus à l'encan. — Aucun Israélite ne pourra demeurer dans quelque *ville* que ce soit sans l'autorisation du gouvernement; en cas de contravention, les coupables seront ramenés à leurs *ghetti* respectifs. — Aucun Israélite ne pourra passer la nuit hors du *ghetto* (quartier juif fermé le soir). — *Aucun Israélite ne pourra entretenir des relations d'amitié avec des chrétiens.* — Les Isralites ne pourront faire le commerce des ornements sacrés ni de quelque livre que ce soit, sous peine de cent écus d'amende et sept ans de prison. — Les Israélites, en donnant la sépulture à leurs morts, ne devront faire aucune cérémonie. Ils ne pourront se servir de flambeaux, sous peine de confiscation. — Ceux qui violeront les dispositions ci-dessus encourront les châtiments de la Sainte-Inquisition. — La présente mesure sera communiquée aux Ghetti et publiée dans les synagogues. »

Que vouliez-vous que fissent la faiblesse et la douce nature de Pie IX, prises dans de pareils étaux? Dans la crainte de porter atteinte à la religion, un pareil caractère laisserait commettre toutes les cruautés.

L'importance des événements qui se sont accomplis et s'accomplissent sous le pontificat de Pie IX a donné au pontife une importance aussi, qui est hors de proportion avec celle de l'homme. On a fait du Pape actuel bien des portraits; sa biographie a été écrite cent fois. Les uns en ont fait un révolutionnaire, d'autres un mystique, d'autres un conservateur. Il y a du vrai et du faux dans toutes ces appréciations. Chaque fois qu'on veut juger un homme avec un parti pris et sous un seul point de vue on a toutes chances de se tromper. Tout homme est multiple, mais l'homme faible qui se laisse entraîner tantôt à droite et tantôt à gauche, qui cède à tous les vents, est bien plus multiple encore.

Nul homme, nul conquérant, fût-il César, Alexandre ou Napoléon, n'a disposé d'une force aussi considérable que celle dont Pie IX disposait au commencement de son règne. Il aurait pu soulever le monde avec le levier qu'il avait dans sa main, a dit un fervent catholique, M. Ozanam. C'était l'opinion générale en Europe que Pie IX ne s'arrêterait point dans la voie où il était entré; lui-même de bonne foi le croyait. « C'est une parole favorite du Pape, a écrit encore Ozanam, qu'il veut marcher comme la tortue, lentement, mais toujours. Nous venons d'apprendre la plus décisive peut-être de toutes ses innovations, celle qui devait sceller l'alliance entre la souveraineté ecclésiastique et la liberté sincère : le glaive a été remis à des mains laïques et le ministère de la guerre confié à M. le comte Gabrielli, à un vieux soldat de Napoléon, etc. »

Du comte Gabrielli nous en sommes venus à M. de Mérode et de M. le comte Ferretti à son éminence Monseigneur Antonelli.

A l'époque où Pie IX commença à revenir sur ses pas et, ainsi que nous l'avons dit, à sentir le harpon que l'Autriche a attaché aux flancs de la papauté, une femme illustre, Mme George Sand, adressait au Pape cet éloquent appel :

« O Pie IX ! Si vous vouliez être chrétien selon la doctrine de Jésus, vous ne vous inquiéteriez guère de nos discussions philosophiques, de nos petites sectes, de nos grands journaux, et de tous les rêves de notre esprit en travail ! Eh ! quoi, votre mission est bien claire et bien facile ! vous avez une main levée pour bénir ou pour anathématiser : et cette main est le symbole de la conscience du genre humain. On vous demande d'avoir l'évangile devant les yeux, et de ne pas vous tromper en abaissant votre droite paternelle sur la tête des meurtriers. Resterez-vous immobile par prudence ? Engagé dans le labyrinthe de la diplomatie, bornerez-vous votre action à gouverner sagement un petit peuple, et n'aurez-vous pas un mot de blâme ou d'appui à mettre dans la balance des décisions humaines ? Vous qu'une longue habitude du genre humain proclame l'arbitre par excellence, l'avocat de Dieu sur la terre, aurez-vous deux poids et deux mesures pour les attentats commis contre l'humanité ? les foudres du Vatican sont-elles à jamais éteintes pour les têtes couronnées, et ne frapperont-elles plus que les faibles et les proscrits ? Hélas ! s'il en était ainsi, vous ne seriez plus chrétien, et vous ne seriez pas même philosophe à la manière de Voltaire, car Voltaire plaida pour Calas, comme vous avez à plaider pour la Pologne, pour l'Irlande, pour la France, pour l'Italie, pour le monde ! »

Ces chaleureuses sollicitations, ces rêves splendides troublaient et effrayaient l'excellent homme. Ses épaules n'étaient pas faites pour un tel fardeau, et il en eut bien le pressentiment, il eut bien la conscience de sa faiblesse, le jour de son élection quand, après s'être évanoui devant le rang suprême où il allait monter, il s'écria avec effroi : « Quelle charge ! quelle charge ! »

Comme homme, comme prêtre, Jean-Marie Mastaï était et est demeuré irréprochable ; ses mœurs sont pures, sa vie modeste. Sur le trône, où il aurait dû refuser de se laisser porter, il ne dépensait personnellement que 25,000 francs par an ; tout le reste était consacré à des aumônes, à des secours distribués avec la plus ingénieuse délicatesse. Nous voulons citer un seul trait de sa jeunesse. C'était à l'époque de sa mission au Chili où il se conduisit avec un dévouement si chrétien. Un jour, raconte M. de Saint-Albin, pendant qu'il se rendait de Valparaiso à Lima sur une goëlette chilienne, il fut surpris par une violente tempête. Le pilote était malhabile ou inexpérimenté. La goëlette allait se briser sur les rochers quand une barque, montée par quelques nègres sous la conduite d'un pêcheur nommé Bako, put venir à son secours. Bako, passant sur la goëlette, remplaça le pilote et dirigea si bien le navire, grâce à la connaissance qu'il avait de ces parages, qu'il le fit entrer dans le petit port d'Avica. Le lendemain l'abbé Mastaï-Ferretti alla remercier son sauveur qui habitait avec sa famille une petite cabane au bord de la mer. Il lui laissa en témoignage de reconnaissance une bourse contenant 400 piastres (2,552 fr.). Devenu souverain pontife, il n'oublia point le pauvre Bako et lui envoya son portrait avec une somme assez forte. Voilà l'homme!

Les coups de fouet à Maria Biagia, vingt ans de galères à Pietro Ercoli, les massacres de Pérouse, le refus persistant opposé au programme contenu dans la lettre à M. Edgar Ney, voilà le Pape! ou plutôt, voilà la Papauté!

Que nous sommes loin, mon Dieu! des splendeurs rêvées par Gioberti, des illusions généreuses de ce grand esprit, de ce *Primato* qu'il réservait au Saint-Siège, de cet accord touchant entre l'Église romaine et l'esprit nouveau. C'est pour détruire ces illusions sans doute que la Providence a réservé le trône à un homme tel que l'abbé Mastaï en ces temps difficiles. Plus qu'aucun autre son pontificat aura contribué à éclairer l'opinion, à former cette communauté de vues, ce sentiment national auxquels l'Italie devra son indépendance et son unité. C'est Pie IX qui a mis en évidence le néant de ces utopies catholico-libérales que l'excellent et vertueux Montanelli, un des plus purs et des plus honnêtes citoyens de l'Italie, a trop caressées. Il est démontré aujourd'hui que la cour de Rome est fatalement condamnée à être l'adversaire de toute idée qui émancipe, l'alliée et la complice de tout ce qui opprime et asservit.

Du reste, l'expérience ne fut pas de longue durée. Tous les cœurs avaient répété le mot que M. Thiers avait fait retentir du haut de la tribune française : *Courage, Saint-Père!* Le jour où Pie IX désavoua le général Durando et ces jeunes bataillons qui étaient partis avec tant d'enthousiasme, la croix rouge et le portrait de Pie IX sur la poitrine, marchant contre l'étranger pour délivrer de sa présence et de son joug le sol sacré de la patrie, ce jour-là le doute ne fut plus possible. Le Pape n'était plus italien, il appartenait à l'Autriche!

Les conséquences de ce désaveu furent incalculables : « Il ôtait aux soldats, dit Montanelli, toute garantie du droit des gens : il exposait les prisonniers à être fusillés sur le champ comme des brigands. Aussi un cri d'alarme et d'indignation se propagea parmi toutes ces familles qui avaient leurs fils, leurs frères, leurs époux, leurs amis sur les champs de bataille. On ne joue pas impunément avec le cœur d'un peuple. Ce peuple qui avait identifié le nom de l'Italie avec celui de Pie IX, qui avait couronné de fleurs son buste sur les barricades de Milan, qui avait pris au sérieux ses bénédictions, se crut abandonné, trahi par lui au moment du danger. — Si vous êtes le représentant de la charité universelle, disait-il dans son naïf bon sens, pourquoi, Saint-Père, siégez-vous sur le trône? Pourquoi avez-vous pris dans vos mains sacerdotales le glaive de justice? N'est-il pas des circonstances où un prince ne peut échapper à la terrible nécessité de la guerre? Un prince qui se dit italien, peut-il séparer ses intérêts des intérêts de l'Italie? Eh ! quoi, n'annonciez-vous pas, il y a quelques mois à peine, que vous appelleriez aux armes tous les chrétiens, si la *maison paternelle*, vous vouliez dire votre trône, était menacée? Et la patrie n'est-elle pas aussi une maison paternelle? N'avez-vous pas béni nos bannières? N'avez-vous pas, disaient les mères, béni nos enfants au moment du départ?

Ce sont-là de belles paroles sans doute ; mais qu'on le sache bien : toute illusion nouvelle serait suivie de déceptions plus cruelles encore. Avant d'être prince italien, le pape est le chef d'un clergé dont l'existence est incompatible avec la liberté de conscience, la liberté d'examen, la liberté et l'indépendance des peuples. Ce clergé a besoin d'un bras armé pour contenir les peuples soumis à sa domination morale ; il cherchera toujours ce bras parmi les puissances absolues et rétrogades.

Un seul homme peut-être, au milieu de l'effervescence et des enthousiasmes suscitées par l'avènement de Pie IX, jugea bien l'homme et la situation. Il est vrai que cet homme était à la fois Italien et Français, protestant et catholique, révolutionnaire et conservateur ; il était doué d'une haute intelligence, d'un rare bon sens ; il connaissait à fond les principes, les tendances avouées ou secrètes, le personnel et les besoins de la cour de Rome ; c'était l'infortuné et regrettable M. Rossi. Quand Pie IX lui confia la direction des affaires, il recommanda l'adoption de mesures décisives et rapides : « Hâtez-vous, disait-il et redisait-il sans cesse aux membres du cabinet, aux chefs des divers services publics ; hâtez-vous ! agissez, au nom du Ciel ! Fixez des remises, si vous voulez, mais fixez-les, et à l'époque dite, exécutez votre pensée. Tout est aisé aujourd'hui ; *dans trois mois tout sera difficile* ; DANS SIX MOIS TOUT SERA IMPOSSIBLE. Vous êtes maîtres à présent de toutes choses ; avant peu, si vous n'agissez pas, toutes choses seront maîtresses de vous. Agissez donc ! réalisez les réformes, hardiment, largement, entièrement. »

Il est encore un mot prophétique de cet homme éminent : « Le mouvement national et guerrier qui emporte l'Italie me fait l'effet d'une épée : ou Pie IX prendra résolument cette épée en main ou la révolution s'en emparera pour la tourner contre lui. »

L'épée est tournée, non contre le pontife, non contre son pouvoir spirituel, mais contre sa principauté temporelle. Sans la France qui soutient les débris de ce trône, la souveraineté temporelle du Saint-Siége ne serait plus qu'un souvenir historique. Mais nous sommes en présence de si graves événements qu'ils pourraient bien un jour modifier l'opinion du gouvernement français, et alors s'accomplira le plus grand acte dont ce siècle puisse être témoin : le pontife romain, le vicaire du Christ, le successeur de Pierre, réduit à la seule chose qui lui appartienne : la souveraineté spirituelle ! La parole du Christ respectée, l'Italie libre et une, et ce qui appartient au César moderne, c'est-à-dire au peuple, rendu à César ; le royaume du Christ placé où il le plaça lui-même : hors de ce monde, hors des intérêts humains et périssables ! La liberté de conscience, la tolérance devenues la règle de toutes les relations !

Voilà en définitive le but où nous marchons, le résultat auquel Pie IX aura, par ses qualités personnelles autant que par sa faiblesse, le plus contribué.

L. J.

Typ. Ernest Meyer, à Paris.

GARIBALDI

GARIBALDI

I

uelques branches de pin à l'odeur résineuse entassées devant la porte; l'été une alouette chantant dans sa cage; l'hiver des grillons dans le foyer; les émanations du pain chaud, les flammes du four qui, la nuit, éclairent la rue, le mitron enfariné fumant sa pipe sur un tas de fagots, le va et vient des commères signalent de la façon la plus pittoresque la maison du boulanger dans les villes du Midi. C'est dans une de ces maisons joyeuses que naquirent à Nice Masséna et Garibaldi, deux héros de trempe bien différente, et qui sont venus au monde dans la même chambre.

L'enfance de Garibaldi n'offre qu'un trait qui montre déjà la hardiesse et la sensibilité de son caractère. Une vieille femme lavant son linge sur le bord de l'eau fait un faux pas et tombe dans la rivière! Garibaldi, qui joue près de là avec ses camarades, se précipite pour sauver la pauvre lavandière. Que pouvait un enfant de huit ans pour lutter contre le courant, et ramener un tel fardeau? Il fallut le sauver à son tour; on n'y parvint qu'à grand'peine. Plus tard, il fut plus heureux à Marseille, où il parvint à retirer du port un jeune collégien qu'il eut le bonheur de rendre à sa famille.

Le père de Garibaldi était marin, et de bonne heure le jeune Giuseppe ressentit pour la mer une passion qui lui venait de famille. Un beau jour il s'improvise capitaine : son navire est une barque amarrée au rivage; son équipage se compose de cinq ou six matelots de douze ans ; ce que l'on donne à chaque enfant pour son goûter chez lui servira d'approvisionnement ; la nuit venue on coupe l'amarre, et voilà l'expédition en pleine mer. Le capitaine a juré qu'il ne s'arrêterait pas avant d'avoir découvert une Amérique nouvelle. Malheureusement à la hauteur de Monaco, une felouque fine voilière atteint les petits fugitifs et ramène chez leurs parents le nouveau Christophe Colomb et ses compagnons. Quelques-uns reçurent le fouet à leur retour ; Giuseppe dut garder les arrêts pendant quinze jours, après quoi son père consentit à lui laisser faire un voyage véritable, non plus en qualité de capitaine, mais de simple matelot.

La *Costanza* était un des plus jolis brigantins du port de Nice ; il faisait les traversées de ce port à Odessa. La première contrée étrangère que Giuseppe Garibaldi visita fut la Russie. Il fit ensuite une course à Rome sur la *Santa Reparata*, tartane commandée par son père ; vinrent ensuite divers voyages à Cagliari et dans le Levant. Pendant une de ces traversées, il tomba malade à Constantinople. C'est en se rendant dans cette capitale qu'il rencontra sur *la Clorinde* l'expédition des Argonautes Saint-Simoniens, conduits par Émile Barrault à la conquête de la femme libre.

En 1832, Giuseppe Garibaldi accomplissait son temps de service sur les navires de l'État ; marin consommé, apprécié de ses chefs par son sang-froid et sa bravoure dans les circonstances difficiles, Garibaldi était sur le point de recevoir l'épaulette, lorsqu'il se vit forcé de se réfugier en France à la suite d'une échauffourée politique dans laquelle il était compromis. A Marseille, il trouva un asile et une place de second sur le navire l'*Unione*. Plus d'un courtier de nolisement se souvient encore de ce jeune marin à l'air fier et doux qui se promenait pendant de longues heures sur les quais, et qui restait silencieux au milieu du cercle bruyant de capitaines qui remplissaient leurs bureaux, répondant à peine aux questions qu'on lui adressait, et paraissant absorbé dans une sorte de contemplation intérieure.

Un jour, un fléau terrible s'abat sur Marseille, le choléra ; en quelques jours la ville est dépeuplée, riches et pauvres fuient à l'envi ; les boutiques sont fermées, les rues désertes ; on manque de gens pour soigner les malades. L'autorité fait un appel aux hommes de dévouement : des bureaux de secours s'organisent, on réunit tous les moyens pour combattre vigoureusement l'épidémie. En cherchant sur les registres d'inscription ouverts à la mairie à cette époque, on trouverait encore le nom de Joseph Pane. C'était celui que Garibaldi portait alors pour se dérober aux conséquences de la condamnation à mort qu'il avait encourue à la suite de l'échauffourée politique dont nous avons parlé.

II

C'est à Marseille même que Garibaldi apprit la nouvelle de l'arrêt qui l'avait frappé par contumace. Sa patrie lui était fermée; il prit du service sur la flotte du bey de Tunis; bientôt las d'un poste qui ne promettait rien à son activité, il partit pour Rio-Janeiro. Là, pendant quelque temps, il se livra à des opérations commerciales, mais le commerce non plus n'offrait aucune satisfaction à ses instincts guerriers. La république de Rio-Grande était en guerre avec ses voisins; Garibaldi lui propose le secours de son bras et de son expérience qu'elle accepte avec empressement. Muni de lettres de marque, l'intrépide capitaine fit le métier de corsaire qu'avaient illustré Jean-Bart et Surcouf. De corsaire devenu bientôt après commandant de la flotte de Montévidéo, il quitta la mer pour combattre sur terre à la tête d'une légion italienne formée par ses soins. Pendant cette période, l'existence de Garibaldi tient plus du roman que de l'histoire, un volume ne suffirait pas pour raconter les combats dans lesquels il tint tête à un ennemi brave et presque toujours supérieur en nombre. Les soldats de Rosas, battus par lui en maintes rencontres, n'ont pas perdu le souvenir de leur généreux adversaire, car dans ces pays où la guerre participe encore de la ruse et de la cruauté des sauvages, Garibaldi fit toujours respecter le droit des gens et les règles observées par les nations civilisées; ajoutons à sa louange et à celle de ses compagnons d'armes, que leur désintéressement égala leur bravoure. Aujourd'hui le voyageur qui parcourt l'Amérique du Sud reçoit souvent l'hospitalité dans une *estancia* où tout respire l'ordre et l'abondance, et où on lui demande dès qu'il franchit le seuil de la maison, des nouvelles de l'Italie et de son libérateur. Le propriétaire de l'exploitation rurale est un ancien soldat de Garibaldi qui n'a voulu recevoir de la jeune république Montévidéenne, en retour de son sang versé pour elle, que quelques arpents de terre qu'il cultive à la sueur de son front.

Nous nous arrêterions volontiers sur les divers exploits qui marquent la carrière militaire de Garibaldi dans le Nouveau-Monde si nous ne touchions au moment où son nom va retentir pour la première fois dans l'ancien, et où la grandeur de son rôle politique va faire oublier ses glorieuses aventures.

III

Nous sommes en 1848. L'Italie s'est levée contre l'Autriche. Au premier appel de la patrie en danger, Garibaldi est accouru avec un grand nombre de ses légionnaires d'Amérique. Il pouvait rendre d'immenses services à cette époque, mais on ne comprit pas les avantages qu'il était possible de retirer d'une guerre de partisans. Livré à ses propres ressources, Garibaldi se battit obscurément dans la Valteline et dans le Tyrol, défit les Autrichiens dans plusieurs rencontres et fut enfin obligé d'entrer en Suisse à la tête de son petit corps de partisans.

Les munitions étaient épuisées et l'armistice de Milan venait d'être signé.

IV

C'est à Rieti, en face des Abruzzes, que nous retrouvons Garibaldi en train de former une nouvelle armée. Immédiatement après sa campagne de la Valteline, les électeurs l'avaient envoyé au Parlement Sarde, mais l'enceinte de la Chambre des députés était trop étroite pour lui, il étouffait dans l'atmosphère de la discussion ; il lui fallait l'air et les horizons libres de la guerre. Il donna donc sa démission. Un gouvernement provisoire venait de s'installer dans les États-Romains ; Garibaldi s'était empressé de se mettre à sa disposition, et on l'avait chargé du soin de former un corps de troupes.

De la position qu'il occupait sur l'extrême frontière, Garibaldi soutenait qu'il était possible d'opérer un soulèvement dans les Abruzzes, à l'aide duquel on envahirait le royaume de Naples. Les avantages de ce plan étaient évidents, et ses inconvénients de peu d'importance. Le roi de Naples, dévoué à l'Autriche, maître de forces considérables, inquiétait la Révolution sur ses derrières, et l'empêchait de disposer de toutes ses forces. Qui sait ce qui serait arrivé à Novare si ce plan, qui avait autant de chances de réussite en 1849 qu'en 1860, avait été adopté. On ne discuta pas son utilité, mais on fut effrayé de sa hardiesse. Garibaldi n'eut plus dès lors qu'à songer à la défense de cette République Romaine dont il venait de décréter la formation comme membre de la Constituante.

V

Passons rapidement sur le siège de Rome ; il y a là un malentendu funeste et des souvenirs douloureux qu'il ne faut pas réveiller. Nous profiterons cependant de l'armistice conclu dans les premiers jours de mai entre les deux armées pour suivre Garibaldi marchant contre le roi de Naples, qui s'est avancé à la tête de quinze mille hommes jusqu'à Palestrina. Garibaldi peut à peine opposer le tiers de ces forces à son royal adversaire, pourtant il le bat le 9 mai, et le force à se retirer précipitamment sur Velletri. La position était très-forte, et Ferdinand II, soutenu par une nombreuse artillerie, pouvait s'y défendre d'autant plus longtemps que son adversaire ne possédait pas un seul canon, mais la baïonnette est une arme terrible, et les Napolitains en firent l'expérience à leurs dépens; délogés de toutes leurs positions, poursuivis l'épée dans les reins pendant plusieurs lieues, et presque sur leur propre territoire, ils laissèrent entre les mains de l'ennemi un grand nombre de prisonniers; le roi lui-même serait tombé en son pouvoir s'il n'avait eu la précaution de prendre la fuite une heure avant ses soldats.

Garibaldi campait sur le territoire napolitain; les habitants de Rocca d'Arce l'avaient accueilli avec enthousiasme; il voulait marcher en avant et tenter la grande entreprise qu'il vient de terminer aujourd'hui; un ordre très pressant du triumvirat le rappela à Rome. Il obéit.

Assiégée le 29 avril 1849, Rome tint jusqu'au 2 juillet de la même année. Il ne restait plus à Garibaldi qu'à gagner Venise et à se renfermer dans cette dernière forteresse de l'indépendance nationale. Il songeait à s'y rendre, lorsqu'on lui dit que la Toscane, prête à se soulever, n'attendait plus qu'un homme pour se mettre à sa tête. Venise comptait plus d'un défenseur dévoué et intrépide, Garibaldi crut qu'il pourrait être plus utile ailleurs, et le jour même où la capitulation de Rome fut signée, les soldats de Garibaldi lurent l'ordre du jour suivant signé par leur chef :

« Soldats,

« Voici ce qui vous attend : la chaleur et la soif pendant le jour, le froid et la
» faim pendant la nuit; point de solde, point de repos, point d'abri; mais en
» revanche, une misère extrême, des alertes et des marches continuelles, des
» combats à chaque pas; que ceux qui aiment l'Italie me suivent ! »

Le corps expéditionnaire, partagé en deux légions, formait un effectif de quatre mille fantassins et d'environ huit cents cavaliers. A sa tête s'avançait Garibaldi entre le père Bassi et Ange Brunetti, si connu sous le surnom de *Cicerovacchio*, dont les deux fils marchaient dans les rangs des volontaires.

Neuf jours après son départ de Rome, la petite armée républicaine, renforcée de neuf cents soldats que lui amenait le colonel Forbes, quitta Terni pour entrer en Toscane par la route de Todi. Les volontaires étaient pleins d'entrain et d'espérance. A chaque pas ils s'attendaient à voir se lever la population.

Trois corps d'armée occupaient le territoire romain; il s'agissait pour eux de poursuivre Garibaldi et de lui fermer la route. Autrichiens, Espagnols, Français se mirent donc en mouvement. Passer au milieu de ces trois armées n'était point chose facile : Garibaldi y parvint cependant et sa retraite peut être considérée comme un vrai tour de force dans l'art militaire. Cette retraite commença à Lodi, où l'armée des patriotes italiens était parvenue, ainsi que nous l'avons dit, le 11 juillet. Dans cette partie de l'Italie les communes sont pauvres et les couvents très-riches ; c'est chez les moines que Garibaldi logeait ses troupes afin d'éviter toute charge aux habitants. Quoique entourés de toute l'abondance imaginable, les soldats, maintenus dans une discipline sévère et qu'ils avaient à cœur d'observer, ne demandaient aux couvents que ce qui était absolument nécessaire à leur existence. Seuls les Camaldules d'Orvieto furent imposés par le général à une amende de cent soixante écus. Non contents de refuser du pain à sa troupe affamée, ils s'étaient donné le plaisir de lancer leurs chiens contre un officier qui venait leur demander l'hospitalité.

A partir de Spolète la désertion s'était mise dans les rangs des patriotes ; en quittant Lodi ils se trouvaient réduits à trois mille hommes environ, divisés en plusieurs détachements commandés par des officiers de choix, avec l'ordre de s'avancer par des chemins différents. L'ennemi cherchait à les envelopper, il fallait le tromper ; une fausse démonstration faite dans ce but sur Foligno par un escadron de cavalerie réussit parfaitement. Le 15 juillet le général partit de Lodi, et après avoir devancé d'une demi-heure seulement la cavalerie du général Morris lancée à sa poursuite, il atteignit le bourg de Cetona en Toscane, où devait avoir lieu la jonction des divers détachements de son armée. La moitié de ces détachements se trouvait au rendez-vous ; l'autre moitié, obligée de faire de longs détours, n'arriva que plusieurs jours après. Le 20 juillet toutes les troupes réunies se remirent en marche, et le lendemain elles atteignirent Montepulciano après avoir passé par des chemins à peine praticables pour des chasseurs et pour des contrebandiers.

Le bourg de Cetona, quoique entouré de murailles et occupé par deux compagnies d'infanterie toscane, s'était rendu sans coup férir. Les Autrichiens, au nombre de quatre mille hommes commandés par l'Archiduc Ernest, venaient à la rencontre de Garibaldi, pendant qu'un autre corps plus nombreux, placé sous les ordres du général Stadion, occupait Sienne dans le but de s'opposer à une tentative d'embarquement des Garibaldiens qu'on croyait devoir s'opérer dans le port de San-Stefano.

L'Archiduc Ernest ayant opéré sa jonction avec le général Stadion, Garibaldi dut songer à se retirer devant un ennemi dont les forces étaient six fois plus nombreuses que les siennes. Il prit donc le chemin des Romagnes, occupa les hauteurs de Citerna, ayant derrière lui, à une étape de marche, les Autrichiens qui l'atteignirent enfin près du bourg de Monterchi. L'ennemi paraissait cette fois résolu à tenter les chances d'une bataille que la force des choses commandait à Garibaldi d'éviter. L'Apennin lui offrait un dernier refuge, mais comment le gagner en présence des Autrichiens qui surveillent tous les mouvements d'une troupe qu'ils croyaient déjà prisonnière ? C'est dans de pareilles occasions qu'éclate dans sa merveilleuse fécondité le génie militaire de Garibaldi ; grâce à l'habileté de ses manœuvres, ses soldats purent franchir l'Apennin et descendre, par des chemins bordés de précipices, dans les Romagnes où l'ennemi ne tarda pas à les rejoindre. Il fallut de nouveau tromper les Autrichiens. Garibaldi y parvint à l'aide d'une fausse attaque qui lui permit de se retirer dans la montagne, dont la compagnie de tirailleurs du colonel Forbes parvint à interdire l'approche aux régiments de l'Archiduc.

Mais ces marches et ces contre-marches dans les montagnes, ces escarmouches perpétuelles, avaient porté au plus haut point la lassitude dans l'armée patriote. Elle était réduite de plus de moitié, lorsqu'elle franchit les frontières de la petite république de Saint-Marin, où Garibaldi, à peine arrivé, publia cet ordre du jour :

« Soldats !

» Vous voilà en pays libre et sûr. Sachons mériter par notre irréprochable
» conduite envers nos hôtes la sympathie et le respect dus au malheur.

» A partir de ce moment, je vous délie de tout devoir d'obéissance à mon
» égard, en vous laissant libres de rentrer dans vos foyers. Je vous rappellerai
» seulement que l'Italie ne doit pas rester dans l'opprobre, et que la mort est
» mille fois préférable au joug de l'étranger. »

VI

Les Autrichiens le lendemain violèrent le territoire de Saint-Marin, espérant tomber sur quelques soldats exténués de fatigue, mais qui se préparaient à vendre chèrement le peu de vie qui leur restait. Le gouvernement de la République invoque en vain les traités, le général Gorzowscky, ne veut rien entendre ; cependant, sur des ordres envoyés en toute hâte de Rimini, il déclare qu'il va dresser les conditions d'une capitulation.

La nuit s'avance et la capitulation n'est pas encore dressée ; étendus dans les rues du village, les Garibaldiens harassés se livrent au sommeil, tandis que leur chef, penché sur une carte d'Italie, y cherche avidement le chemin qui peut le conduire à Venise. Un aide de camp de Gorzowscky apporte la capitulation suivante :

« 1° Les légionnaires rentreront librement chez eux, après avoir déposé leurs » armes dans les mains des magistrats de Saint-Marin ;

» Garibaldi recevra un passeport autrichien, à la condition de s'embarquer » dans le plus bref délai pour l'Amérique, dans un port de la Méditerranée. »

Réveillés par un roulement de tambour, les légionnaires se rassemblent sur la place de Saint-Marin, où, à la lueur des torches, ils entendent la lecture de cette capitulation, que la majorité repousse avec indignation.

« De nouvelles souffrances attendent ceux qui partent, dit Garibaldi à ses » soldats, sinon l'exil ou la mort ! mais du moins ils n'auront pas transigé » avec l'ennemi ! » Quant à lui son plan est arrêté ; il consiste à gagner par des chemins de traverse le port le plus voisin de l'Adriatique, et à s'y embarquer pour Venise ; il prévient ses aides de camp, fait tout préparer pour son départ, et, précédé de trois guides, il quitte Saint-Marin. Les légionnaires restés fidèles à sa fortune sont au nombre de deux cents.

Deux heures plus tard, Gorzowscky apprenait en frémissant que sa proie venait de lui échapper. Essayant de la ressaisir par la menace et par la terreur, il lançait une proclamation sauvage dans laquelle on promettait « la » fusillade à quiconque fournirait du pain, de l'eau ou du feu à Garibaldi » et à sa bande de brigands. » La proclamation contenait son signalement et celui de sa femme enceinte de six mois.

Un moment le général autrichien crut tenir les fugitifs ; ses soldats n'étaient plus qu'à quelques lieues de Cesenatico, où ils pensaient les surprendre ; mais lorsqu'ils arrivèrent dans ce petit port, Garibaldi et les siens venaient de s'embarquer depuis une heure, montés sur treize barques de pêcheurs. Dans la barque de Garibaldi se trouvaient, outre sa femme, le père Bassi et Cicerovacchio, tous joyeux du vent frais qui poussait la flottille vers le seul endroit de l'Italie où flottaient encore les trois couleurs nationales. Soudain on signale un brick autrichien, puis deux autres bâtiments de guerre de la même nation. Garibaldi, guidé par son excellent coup d'œil de marin, voit entre ces navires un passage qu'il est possible de franchir en essuyant quelques bordées ; mais les pêcheurs tiennent à leurs barques, ils craignent qu'on ne leur en rembourse pas la valeur, et ils se refusent à la manœuvre. Au lieu d'atteindre le cap Maestra, où il lui eût été facile de rejoindre la croisière vénitienne, il est obligé d'aborder la plage de Mesola, après avoir perdu huit de ses barques tombées au pouvoir du capitaine dalmate Capinovich, commandant le brick autrichien l'*Oreste*.

Garibaldi, sa femme, le père Bassi, Cicerovacchio et les quelques légionnaires débarqués avec eux, comprirent que désormais ils ne pouvaient plus rien les uns pour les autres, et qu'il ne leur restait qu'à se séparer pour chercher leur salut chacun de leur côté. Ils s'embrassèrent, et Garibaldi, avec sa femme et un seul de ses officiers, se dirigea sur Ravenne.

Quelques Garibaldiens avaient essayé de traverser la Toscane pour se rendre en Piémont; les Autrichiens leur donnèrent la chasse, et les tuèrent comme des bêtes fauves dans les bois.

VII

Montée sur un petit cheval plein de fougue et d'ardeur, une femme n'avait pas cessé de marcher à côté de Garibaldi. Jamais on ne la vit reculer, et dans les moments les plus difficiles elle donnait l'exemple aux soldats; au milieu de la bataille, ses joues ne pâlissaient que si quelque danger menaçait le général. Aujourd'hui ses beaux traits sont flétris par la fatigue et par la douleur. Sa tête languissante repose sur le sein de son mari, pendant que son corps est étendu sur un peu de paille dans une chaumière. Voilà trois jours qu'elle erre tantôt dans les bois, tantôt sur le sable sous les rayons d'un soleil d'août, dans un pays désert et sauvage où elle ne peut trouver ni médecin ni remède pour la soulager. A défaut de remèdes, si du moins elle avait quelques heures de repos! mais on vient annoncer à Garibaldi qu'un parti d'Autrichiens rôde dans les environs. Il faut fuir, emporter la malade dans une charrette. Vers le soir les fugitifs sont parvenus à atteindre, près de Ravenne, une maison de campagne appartenant au marquis Guiccioli. On entre chez les paysans, la malade est couchée sur un grabat, le général va sortir pour voir dans les environs s'il trouvera des secours, sa femme mourante lui fait signe de rester, le regarde d'un air plein de tendresse, et expire en lui serrant la main.

Ce fut Garibaldi lui-même, aidé du dernier compagnon qui lui restait, qui confia à la terre la dépouille mortelle de cette Anita qui, depuis le jour où il l'avait épousée en Amérique, était restée sans cesse à ses côtés, associée à tous ses dangers, à toutes ses douleurs, comme elle sera désormais associée à sa gloire.

Quelques jours auparavant un conseil de guerre Autrichien s'était réuni à Bologne. Un moine, entre deux sbires, figurait sur le banc des accusés. Quand le président lui demanda son nom, il répondit qu'il s'appelait Ugo Bassi. Il fut comdamné à mort séance tenante, et fusillé le lendemain. Bassi était né à Bologne.

Ses compatriotes se souviennent encore de ce jour de deuil où le martyr tomba sous les balles autrichiennes.

Quant à Cicerovacchio nul ne sait comment il a péri.

VIII

Dix ans se sont écoulés depuis cette époque ; de meilleurs jours semblent luire pour l'Italie. Garibaldi a repris les armes, l'élite de la jeunesse s'est groupée autour de lui ; il commande une armée divisée en trois corps ; le premier est placé sous les ordres du colonel Medici ; le second sous les ordres du colonel Cozens ; le colonel Arduino est à la tête du troisième. Officier d'artillerie dans l'armée napolitaine, Cozens prit une part active à la défense de Venise. Le chef d'état-major Clément Corti a longtemps vécu en Angleterre. Les deux aides de camp de Garibaldi sont d'anciens compagnons de ses guerres d'Amérique, et ne l'ont jamais quitté.

Tous les soldats adorent leur chef quoiqu'il se communique peu, et qu'il parle assez rarement. Dès qu'ils l'aperçoivent, ils regardent sa casquette : si elle est posée en arrière, c'est un signe qu'il est content ; si au contraire elle cache son front, et si la visière est ramenée sur son nez, la situation est grave ; les soldats s'attendent à quelque chose de sérieux et apprêtent leurs armes. Les deux signes ne manquent jamais leur effet. Le jour où il fit son entrée à Bergame, la casquette de Garibaldi était plus en arrière que jamais. On venait d'apprendre par dépêche électrique l'arrivée d'un corps de quinze cents impériaux qu'on dirigeait sur Bergame, où l'état-major autrichien ignorait que les Garibaldiens fussent entrés. Quel magnifique coup de filet ! Les soldats s'embusquent autour de l'embarcadère ; l'électricité annonce que l'ennemi n'est plus qu'à l'avant-dernière station ; le cœur bat à chacun d'impatience et de joie ; les minutes succèdent aux minutes ; une heure s'écoule, rien ne paraît. Les Autrichiens étaient revenus sur leurs pas à toute vapeur, avertis sans doute par quelques traînards qu'on trouva le lendemain dans les blés où ils se cachaient. Changement subit de position de la casquette de Garibaldi. Les soldats restèrent au moins vingt-quatre heures sans apercevoir le bout de son nez.

Garibaldi exerce un tel prestige qu'on l'a vu, pendant un combat, envoyer au feu des bourgeois auxquels il remettait le fusil de ses soldats blessés, et qui, sous les yeux du général, s'en servaient courageusement. Toujours entre les deux lignes de tirailleurs, c'est merveille qu'il n'ait pas été atteint. Il y a des gens qui le croient à l'épreuve de la balle ; ce qui est certain, c'est que sa présence suffit

pour enflammer le soldat et lui faire oublier tout danger. On n'en finirait pas si on voulait raconter tous les traits d'héroïsme de cette valeureuse et petite armée que Garibaldi commande, ses marches fabuleuses, ses surprises, ses combats. A Laveno, par exemple, les Garibaldiens arrachèrent aux soldats Autrichiens leurs armes à travers les meurtrières des remparts. A son entrée en campagne, Garibaldi désirait beaucoup avoir des canons ; comme le ministère de la guerre lui faisait attendre ceux qu'il lui avait promis, il en prit quatre aux Autrichiens ; quelque temps après, il demandait à les échanger contre des carabines Minié. Les quatre canons, pendant la moitié de la guerre, restèrent aux bagages. Aux yeux de Garibaldi et de ses soldats, la meilleure de toutes les armes, c'est la baïonnette. Les tirailleurs de l'armée étaient, pour la plupart, très-fins tireurs ; parmi eux on remarquait un Anglais d'une cinquantaine d'années qui, armé d'une carabine Lancastre d'une admirable précision et d'une lorgnette excellente, semblait faire la chasse aux Autrichiens ; homme visé, homme abattu. On demandait un jour à cet amateur si c'était pour fonder l'indépendance italienne ou pour chasser qu'il s'était joint aux volontaires : « J'aime infiniment l'indépendance italienne, répon-
» dit-il avec sang-froid, mais je ne déteste pas non plus la chasse. »

IX

Le Milanais semble disposé tout exprès pour la guerre de partisans. Le côté nord de Milan est fermé par des collines qui forment comme le premier degré de l'immense amphithéâtre de montagnes qui s'élève au nord de l'Italie. Parsemées de villas, de jardins, de bois, coupées par des fleuves, des rivières, des ruisseaux, des lacs de toutes les dimensions, ces collines, depuis Milan jusqu'à la Valteline, offrent le plus admirable champ d'opérations qu'un chef de partisans intelligent et audacieux puisse souhaiter. Garibaldi ne se trompa point en le choisissant, et en prenant Varèse comme point de départ de ses opérations. De là en effet, il menaçait l'ennemi, tendait la main à l'insurrection milanaise, et tenait dans un état de fermentation perpétuelle le Comasque et la Valteline. Outre les avantages dont nous venons de parler, l'occupation de Varèse lui permettait encore d'interrompre les communications entre l'armée autrichienne et le Voralberg par la chaussée de Sondrio et du Splugen ; maître de cette vallée, il pouvait la remonter, passer dans la vallée de l'Adige, et de là, inquiéter cette communication principale des grandes places fortes de l'Autriche avec le Tyrol.

D'autres raconteront la retraite de Sesto-Calende, la prise de Côme, le combat de Camerlata, où, loin de leur point de départ, attaqués par des forces trois fois plus nombreuses, s'attendant à chaque instant à voir paraître sur leurs derrières un corps ennemi qui pouvait leur couper la retraite, les chasseurs des Alpes combattirent avec le plus admirable courage. Combien d'autres glorieux faits d'armes pourraient encore être ajoutés à ceux-ci. Nous n'avons pas la prétention d'écrire l'histoire complète de Garibaldi, mais de la résumer en donnant le portrait de cet homme extraordinaire. Un officier français qui suivait de très-près ses opérations en Italie, s'exprime ainsi sur son compte : « Les « personnes qui ne connaissent pas Garibaldi, ne peuvent que très-difficilement « s'en faire une idée. Garibaldi n'est ni grossier ni bavard. Il a la voix mâle mais « douce, le regard rêveur et fier, une taille moyenne, assez forte, mais pas trop « carrée, une grande barbe et des cheveux grisonnants assez longs, qui lui don- « nent un air qui n'est rien moins que farouche. Il a l'esprit aussi entreprenant « que prudent, plus prudent même qu'entreprenant. Le rôle qu'il joue exige une « grande audace, mais ce n'est en lui ni instinct ni passion, mais seulement « réflexion. Il comprend la nécessité de s'aventurer, mais il a soin de se ménager « une multitude de ressources. Aussi, tandis qu'il semblait se jeter tête baissée au « milieu des Autrichiens, il savait choisir un point si favorable, y manœuvrer avec « tant de prudence qu'après avoir pénétré jusqu'à Côme, il put se retirer jus- « qu'aux bords du lac Majeur sans être entamé, sans essuyer de pertes graves ; au « moment où on le croit vaincu, il songe à reprendre l'offensive et ses « plus hardis coups de main sont tentés alors qu'on le suppose sur le point de « tomber au pouvoir de l'ennemi. »

X

Nous voici à la nuit du 5 au 6 mai 1860 ; la route qui conduit de Gênes au village de Cornegliano est encombrée de voitures dans lesquelles on distingue vaguement à la lueur des reverbères des hommes dont quelques-uns paraissent étrangement équipés. Les piétons regardent, et sans rien dire semblent très-bien savoir ce dont il s'agit. La petite place et les cafés qui l'entourent regorgent de monde. La foule monte en file une ruelle étroite sur laquelle s'ouvre une porte grillée ; elle entre dans des allées dont le seul éclairage consiste en des centaines de cigares allumés. Des étincelles courent le long des haies. On se presse, on s'appelle, les uns sont couchés sur l'herbe, les autres debout ; des groupes se forment et se dispersent. On entend parler italien, anglais, français, hongrois. Des courants inexplicables s'établissent dans la foule, et vous portent tantôt d'un côté, tantôt de l'autre dans ces vastes jardins au fond desquels on aperçoit vaguement une magnifique habitation entièrement plongée dans l'ombre. Qu'attend-on? on ne voit aucun chef. Des femmes se mêlent aux groupes ou s'écartent par couples. Elles ne pleurent pas et ne cherchent pas à retenir ceux qu'elles aiment. La grille s'ouvre, tous courent vers des feux qui brillent sur la mer. Ce sont des barques qui s'avancent, et qui bientôt touchent à la rive; on s'y précipite pêle-mêle de tous côtés, cinquante environ dans chacune, et bientôt elles s'éloignent du bord aux cris mille fois répétés de : *Vive l'Unité Italienne ! Vive Garibaldi !*

Où vont tous ces volontaires? Ils l'ignorent, seulement ils savent que Garibaldi est avec eux, et cela leur suffit. Le navire vogue depuis deux jours ; c'est alors seulement qu'ils apprennent leur destination et qu'ils lisent au milieu des cris d'enthousiasme ces mots de leur chef : « La mission de ce corps, sera, comme
» elle le fut déjà, basée sur l'abnégation la plus complète, en vue de la régéné-
» ration de la patrie. Les braves chasseurs servirent et serviront leur pays avec
» la discipline et le dévouement des meilleurs corps militaires, sans autre espé-
» rance, sans autre prétention que celle d'une conscience sans tache.

» Aucun grade, aucun honneur, aucune récompense n'attirèrent ces braves ;
» le danger disparu, ils rentrèrent dans la modestie de la vie privée ; mais l'heure
» du combat sonnant, l'Italie les revoit encore en première ligne, allègres, pleins
» de bonne volonté, et prêts à verser leur sang pour elle..... »

Le 11 mai, l'expédition composée de deux navires à vapeur : le *Piemonte* et le *Lombardo* se trouvait en face de la Sicile. Il n'entre pas dans notre cadre de raconter dans toutes ses péripéties le miraculeux débarquement de Marsala. La nouvelle s'en répand avec la rapidité de l'éclair dans les environs, et de là dans toute l'île. A peine débarqué Garibaldi se met en marche sur Salemi; les paysans, les pâtres vêtus de peaux de chèvres, les femmes aux grandes robes rouges viennent de tous côtés pour le saluer ; les prêtres eux-mêmes se mettent à la tête des populations, et pour remercier le clergé, Garibaldi adresse un manifeste aux *bons prêtres* : « Quoi qu'il en soit, quoi qu'il advienne des destinées
» de l'Italie, ce clergé qui fait cause commune avec les oppresseurs de tous les
» pays, ce clergé qui achète des soldats étrangers pour combattre ses frères
» italiens, s'est voué lui-même à l'exécration des générations futures.

» C'est une grande consolation pourtant et une promesse que la vraie reli-
» gion du Christ ne sera pas perdue, que de voir en Sicile les prêtres marcher à
» la tête du peuple pour combattre la tyrannie.

» Ugo Bassi ! Vérita ! Gusmarolli ! Bianchi ! vous n'êtes pas morts tout entiers.
» Chers martyrs ! Champions sacrés de la cause nationale, le jour où votre exemple
» sera suivi, l'étranger aura cessé de fouler notre terre, il aura cessé d'être le

» maître de nos fils, de nos femmes, de notre patrimoine, et de nous-mêmes !

Le 15 mai au matin l'armée libératrice quittait les maisons sarrazines de Salemi pour prendre le chemin de Calatafimi. C'était là qu'on devait rencontrer la première colonne napolitaine commandée par le général Landi, qui s'était fortifié sur des hauteurs très-propres à la défense et garnies d'une nombreuse artillerie. On sait comment ces positions furent enlevées par les volontaires qui se battaient un contre dix. Leur récompense est dans ces remerciements de leur général :

» Avec des compagnons comme vous, je puis tout tenter, et je vous l'ai prouvé
» hier en vous conduisant à une entreprise bien ardue, vu le nombre des ennemis,
» et leurs fortes positions. Je comptais sur vos terribles baïonnettes, et vous
» voyez que je ne me suis pas trompé.

» Déplorant la dure nécessité de combattre des soldats italiens, nous devons
» confesser que nous avons trouvé une résistance digne d'hommes attachés à une
» meilleure cause, et cela prouve ce que nous serons capables de faire, le jour
» où la famille italienne sera tout entière réunie autour de la bannière de la
» rédemption.

» Demain, le continent italien se mettra en fête pour la victoire de ses frères
» libres et de nos braves Siciliens. Le combat nous coûte la vie de frères chéris
» morts aux premiers rangs ; ces martyrs de la sainte cause de l'Italie vivront
» dans les fastes de la gloire italienne.

» Je signalerai à votre pays le nom des braves qui ont si valeureusement con-
» duit au combat les soldats plus jeunes et inexpérimentés, et qui mèneront
» demain à la victoire, dans un meilleur champ de bataille, les soldats destinés
» à rompre les derniers anneaux des chaînes dans lesquelles fut garrottée notre
» Italie bien-aimée. »

XI

Sur les hauteurs de Gibilrossa, d'où l'œil embrasse le vaste horizon qui s'étend jusqu'à Palerme, deux hommes sont debout ; l'un d'eux interroge le ciel, et au bout de quelques minutes, il montre d'un air joyeux à son compagnon une étoile qui vient de se lever. C'est l'étoile de Garibaldi, celle qu'il regardait au milieu des pampas de l'Amérique, sur les cimes des Apennins, sur la plage de l'Adriatique, où il vit tomber Anita. Cette fois de gros nuages noirs voilaient l'astre protecteur. Aujourd'hui il brille de tous ses rayons et présage la victoire au chef audacieux.

En effet, le lendemain matin Garibaldi, trompant l'ennemi, se présente aux portes de Palerme, culbute les avant-postes napolitains, et les poursuit la baïonnette dans les reins jusque dans les rues de cette ville, dont ce hardi coup de main le rend maître. Quelques jours après cette troisième victoire le fort de Melazzo et la citadelle de Messine se rendent, Garibaldi est maître du détroit; encore quelques jours, et il entrera à Naples. C'est là qu'il convient que nous nous arrêtions sur le seuil, pour ainsi dire, d'un nouveau drame.

XII

Né en 1807, Garibaldi a aujourd'hui cinquante-trois ans. C'est l'homme qui possède en ce moment la plus grande et la plus incontestable popularité. Ses cheveux et sa barbe sont fauves, le nez un peu court et large, le front bien développé; sous sa profonde arcade sourcillière luit un regard clair, doux et presque tendre, que l'on sent pourtant devoir être terrible aux heures de l'action; sa taille est assez élevée quoique le vigoureux développement des épaules la fasse paraître moyenne; sa physionomie rappelle un lion au repos; tel est l'homme sur la tête duquel reposent en ce moment les destinées de l'Italie. A la douceur sympathique du regard se joint chez lui le charme non moins grand du sourire; on sent en causant avec lui qu'il est simple et bon, deux qualités précieuses et fort rares; il fuit la pompe et l'appareil; ses manières sont si peu théâtrales qu'on l'a vu sur le navire qui le portait vers Naples, attacher lui-même la tente destinée à abriter la dunette des rayons du soleil, et suivre la nuit, pour passer à l'avant, l'étroit sentier des bastingages pour ne pas réveiller les soldats endormis sur le pont.

Il y a deux grands moyens pour exercer une profonde influence sur les hommes : la puissance ou la bonté. Garibaldi n'a ni titres, ni décorations, ni largesses à distribuer à ses soldats; il ne leur promet au contraire que des peines, des souffrances, des privations qu'il partage avec eux; il n'a pas d'autre costume que leur chemise rouge, il n'a pas d'autre habitation que leur tente, il se contente de leur nourriture; c'est un volontaire et rien de plus; il ne combat ni pour le pouvoir, ni pour la gloire, ni pour la conquête, mais pour l'accomplissement d'une mission : la libération et la régénération de l'Italie. Depuis la fin du moyen âge on n'avait plus vu surgir de ces grandes popularités où s'incarnent tous les instincts d'une nation; on les croyait même devenues impossibles.

On s'est demandé quelquefois si Garibaldi avait vraiment le génie militaire. Nous ignorons ce que peuvent en penser les pédants de l'art de la guerre, mais si celui qui crée une armée nombreuse, sobre, infatigable, dévouée, qui marche à son but par les moyens les plus rapides et qui l'atteint n'est pas un grand général, nous avouons ne pas comprendre en quoi consiste ce titre.

Jusqu'ici, du reste, le libérateur n'a manqué ni de génie militaire, ni de génie politique ; il a prouvé qu'il savait agir et parler. Dans tout ce qu'il fait, dans tout ce qu'il écrit, dans ses actes, comme dans ses paroles, on voit un air de poésie et de grandeur qui est le cachet des natures privilégiées. Nous avons cité quelques-uns de ses ordres du jour pour montrer l'éloquence de son style. Cette éloquence coule du cœur. Chez lui, tout sort de là. Les hommes oubliaient depuis trop longtemps que c'est dans le cœur qu'est la force véritable. Garibaldi vient le leur rappeler dans un moment opportun. Nous ne sommes que trop disposés à croire à l'habileté et à l'admirer. Il est temps que le dévouement vienne lui faire concurrence et prouver que rien de véritablement grand dans le monde ne s'accomplit sans lui.

T. D.

Typ. Ernest Meyer, à Paris.

COBDEN

COBDEN

I

Dans un bourg du comté de Sussex, à Midhurst, vivait, dans les premières années de ce siècle, un pauvre fermier « *poor farmer* » appelé Cobden, propriétaire de quelques arpents dont le produit suffisait à peine pour entretenir sa femme et ses deux enfants. On montre encore dans le pays le sentier bordé de haies « *Cobden's lane* » qui conduisait à la ferme, bien connue de tout le voisinage par l'excellente bière qu'y fabriquait Cobden le faiseur de bière « *malster Cobden*. » C'était le surnom qu'on avait donné dans le pays au père du fermier dont nous parlons.

Ce fermier avait deux fils; Richard, le plus jeune, celui dont nous avons à nous occuper, était né en 1804. Il aida son père dans ses travaux jusqu'au jour où se sentant en âge de faire son chemin et de soutenir sa famille, il partit pour Londres, où on lui avait fait obtenir une place de commis dans une maison de commerce. Le travail aride du comptoir occupa les premières années de sa jeunesse. Son zèle et son assiduité le firent remarquer. On lui confia quelques capitaux à l'aide desquels il put, associé avec son frère, fonder à Manchester une manufacture d'impressions sur tissus de coton, que les deux fils de Cobden « *Cobden's soons* » possédaient encore il n'y a pas longtemps.

L'association prospéra dès le début, et les produits de la maison *Cobden's soons* furent bientôt recherchés et préférés à tous les autres, par les femmes des diverses classes de la société. La mode adopta les « *Cobden's prints* » avec un empressement qui fait honneur au tact des jeunes manufacturiers déjà si habiles à aller au-devant des goûts du public. En 1834, Richard Cobden, alors âgé de vingt-huit ans, pour étendre les relations commerciales de sa maison, parcourut la Turquie, l'Égypte, la Grèce, l'Amérique du nord et l'Europe. Il vint à Paris en 1837, où il se fit présenter à plusieurs de nos économistes, qui ne virent en lui qu'un négociant instruit, intelligent, quoiqu'un peu paradoxal, comme l'Angleterre en produit tant.

En France, où sur bien des points les mœurs sont encore plus fortes que les lois, après soixante ans d'égalité civile et politique, nous conservons certains préjugés des anciennes castes. Un négociant, un simple fabricant de toiles peintes ne publierait pas ses opinions sur les relations diplomatiques de son pays avec les puissances étrangères, sans affronter un peu le ridicule; nous parquons volontiers chaque individu dans sa spécialité, et nous n'aimons pas qu'il en sorte. Ce sentiment étroit n'existe pas chez nos voisins, aussi l'Anglais qui voyage porte-t-il sur tous les objets qui l'entourent un coup d'œil libre et investigateur, et croit-il qu'il doit à ses concitoyens le résultat de ses investigations.

C'est cette pensée qui donna lieu de la part de Cobden à la publication de deux brochures intitulées : L'*Angleterre*, l'*Irlande* et l'*Amérique*; l'autre : *Russie*. Dans la première on voit poindre déjà l'idée de la future association dont Richard Cobden deviendra l'un des chefs. Partisan convaincu du libre-échange, il se plaint que cette doctrine ne soit pas suffisamment répandue et développée, et qu'au lieu de tant de sociétés inutiles qu'on voit surgir tous les jours, il ne se fonde pas une société destinée à vulgariser les saines notions de la science sociale, à changer la politique restrictive des gouvernements étrangers, et à soulager la misère du peuple. Cobden voulait qu'on offrit des prix aux auteurs des meilleurs essais sur la *question des céréales*, et qu'on confiât à des professeurs (*lecturers*), la mission d'instruire les agriculteurs et de provoquer la discussion sur cette matière importante.

Cobden, qui professe pour la paix un amour peut-être exagéré, au lieu de suivre le mouvement qui excitait l'opinion publique contre la Russie, cherchait dans sa seconde brochure, *Russia*, à rassurer ses compatriotes contre les prétendus dangers du slavisme, et à combattre la russophobie propagée par M. Urquhart, l'infatigable agitateur anti-Russe. En attendant que le parti protectionniste reprochât à Cobden de vouloir livrer pieds et poings liés l'Angleterre à la Russie, le fougueux Urquhart accusa le jeune écrivain d'avoir reçu soixante mille roubles de Nicolas. Pour le venger de cette injure, ses concitoyens le nommèrent membre de la chambre de commerce de Manchester.

C'est dans cette assemblée que va commencer son illustration.

II

Nous sommes à la fin de 1838, on voit déjà s'amonceler à l'horizon les nuages de cette crise industrielle qui doit durer pendant trois années consécutives, et soumettre l'Angleterre à la plus terrible épreuve qu'un gouvernement et un peuple puissent traverser. Nous n'essayerons pas de tracer le tableau de la misère publique, et des excès auxquels elle donna lieu : incendies, épidémies, meurtres, malheureux mourant de faim sur les trottoirs des villes et dans les fossés des grands chemins, tous ces détails soulèvent le cœur d'horreur et en même temps d'indignation contre cette législation inique de prohibition imposée à l'Angleterre dans cette année 1815, qui vit partout les droits les plus sacrés des peuples foulés aux pieds et immolés aux priviléges de l'aristocratie. Après avoir soutenu contre la France tant de guerres où ses intérêts seuls étaient en jeu, l'aristocratie anglaise trouva bon de se faire indemniser de ses pertes par le peuple lui-même, et de prélever par an un milliard de francs sur les pauvres.

La taxe sur les céréales, véritable loi de famine, ainsi que la nomme un économiste distingué, aggravait encore la crise industrielle en maintenant la cherté du pain. C'était cette taxe qu'il fallait d'abord briser : Manchester, Birmingham, Wolverhampton, Coventry, Leicester, Nottingham, Derby organisent des meetings; la chambre de commerce de Manchester se réunit pour délibérer sur une pétition au Parlement, que Cobden est chargé de rédiger, et dans laquelle il demande l'abolition immédiate et entière de la loi sur les grains (*corn laws*). Ouvrir une souscription, fonder un journal, nommer des délégués, tout celà ne fut pas long dans un pays où l'on aime à passer vite de l'idée au fait, et de la théorie à la pratique. : « Formons, s'écria Cobden, formons une *ligue* destinée à renverser les iniquités de notre aristocratie féodale, et que les châteaux écroulés du Rhin et de l'Elbe soient pour nos adversaires une révélation du sort qui les attend s'ils persistent dans leur lutte contre le peuple. »

L'assemblée éclate en applaudissements, et la fameuse ligue est formée.

Si l'on peut rapporter à Cobden l'honneur de l'avoir fondée, il est juste de dire qu'avant lui des coups terribles avaient été portés à la législation sur les céréales, notamment par le lieutenant-colonel Thompson, auquel Cobden a rendu maintes fois justice dans les meetings, et dont les ouvrages furent comme un arsenal où les ligueurs puisèrent leurs plus solides arguments. Au sein d'une nation comme l'Angleterre, où toutes les classes sont si éclairées sur leurs intérêts politiques, une loi semblable à celle des céréales n'avait pu être établie ni durer sans exciter la plus vive opposition. Il fallut, pendant qu'on la votait, entourer d'un cercle de baïonnettes la chambre des Communes, que le peuple voulait envahir; les députés eurent beaucoup de peines à se dégager des mains de la foule, et l'on vit le moment où le feu allait être mis au palais Saint-James. Cinq ans plus tard, à Manchester, près de cent mille citoyens, musique en tête, des fleurs à leur chapeau, des branches vertes à la main, se rendaient processionnellement au pacifique meeting où le fougueux et éloquent Hunt les avait convoqués pour signer une pétition demandant à la fois la réforme électorale et le rappel des *corn laws*. Au moment où la foule prête l'oreille la plus attentive à son orateur favori, des cavaliers, furieux de vin et de colère, se jettent sur les auditeurs, foulent aux pieds les femmes et les enfants, et dispersent l'immense meeting à coups de sabre. Les auteurs de cette lâche et sauvage agression étaient les brillants cavaliers de la *Ieomanry*, les gentilshommes de la contrée.

Vingt ans plus tard, sur ce sol ensanglanté, s'élevait le palais des ligueurs, *Free trade Hall*, dont la construction, qui revenait à près d'un million, avait été payée au moyen d'une souscription nationale.

III

La grandeur de Cobden, c'est d'avoir compris tout de suite qu'il ne s'attaquait pas à une loi, mais au corps le plus puissant qui ait jamais peut-être existé dans le monde, l'aristocratie anglaise, et de n'avoir point reculé devant cette lutte.

En 1839, déjà la bataille commence, la ligue a formé son conseil exécutif; on y trouve les noms du jeune fabricant d'amidon Wilson, à qui l'Angleterre confiera plus tard le soin de rétablir les finances de son empire de l'Inde, et qui mourra victime de son zèle et de son dévouement au moment de terminer cette grande et laborieuse tâche; du quaker Bright, aussi jeune que lui et destiné à devenir le chef d'un parti imprudent parfois, mais toujours sincère et obéissant à de généreuses inspirations; de Gibson, aujourd'hui l'un des membres importants du Parlement; du colonel Thompson, l'ouvrier de la première heure, de Fox, de Villiers, de Smith, de Paulton, d'Ashworth, de Prentice, le rédacteur du *Manchester-Times*. Hickin remplit l'office de secrétaire du conseil, Rawson celui de trésorier; Bickham et Walley acceptent la mission de répondre aux huit cent mille lettres par an que reçoit le comité; M. Lees se réserve les soins de l'administration. Le chef reconnu de cet état-major est Cobden, qui trouve moyen de se multiplier, d'être partout à la fois, et de vivre à un meeting par jour. Dans deux mois, on calcule qu'il assiste à plus de quarante meetings.

Réduits à leurs propres forces, les membres du Comité de la ligue auraient succombé sous leur fardeau. Heureusement le génie du progrès moderne vient leur fournir de puissants auxiliaires. La vapeur permet aux orateurs du libre-échange de se transporter partout avec une rapidité foudroyante; l'agitation fait vingt lieues par heure. Le soir elle est à Liverpool, le matin à Edimbourg; le chemin de fer la sème sur tous les points du territoire. Grâces à la réforme postale, la ligue peut subvenir aux frais de sa prodigieuse correspondance; enfin la Réforme électorale ouvre à la Réforme commerciale les portes du Parlement, et introduit l'agitation dans le grand foyer politique, au sein même de la chambre des Communes.

Ce grand mouvement qui remue les Trois-Royaumes, part de *Free trade Hall*, ce Vatican du libre-échange construit en six semaines à Manchester. Pénétrons un moment dans la ruche, et voyons les ouvriers à l'œuvre. Dans la salle du conseil on apporte les lettres, on les ouvre, on les classe; toutes sont lues soigneusement, et la réponse ne se fait pas attendre; dans l'étage au-dessous est l'imprimerie; pendant que des centaines d'ouvriers composent les livres, les circulaires, les petits pamphlets (*tracts*), les instructions de la ligue, les presses les tirent à des milliers et des milliers d'exemplaires. Le libre-échange a recours à tous les moyens de publication, il pénètre dans les familles sous toutes les formes, même sous celle d'abécédaire. Les opérations du pliage, du brochage de ces innombrables imprimés s'accomplissent dans diverses pièces; voici la salle où, formés en ballots entassés, ils attendent le moment du départ. Tout est public, tout est ouvert au voyageur qu'on accueille avec la plus gracieuse hospitalité, et qui trouvera de charmantes ladies empressées à lui offrir du thé ou des rafraîchissements avant de quitter *Free trade Hall*.

Que la présence des femmes dans un pareil lieu ne fasse point sourire nos compatriotes ; elles n'y sont point déplacées. Il s'agit de secourir les pauvres, de vêtir ceux qui ont froid, de nourrir ceux qui ont faim, d'empêcher les petits enfants de mourir de misère, les jeunes filles de se prostituer, comment les femmes ne seraient-elles pas libres-échangistes ?

IV

Maîtresse du sol, du gouvernement, de l'armée, l'aristocratie ne répond d'abord aux attaques de Cobden que par le sarcasme et le dédain ; mais peu à peu l'agitation grandit, le fonds de souscription de la ligue s'élève à 200,000 francs en 1841, à 600,000 francs en 1842, et à 1 million l'année suivante ; en 1844 elle atteint le chiffre de 2 millions. En une seule journée la liste ouverte à Manchester dépasse un total de 400,000 francs. L'aristocratie se décide à entrer sérieusement en lice. Aux misères et aux souffrances du pauvre qu'elle daigne reconnaître, elle ne trouve, comme toujours, qu'un unique remède, l'aumône : « Tu meurs de faim chez toi, dit-elle à l'ouvrier, eh bien, émigre ; voici l'argent nécessaire, va-t-en ! Ton enfant succombe à la fatigue, je limiterai les heures de son travail. » L'exil et un règlement administratif, voilà tous les soulagements que l'aristocratie offre au peuple. Nous ne parlons pas des bains, des chauffoirs publics, des lieux de recréation, des écoles. L'aristocratie est riche, elle peut dépenser de l'argent en établissements de ce genre, mais il ne s'agit plus de vains palliatifs ; la philanthropie a fait son temps ; ce qu'on demande c'est la justice. Soulager la misère du peuple ne suffit pas, il faut en supprimer la cause qui est tout entière dans le monopole, et dans la mauvaise répartition de la fortune publique.

A partir de 1841 la lutte des partis cesse d'être politique, pour devenir entièrement économique ; Robert Peel remplace lord Melbourne. Pendant que le nouveau chef du cabinet prépare l'étonnante évolution qui, du chef du parti protectionniste doit faire l'agent le plus direct et le plus efficace de la Réforme commerciale, la ligue acquiert de nouvelles forces, ses doctrines font de nouveaux progrès, et Cobden peut s'écrier en s'adressant à la phalange serrée des protectionnistes de la Chambre : « Vous êtes forts, vous avez les élections, dites-vous, mais combien de temps resterez-vous au pouvoir quand ce piédestal qui vous supporte aura été renversé ? »

En 1840 Cobden avait reçu le mandat électoral de la ville de Stockport ; dans la Chambre on comptait quelques libres-échangistes, mais ils n'y formaient point un parti : Cobden résolut de tourner tous les efforts de la ligue de ce côté, et d'intervenir d'une façon puissante dans les élections. Il fallait s'y préparer par un immense travail d'épuration des listes électorales, entraînant après lui une suite interminable de procès. Ces préliminaires terminés, il s'agissait de trouver un point favorable pour faire brèche à la majorité électorale. En examinant avec soin la situation, Cobden découvrit un endroit faible par où il espéra pénétrer dans la place. Il y a deux sortes de députés en Angleterre : ceux des bourgs et ceux des comtés. Une propriété produisant quarante shillings, soit cinquante francs de rente, confère les droits d'électeur de comté en vertu d'une des clauses les plus anciennes de la loi électorale anglaise, car elle date, dit-on, de six cents ans, et connue sous le nom de *Clause Chandos*. Décider les ouvriers à consacrer leurs économies à l'acquisition de ces propriétés, dont le prix ne dépassait pas mille francs, c'était créer autant d'électeurs au profit du libre-échange. Les élections devaient avoir lieu dans quelques mois ; il n'y avait pas un instant à perdre pour populariser cette idée, et en faire comprendre les avantages. On vit alors Cobden passer d'un comté à un autre, prêcher de ville en ville l'achat des *free-holder*, infatigable au travail, inépuisable en arguments, variant sa thèse selon les personnes et les lieux, agitant si bien, qu'au bout de trois mois, dans trois comtés seulement, plus de cinq mille votes nouveaux étaient acquis aux candidats du libre-échange.

Les élections arrivent, le parti protectionniste est vaincu à Londres dans la personne de Baring que la Cité abandonne pour Patisson.

La souscription annuelle de la ligue s'élève à six millions et demi.

L'exposition de Covent-Garden produit plus de six cent mille francs.

Le *Times* n'hésite plus, et jette les *corn laws* à l'eau, tombe sur la protection, sur les protectionnistes, sur le *landlordisme*, et crie à tue-tête : vive Cobden !

Une défection bien plus importante ne devait pas tarder à porter le dernier coup à l'aristocratie territoriale.

C'est vers cette époque que Cobden et Brigth soutinrent contre O'Brien et Regus O'Connor, les deux chefs du parti chartiste, une grande discussion en présence de plus de dix mille individus, financiers, négociants, manufacturiers et ouvriers. Les débats terminés, le meeting eut à se prononcer sur deux propositions : la première de Cobden ainsi conçue : « Le système protecteur est injuste et doit être abrogé sans délai; » la seconde d'O'Connor : » Toute réforme commerciale doit-être abrogée jusqu'à ce que la charte du peuple ait remplacé la vieille constitution. » La proposition de Cobden fut adoptée. Quelque temps auparavant Cobden avait reçu des travailleurs de Leicester une adresse de félicitation; fort de l'appui et de de la sympathie de plus en plus marqués des classes ouvrières, Cobden reprit avec plus d'ardeur et de courage sa lutte contre les classes privilégiées. » J'ai combattu les landlords, s'écriait-il fièrement à Londres dans un meeting, jusque dans leurs places fortes, dans les comtés de Norfolk, de Hertford, de Sommerset; la semaine prochaine j'irai dans le Buckinghamshire; la semaine d'après à Dorchester, et le samedi suivant dans le Lincoln. Je dis publiquement aux landlords où je vais, et ils n'osent pas venir m'y regarder en face. »

V

Un triste mais puissant auxiliaire vint en aide aux réformateurs; la crainte de la disette. Très-peu de blé en Angleterre, point de pommes de terre en Irlande. Entre les souffrances du peuple et les priviléges de l'aristocratie, il fallait prendre un parti décisif. Robert Peel n'hésita pas, et proposa le plan financier qui ruinait les dernières espérances du parti protectionniste.

Dans cette session de 1845, une des plus mémorables sans contredit de l'histoire parlementaire de la Grande-Bretagne, l'aristocratie vaincue n'eut plus recours aux arguments : il ne lui restait plus qu'une arme, le sarcasme, et M. Disraéli s'en servit non point contre Cobden mais contre l'homme d'État dont le crime était de n'être pas assez aveugle pour aller jusqu'au bout du fossé, et pour préférer une retraite honorable à une culbute dans la révolution. Ces sarcasmes n'accusaient que mieux l'impuissance du parti conservateur, car s'il est toujours bon d'avoir de l'esprit, il est des cas où il faut aussi avoir autre chose. Robert Peel supporta fièrement ces railleries; il dut cependant lui en coûter de rompre avec les idées et les hommes de sa jeunesse, pour défendre des idées nouvelles, et pour s'allier à des hommes nouveaux; aussi ce ne fut pas sans un certain frémissement dans la Chambre et sans une émotion visible dans sa voix, qu'on l'entendit accoler ces mots : « Mon honorable ami » au nom de Cobden qu'il s'était contenté jusqu'alors d'appeler d'un ton froid : « l'honorable député de Stockport » ; l'alliance était donc cimentée entre la ligue et le ministère ; il restait au parti tory une revanche à prendre de sa défaite : il la prit en renversant Robert Peel, quoiqu'il sût parfaitement d'avance qu'il ne parviendrait pas à le remplacer. Lord John Russell tenta de former un cabinet, et il s'aperçut bientôt qu'il ferait sagement de renoncer à cette tâche. Robert Peel reprit donc sa démission, et dans la séance du 22 janvier il développa le fameux plan de réforme qui donnait raison à toutes les idées, et satisfaction à tous les vœux de Cobden et de ses amis.

Ce jour-là, nous devons le dire, ce ne fut pas seulement une réforme qui s'opéra en Angleterre, mais une révolution. C'est de ce moment que date l'avénement des classes moyennes au gouvernement, que l'aristocratie a reçu un coup dont elle ne se relèvera pas, et que les mots de whigs et de torys n'ont plus rappelé que des souvenirs historiques. Il s'est formé en Angleterre un parti ancien et nouveau à la fois qui ne fait encore qu'exercer son influence sur les affaires, mais qui ne tardera pas à en avoir la direction ; ce parti s'est réjoui de l'indépendance de l'Amérique, et s'est opposé en 1792 à la guerre avec la France ; par le renversement des torys il a rompu la coalition qu'ils essayaient de former contre nous. Dans le présent, il a obtenu la réforme électorale, l'émancipation des catholiques, l'abolition des *corn laws*; dans l'avenir, il obtiendra l'abolition des substitutions et détruira le dernier privilége de l'aristocratie. C'est avec ce parti, de jour en jour plus nombreux et plus puissant, que la démocratie française est appelée à contracter une alliance intime qui sera le salut et la force de la civilisation, non-seulement en Europe, mais dans l'univers entier. Héritière directe des traditions politiques de l'aristocratie romaine, l'aristocratie britannique n'a fondé sa grandeur que sur l'injustice et l'oppression. Écraser pour gouverner, telle était sa devise. Souffrir une puissance égale à la sienne dans le monde, lui semblait déchoir. Cette grandeur factice, la nation a refusé de la payer plus longtemps au prix de son sang, de ses misères, de ses privations. Le peuple anglais a rompu avec son aristocratie, et c'est surtout pour avoir réclamé et fait prononcer ce divorce que le nom de Cobden restera grand dans l'histoire.

Au moment de quitter le pouvoir, et cette fois pour ne plus le reprendre, Robert Peel déclara solennellement devant la chambre des Communes qu'à Cobden revenait la plus grande part d'honneur dans le grand combat qu'on venait de livrer au monopole. C'est un éloge auquel Cobden se montra sensible, et qu'il méritait. Cobden, depuis huit ans, était sur la brèche ; il était temps pour lui de se reposer un peu sur ses lauriers. Dans un dernier meeting les résolutions suivantes furent proposées et adoptées :

1° Un acte du parlement ayant aboli la loi des céréales, à partir de Février 1839, les opérations de *l'anti-corn law-league* sont suspendues. Le conseil exécutif de Manchester est prié de clore les affaires de cette ligue.

2° Après le premier versement, les souscripteurs du fonds de 250,000 livres (six millions) seront dégagés de toute obligation ultérieure.

3° Dans le cas où le parti protectionniste demanderait le rappel de cette loi, les membres du conseil exécutif sont chargés de convoquer cette ligue.

Une telle demande n'était guère à craindre, et Cobden put avec vérité s'écrier au milieu de l'enthousiasme général : « Je crois que notre cause ne court plus aucun danger, et qu'il serait désormais plus facile d'abolir la grande charte, de supprimer l'institution du jury, de déchirer le bill de réforme, que d'inscrire de nouveau les droits prohibitifs sur les codes de la nation. »

VI

Résumons en quelques mots les travaux accomplis par la ligue sous l'impulsion de Cobden.

Pendant une seule année le nombre total des brochures et adresses publiées par la ligue s'est élevé à 9,026,000, pesant 200,000 kilogrammes ; quatorze propagateurs parcoururent 59 comtés, et firent plus de 650 cours ; en trois mois, vers la fin de 1844, la ligue acheta pour 250,000 livres, soit 6,250,000 fr. de *free-holder* ; en 1845, le fonds de souscription à la ligue était de 12,500,000 fr. De grandes expositions, jusqu'alors inconnues en Angleterre, furent ouvertes à Manchester et à Londres, et produisirent des sommes considérables.

La création d'une pareille machine de propagande fait honneur non-seulement aux hommes qui l'ont conçue et exécutée, mais encore au pays dans lequel elle a fonctionné, et un des membres principaux de la ligue a eu raison, à Londres, en plein meeting, de prononcer ces paroles : « A l'avenir, quand les hommes voudront savoir s'il est possible de détruire un abus protégé par la puissance et défendu par la richesse, par le rang, par la corruption ; quand ils se demanderont s'il y a quelque espoir de détruire un pareil abus à force de dévouement et de persévérance, on leur montrera les pages qui contiendront l'histoire de la ligue contre la loi sur les grains. »

Qu'est-ce que l'homme qui a osé croire à la possibilité de ce succès, et qui a le plus fait pour le rendre certain? Un simple imprimeur sur calicot. Pendant huit ans Cobden sacrifie son temps, sa santé, sa fortune à une entreprise dont il ne doit retirer aucun avantage personnel. Pendant qu'il parcourt l'Angleterre du sud au nord, de l'est à l'ouest, semant partout le grain de sa parole, les toiles peintes de la maison *Cobden's soons* reçoivent sans doute plus d'un échec sur le marché; on sait quel soin, quelle activité, quelle vigilance de tous les instants sont nécessaires pour maintenir la priorité sur tous les autres articles du même genre à un produit industriel dont le succès dépend entièrement des caprices de la mode. Cobden ne pouvait diriger en même temps la ligue et sa fabrique, et cumuler la profession de manufacturier avec celle de tribun. Ce tribun, du reste, ne se contente pas de payer de la parole, il paye également de la bourse. On le voit s'inscrire pour 500 livres (12,000 francs) sur la dernière liste de souscription ouverte par la ligue : aussi quand le *Free trade* triomphe est-il complétement ruiné. Heureusement Cobden a-t-il affaire à une nation généreuse et qui sait récompenser elle-même et sans attendre l'initiative du gouvernement les gens qui se dévouent à l'intérêt public. Le peuple anglais pensa qu'après avoir travaillé comme il l'avait fait, Cobden devait avoir besoin de repos, et une souscription ouverte pour lui assurer ce repos légitime s'éleva, en quelques mois, au chiffre de deux millions.

Jamais rémunération ne fut plus glorieuse et en même temps mieux méritée. On dit que des revers commerciaux lui en ont enlevé la plus forte partie, et que dernièrement les négociants de Manchester ont été obligés de faire entre eux un fonds de souscription pour venir en aide au héros de la ligue.

C'est en 1846 que la ligue s'ajourna. On calcule que Cobden, dans l'espace de quelques années, avait assisté à plus de douze cents meetings. Le lutteur avait besoin d'un repos qu'il demanda au ciel de l'Italie : il traversa la capitale de la France pour se rendre à Naples, et le 18 août 1846, la Société des Économistes de Paris lui offrit un banquet. Députés, pairs de France, industriels, savants, journalistes, plus de cent personnes assistaient à cette réunion d'élite. Ceux qui ont entendu Cobden à cette époque gardent encore la très-vive impression que leur fit éprouver le discours prononcé à cette occasion par l'orateur du *Free trade*, discours original, imprévu, d'une saveur toute particulière par les sentiments si français qu'il exprimait dans un accent étranger, accent qui, en donnant encore plus de couleur et de pittoresque aux paroles de l'orateur, semblait en augmenter la sincérité.

VII

Nous entrons maintenant dans la seconde phase de la carrière de Cobden. A partir de 1848, il n'est plus seulement l'instigateur principal de l'agitation économique, il devient le chef d'un parti dont les doctrines peuvent paraître imprudentes et prématurées, mais qui n'en mérite pas moins l'intérêt et l'attention de tous ceux qui envisagent la question du progrès non pas au point de vue de tel ou tel peuple, mais de l'humanité tout entière.

Le peuple anglais est sujet à une certaine maladie qu'on pourrait appeler la panique de l'invasion française. Lorsqu'on s'y attend le moins, la panique s'empare du malade qui perd la tête au premier moment. En 1848, un de ces terribles accès de frayeur sévissait en Angleterre. Nos voisins voyaient partout des soldats français débarquant sur la côte : trois navires de pêcheurs leur semblaient une flotte, et au moindre mouvement de troupes dans les départements du littoral, ils criaient à la formation d'un nouveau camp de Boulogne. Une Revue importante de Londres s'écriait que le premier engagement avec la France aurait lieu sans déclaration de guerre, et qu'il fallait songer à empêcher un enlèvement de la Reine dans Osborne-House.

C'est au milieu de ces alarmes, et de l'excitation qu'elles faisaient naître, que Cobden, dans un meeting convoqué à Manchester pour célébrer l'entrée au Parlement des nouveaux membres abolitionnistes, eut l'occasion de faire connaître sa pensée sur la question des armements qui préoccupait d'autant plus l'opinion publique en Angleterre, que le vieux duc de Wellington venait de la recommander spécialement à l'attention de ses concitoyens dans une lettre forte et pathétique qui ressemblait à un appel d'outre-tombe. Cobden ne craignit pas de lutter avec un homme à qui, de son vivant, l'Angleterre avait dressé des statues, et qui passait pour le génie tutélaire de la patrie. Il se moqua d'abord de la panique dont nous venons de parler, en rappelant une autre panique dont les Russes étaient la cause il y a quelques années : « A vrai dire, cette panique est une sorte de maladie périodique. Je la compare quelquefois au choléra, car je crois qu'elle nous a visités la première fois en même temps que le choléra. On nous disait alors que nous aurions une invasion de Russes. Je crois que si je n'avais pas été choqué de la folie de quelques journaux (et il y en a aujourd'hui qui sont presque aussi fous que ceux-là), — lesquels prétendaient que les Russes allaient aborder d'un moment à l'autre à Portsmouth, — je crois, dis-je, que je ne serais devenu ni auteur, ni homme public, que je n'aurais jamais écrit de pamphlets ni prononcé de discours, et que je serais demeuré jusqu'aujourd'hui un laborieux imprimeur de coton. »

Issue d'un mouvement libéral et pacifique, la République de Février se souvint peut-être un peu trop de cette origine. Sans doute il était bon d'élucider les questions sociales ; mais il y avait aussi des questions politiques extérieures qui demandaient une solution. Les résultats de 1815 pesaient encore sur la France. Le manifeste de Lamartine prouva aux puissances qu'il ne serait rien tenté pour les modifier. Il n'y avait donc plus aucun prétexte de rompre l'alliance anglaise. Bien loin d'y songer, le gouvernement ne cherchait au contraire qu'à la rendre plus étroite. C'est ce que Cobden s'efforçait de démontrer toutes les fois que, prenant la parole dans un meeting, il s'occupait des relations entre l'Angleterre et la France ; tout ce qui pouvait porter le trouble dans ces relations était sûr de rencontrer en lui un ennemi décidé. Nul ne se montra plus sévère contre le duc de Wellington à propos de la lettre dont nous venons de parler : « N'aurait-il pas mieux fait, dit Cobden, en parlant du vieux Maréchal, de prêcher le pardon et l'oubli du passé, que de raviver les souvenirs de Toulon, de Paris, de Waterloo, et de faire tout ce qu'il faut pour engager une nation courageuse à user enfin de représailles, et à se venger de ses désastres passés ? N'aurait-il pas accompli une œuvre plus glorieuse en mettant du baume sur ces blessures, maintenant à peu près guéries, au lieu de les rouvrir, en laissant à une autre génération le soin de réparer les maux accomplis par lui ? »

Il y avait certainement du courage à prononcer de telles paroles, et on peut dire que Cobden n'en a jamais manqué. Qu'il attaque un abus ou un préjugé, c'est toujours le même homme ferme et imperturbable que ni l'injure ni le sarcasme ne peuvent atteindre.

Le parti que Cobden représente demande pour toutes les colonies la liberté d'échanger avec le monde entier, sans privilège avec la métropole ; il proclame le principe de non intervention dans les affaires intérieures des autres nations, d'abolir les lois de navigation, de réduire les forces de terre et de mer à ce qui est indispensable à la sécurité du pays, de renoncer à toute idée de prépondérance et de suprématie en Europe. Ces idées peuvent paraître folles et ridicules à ces Anglais qui ne voient dans leur patrie que le pays oligarchique et monopoliste qui a causé tant de maux à l'humanité, qui a imposé partout où il l'a pu sa domination injuste et violente, qui a rédigé l'acte de navigation, qui a établi la loi sur les céréales, qui a déclaré la guerre aux États-Unis et à la Révolution française; mais ces Anglais deviennent de plus en plus rares. D'autres générations s'élèvent, qui comprennent les grands changements survenus dans le monde depuis trente ans, et qui sentent bien que pour l'Angleterre comme pour toute autre nation le temps est passé de revendiquer une prépondérance exclusive sur les autres peuples. L'Europe tend à devenir de plus en plus une sorte de fédération chrétienne, et sous ce point de vue le plan d'organisation européenne imaginé par Henri IV est peut-être plus près de se réaliser qu'on ne se l'imagine communément. C'est du moins la croyance de Cobden et de ses amis, et ceux qui les raillent de leurs sentiments à ce sujet, et de la franchise avec laquelle ils les expriment au sein du Parlement, dans les meetings, dans les livres, dans les journaux, ne tarderont peut-être pas à les partager, car malgré les apparences contraires, les idées de modération, de balance, d'équilibre, dominent et dirigent bien plus le monde que les instincts de conquête, de guerre et d'ambition.

VIII

A Londres, les meetings de la ligue se tenaient dans les salles de Drury-Lane et de Covent-Garden, toujours trop étroites pour contenir la foule. Jamais le chiffre des spectateurs ne s'est élevé à moins de six mille; on se disputait une carte d'entrée comme s'il eût été question d'une des plus brillantes représentations du théâtre de la Reine. Quand on relit dans les journaux du temps les récits de ces meetings on est vraiment forcé d'admirer l'enthousiasme de cette nation anglaise qu'on nous donne souvent comme un modèle de froideur. Il faut entendre les cris, les hurrahs, les battements de mains toutes les fois qu'un des orateurs favoris du public, Cobden surtout, prend la parole. De tous les orateurs de la ligue Cobden est sans contredit celui qui montre le plus de talent, de verve, d'imprévu à varier un thème qui ne change jamais. Les orateurs du Parlement peuvent puiser l'inspiration dans vingt sujets; les orateurs de la ligue n'en ont jamais qu'un seul : le monopole. Voici comment Cobden le dépeignait un jour : « Le monopole! oh! c'est un personnage mystérieux qui s'asseoit avec votre famille autour de la table à thé, et quand vous mettez un morceau de sucre dans votre tasse, il en prend vivement un autre dans le sucrier, puis, lorsque votre femme et vos enfants réclament un morceau de sucre, le mystérieux filou, le monopole leur dit : je le prends pour votre protection. » On retrouverait dans ses discours vingt exemples de cette façon vive et piquante d'attaquer un abus et de le mettre à nu. La raillerie n'est point son unique ton, et on le voit souvent s'élever à l'éloquence véritable. Les conservateurs, pour remédier aux dangers de la crise, avaient proposé de fournir aux ouvriers le moyen d'émigrer. Cobden s'élève contre ce bill avec une émotion et une chaleur qui vous gagnent même aujourd'hui : « Les bœufs et les chevaux, dit-il, maintiennent leur prix sur le marché; mais quant à l'homme, cet animal surnuméraire, la seule préoccupation de la législation paraît être de savoir comment on s'en débarrassera même à perte. . . . »

« Je demandais à un gentleman, partisan du bill, si, par hasard, il avait dessein d'émigrer?

— Oh! non, répondit-il.

— Qui donc voulez-vous renvoyer? lui demandai-je.

— Les pauvres, ceux qui ne trouvent pas d'emplois ici.

— Mais ne vous semble-t-il pas que ces pauvres devraient avoir au moins une voix dans la question? Ont-ils jamais pétitionné le Parlement pour qu'on les fît transporter? A ma connaissance, depuis cinq ans, cinq millions d'ouvriers ont présenté des pétitions pour qu'on laissât les aliments venir vers eux, mais je me rappelle pas qu'ils aient demandé une seule fois à être envoyés vers les aliments. »

Les souffrances et les misères du peuple trouvent toujours en lui un défenseur dont l'éloquence émue et pathétique n'emprunte rien aux artifices de la rhétorique. Le talent de Cobden est tout dans le naturel et la simplicité, soit qu'il parle, soit qu'il écrive, il trouve toujours l'idée juste, le mot propre et le ton convenable. Celui qui ne l'entend qu'une fois, n'admire peut-être que sa clarté et son bon sens, mais si on le suit dans sa carrière d'agitateur, si l'on songe à la quantité d'écrits sortis de sa plume, et de discours prononcés par lui, on est émerveillé de l'inépuisable fécondité de son esprit et de son imagination, du nombre, de la force, de la variété des arguments qu'il emploie, sans qu'au bout de sept ans d'une fertilité de ce genre, il paraisse plus épuisé que le jour où la ligue tint son premier meeting à Manchester.

Les Revues et les journaux protectionnistes ont longtemps soutenu que Cobden ne réussirait pas à la Chambre des Communes. L'expérience a fait justice de cette assertion, par laquelle le parti vaincu cherchait à se venger de sa défaite.

En enlevant le privilége foncier à l'aristocratie par la suppression des *corn laws*, et en signant le dernier traité de commerce entre l'Angleterre et la France, Cobden a attaché son nom aux deux actes les plus importants de ce temps-ci ; sa modestie n'en est point ébranlée. Nous avons entendu comparer souvent sa simplicité à celle de Franklin, simplicité de caractère qui n'exclut pas l'ardeur et l'énergie du tempérament. Peu de gens ont donné des preuves aussi nombreuses que lui de fermeté, de persévérance, de travail continu et passionné. Sa santé s'en est ressentie et s'en ressent encore. Si vous rencontrez dans les environs du ministère des affaires étrangères un homme à la physionomie calme, aux traits fatigués et pâlis, au regard doux et intelligent, à la bouche sérieuse et bienveillante, inclinez-vous devant cet homme; il s'appelle Richard Cobden, il a accompli une révolution, il a changé la face d'un grand pays, et quand on lui a offert le ministère, il a répondu : « Vous vous trompez, je ne suis pas un homme d'État, mais un simple imprimeur sur coton ! »

T. D.

Ty. Ernest Meyer, à Paris.

VICTOR-EMMANUEL

VICTOR-EMMANUEL

I

Le prince illustre, le grand citoyen, l'honnête homme dont nous allons raconter la vie, déjà si pleine, bien que, suivant les lois de la nature, elle soit encore loin de son terme, Victor-Emmanuel occupera une glorieuse place dans l'histoire contemporaine. Son nom demeurera éternellement lié au souvenir d'une des œuvres les plus colossales et les plus difficiles que notre siècle ait vu entreprendre et mener à bonne fin, nous l'espérons : la constitution de l'unité et de l'indépendance Italiennes.

Victor-Emmanuel II (Marie-Albert-Eugène-Ferdinand-Thomas) est né le 14 mars 1820, de Charles-Albert, un héros! et de Thérèse, archiduchesse d'Autriche, fille de Ferdinand, grand-duc de Toscane.

Il reçut une éducation à la fois militaire et monastique, rude et forte éducation! Sur la recommandation de monseigneur Bigex, ancien archevêque de Chambéry, Charles-Albert confia l'instruction morale, religieuse et littéraire de son fils aîné à un prélat de grand mérite, éclairé et tolérant, monseigneur Charvas, aujourd'hui sénateur du royaume et archevêque de Gênes. Il est bon de citer les termes par lesquels un archevêque rappelait à Charles-Albert les titres que l'abbé Charvaz avait à sa confiance :

« Votre Majesté, disait monseigneur Bigex, a toujours conservé un bon souvenir
» à monseigneur Charvaz ; elle l'a employé plusieurs fois officieusement, sans ré-
» sultats d'ailleurs, dans les négociations religieuses que l'*incroyable opiniâtreté* de
» Rome et *son insolence* ont continuellement fait échouer, malgré l'obstination du
» Piémont à les renouer sans cesse, *avec assez peu de dignité*, il faut le recon-
» naître. »

Le jeune duc de Savoie fit de rapides progrès, mais ses professeurs militaires eurent plus encore à se louer de leur élève que ses professeurs de belles-lettres. Doué d'une prodigieuse vigueur physique, il excellait dans les exercices les plus pénibles et les plus fatigants, dans le maniement des armes, l'équitation, la nage, etc., etc.

Charles-Albert avait une prédilection marquée pour son second fils, le duc de Gênes, jeune homme blond et mélancolique, dont le tempérament et les goûts contrastaient si fort avec ceux de son frère aîné. Il redoutait les explosions de ce caractère bouillant et indomptable dont l'énergie lui plaisait cependant. « Il faudra marier bientôt ce démon, » disait-il.

A vingt-deux ans en effet, en 1842, Emmanuel épousa l'archiduchesse Marie-Adélaïde (Françoise-Renière-Élisabeth-Clotilde), seconde fille de l'archiduc Renier d'Autriche. Cinq enfants naquirent de ce mariage :

Le prince Humbert, aujourd'hui prince royal, né le 14 mars 1844 ;

Sa sœur aînée, la princesse Clotilde, mariée au prince Napoléon, née le 2 mars 1843 ;

Le prince Amédée, duc d'Aoste, né le 30 mars 1845, colonel de la 1re légion de la garde nationale de Milan ; major dans la brigade d'Aoste (infanterie) ;

Le prince Othon, duc de Monferrat, né le 11 juillet 1846 ;

La princesse Marie-Pie, née le 16 octobre 1847.

La mère de ces cinq enfants mourut le 20 janvier 1855, universellement regrettée. Des deuils de famille frappèrent successivement, à la même époque, la maison royale du Piémont, et les organes du parti ultramontain, tant en France qu'en Italie, ne manquèrent pas de faire remarquer, à cette occasion, que le bras de Dieu s'appesantissait ainsi sur cette famille pour la punir d'avoir osé toucher aux biens du clergé.

II

Victor-Emmanuel, on l'a vu, avait dès l'enfance manifesté des dispositions belliqueuses. Bien jeune encore, il rêvait la gloire, qui devait plus tard s'attacher à son nom, et l'indépendance de sa patrie. « Je ne suis pas Piémontais, disait-il souvent, je suis Italien. » Un écrivain estimé, M. Léopold Gaillard, a raconté l'anecdote suivante : « Un soir que le premier ministre (comte Balbo) rentrait chez lui après une journée de travail et qu'il traversait tout ému la foule applaudissant sous ses fenêtres, il fut accosté par un jeune homme dont le large chapeau cachait en partie la figure, et qui demanda à l'entretenir en particulier. Un moment après, l'inconnu se découvrant laissa le vieux patriote stupéfait d'étonnement et d'émotion, c'était le fils aîné du Roi, aujourd'hui Victor-Emmanuel, qui venait le prier d'obtenir de son père la permission d'aller combattre pour l'indépendance de l'Italie. »

On sait quelle fièvre de patriotisme et de libéralisme excita en Italie l'avénement de Pie IX. Ce n'est point ici le lieu de revenir sur ces événements que nous aurons plus tard occasion d'apprécier lorsque nous raconterons la vie du Pape actuel. Cette fièvre, on le pense bien, gagna l'âme généreuse du duc de Savoie. La révolution de 1848 vint heureusement ouvrir une large carrière à l'ardente activité du jeune prince. Charles-Albert accepta la lutte contre l'Autriche et son fils aîné fut le plus intrépide de ses lieutenants, le plus brave de ses soldats. Le duc de Savoie prodigua son sang sur tous les champs de bataille pendant ces deux glorieuses campagnes de 1848 et 1849, que le grand désastre de Novare devait si tristement couronner; à Goïto, à Custozza, à Mortara, où les cavaliers de Radetzki lui enlevèrent ses chevaux et ses bagages, à Novare enfin, Victor-Emmanuel, à la tête de sa division, fit des prodiges de bravoure, d'une bravoure poussée jusqu'à la témérité. A la bataille de Goïto (30 mai), au moment où il décidait la victoire en chargeant à la tête du régiment des gardes et en enlevant, par un vigoureux retour offensif, une position importante un moment occupée par les Autrichiens, une balle atteignit le duc de Savoie, et malgré sa blessure, il fut impossible de lui faire abandonner le champ de bataille avant le moment où le résultat de la journée fut définitivement obtenu.

Et cependant, malgré cette vaillante conduite, cette intrépidité audacieuse qui l'avaient sans cesse porté au premier rang et dans les postes les plus périlleux, celui que l'Italie reconnaissante devait acclamer, onze ans plus tard, d'un bout à l'autre de la Péninsule, du titre de Roi galant-homme, fut en butte aux plus odieuses calomnies. On l'accusa sourdement de trahison. « N'est-il pas, disait-on, l'époux d'une Autrichienne, l'élève des jésuites ! »

Basile a raison. De la calomnie il reste toujours quelque chose. Lorsque l'abdication de Charles-Albert, après le désastre de Novare, appela au trône le héros de Goïto, l'avénement de Victor-Emmanuel fut accueilli avec méfiance.

III

Charles-Albert avait abdiqué de vive voix, à Novare, le 23 mars 1849. Ce fut le 3 avril suivant, à Tolosa (Espagne), qu'il confirma par écrit son abdication et désigna pour lui succéder son fils aîné. Voici en quels termes le ministre Buffa rendait compte à la chambre des députés du Piémont, au milieu de l'émotion et de la douleur universelles, des circonstances dans lesquelles cette transmission du pouvoir s'était accomplie :

« Les balles pleuvaient au-dessus de la tête du Roi ; plusieurs hommes tombaient à ses côtés. La nuit, il continuait de diriger la défense réduite à la ville. Le général Durando fut prié de l'entraîner par le bras pour qu'il cessât de courir inutilement de terribles dangers. « Général, disait le Roi, c'est mon dernier jour, laissez-moi mourir ! » Lorsque le Roi vit que l'armée ne pouvait pas tenir davantage, et qu'il était nécessaire de demander une suspension d'armes, il dit : « Ma tâche est accomplie désormais, j'ai vainement espéré trouver la mort sur le champ de bataille ; après mûre réflexion j'ai résolu d'abdiquer. » Les ducs de Savoie et de Gênes, le ministre Cadorna, le major général et les aides de camp l'entouraient ; ils le pressaient tous de revenir sur cette décision. Il répondit avec fermeté : « Le Roi, c'est Victor, mon fils aîné ! » Il embrassa alors toutes les personnes présentes, remerciant chacun des services rendus à l'État et à lui. A minuit, il partit, accompagné seulement de deux domestiques. »

Victor-Emmanuel fut proclamé Roi de Sardaigne, de Chypre et de Jérusalem. Quel pénible fardeau que celui de la royauté dans les circonstances où s'accomplit cet avénement ! La réaction partout triomphante ! L'Autriche plus puissante que jamais dans cette Italie qui l'abhorre ! La Lombardie opprimée ! Venise, la Venise de Manin, brisée sous un joug de fer ! Les duchés gouvernés par des lieutenants Autrichiens ! Les Cardinaux, maîtres du Pape, maîtres de Rome, livrant à la police et aux armes autrichiennes les populations des Marches et des Romagnes ! La dynastie napolitaine, violant tous ses serments, bombardant Messine, organi-

sant la terreur! L'Italie entière vaincue, terrassée et muette ! Le Piémont humilié !
Partout la défiance qui suit toute défaite!

IV

Victor-Emmanuel ne désespéra pas; il entreprit, en homme d'État, l'œuvre qu'il ne pouvait plus poursuivre les armes à la main. Il luttâ contre toutes les malveillances, contre toutes les perfidies. Les obstacles qui se dressaient devant lui, loin d'attiédir sa foi, l'exaltèrent. Dans les voies difficiles de la politique, à travers les intrigues de la diplomatie, il marcha aussi résolument qu'il avait marché sur les champs de bataille, à travers les boulets ennemis, vers le noble but de sa vie: l'affranchissement de la patrie commune.

Si, au lieu d'écrire la biographie du prince, nous écrivions l'histoire du Piémont, nous entrerions ici dans le détail de cette œuvre gigantesque, de ces luttes formidables qui n'ont lassé ni la patience ni le génie de Victor-Emmanuel, pas plus qu'elles n'ont ébranlé sa foi profonde. Les limites de cette notice ne nous permettent pas d'entrer dans le récit des événements politiques qui ont successivement conduit le Piémont à la situation qu'il occupe aujourd'hui. C'est tout au plus s'il nous est permis d'embrasser d'un coup d'œil général l'ensemble de cette œuvre de libération dont l'Italie recueille les fruits.

En montant sur le trône, en succédant à son père, de glorieuse mémoire, Victor-Emmanuel acceptait un héritage. Charles-Albert lui léguait, avec la couronne, la charge de venger le désastre de Novare et d'affranchir l'Italie de toutes les servitudes qui pesaient sur elle. Ces servitudes, diverses suivant les lieux, se résumaient en un seul mot : l'Autriche.

C'était l'Autriche qui occupait la Lombardie et la Vénétie; c'était l'Autriche qui par les grands-ducs, ses agents et ses créatures, opprimait les populations de Parme, de la Toscane et de Modène ; c'était l'Autriche qui dominait dans les conseils de Rome que protégeaient les armes de la France; c'était l'Autriche dont l'influence était prépondérante à Naples. Partout, le même ennemi disposant à la fois des armes temporelles et des armes spirituelles; partout l'Autriche représentée par des soldats et par des prêtres.

Le moment n'était pas venu de combattre sur des champs de bataille ; il fallait s'y préparer cependant et en même temps lutter contre les influences cléricales que l'Autriche dirigeait contre le Piémont. Toute la politique de Victor-Emmanuel et du grand ministre qui, avec lui, a si puissamment contribué à la délivrance de l'Italie, est dans ces deux nécessités impérieuses. Pendant une période de dix ans, le cabinet de Turin n'a fait qu'obéir à cette double nécessité : combattre l'Autriche au foyer même de sa puissance, c'est-à-dire à Rome, avant de reprendre le combat contre elle par la voie des armes.

V

Ce fut au plus fort de cette lutte contre Rome et au moment où, par une décision hardie, le Piémont venait se ranger à côté de la France dans la campagne de Crimée, que le roi Victor-Emmanuel fut frappé de ces deuils successifs dont nous avons déjà dit quelques mots et qui fournirent au parti clérical le prétexte de si honnêtes déclamations.

Son frère, le duc de Gênes, son blond compagnon d'armes pendant les guerres de 1848 et 1849 ; sa mère, sa femme que l'amour et le dévoûment conjugal avaient faite italienne, une des plus belles, des plus gracieuses et des plus aimées de toutes les souveraines de l'Europe et du monde, moururent, pour ainsi dire, coup sur coup. « Dieu, pour nous servir de la belle expression d'un des témoins de tant de scènes douloureuses, Dieu retira tous les sourires du palais de Victor Emmanuel et n'y laissa que des épées. »

Cet homme indomptable que les plus rudes fatigues de la guerre n'avaient pas lassé, qui avait joué sa vie héroïquement sur tant de champs de bataille ; cette constitution de fer que rien n'était parvenu à ébranler jusque-là, ne purent résister à ces terribles chocs qui frappaient en plein cœur les plus généreuses et les plus saintes affections. Le Roi, accablé par le chagrin, tomba gravement malade. Il ne dut son rétablissement qu'à la vigueur athlétique de son tempérament et au profond sentiment du devoir qu'il avait à remplir comme citoyen italien et comme Roi.

Même pendant sa maladie il ne cessa de s'occuper de la direction des affaires, de l'organisation administrative et militaire du royaume. Et quand on l'engageait au repos, quand des amis et des serviteurs dévoués essayaient de consoler ce fils, ce père, cet époux si cruellement frappé, il rappelait, en souriant tristement, la devise de sa maison : J'ATTENDS MON ASTRE. « *Mon astre*, disait-il un jour, c'est l'affranchissement de ma patrie, et ceux qui sont partis avant moi, ceux qui déjà sont près Dieu, me seconderont dans l'accomplissement de ma tâche, ils prieront pour que cet *astre* radieux se lève bientôt à l'horizon de notre Italie. »

Lorsqu'il fut question de faire participer le Piémont à l'entreprise de la France et de l'Angleterre en Crimée, de faire partager aux troupes Italiennes la gloire et les dangers de cette longue et périlleuse campagne, les conseils contraires ne lui manquèrent pas. Un évêque lui représentait un jour les inconvénients que pourrait avoir cette décision. «Il n'est plus temps de réfléchir, dit-il, et de controverser; où est la sœur, le frère doit être. Or, la France est notre sœur; la place de notre drapeau est à côté du sien. »

Généreuses paroles qui ne furent point oubliées, car la France, quelques années plus tard, faisait flotter son drapeau à côté du drapeau Italien et contribuait, pour une large part, à l'œuvre d'émancipation dont Victor-Emmanuel a fait le but et la gloire de sa vie.

VI

Les soins de la campagne de Crimée ne firent pas négliger ceux de la politique et de l'administration. Un des griefs les plus acerbes de la cour de Rome et de la coterie des cardinaux contre le Piémont était le vote et la promulgation des lois relatives aux biens ecclésiastiques et aux communautés religieuses. Le Saint-Père, dans un consistoire qui fut tenu le 26 juillet 1855, excommunia tous ceux qui avaient pris part à la préparation et à l'application de ces lois célèbres. Toutefois, cette excommunication ne fut pas officiellement notifiée au clergé piémontais.

A cette époque Victor Emmanuel vint en France, où il fut accueilli avec enthousiasme. Le peuple de Paris salua avec joie ce monarque-soldat, dont la physionomie ouverte et sympathique, dont les manières, le caractère lui plaisaient. Lorsqu'il quitta la France pour retourner dans ses États, le Roi passa par Chambéry. Là, il fut harangué par l'archevêque qui lui dit : « Votre Majesté a vu en France un bel exemple de l'union intime des autorités et du clergé. Nous espérons qu'elle saura doter son royaume de ce grand bienfait *en mettant un terme aux persécutions dont l'Église est l'objet de la part du gouvernement.* »

C'était pousser l'inconvénance un peu loin. Ces persécutions dont se plaignait le prélat consistaient en ce que le Piémont avait pris, relativement à l'administration des biens ecclésiastiques et aux conditions d'existence des corporations religieuses, des mesures analogues à celles que la France elle-même avait depuis longtemps prises.

«Vous avez raison, monsieur l'archevêque, répondit Victor-Emmanuel, de citer comme un bel exemple à suivre les rapports réciproques du clergé de France avec les autorités de l'Empire. J'en suis tellement convaincu, que je compte donner tous mes soins à mettre le clergé de mon royaume sur le même pied que celui de France. »

Nous l'avons dit déjà, toute opposition cléricale, en Piémont, avait essentiellement un caractère politique et surtout un caractère autrichien. Le cabinet de Vienne saisissait tout prétexte d'indisposer le clergé et, par le clergé, les populations contre le gouvernement Piémontais. C'était la guerre à coups d'épingles, la guerre par l'excitation des passions et des préjugés religieux, avant la guerre à coups de canon.

Déjà, lorsque des deuils si rapprochés avaient frappé Victor-Emmanuel, l'Autriche avait manifesté son insolence et ses mauvaises dispositions par des hauteurs et des dédains que les plus simples convenances eussent dû lui interdire.

La mort des deux Reines, mère et femme du Roi Victor-Emmanuel, avait été notifiée par le gouvernement sarde au cabinet de Vienne avec d'autant plus d'empressement que ces deux princesses étaient de sang autrichien. Cette double communication, contrairement aux usages des Cours, demeura sans réponse, et certes aucun procédé du Piémont ne pouvait justifier un pareil manque d'égards.

Victor-Emmanuel ressentit vivement cette offense gratuite. Aussi, en 1856, quand l'empereur d'Autriche, François-Joseph, vint à Venise, aucun officier de la maison du Roi n'alla, conformément aux règles de politesse suivies entre souverains, le complimenter au nom de son maître. A la même époque un aide de camp du Roi ayant dû passer par Venise pour se rendre en Égypte, où il allait offrir quelques présents à Saïd-Pacha, les journaux du gouvernement firent connaître le but de ce voyage et démentirent l'intention prêtée à Victor-Emmanuel de faire complimenter l'Empereur par cet officier.

VII

Le cabinet de Vienne n'avait pas besoin de surexciter par une malveillance systématique, et par de grossiers procédés, la haine instinctive et héréditaire du fils de Charles-Albert contre l'oppression autrichienne en Italie. Cette haine a de profondes racines dans l'âme de Victor-Emmanuel ; elle tient en quelque sorte à toutes les fibres de son être. Elle est excitée par des mobiles divers qui viennent converger vers un centre commun.

Victor-Emmanuel a sans doute la passion dominante du patriotisme, le sentiment italien au plus haut degré. Mais sa haine contre l'Autriche s'alimente à d'autres sources. La défaite de son père à Novare pèse à son âme comme un bloc de plomb, et ce bloc ne sera soulevé que lorsque l'Autriche aura évacué la Vénétie et perdu toute influence dans la Péninsule.

A ces deux principales causes il faut joindre l'ambition du monarque, l'amour des combats, des grands coups d'épée et aussi un sentiment tout *féodal*, un ardent désir de laver l'outrage fait par l'Autriche à la maison de Savoie.

Ce sentiment profond, invincible, est sans contredit le trait le plus accusé de cette belle et étrange physionomie. Le caractère énergique, résolu, profondément bon de Victor-Emmanuel, se peint sur sa figure en même temps que la hauteur et la dignité. Rigoureux observateur de l'étiquette dans les relations officielles, il est, dans la vie privée, aimable et bienveillant. « Quelqu'amour du pouvoir qu'il nourrisse intérieurement, a dit un écrivain qui le connaît bien, il est profondément pénétré de l'obligation dans laquelle il se trouve d'observer la constitution et de se consacrer à la prospérité réelle de l'État. Dans le sentiment avec lequel le regardent ses sujets il n'entre aucun respect superstitieux pour le droit des Rois; ils ont appris à ne voir dans leur monarque qu'un magistrat suprême dont ils respectent les fonctions et honorent les priviléges. »

VIII

Victor-Emmanuel, secondé merveilleusement par M. de Cavour, a inoculé à l'Italie sa patriotique passion. Il a très-réellement ressuscité sa patrie; c'est lui qui a dit à ce Lazare : Sors du tombeau! M. de Cavour et Garibaldi ont ensemencé et fait fructifier le terrain, mais Victor-Emmanuel l'avait labouré; il a empreint l'Italie de son individualité, il a ranimé cette glorieuse morte, il lui a donné confiance en elle-même, et c'est pourquoi le nom de Victor-Emmanuel tiendra une si large place dans l'histoire de notre temps, c'est pourquoi son nom sera béni par les générations à travers les siècles. Pierre le Grand a engendré la Russie; Victor-Emmanuel a fait plus pour l'Italie, il l'a réchauffée sous son souffle et l'a ressuscitée.

C'est dans les plus petites comme dans les plus grandes choses que se révèlent cette généreuse passion, ce sentiment de la nationalité italienne qui est la force suprême de Victor-Emmanuel. Franchissez la frontière du Piémont, et sur la première borne du chemin vous lirez ces mots : ITALIA, *stato Sardo,* Italie, état Sarde, à peu près comme on dirait chez nous : FRANCE, *Provence.*

Nous arrivons à la période la plus éclatante et la plus décisive de ce règne que de si considérables événements ont rempli, à la glorieuse campagne de 1859.

Grâce à l'habile direction que M. de Cavour avait donnée aux affaires intérieures et extérieures, grâce à sa participation à la campagne de Crimée qui lui avait ouvert l'entrée du Congrès de Paris, le Piémont avait pris, depuis plusieurs années, en Europe et parmi les grandes puissances, une situation exceptionnelle. Ce n'était pas encore une puissance de premier ordre, mais on sentait bien que par la grandeur du rôle qu'il était appelé à remplir, par l'importance des événements qui se préparaient, le royaume de Sardaigne allait s'élever au premier rang.

Des signes infaillibles annonçaient la reprise prochaine des hostilités entre l'Autriche et le Piémont. Les rapports des deux gouvernements étaient tendus à leur extrême limite et les préparatifs de guerre se faisaient ouvertement de part et d'autre.

Indépendamment des liens de confraternité qui s'étaient établis entre la France et le Piémont devant Sébastopol, d'autres liens s'étaient formés, Victor-Emmanuel s'était uni, depuis peu, à Napoléon III, en mariant sa fille aînée, la princesse Clotilde, au prince Napoléon-Jérôme.

IX

Dans la lutte qui allait s'engager, la France était donc l'alliée naturelle du Piémont. Plus encore que les liens de famille et les souvenirs de la campagne de Crimée, les principes politiques sur lesquels la constitution impériale est fondée, les antécédents personnels de l'Empereur traçaient au gouvernement français la voie qu'il devait suivre. L'indépendance du Piémont était menacée. Le Piémont, c'était la digue opposée aux empiétements de l'Autriche en Italie ; cette digue une fois renversée, la Maison de Hapsbourg devenait, en fait, la souveraine de l'Italie. Fidèle à ses plus vieilles traditions, la France déclara qu'elle s'allierait au Piémont contre l'Autriche, si l'Autriche prenait l'offensive.

Le jeune empereur François-Joseph donna à ses troupes l'ordre de franchir le Tessin. En vain lui représenta-t-on les périls de cette téméraire entreprise, l'état déplorable des finances autrichiennes, les conséquences probables d'une lutte avec la France dont l'armée aguerrie venait de faire si vaillamment ses preuves en Crimée. François-Joseph répondit à ses conseillers : « L'Empereur fait ce que l'Empereur veut faire. » Il n'y avait plus qu'à obéir; l'armée autrichienne franchit le Tessin. En apprenant cette nouvelle, Victor-Emmanuel plia le genou devant le portrait de son père, et, dans un élan de patriotique enthousiasme autant que d'amour filial, remercia Dieu qui lui envoyait cette joie suprême.

L'Autriche, en prenant l'offensive, assumait sur elle toute la responsabilité des événements qui allaient s'accomplir. Le Piémont était dans le cas de légitime défense. Nulle situation ne pouvait être plus belle et plus avantageuse pour lui. Avec une rapidité prodigieuse l'armée française arriva en Italie. Nous n'avons pas à faire l'histoire de cette foudroyante campagne. Victor-Emmanuel prit le commandement en chef de l'armée italienne ; sur tous les champs de bataille on le trouva en tête de ses troupes, ordonnant avec le sang-froid d'un général et chargeant avec l'intrépidité d'un soldat.

On sait que le 3ᵉ régiment de zouaves, dans son admiration pour Victor-Emmanuel, le nomma caporal de la 3ᵉ compagnie du 1ᵉʳ bataillon. Ce fut le soir du 31 mai 1859, après la bataille de Palestro. Un des aides de camp du Roi, le comte Cicala, avait été blessé d'une balle à l'épaule au moment où le Roi lui donnait un ordre ; à ce moment le général La Marmora avait un cheval tué sous lui. Le Roi s'élança alors, avec son impétuosité habituelle, vers le pont de la Brida, où zouaves et bersaglieris faisaient merveille et rivalisaient de bravoure. Victor-Emmanuel se porta, de sa personne, au plus fort du danger, à ce point que le colonel Chabron, l'héroïque commandant des zouaves, dut se précipiter vers lui et le supplier de ne pas exposer inutilement ses jours. Le Roi ne s'arrêta que lorsque la victoire ne fut plus douteuse.

Dans ces circonstances, au milieu des enivrements de la bataille, Victor-Emmanuel n'est plus maître de lui. Cet amour, dont nous parlions plus haut, cet amour des grands coups d'épée l'emporte alors sur toute autre chose. Ce n'est plus le Roi, ce n'est plus l'homme d'État ayant la responsabilité des destinées d'une nation entière, ce n'est plus même le général, c'est un gentilhomme passionné pour la guerre, bravant avec joie le danger, exposant sa vie pour le seul plaisir de savourer les émotions du combat. Ce qu'il fut à Palestro, où il conquit l'admiration de l'armée française, il l'avait été pendant les guerres de 1848-49, sous les ordres de son père, il le fut sur tous les champs de bataille.

X

Nous n'avons pas assez la passion des grands coups d'épée pour raconter et admirer un à un tous ceux que porta Victor-Emmanuel. Ce n'est pas la vie du soldat, c'est celle du premier citoyen de l'Italie que nous racontons, et le vif éclat des batailles éclaire mal ces grandes physionomies.

Le trait distinctif de ce caractère est celui que le peuple, un excellent juge! a saisi le jour où il a donné à Victor-Emmanuel le surnom de Roi *Galant-Homme*. La loyauté de Victor-Emmanuel est à toute épreuve, et cette loyauté s'allie à une finesse de vues, à une perspicacité remarquables. Nous n'en voulons citer qu'un trait. Lorsque Santa Rosa, ministre du commerce et de l'agriculture, mourut, M. Galvagno proposa au Roi de donner ce portefeuille à M. le comte de Cavour. Le Roi se fit prier, et comme M. Galvagno insistait : « Comment ne vous apercevez-vous pas, lui dit-il, que cet homme finira par vous supplanter tous ? »

Au début de son règne, il fut très vivement sollicité de briser le statut sarde que, lors de son avénement au trône, il avait juré de maintenir. Un État constitutionnel ferait tache en Italie; c'était un funeste exemple pour les autres peuples, et l'Autriche n'épargnait rien pour décider le Roi à abandonner cette voie déplorable, à se rattacher aux anciennes dynasties absolues, à faire cause commune avec les monarchies de droit divin. Un coup d'État, c'est sitôt fait! Victor-Emmanuel résista à toutes les sollicitations : *J'ai juré, je tiendrai!* répondait-il invariablement. Et il avait d'autant plus de mérite en cela qu'il comprenait peu le mécanisme savant et compliqué du régime constitutionnel. Nous n'en voudrions pour preuve que la singulière proclamation par laquelle le Roi Victor-Emmanuel intervenant, au mépris de la sage fiction parlementaire, dans l'arène électorale, demanda aux électeurs de lui envoyer une Chambre qui secondât sa politique. Ce curieux document mérite d'être cité, l'homme s'y révèle tout entier :

« Dans la gravité des circonstances actuelles, la loyauté que je crois avoir
» montrée jusqu'à présent dans mes paroles et dans mes actes, devrait peut-être
» suffire à éloigner des esprits toute incertitude. J'éprouve néanmoins, non pas la
» nécessité, mais le désir d'adresser à mes peuples des paroles qui soient un
» nouveau gage de sincérité, en même temps qu'une expression de justice et de
» vérité.

» Par la dissolution de la Chambre des députés, les libertés du pays ne courent
» aucun risque. Confiées à l'honneur de la Maison de Savoie, elles sont protégées
» par la vénérable mémoire de Charles-Albert, mon père, et par la religion de
» mes serments. Qui oserait craindre pour elles ?

» Avant de réunir le Parlement, j'adressai à la nation et principalement aux
» électeurs des paroles franches. Dans mes proclamations du 3 juillet 1849, je les
» avertissais d'agir de manière à ne pas rendre le statut impossible. Néanmoins, il
» n'y a eu qu'un peu plus du tiers des électeurs qui ait concouru aux élections ;
» les autres ont négligé ce droit qui est, en même temps, le strict devoir de
» chacun dans un État libre. J'avais rempli mon devoir ; pourquoi n'ont-ils pas
» rempli le leur ?

» Dans le discours de la couronne je faisais connaître, et ce n'était que trop
» nécessaire, les tristes conditions de l'État. Je montrais la nécessité de mettre
» une trêve à toute passion de parti et de résoudre promptement les questions
» vitales qui rendraient douteuse la chose publique. Mes paroles étaient dictées
» par un profond amour de la patrie et par une loyauté sans tache. Quel fruit
» ont-elles produit ? Les premiers actes de la Chambre furent hostiles à la Cou-
» ronne. La Chambre usa de son droit. . . . . J'ai juré de maintenir la justice, la
» liberté, le droit pour chacun. J'ai promis de sauver la nation de la tyrannie des
» partis, quels que soient le nom, le but, la position des hommes. Ces principes,
» ces serments, je les ai remplis par la dissolution d'une Chambre devenue
» impossible. Je les ai remplis en en convoquant une autre. Mais si le pays, si les
» électeurs me refusent leur concours, ce n'est plus sur moi que retombera la
» responsabilité de l'avenir et des désordres qui en pourraient résulter. Ce ne
» sera pas de moi qu'ils auront à se plaindre, ce sera d'eux-mêmes. »

Ce ferme langage, en dehors des usages constitutionnels, frappa vivement les électeurs qui répondirent à un si loyal appel.

XI

C'est ainsi, c'est à force de loyauté, on peut le dire, que Victor-Emmanuel a conquis les sympathies ardentes de l'Italie entière, qu'il l'a personnifiée en lui.

La forte et originale physionomie dont nous venons d'esquisser quelques traits, a des caractères particuliers qui la distinguent profondément. C'est sur ces caractères que nous voudrions plus vivement insister, car en peignant l'homme, ils permettent d'entrevoir les destinées du pays sur lequel il exercera dans l'avenir une influence plus directe et plus considérable encore que celle qu'il a exercée jusqu'ici sur le Piémont.

Victor-Emmanuel n'est pas seulement la plus haute représentation de l'Italie moderne, il en est le résumé vivant. Son individualité n'est autre chose que l'individualité italienne; ses aspirations, ses qualités, et jusqu'à ses défauts, tout en lui traduit les aspirations, les qualités et les défauts de sa bien-aimée patrie. Jamais homme n'incarna un peuple en lui plus complétement et plus parfaitement.

Comme l'Italie, Victor-Emmanuel aspire à la plus complète indépendance, et à la plus grande puissance possible; comme elle, il ne se rend pas exactement compte des moyens par lesquels cette indépendance sera réalisée, cette puissance sera conquise, mais il a confiance en Dieu d'abord et en son épée; comme son peuple il est superstitieux, il *attend son astre*, et cet astre a exercé déjà sur ses destinées et sur celles de sa patrie une si heureuse influence qu'il a quelque raison d'avoir foi en lui. Cet astre, c'est celui qui a affranchi la France de l'ancien régime et de toutes les servitudes qui pesaient sur elle; c'est celui qui a affranchi l'Amérique, la Belgique, la Grèce, les duchés de Parme, de Modène et de Toscane, les Romagnes, les Deux-Siciles. C'est donc une superstition très-excusable que celle-là!

Il n'est pas jusqu'aux vieilles traditions féodales dont le souvenir vit encore dans les cités italiennes, qui ne se retrouvent dans le caractère de Victor-Emmanuel. Son cœur est le cœur de l'Italie et c'est ce qui explique l'empressement enthousiaste avec lequel son nom est acclamé au Midi comme au Nord, à Naples comme à Palerme. Cette complète analogie entre le peuple et le souverain est sans contredit le plus précieux et le plus puissant élément de l'unité vers laquelle le souverain et le peuple tendent d'un commun accord.

A l'heure où nous écrivons ces lignes, des événements considérables, destinés à exercer sur la Maison de Savoie une influence décisive, s'accomplissent de l'autre côté des Alpes. L'armée piémontaise, à la suite d'une très belle et très éloquente proclamation de son souverain, a franchi la frontière des États Pontificaux pour délivrer les malheureuses provinces des Marches et de l'Ombrie de l'oppression que faisaient peser sur elles les bandes étrangères enrôlées sous les ordres du général Lamoricière. Après un engagement où, de part et d'autre, on s'est vaillamment conduit, M. de Lamoricière a abandonné le champ de bataille et a pu, à la tête de quelques cavaliers seulement, pénétrer dans les murs d'Ancône. La place a résisté quelques jours, puis s'est rendue.

De toutes les parties de l'Italie Méridionale, de Palerme, du fond des Calabres, de Naples, des députations accourent vers le *Grand Italien*, pour le prier de venir prendre possession des Deux-Siciles. Victor-Emmanuel peut-il ne pas céder? Le jour où, pour sauver quelques provinces de l'oppression qui pesait sur elle, le Roi s'est décidé à franchir la frontière des États Pontificaux, n'a-t-il pas pris vis-à-vis de ses compatriotes sans exception l'engagement de venir à leur secours, de les délivrer, dans la mesure de ses forces? Que peut faire la diplomatie contre le vœu si nettement formulé des populations, elle qui a respecté le vœu populaire dans l'annexion des duchés et des Romagnes au Piémont, et dans celle de la Savoie et du comté de Nice à la France?

Victor-Emmanuel est dans la vérité de sa mission; il fait ce qu'il doit faire. En vain dira-t-on qu'il envahit les États du roi de Naples. Nous ne connaissons pas d'États appartenant au roi de Naples. Il existe des populations Italiennes qui se distinguent entre elles par des noms de localités, qui se disent Napolitaines, Calabraises, Siciliennes, mais leur caractère, leur type distinctif, c'est d'être Italiennes. Or, si ces populations repoussent la domination de la dynastie Bourbonnienne et acclament la souveraineté de Victor-Emmanuel, quelle force, et nous dirons plus, quel droit peut s'opposer à l'accomplissement de leur vœu?

Victor-Emmanuel est à Naples à l'heure où nous écrivons ces lignes.

Et maintenant, que va-t-il advenir? La France protége à Rome la personne du Pape. Tant qu'une baïonnette française sera à Rome, nul n'y pénétrera, sans doute; mais une telle situation ne peut se prolonger, et la question des États-Romains une fois résolue, restera la question non moins grave et non moins embarrassante de la Vénétie. Il est bien évident que Victor-Emmanuel ne peut laisser cette noble et héroïque population de Venise courbée sous le joug autrichien. Que ce soit par la guerre, que ce soit par une transaction, Venise doit appartenir en fait comme elle appartient en droit à la famille Italienne, à la nation qui travaille si courageusement à l'œuvre de son indépendance et de son unité.

Il suffit d'envisager les éventualités très prochaines d'un conflit entre l'Italie et l'Autriche pour comprendre la grandeur du rôle réservé à Victor-Emmanuel. Jamais, ce nous semble, une responsabilité plus lourde n'a pesé sur la tête d'un homme; de même qu'il résume dans son individualité l'individualité de la patrie, il porte en lui ses destinées.

Quoiqu'il en soit, une crise prochaine est inévitable. Qu'adviendra-t-il? Pour nous, la réponse n'est pas douteuse. Les hommes qui servent l'idée de l'indépendance et de l'unité italiennes peuvent commettre, puisqu'ils sont hommes, des fautes qui ajournent le triomphe de cette idée. Mais le triomphe est inévitable. Le drapeau Italien flottera sur le Quirinal et Victor-Emmanuel sera proclamé, à Rome, Roi d'Italie. Quand? Si les sages combinaisons du Roi et celles de l'homme d'État éminent qui le seconde ne sont point contrariées par des incidents que l'on peut prévoir et par des passions inopportunément surexcitées, ce sera bientôt. Mais que ce soit tôt, que ce soit tard, cela doit être, cela sera.

L. J.

PALMERSTON

LORD PALMERSTON

I

ous les hommes d'État de l'Angleterre ont leur signification bien nette et bien tranchée : Pitt, c'est l'aristocratie et le privilége ; Wellington, le vieil esprit anglais ; Canning, le libéralisme généreux ; Robert Peel, la réforme économique ; quant à lord Palmerston, il est impossible de savoir au juste ce qu'il représente : est-il wigh ou tory, absolutiste ou libéral, partisan du progrès ou entiché de la tradition ? est-il le défenseur ou l'adversaire de la cause constitutionnelle en Europe ? est-il conservateur ou progressiste ? C'est ce que personne ne pourrait dire au juste. Lord Palmerston est un problème, une énigme, un logogriphe vivant ; on l'a vu tour à tour, dans le cours de sa longue carrière politique, soutenir les principes les plus opposés, passer du blanc au noir avec une désinvolture singulière, tendre une main aux aristocrates, l'autre aux radicaux. Aujourd'hui pour la paix, demain pour la guerre ; belliqueux et pacifique sans qu'on sache pourquoi, poussant l'Angleterre à des armements fabuleux et appelant Cobden au ministère, encourageant la révolution italienne et faisant des politesses à l'Autriche, lord Palmerston a créé dans la politique européenne le rôle assez amusant et tout à fait nouveau de ministre-charade.

William Temple, vicomte Palmerston, est né à Broadlands, comté de Southampton, en 1784. Il est issu de la branche cadette d'une maison dont l'origine remonte, dit-on, jusqu'à la conquête; son titre de pairie est d'Irlande. Entré fort jeune au collége de Harrow, il continue ses études à Édimbourg, et les termine à Cambridge. Le front ceint encore des lauriers universitaires qu'il vient de cueillir en abondance, il passe des bancs de l'école sur ceux de la Chambre des Communes. A peine majeur, les tories le choisissent pour représenter l'Université qu'il vient d'illustrer par ses succès : le candidat wigh l'emporte sur son adversaire. Vingt-quatre ans plus tard, les deux concurrents se trouvent réunis dans le ministère : le jeune lauréat tory était passé dans les rangs des wighs.

Lord Palmerston avait vingt-quatre ans lorsqu'il entra, pour la première fois, dans la Chambre des Communes, où Newport venait de l'envoyer. Il représenta peu de temps cette ville : Cambridge tenait à son écolier, et, de 1811 à 1831, l'Université lui confia l'honneur de défendre ses priviléges. En 1831 s'accomplit un douloureux divorce ; Palmerston faisait des infidélités à l'aristocratie, il fallait rompre avec lui. Séparé de corps avec Cambridge, il convola en secondes noces avec la ville peu célèbre de Blitchingley. A Blitchingley, supprimé comme collége électoral par le bill de réforme, succéda South-Hants, qui ne tarda pas à se brouiller avec son représentant. On ignore les causes qui amenèrent une rupture entre les conjoints; on croit que les efforts des tories n'y furent point étrangers. Depuis ce temps-là, lord Palmerston a contracté avec la cité de Tiverton une quatrième union jusqu'ici sans nuages.

Depuis l'âge de vingt-quatre ans jusqu'à celui de soixante-seize qu'il vient d'atteindre, lord Palmerston a été presque constamment ministre, et n'a pas cessé de jouer un rôle important dans les affaires de son pays et de l'Europe. Il serait le Nestor de la politique, s'il n'aimait pas mieux en être l'Achille ou l'Ajax.

II

Longtemps relégué dans les comparses, ce n'est guère qu'en 1830 que lord Palmerston peut enfin faire figure sur la scène, et l'on doit dire qu'il y tient d'une façon brillante l'emploi de ministre libéral, qui n'est pas sans difficulté à cette époque.

Lord Wellington s'était empressé de reconnaître la monarchie issue de la révolution de juillet, et à cela il n'avait d'autre mérite que celui de la bonne grâce et de la rapidité. Quand la France juge à propos de changer son gouvernement, il faut bien qu'on se résigne à le trouver bon : elle est assez puissante pour faire accepter ses décisions ; mais il n'en est pas de même de tous les États. La Belgique, par exemple, avait une certaine peine à faire sanctionner par l'Europe le changement qui venait de renverser la dynastie d'Orange : la Russie grommelante, l'Autriche mécontente, la Prusse toujours tremblante pour ses minces frontières du Rhin, n'auraient pas mieux demandé que se venger sur la révolution de septembre des désagréments que la révolution de juillet venait de leur causer. Les traités de Vienne, brusquement déchirés à Paris, troublaient cette pauvre Sainte-Alliance, et elle aurait bien voulu empêcher que la déchirure allât plus loin. On ouvrit une conférence à Londres, et lord Palmerston ne déploya pas moins de zèle que le prince de Talleyrand à faire reconnaître par les puissances les faits accomplis en Belgique. Il est vrai que son zèle, dans cette circonstance, ne fut pas tout à fait désintéressé : l'idée d'asseoir sur le nouveau trône un prince dévoué à la politique de l'Angleterre entra bien pour quelque chose dans son empressement et dans ses efforts.

Avouons que, cette fois du moins, il eut la main assez heureuse. Le roi Léopold est resté le modèle des souverains constitutionnels; il s'est borné à régner sans chercher à gouverner plus qu'il ne convient à un monarque qui a des ministres responsables. Convenons également que, dans cette affaire de la formation de la royauté belge, lord Palmerston, qui croit beaucoup à l'influence des femmes sur la politique, s'il faut s'en rapporter à l'irritation qu'il montra à l'époque des mariages espagnols, fit à la France une concession qui dut lui coûter beaucoup en consentant à l'union du roi des Belges avec la fille du roi des Français, de telle sorte que, si l'Angleterre s'asseyait sur le trône de Belgique dans la personne de Léopold, la France y prenait place également sous les traits gracieux de la princesse Louise.

III

Dans cette phase de la vie politique de lord Palmerston, tout le côté Pitt de son caractère semble avoir disparu : il n'y a en lui que du Canning.

A peine la liberté constitutionnelle est-elle fondée en Belgique que lord Palmerston songe à l'établir solidement en Espagne. La chose n'était point facile.

Nous ne voulons pas médire de l'Espagne, mais il faut convenir que c'est un singulier pays. En 1827, on brûla encore un juif dans une ville de la Péninsule dont nous avons oublié le nom. Passer de l'auto-da-fé à la tolérance, de l'absolutisme à la liberté, la transition était un peu brusque, d'autant plus que l'absolutisme tenait la campagne, occupait des villes importantes, entretenait des armées nombreuses dirigées par de bons généraux, sans compter d'innombrables guérillas qui couraient le pays commandées par des curés à tromblon, fouillaient les villages, les fermes, mettaient les bourgs à contribution et fusillaient çà et là les gens riches, les vieillards, les femmes et les enfants suspects de professer des opinions peu orthodoxes en matière de gouvernement. C'était le bon temps du curé Mérino et des moines du très-saint ordre du *trabuco*. Le droit divin et le droit constitutionnel s'exterminaient d'un bout de l'Espagne à l'autre, et il est fort difficile de dire lequel des deux l'eût emporté si l'Angleterre et la France n'avaient fait pencher la balance en faveur du droit constitutionnel. Lord Palmerston se montra superbe de chevalerie en faveur de l'innocente Isabelle : le colonel Evans fut autorisé à lever en Angleterre une légion de braves destinés à voler au secours des grâces et de la faiblesse, et la flotte anglaise reçut l'ordre de croiser le long des côtes septentrionales de l'Espagne pour s'opposer à toute excursion de don Carlos.

Le Portugal était placé sous le sceptre d'une reine enfant. Non moins innocente et non moins mineure qu'Isabelle, dona Maria avait à lutter contre le farouche don Miguel. Si don Carlos et don Miguel triomphaient, la Péninsule tout entière, de l'Èbre au Tage, était replacée sous le joug des moines et de l'inquisition. Aux efforts des deux prétendants, lord Palmerston opposa le fameux traité de quadruple alliance entre la France, l'Angleterre, l'Espagne et le Portugal, par lequel les parties contractantes s'engageaient à défendre les monarchies péninsulaires contre toute agression du dedans ou du dehors.

Aussi, lorsqu'en 1834 lord Palmerston se vit forcé de quitter le ministère et de suivre lord Melbourne dans sa retraite, tous les journaux libéraux versèrent des larmes sur sa retraite, et tous les amis de la monarchie constitutionnelle mirent un crêpe à leur chapeau.

IV

Ici les dispositions de lord Palmerston changent subitement : il passe du Canning au Pitt, comme la girouette tourne du nord au sud ou de l'est à l'ouest, sans qu'on puisse savoir pourquoi.

Un an après sa chute, lord Melbourne revient au pouvoir et y ramène son ancien collègue avec lui. Aussitôt le feu est à la politique : les cabinets étrangers sont bouleversés, les hommes d'État qui les dirigent ne savent plus où donner de la tête. Qu'est devenu le Palmerston d'autrefois? Celui d'aujourd'hui est rogue, cassant; tout l'irrite, tout l'agace; il croit que tout le monde l'attaque, et il cherche querelle à tout le monde; il ne reconnaît plus ses amis ni lui-même ; il se voit dans une glace et se demande quel est cet importun.

Sous prétexte d'extirper radicalement la traite des nègres, il ordonne le blocus rigoureux des côtes de l'empire du Brésil.

Le Canada, à bout de réclamations et de patience, s'insurge un beau matin. Rien n'était plus facile que d'apaiser cette sédition par des mesures conciliantes : lord Palmerston s'empresse de recourir aux moyens de rigueur.

Le sentiment populaire se prononce en faveur de la guerre contre les Chinois : au lieu de le combattre, lord Palmerston se plaît, au contraire, à l'exciter, et il se hâte de terminer les préparatifs de cette injuste expédition.

Lord Palmerston semble piqué de la tarentule politique; il ne saurait rester un seul instant en repos, il va, il vient, il s'agite, il se démène, il marche sur le pied de tous ceux qu'il rencontre, il se fait des affaires à chaque instant. La plus désagréable de toutes était, sans contredit, celle des soufres, que lord Palmerston avait depuis longtemps avec Naples. Le commerce britannique désirait fort de la voir finir. La France s'en mêle, propose un arrangement qui est accepté et qui rouvre aux négociants anglais les ports de l'Italie.

C'est là, sans doute, un signalé service. Vous croyez que lord Palmerston s'en montrera reconnaissant? Détrompez-vous : la sécurité rétablie dans la Méditerranée, la flotte de l'amiral Stopford redevenue disponible, la première pensée du ministre des affaires étrangères de l'Angleterre est d'attaquer Méhémet-Ali, l'allié de la France, et de former contre elle une nouvelle coalition à propos de la question d'Orient.

V

Une des plus étonnantes boutades de lord Palmerston est ce fameux traité de Londres qui faillit un instant amener une guerre européenne, qui renversa M. Thiers, qui nous valut les huit ans de règne de M. Guizot, et plus tard la révolution de février.

Depuis le renversement de la branche aînée des Bourbons en France, la

Sainte-Alliance était dissoute; l'Europe se partageait en deux camps, celui des États constitutionnels et celui des États absolutistes : le droit divin d'un côté, la liberté de l'autre; la force morale balançait la force du nombre. Lord Palmerston trouve plaisant de changer tout cela. Un beau matin il dit adieu à l'alliance française et convole avec l'alliance russe : que la France, si elle veut, représente à elle seule le principe de liberté; quant à l'Angleterre, il est temps qu'elle fasse un peu d'absolutisme, cela divertira le ministre des affaires étrangères de l'Angleterre; et d'un trait de plume lord Palmerston nous exclut de ce qu'on appelait alors le *concert européen*.

C'était le temps de la grande rivalité entre M. Guizot et M. Thiers. Le premier ministre donnait à l'ambassadeur des ordres que celui-ci suivait fort peu : ce que l'un trouvait bon, l'autre le trouvait mauvais. M. Guizot, à Londres, n'était pas un agent du gouvernement, mais le représentant du centre droit; il était la sentinelle vigilante placée par M. Fulchiron et son parti pour donner le signal d'alarme au moindre accident qui pourrait déranger le *statu quo*, et pour maintenir la paix à tout prix. On se rappelle sa fameuse lettre à M. de Broglie; elle ne laisse guère de doutes sur l'antagonisme qui existait entre le chef du centre gauche et le chef du centre droit. M. Guizot regardait le dedans et non le dehors, comme les journaux de l'opposition le disaient à cette époque; et tandis que M. Thiers parlait à Paris aux ambassadeurs un langage à la romaine, M. Guizot faisait entendre aux ministres à Londres qu'il ne fallait pas trop prendre ce langage au sérieux, qu'il n'y avait qu'à agir d'une façon expéditive, et qu'une fois la besogne faite, il se chargeait, M. Fulchiron aidant, de la faire accepter par les Chambres. M. Guizot oubliait le pays, et huit ans après le pays lui prouvait que la pilule du traité de Londres lui était restée au gosier.

Quant au langage de lord Palmerston, on peut dire qu'il ne varia pas un seul instant dans toute cette affaire : il fut d'une parfaite insolence pour nous. En voici un petit échantillon, tiré d'une dépêche adressée par le ministre des affaires étrangères au colonel Hodges, son agent en Égypte : « La seule chance de succès que Méhémet-Ali pourrait avoir serait l'assistance du gouvernement français; *mais la France ne l'assistera point*. La France s'opposerait à une coalition hostile des cinq puissances, si ces puissances menaçaient d'envahir son territoire, d'insulter son honneur ou d'attaquer ses possessions; mais la France ne se mettra pas en guerre avec les autres grands États de l'Europe dans l'intérêt de Méhémet-Ali; elle n'a pas d'ailleurs les moyens de le faire. » Voilà qui est clair et net. Continuons :

« La France a, il est vrai, une flotte de quinze vaisseaux de ligne dans la

Méditerranée, et elle aurait bientôt ajouté trois vaisseaux à ce nombre ; mais ce sont à peu près toutes les forces navales dont elle peut disposer, et elle serait hors d'état de mettre en mer une force plus considérable, même en cas de guerre avec l'Europe. La Grande-Bretagne, au contraire, dans le cas d'un conflit, mettrait en mer une flotte qui *balayerait* l'Océan. »

VI

M. Thiers jugea à propos de ne point se faire *balayer*, et il rappela l'amiral Lalande. En revanche, il parcourut fièrement les boulevards à cheval, escorté d'un nombreux état-major, et traversa le faubourg Saint-Antoine dans toute sa longueur, afin de terrifier par sa présence les ouvriers qui chantaient la *Marseillaise*.

Le président du conseil, qui parlait sans cesse de ses armements poussés au grand complet, trouva au dernier moment qu'il n'était pas prêt, et qu'il lui aurait fallu quatorze régiments de plus et cent mille hommes à jeter sur le Rhin.

Voilà donc lord Palmerston triomphant et pouvant dire avec juste raison, en parlant du gouvernement français : « Il n'y en a pas qui donne moins d'inquiétude à ses adversaires avoués comme à ses ennemis cachés. »

Cependant, quels sont les résultats de son triomphe? L'ascendant de la Russie en Europe et en Orient, ascendant que l'Angleterre ne peut combattre plus tard qu'en revenant à cette alliance française qu'un caprice de lord Palmerston lui avait fait abandonner, l'ébranlement de l'autorité de la Porte, qu'il voulait, assurait-il, affermir, et une guerre civile qui faisait dire à l'organe principal de lord Palmerston, au *Morning Chronicle* lui-même : « Il ne reste plus qu'à rendre la Syrie à Méhémet-Ali. »

Tels furent les résultats de ce 1815 diplomatique. C'est pour cela que lord Palmerston avait joué l'alliance de la France et la paix du monde. Un autre résultat se produisit auquel il n'avait sans doute pas songé.

L'Angleterre ne pouvait pas changer le principe de sa politique à l'extérieur sans modifier également celui de sa politique intérieure. Substituer l'alliance russe à l'alliance française, c'était appeler les tories au pouvoir à la place des whigs : lord Palmerston fut donc obligé de suivre dans la retraite lord Melbourne, le chef du cabinet dont il faisait partie.

Il se consola en pensant qu'il avait humilié la France.

L'humiliation de 1815, dévorée en silence pendant quinze ans, amena l'explosion de juillet 1830 et le renversement de la branche aînée ; l'humiliation de 1840 ne fut point étrangère à la révolution de février 1848 et à la ruine de la branche cadette. L'Angleterre n'a pas gagné grand'chose à tout cela.

VII

Pour le moment, la France était humiliée : cela suffisait pour rendre lord Palmerston populaire. En quittant son portefeuille, il vint s'asseoir en triomphateur sur les bancs de la Chambre des Communes, où il remplit conjointement avec lord John Russell l'emploi de chef de l'opposition (*leader*), et appuya, ce dont il faut lui savoir gré, la réforme commerciale entreprise par sir Robert Peel. Dans le ministère qui remplaça le cabinet Peel au mois de juillet 1846, lord Palmerston reprit la direction des affaires étrangères, et l'on vit de nouveaux orages se préparer à l'horizon.

En remplaçant M. Thiers, le premier soin de M. Guizot fut de replâtrer l'alliance anglaise. On cessa de chanter la *Marseillaise*, et même l'air d'Halévy :

> *Guerre* aux tyrans! Jamais en France,
> Jamais l'Anglais ne régnera !

Il faut convenir, néanmoins, que ni lord Palmerston ni ses successeurs ne rendirent à M. Guizot sa tâche facile. A force de patience et de résignation, il parvint cependant à son but. Un beau matin, les journaux ministériels annoncèrent d'un ton vainqueur que la reine d'Angleterre s'apprêtait à venir visiter le roi des Français. La reine Victoria aurait voulu que la visite eût lieu à Paris ; mais ses ministres, on ne sait trop pourquoi, s'y opposèrent ; il fallut qu'elle se contentât du séjour d'Eu, que ses hôtes cherchèrent, par tous les moyens possibles, à lui rendre agréable. On manda au château MM. Vatout et Arnal, on fit des parties en char-à-bancs, on visita les environs, on goûta sur l'herbe, et les principaux artistes parisiens furent chargés de dessiner un album composé des plus charmantes scènes de cette entrevue. Un an après, Louis-Philippe rendait à Londres sa visite à la reine Victoria ; il revoyait ces lieux où s'était écoulée une partie de son exil, et qu'un exil si prochain devait le forcer à revoir encore. Le roi, à son retour, parut enchanté de l'accueil qu'il avait reçu de toutes les classes de la population. M. Guizot triomphait, l'entente cordiale était enfin rétablie !

Hélas ! pour bien peu de temps !

VIII

Jamais reine de seize ans n'a manqué de prétendants ; ils venaient par douzaines jouer de la guitare sous le balcon d'Isabelle.

C'est d'abord la voix un peu trop flûtée du cousin don François d'Assise qui se fait entendre, puis le baryton doucereux du cousin Montémolin ; écoutez maintenant la tarentelle du comte de Trapani et le *lied* du prince de Cobourg. L'infant don Enrique, un autre cousin, serait aussi un ténor assez agréable ; mais on ne lui permet pas d'approcher du balcon et de lancer comme les autres sa séguidille. Lequel des chanteurs l'emportera ?

La France soutient le cousin d'Assise ; l'Autriche et la Russie parlent en faveur du cousin Montémolin ; les jésuites poussent le jeune Trapani, leur élève ; on connaît le faible de l'Angleterre pour les Cobourg. C'est pour Léopold que lord Palmerston combat, quand il ne met pas flamberge au vent pour Enrique. Chaque prétendant est abandonné et repris tour à tour par ses protecteurs : tantôt c'est Assise qui a la corde, tantôt Trapani ; aujourd'hui le Montémolin a des chances, demain le Cobourg est celui pour lequel tous les amateurs parient. La politique se déroule comme une comédie de cape et d'épée ; dans cet imbroglio mouvant dont la reine-mère tient les fils, le feuilletonniste de théâtre le plus madré ne parviendrait pas lui-même à se reconnaître.

Que l'innocente Isabelle épousât un Bourbon ou un Cobourg, nous ne voyons pas ce que la France avait à y gagner ou à y perdre, ni l'Angleterre non plus. Quand Richelieu rendit à la France la force qu'elle avait perdue, quand il abaissa la maison d'Autriche, c'est à la grande cause des peuples qu'il rattacha la nôtre ; ce sont les protestants et les armées de Gustave-Adolphe qu'il se donna pour auxiliaires. Les mariages espagnols, conclus au gré de M. Guizot, ne nous apportaient même pas l'alliance certaine de l'Espagne ; son triomphe, simple triomphe de cour, ne pouvait avoir aucun résultat politique. Il s'était fait l'agent matrimonial, le de Foy ou le Villiaume de la royauté, et son succès ou sa chute, très-importants pour une famille, intéressaient fort peu le public.

Marie-Christine aimait la France et surtout Paris ; elle songeait qu'elle serait peut-être forcée de s'y réfugier un jour, et elle voulait qu'on y eût de la reconnaissance pour elle. C'est son influence maternelle qui assura le triomphe de M. Guizot, et qui lui permit de monter au Capitole en costume de dieu de l'hyménée, le front couronné de roses, un flambeau à la main.

A un homme comme lord Palmerston, le coup devait être sensible; on s'en aperçut aux représailles puériles que lui suggéra dans cette circonstance son amour-propre blessé. M. Bulwer reçut l'ordre de protester à Madrid contre le double mariage de François d'Assise avec la reine, et du duc de Montpensier avec l'infante, sa sœur; il adressa à lord Normamby une interminable dépêche où il rabâchait les griefs de l'Angleterre contre la France, et, le jour de l'audience accordée par le duc de Montpensier au corps diplomatique pour recevoir ses félicitations au sujet de son mariage, la Bourse baissa de vingt-cinq centimes, parce que l'ambassadeur de la Grande-Bretagne ne s'était pas présenté aux Tuileries.

IX

C'en est donc fait encore une fois de l'entente cordiale!

Ne nous en plaignons pas trop: toutes les fois que lord Palmerston a maille à partir avec la France, il devient d'un libéralisme plus efficace et plus vif. Immédiatement après les mariages espagnols, il cherche noise à l'Autriche, à propos de l'occupation de Cracovie; il aide les libéraux suisses à se débarrasser du Sonderbund; il envoie des armes et des munitions aux insurgés de la Sicile; il soulève questions sur questions; il est le trouble-fête des dernières années du règne de Louis-Philippe; il empêche M. Guizot de dormir. Taquiner les gens, lord Palmerston n'a pas d'autre but, et, ce but atteint, il se soucie peu du reste. Ne lui parlez pas de principes à défendre, ces mots n'ont point de sens pour lui: il lui en coûte aussi peu, par exemple, d'armer les Siciliens contre le roi de Naples que de les livrer aux vengeances de ce dernier, lorsqu'il croit de son intérêt de le faire.

Le beau temps de lord Palmerston, c'est l'année 1848. Le ministère whig commençait à branler un peu au manche; la révolution de février le raffermit. Partout les rois et les peuples se disputent. Quelle belle occasion d'offrir sa médiation! Rassuré par le manifeste de Lamartine, voyant bien que la France républicaine ne ferait pas la guerre, pour répondre au reproche de l'avoir trop aimée autrefois, lord Palmerston devient tout à coup d'un libéralisme effrayant; il encourage les révolutionnaires de l'Autriche, de la Prusse, de l'Italie, de la Hongrie, de partout; il envoie en Italie ce terrible lord Minto qui porte, disait-on, la révolution dans son sac de nuit. Le Piémont cependant était vaincu à Novare, la Hongrie succombait sous la trahison de Gœrgey, la réaction allait commencer ses représailles en Europe. Que de sujets d'occupation pour lord

Palmerston! Ils ne lui suffisent pas, et un beau jour on apprend qu'il a ordonné le blocus des ports et des côtes de la Grèce, pour forcer le gouvernement de ce pays à reconnaître la créance du sieur Pacifico, Portugais de naissance, quincaillier de métier, juif de religion, et placé sous la protection britannique.

Vérification faite par une commission nommée *ad hoc*, il fut reconnu que la créance du sieur Pacifico se montait à cent cinquante livres sterling, soit à *trois mille sept cent cinquante francs* en monnaie de France!

Le bon sens saxon trouva que c'était peut-être prendre un peu trop à cœur les intérêts des protégés britanniques que de s'exposer à une guerre générale pour une somme de trois mille francs; mais, pour le quart d'heure, lord Palmerston en fut quitte pour quelques attaques au sein du Parlement. Sa position ministérielle n'en eût pas été le moins du monde ébranlée, s'il n'eût choisi précisément le moment où il accueillait à bras ouverts les réfugiés hongrois, et où il paraissait le plus hostile aux souverains absolus, pour donner son approbation officielle au coup d'État de décembre 1851, sans avoir pris seulement la peine d'en avertir ses collègues. Une crise ministérielle s'en étant suivie, lord Granville fut chargé de former un cabinet. Ainsi, par un des contrastes les plus singuliers de cette vie féconde en contrastes, lord Palmerston qui, en 1815, avait signé l'ordre de transport de Napoléon à Sainte-Hélène, perdit le pouvoir trente ans plus tard pour avoir mis trop d'empressement à saluer l'avénement de son neveu.

X

Quand une adroite motion de lord Palmerston eut mis le ministère Russell en déroute, les tories, maîtres du pouvoir, lui firent des avances qu'il repoussa, mais sans se montrer trop hostile à leur politique dans les discussions de la Chambre des Communes. Chef d'un cabinet de conciliation, lord Aberdeen s'adressa aux peelistes, aux wighs et à lord Palmerston, qui accepta les fonctions assez insignifiantes de ministre de l'intérieur, et les garda jusqu'en 1855, où il prit la présidence du cabinet sous le titre de premier lord de la trésorerie.

Ici nous nous trouvons en présence d'un Palmerston fantastique et impossible, qui, après la signature du traité de Paris qui a consacré l'alliance de la France et de l'Angleterre, cherche tous les moyens de la rompre ou du moins de la rendre stérile. Il s'oppose à l'union des Principautés danubiennes, qu'il avait auparavant soutenue; il se tourne du côté de l'Autriche; il met obstacle sur obstacle au percement de l'isthme de Suez; il se jette en plein dans cette politique de faux-fuyants et de réserves mentales, dont il n'est guère plus sorti depuis ce temps-là, qui a rendu et qui rend encore l'Angleterre si impopulaire sur tout le continent.

La politique de lord Palmerston est celle de l'égoïsme le plus maladroitement déguisé; pour la pratiquer avec quelque succès, il faudrait supposer que les autres nations sont aveugles. Il y a longtemps cependant que personne ne s'y trompe, et le premier ministre de l'Angleterre use ce qui lui reste de forces dans cette vaine tentative de tromper l'Europe en masse et chaque peuple tour à tour. Lord Palmerston perd tous les jours de son influence; sa valeur personnelle diminue; il inspire moins de confiance, non pas aux partis, qui n'ont jamais compté sur lui, mais à une fraction assez importante de la nation anglaise qui a vu jusqu'ici en lui un homme capable de soutenir le poids du gouvernement et d'assurer sa marche dans une circonstance décisive. On se fiait peu au caractère de lord Palmerston, mais beaucoup à sa capacité. Il en a, sans doute; mais, en voyant sa perpétuelle inquiétude d'esprit, ses contradictions incessantes, ses inconséquences, ses changements ou ses frasques, nous sommes de l'avis de cet homme d'État qui disait en parlant de lord Palmerston : « Dieu lui a donné du talent, mais c'est le diable qui en règle l'usage. »

XI

Il y a des gens bizarres qui attendent, pour se lancer dans la vie active, que la goutte leur arrive, et qui ne songent à devenir immortels qu'au moment de mourir : lord Palmerston semble être de ce nombre. Entré presque imberbe à la Chambre des Communes, il s'ensevelit dans l'obscurité de la haute administration, et pendant vingt ans il s'absorbe dans les travaux de la bureaucratie. A quarante-cinq ans, il pense qu'il est temps pour lui d'être jeune, et le voilà qui se met à casser les réverbères de la politique. La compagnie morose des vieux tories ne lui convient plus; il passe dans celle des wighs, et c'est avec eux qu'il fait toutes ses fredaines.

De vingt à quarante ans, lord Palmerston est un vieillard; de l'âge de quarante ans jusqu'à celui de soixante-seize qu'il a aujourd'hui, c'est un jeune homme. Il sert dix-neuf ans sous les tories, et seize ans sous les wighs; il passe ces premiers dix-neuf ans à préparer la guerre en qualité de ministre, et ces derniers seize ans à essayer de rompre la paix. Travailleur infatigable dans les bureaux, il apporte la même ardeur dans la politique active : il fait tout, touche à tout, commence tout et ne finit rien. Il aime à agir mieux qu'à penser, et il recherche l'action pour l'action, grand défaut chez un homme d'État ; mais lord Palmerston est plutôt un praticien politique qu'un homme d'État : le présent seul l'occupe, il ne songe point à l'avenir. A la tribune, il est polémiste bien plus qu'orateur ; il ne développe jamais une grande question, il se borne à répondre à ses adversaires : son intelligence manque d'étendue et d'élévation. Au gouvernement, c'est un chef de manœuvres habile et résolu, et non point un amiral ; sa place est aux voiles et non au gouvernail ; dans un grain, il peut rendre des services à bord, pourvu qu'un autre, pendant la tempête, se charge de diriger le navire vers le port.

Il faut que le gouvernement marche : *The queen's government must be carried on* ; telles étaient la devise et la règle de conduite de Wellington, que lord Palmerston paraît avoir également adoptées ; pour lui, les partis ont l'air de ne point exister. Peu lui importe d'être ministre avec les wighs ou avec les tories ; l'essentiel est que le gouvernement marche, le reste importe peu. Cette absence de principes se conçoit, à la rigueur, chez un homme comme Wellington, militaire de profession et occupant dans son pays une position qui le mettait réellement au-dessus des partis, dont il était l'arbitre. Lord Palmerston n'en est point là. Rien ne justifie chez lui ce manque de principes qui éclate dans toute sa vie politique, et qui le rend souvent si incertain et si vacillant dans les grandes aussi bien que dans les petites choses. La fermeté d'action, chez un homme d'État, vient de la fermeté des principes.

Ce qu'on a dit de Wellington, qu'il était le plus Anglais de tous les Anglais, l'Anglais type, on l'a répété également à propos de lord Palmerston, et il est singulier que les deux hommes choisis pour personnifier le génie de l'Angleterre soient précisément deux Irlandais.

Palmerston est wigh parce que la force semblait être jusqu'ici dans ce parti ; mais grattez le wigh, vous trouverez le tory avec tous ses préjugés et toutes ses haines. Il a soutenu le bill de réforme électorale, il a proposé un bill de réforme administrative ; mais, au fond, il ne croit pas à l'élection, et les vieux abus ne sont pas ce qui l'effraye. Né dans l'aristocratie, il a été et il est encore l'homme de sa caste, quoiqu'il se déguise parfois en libéral et même en révolutionnaire. On retrouve en lui ce mélange de goûts raffinés et d'instincts grossiers dont se compose ce qu'on nomme un dandy en Angleterre. Il professe une égale admiration pour la danse de la Rosati ou de la Ferrari et pour le pugilat, pour la littérature et pour la boxe. Dernièrement, l'Angleterre tout entière était mise en émoi par une lutte de boxeurs. Londres accourait en masse dans la plaine où allaient se mesurer les deux combattants. Pendant plusieurs heures, on vit un des peuples les plus instruits, les plus intelligents, les plus religieux de l'Europe, se délecter à la vue de deux hommes acharnés comme deux bêtes féroces l'un contre l'autre. Une masse inerte tomba sur le sol ; aussitôt un hurrah immense de monter vers le ciel : le champion de l'Angleterre était victorieux ! car c'était un duel qui se vidait entre deux nations, un duel à coups de poings ! Cet homme fut porté en triomphe ; on lui donna des banquets, on ouvrit une souscription nationale en son honneur, et lorsque, dans les Chambres, des cris osèrent s'élever contre ces ignobles et sanglants spectacles, lord Palmerston, le premier ministre de la reine, monta à la tribune et prit, de ce ton leste et dégagé qui lui est familier, la défense de la boxe comme d'une institution nationale destinée à fortifier un peuple et à le rendre plus viril.

XII

On n'occupe pas pendant trente ans une position élevée dans le ministère sans acquérir une grande habileté dans le maniement des hommes et des affaires. C'est l'idée exagérée que se font ses concitoyens de cette habileté, qui est la force de lord Palmerston. Dans un temps où les partis sont à la fois si faibles qu'on ne peut rien faire avec eux, et si forts qu'on ne peut rien faire sans eux, on sait gré à lord Palmerston de cette adresse qui lui permet de conduire sa barque à travers tous les récifs politiques dont la Chambre des Communes est hérissée. Il se débrouille mieux qu'un autre au milieu des partis, parce qu'il les représente tous, et qu'il est comme le résumé vivant de l'histoire de son pays depuis cinquante ans. L'ancienne Angleterre peut se reconnaître en lui. Il y a dans lord Palmerston quelque chose de tous les hommes qu'elle a le plus admirés : du Pitt, du Wellington, du Canning, du Robert Peel. En vieillissant, s'il est vrai que lord Palmerston puisse vieillir, on dirait que les souvenirs de sa jeunesse prennent sur lui plus d'influence, et que, par une pente irrésistible, il revienne à ses premières amours. Ce mot suranné de *coalition*, qu'il entendit si souvent prononcer pendant la première moitié de sa carrière, semble chatouiller plus agréablement son oreille et son cœur. N'osant pas attaquer la France, il se contente de l'agacer et de lui faire des niches : c'est le Pitt de la taquinerie, et, s'il est permis de s'exprimer ainsi, le Castlereagh de l'*asticotage*.

A l'époque où le choléra sévissait à Londres, plusieurs membres du clergé écossais demandèrent à lord Palmerston, alors ministre de l'intérieur, de prier la reine de fixer un jour de prières publiques pour demander au ciel la cessation du fléau. Le ministre se contenta de répondre qu'il vaudrait mieux songer à nettoyer les égouts de la capitale *(it would be better to look after town drainage)*. Tout l'homme est dans cette réponse. Lord Palmerston ne comprend que les moyens matériels; il ne s'entend qu'à la pratique des choses; il manque d'élévation et d'idéal, qualités essentielles dans un pays constitutionnel comme l'Angleterre, où le premier ministre doit marcher véritablement à la tête de la nation. Comment s'étonner des impertinences fréquentes de lord Palmerston envers les puissances étrangères, quand on le voit traiter si cavalièrement la Providence elle-même ?

Lord Palmerston commence tout et ne finit rien; il n'a que des velléités; il s'agite, et le hasard le mène; il montre une vacillation, une inconstance, une étourderie, une pétulance qui rappellent le caractère des membres les plus fragiles de ce sexe que Shakespeare compare à l'onde pour l'inconstance et la mobilité; il est premier ministre de nom, mais en réalité ce n'est pas lui qui gouverne. « L'affaiblissement et la décomposition des partis, disait, il y a quelque temps, la *Revue d'Édimbourg*, ont créé dans la société anglaise une opinion publique dont l'influence domine de plus en plus les partis et leurs chefs. La nation a acquis un sens politique plus éclairé. C'est maintenant la presse qui discute une question et l'impose au Parlement. » Obligé de subir cette opinion publique qui le domine malgré lui, lord Palmerston n'est guère en ce moment qu'un homme d'État postiche, une sorte de ministre *chapeau* qui occupe, en attendant, la place du ministre véritable, qui ne tardera pas à surgir du sein de l'Angleterre nouvelle. La décomposition politique qui s'opère dans ce pays est le signe certain d'une rénovation prochaine. La démocratie touche au pouvoir; elle ne tardera pas à s'en emparer tout à fait, et c'est de ce moment que datera réellement, entre la France et l'Angleterre réunies par les mêmes principes et les mêmes intérêts, le règne de l'entente cordiale.

Laissons en attendant lord Palmerston se livrer à ses tours de force, et admirons l'adresse dont fait preuve ce merveilleux clown politique. Si à quatre-vingts ans Wellington était un miracle de conservation, de vigueur et d'activité, Palmerston à soixante-seize ans jouit au plus haut degré de ces mêmes avantages. L'ex-collègue de Pitt court le renard, boit à l'anglaise, dicte dix ou douze dépêches par jour, prononce des discours de trois heures où les *reporters* les plus habiles ne trouvent rien à retrancher, et trouve le temps de figurer aux belles parties de boxe au premier rang des amateurs les plus distingués de l'Angleterre. Ses cheveux sont blancs, ses joues ridées, ses membres amaigris; mais sa taille est droite, sa tête haute, et son esprit plein de ressources et de vivacité; il aime encore à se montrer galant, et dans ses *speechs* au banquet du lord-maire, il y a toujours quelques compliments agréablement tournés à l'adresse du beau sexe d'Albion. Lord Palmerston ne croit pas à la vieillesse, et, s'il quittait le ministère, son premier soin, nous en sommes sûr, serait de s'enrôler dans la compagnie des volontaires de Tiverton. Mais ce n'est pas quand on n'est que septuagénaire que l'on quitte une carrière à peine commencée, et lord Palmerston est encore trop jeune pour y songer. Cependant l'instant de la retraite pourrait sonner pour lui beaucoup plus tôt qu'il ne l'imagine. La force de cette opinion publique dont nous parlions tout à l'heure grandit tous les jours, une Angleterre nouvelle se lève derrière l'Angleterre ancienne; la vieille école politique des wighs et des tories a fait son temps, la démocratie arrive, et le moment n'est pas éloigné où William Temple, vicomte de Palmerston, ira rejoindre ses confrères de cire dans ce cabinet de Curtius qui s'appelle la Chambre des Lords.

T. D.

IMP. RENOU ET MAULDE.

DE CAVOUR

DE CAVOUR

I

Les grands ministres sont rares ; c'est à peine si, de loin en loin, l'histoire en signale un à l'admiration de la postérité. C'est qu'il ne suffit pas, pour prendre rang dans cette phalange clair-semée, d'être un administrateur habile, un homme d'État prévoyant, un éloquent orateur ou un profond politique. Il faut que les circonstances viennent en aide à la valeur personnelle ; il faut un ardent patriotisme et à ce patriotisme une mission éclatante, un but glorieux ; il faut que des obstacles presqu'insurmontables mettent en relief les plus rares qualités, l'énergie du caractère, la fermeté des convictions ; il faut enfin rendre à une nation de tels services qu'ils burinent le nom de celui qui les a rendus, dans la mémoire des peuples.

De pareilles conditions ne se présentent pas fréquemment dans le développement des sociétés humaines ; l'homme d'État illustre dont nous allons parler a eu le bonheur de les rencontrer et la gloire de mettre au service de sa patrie, au service de la plus noble et de la plus sainte des causes, une belle et vaste intelligence, des talents remarquables, une éloquence originale et un dévouement sans bornes.

Je ne sais si c'est par ignorance ou pour mieux faire ressortir les qualités de leur héros que des biographes ont imaginé de faire naître M. de Cavour dans une famille bourgeoise, d'un riche marchand de Nice auquel Charles-Albert aurait délivré des lettres de noblesse. L'origine est peu de chose. Qu'il soit fils d'un paysan ou fils d'un roi, l'homme ne vaut que ce qu'il vaut. Garibaldi est né dans une pauvre famille de pêcheurs, au bord de la mer, sans ancêtres, sans titres et il n'en est pas moins une des plus belles figures de ce siècle. M. de Cavour serait, comme on l'a dit, le fils d'un simple marchand qu'il n'en serait pas moins aussi un des plus grands hommes de l'Italie régénérée. Le mérite qu'il aurait eu à ne devoir qu'à lui-même son illustration lui revient tout aussi entier, bien qu'il soit le rejeton d'une des plus nobles familles du Piémont, et à ce mérite se joint celui d'avoir vaincu les préjugés de caste.

Le nom de Cavour est en Italie ce qu'est celui de Montmorency en France. Les Benso di Cavour, seigneurs de Santera, Mondeneo, Menabo, Albugnano, Isolabella, Montanera, etc., étaient une des familles les plus considérables de cette singulière et vigoureuse république de Chieri dont l'histoire agitée tient une si grande place dans les chroniques du moyen âge.

Le premier membre de cette famille, dont la mémoire ait été conservée, est Oberto Benso, originaire de Saxe, qui, vers le milieu du XIIe siècle, possédait la vicomté de Baldisetto et les seigneuries de Ponticelli et Santera. Depuis lors, le nom des Benso di Cavour se trouve mêlé à tous les événements, à toutes les phases de l'histoire d'Italie.

Nous avons sous les yeux la généalogie de M. de Cavour. Il nous parait peu intéressant de nous y arrêter. Les titres que cet homme a acquis à la reconnaissance de sa patrie, la gloire qu'il ne doit qu'à lui-même nous paraissent préférables à la gloire et aux titres de ses aïeux.

II

Le comte de Cavour — on ne le désigne jamais par son nom en Italie, on dit *le Comte*, comme du temps de Richelieu on disait *le Cardinal*, comme sous le gouvernement de Cavaignac on disait *le Général* — le

Comte est né à Turin en 1809. Sa famille lui fit donner une solide instruction et il manifesta de bonne heure un goût très-vif pour l'étude, une aptitude prononcée pour les sciences. Son esprit net et incisif, sa droite et calme raison aimaient à pénétrer au fond des choses. Quelle était sa vocation ? servir sa patrie ; ce fut le rêve de sa jeunesse et il a été l'ambition de sa vie. Mais comment la servir cette patrie bien-aimée qu'il voyait livrée à de si douloureux déchirements et à de si accablantes oppressions ? Son nom pouvait lui ouvrir toutes les carrières ; il songea d'abord à celle des armes pour laquelle il n'était certainement pas fait. Ses connaissances spéciales le portaient, dans tous les cas, vers les armes savantes. Il devint lieutenant du génie, mais il ne tarda pas à s'apercevoir qu'il s'était fourvoyé et revint sur ses pas.

Il voyagea alors en France et en Angleterre, non comme un gentilhomme désœuvré ou comme un touriste oisif, mais en observateur désireux de s'instruire. Il se familiarisa avec les deux langues et surtout avec la langue française qu'il parle et écrit parfaitement. Il étudia, avec une rare sagacité, le mécanisme administratif et gouvernemental des deux pays, leurs institutions politiques, leur organisation financière et économique, il se mit au courant des questions qui les préoccupaient. En attendant mieux, le jeune homme se fit journaliste. La presse a servi de marchepied à toutes les célébrités contemporaines ; que d'ingrats elle a fait ! Un écrit du jeune comte sur la législation des céréales dans le Royaume-Uni, obtint en Angleterre un retentissement mérité. Presqu'en même temps il publiait à Paris, dans la *Revue nouvelle*, recueil fondé en 1846 par les conservateurs progressistes, un remarquable travail sur *les chemins de fer en Italie*. Cet article, écrit d'un style clair, précis et élégant à la fois, fut très-remarqué. Il faut en citer un passage pour montrer quelles étaient, dès cette époque, les tendances de l'homme qui devait exercer plus tard sur les destinées de sa patrie une influence si décisive :

« L'avenir que nous appelons de tous nos vœux, disait-il, c'est la conquête de l'indépendance nationale, bien suprême que l'Italie ne saurait atteindre que par la réunion des efforts de tous ses enfants ; bien sans lequel elle ne peut espérer aucune amélioration réelle et durable dans sa condition politique, ni marcher d'un pas assuré dans la carrière du progrès. Ce que nous venons d'avancer n'est point un rêve, résultat d'un sentiment irréfléchi ou d'une imagination exaltée ; c'est une vérité qui nous paraît susceptible d'une démonstration rigoureuse.

« L'histoire de tous les temps prouve qu'aucun peuple ne peut atteindre un haut degré d'intelligence et de moralité sans que le sentiment de sa nationalité ne soit fortement développé. Ce fait remarquable est une conséquence nécessaire des lois qui régissent la nature humaine. En effet, la vie intellectuelle des masses roule dans un cercle d'idées fort restreint. Parmi celles qu'elles peuvent acquérir, les plus nobles et les plus élevées sont certainement, après les idées religieuses, les idées de patrie et de nationalité. Si maintenant les circonstances politiques du pays empêchent ces idées de se manifester ou leur donnent une direction funeste, les masses demeureront plongées dans un état d'infériorité déplorable. Mais ce n'est pas tout, chez un peuple qui ne peut être fier de sa nationalité, le sentiment de la dignité personnelle n'existera que par exception, chez quelques individus privilégiés. Ces classes nombreuses qui occupent les positions les plus humbles de la sphère sociale ont besoin de se sentir grandes au point de vue national pour acquérir la conscience de leur propre dignité. Or cette conscience constitue pour les peuples, aussi bien que pour les individus, un élément essentiel de la moralité.

« A moins d'un bouleversement européen dont les conséquences désastreuses sont de nature à faire reculer les plus hardis, mais qui, grâce au ciel, devient chaque jour moins probable, il nous paraît évident que la précieuse conquête de notre nationalité ne peut être opérée que moyennant l'action combinée de toutes les forces vives du pays, c'est-à-dire *par les princes nationaux franchement appuyés par tous les partis...* »

III

Les événements se sont chargés de modifier ce généreux et chimérique programme. Quant au bouleversement européen qui paraissait si peu probable au savant écrivain, il ne devait pas tarder à éclater, et, avant même que la France en eût donné le signal, les symptômes en étaient évidents. Les bruyantes acclamations qui se faisaient entendre sur les pas de Pie IX au lendemain de son avènement n'étaient-elles pas le prélude de la révolution qui allait s'accomplir?

Le tact de M. de Cavour ne s'y trompa point; avec cette souplesse d'esprit et ce sens droit qui le caractérisent, il comprit que ce concours des princes nationaux était un rêve, une impossibilité. Il suffirait d'un examen attentif pour se convaincre que les princes italiens, à l'exception de Charles-Albert, n'étaient pas des princes nationaux, qu'ils étaient seulement les lieutenants de l'Autriche en Italie, les représentants de sa politique, les humbles serviteurs de son autorité. Attendre de ces princes une initiative généreuse, une participation quelconque à une entreprise nationale, était folie. M. de Cavour acquit bientôt cette conviction et dès lors la ligne politique de sa vie fut invariablement tracée.

Au commencement de janvier 1848, au début même de cette année que de si graves événements devaient remplir, quelques troubles éclatèrent à Gênes. M. de Cavour, à cette occasion, adressa au roi Charles-Albert un mémoire, ou plutôt une adresse très-brève dans laquelle il démontrait que l'unique moyen de garantir la stabilité du trône et de concilier la force du gouvernement avec les vrais intérêts du pays, était d'accorder au Piémont une constitution libérale. Le conseil municipal de Turin fit de son côté, peu de temps après, une demande analogue et le Roi signa le Statut.

M. de Cavour était alors journaliste; il dirigeait le *Risorgimento*. La révolution de mars 1848 éclata à Milan : « L'heure suprême pour la Monarchie sarde est sonnée, s'écria-t-il dans un article qui retentit comme un coup de tocsin, l'heure des fortes délibérations, l'heure de laquelle dépendent les destinées des empires et le sort des peuples... une seule voie est ouverte à la nation, au gouvernement, au Roi; la guerre! la guerre immédiate, sans délais! » On sait avec quel courage et quelle loyauté le père de Victor-Emmanuel répondit à ce cri qui était l'écho du cri de son peuple. Nous n'avons pas à revenir sur ces événements si graves, sur les glorieux incidents et sur le douloureux dénoûment de cette guerre héroïque où la nationalité italienne fut écrasée par le nombre, mais non vaincue.

Le Comte fut élu député au premier Parlement subalpin qui se réunit à Turin. C'était la première récompense de ses efforts et de son patriotisme. Il n'appela point l'attention sur lui par des discours retentissants, mais il se montra habile et compétent dans la discussion des affaires et plus particulièrement des questions de crédit et de finances dont il avait fait une étude approfondie. Il s'était préparé de longue main aux luttes parlementaires et aux épreuves de la vie politique; il y arrivait armé de pied en cap. Il se fit surtout remarquer dans la discussion, demeurée célèbre, relative à l'union des provinces Lombardo-Vénitiennes au Piémont; à la tribune, comme dans la presse, il s'opposa puissamment à la nomination d'une Assemblée Constituante avec un mandat illimité.

Il n'était plus temps de délibérer, hélas! Le résultat de la bataille de Custoza vint frappper au cœur tous les patriotes italiens et ajourner les espérances du Piémont.

En apprenant cette défaite, M. de Cavour courut se faire inscrire comme volontaire ; il jugea qu'en des circonstances si graves la place de tout bon citoyen était sur les champs de bataille. Au moment de son départ, on apprit que l'armistice avait été signé. Ne pouvant saisir l'épée, M. de Cavour reprit la plume et, par sa parole écrite aussi bien qu'à la tribune et dans les réunions politiques, il s'efforça de calmer les passions surexcitées, il fit entendre aux masses le langage du bon sens et de la raison, celui qu'en temps de révolution elles sont le moins disposées à écouter. Le Comte ne marchanda pas avec sa popularité, il fit son devoir, sachant bien qu'il soulèverait autour de lui des mécontentements, des haines, des calomnies. Il affronta l'impopularité avec un courage qu'il faut d'autant plus honorer qu'il est très-rare, et nulle considération personnelle ne le fit dévier de sa ligne. Qu'on nous permette d'insister sur ce point. C'est là un des traits principaux de la physionomie originale que nous esquissons ici. M. de Cavour n'a jamais couru ni après le pouvoir ni après la popularité ; il a ambitionné sans doute l'un et l'autre, mais il ne leur a jamais sacrifié une parcelle de ses convictions. Dans les temps les plus difficiles il a dit la vérité au peuple, il l'a dite à ses risques et périls. Homme d'ordre et de liberté, il a marché vers son but sans se préoccuper des incidents de la route, sans s'inquiéter de savoir si sa personnalité aurait à perdre ou à gagner. Il a fait son devoir loyalement, honnêtement, en disant comme le sage : advienne que pourra !

IV

Quand vinrent les orages politiques suscités par les événements du mois d'octobre 1848, alors que l'opposition s'attachait à démontrer qu'il fallait reprendre les hostilités et déclarer la guerre à l'Autriche, M. de Cavour, avec cette vigueur d'argumentation qui constitue son originalité d'orateur, réfuta un à un les motifs qui avaient été mis en avant par la gauche, démontra leur peu de solidité et prouva d'une manière irréfragable qu'il convenait de se préparer, plus complétement qu'on ne l'était, à affronter la chance de nouveaux combats, que cette fois la campagne serait décisive et qu'on risquait de compromettre pour longtemps la cause Italienne par une généreuse impatience et une précipitation irréfléchie. Il n'avait que trop raison, hélas !

Ce fut dans cette même séance qu'il ne craignit pas aussi de défendre le gouvernement anglais contre les attaques dont il était l'objet : « Je tiens pour certain, dit-il, que l'Angleterre est entrée franchement, loyalement, résolument dans la médiation. Cette déclaration m'expose, je le sais, au danger d'être, plus que de coutume, taxé d'anglomanie et même à celui de devenir de nouveau, dans les journaux de la capitale, le point de mire de l'esprit débordé de quelques écrivains ; mais, quel que soit le sort qui m'attende hors de cette enceinte, je me flatte de l'espoir que mes collègues, après avoir entendu les raisons sur lesquelles j'appuie mon jugement, m'absoudront de la grave accusation de ne pas aimer autant qu'un autre mon pays. »

Avec la même supériorité et la même raison il combattit et parvint à faire repousser la proposition relative à l'établissement de l'impôt progressif.

On n'a pas impunément un pareil courage. Dire la vérité aux peuples c'est s'exposer à leur colère ou à leur ressentiment. Aux élections de janvier 1849, la candidature de M. de Cavour échoua devant celle d'un homme obscur patroné par le journal de Gioberti. Ces injustices de l'opinion sont fréquentes dans l'histoire des gouvernements parlementaires ; si elles abattent les âmes faibles, elles fortifient les âmes bien trempées.

Dans son journal, le *Risorgimento*, le Comte poursuivit sa lutte ; il resta fidèle à ses principes et ne fit aucune lâche concession dans l'espoir de reconquérir une popularité qui ne pouvait lui échapper un jour. Il fit à l'administration de Gioberti une guerre hardie, mais lorsque cet homme éminent, ce rêveur illustre tomba du pouvoir, abandonné et désavoué par le plus grand nombre de ses amis politiques, M. de Cavour prit dignement et courageusement sa défense.

La guerre fut déclarée. Cette fois ce n'est plus Custoza, c'est Novare ! Tout l'échafaudage des illusions populaires s'écroula avec fracas. L'héroïque Charles-Albert abdiqua en faveur de son fils aîné, Victor-Emmanuel, qui venait de se distinguer avec tant d'éclat sur les champs de bataille. Il fallait reconquérir le terrain perdu et préparer lentement, sagement la revanche. Les électeurs de Turin réparèrent leur injustice ; M. de Cavour fut élu député par le premier collége de la capitale. L'opinion était inquiète ; elle ne pouvait douter des dispositions patriotiques du nouveau Roi, mais on craignait qu'il fût, moins que son illustre père, dévoué aux principes libéraux. Nous avons dit ailleurs, en racontant la vie de Victor-Emmanuel, combien ces préventions étaient injustes. M. de Cavour le savait, mais la réaction, à Turin comme à Paris, était disposée à ne rien respecter, et le courageux publiciste prit alors en main la défense des libertés menacées par l'aveugle esprit du passé. Il ne contribua pas peu au maintien de la loi organique de la presse et les prétentions cléricales trouvèrent en lui un adversaire inébranlable. Il se sépara complétement alors de ses amis de la droite et traça fermement sa voie patriotique et libérale.

V

En juillet 1850, le chevalier de Santa-Rosa, ministre du commerce et de l'agriculture, tomba gravement malade. Son portefeuille devenait vacant. On songea à M. de Cavour; le cabinet était très-desireux de s'adjoindre une aussi incontestable capacité. Le ministre de l'intérieur, M. Galvagno, fut chargé par ses collègues d'exprimer au Roi ce désir. Victor-Emmanuel, qui cache une perspicacité et une finesse fort grandes sous des apparences de rondeur et de bonhomie, sourit en écoutant la proposition de M. Galvagno. « Comment ne vous apercevez-vous pas, dit-il au ministre, que ce petit homme finira par vous supplanter tous! » — « Votre Majesté à raison, répliqua M. Galvagno, mais il est des circonstances où certains noms s'imposent sans qu'il soit possible de les discuter. »

Le Comte, bien qu'il n'eût pas alors, à beaucoup près, l'importance qu'il a conquise depuis lors, exerçait déjà une influence considérable non-seulement sur la direction des esprits, mais sur la marche du gouvernement. Son ami et son collègue à la Chambre, M. Castelli, lui fit part de la résolution du cabinet, lui demanda quelles seraient ses conditions en acceptant le portefeuille qu'on lui offrait. — « Je n'ai pas de conditions à mettre en avant, répondit le Comte, j'accepte tout le programme du cabinet et la solidarité de sa politique. »

M. de Cavour arrivait au pouvoir par la petite porte, il entrait au ministère avec une position secondaire; mais peu lui importait! Si étroit que fût son poste, il savait bien qu'il l'agrandirait aux proportions de son génie et de son activité. Son ambition était immense, elle n'avait rien de vulgaire. M. de Cavour n'avait pas intrigué pour arriver au pouvoir, c'était le pouvoir qui arrivait à lui, et il le saisissait non comme une fin ou une satisfaction personnelle, mais comme un lourd fardeau et un moyen d'appliquer des idées longuement mûries, de sérieuses études, des sentiments généreux.

La prédiction de Victor-Emmanuel ne tarda pas à se réaliser. Le ministre de l'agriculture et du commerce devint bientôt le membre le plus influent du cabinet. Il avait la haute main dans les délibérations, et il prenait le poste le plus périlleux et le plus difficile dans toutes les discussions parlementaires. M. de Cavour a une éloquence originale et spirituelle qui n'a de modèle nulle part et qui n'aura point d'imitateurs. Physiquement il ressemble à M. Thiers; sa physionomie a plus de distinction et non moins de finesse, mais une finesse plus franche, plus hardie que celle de l'ancien premier ministre de Louis-Philippe. M. de Cavour sait ce qu'il veut mieux que ne le savait M. Thiers; sa carrière politique a un but plus net, plus défini, et disons-le aussi, plus élevé. La désinvolture de l'un est égale à celle de l'autre. La tenue de M. de Cavour à la Chambre n'a rien de majestueux; il ne porte pas sa tête comme un saint-sacrement, à la façon de M. Guizot ou de M. Odilon-Barrot. Il tourne presque toujours le dos à ses collègues, et c'est à peine s'il semble prêter attention aux débats dont il est cependant la cheville ouvrière. Il n'en perd cependant pas un mot, et on s'en aperçoit bien à sa réplique mordante et agressive; c'est la tactique du Comte de ne rester sur la défensive que pour démolir les arguments de ses adversaires, et cela fait il prend l'offensive aussitôt.

Comme M. Thiers, le comte de Cavour est plutôt un causeur qu'un orateur politique; mais sa causerie facile, éloquente, d'une remarquable clarté, atteint tout à coup et sans effort aux plus hautes régions de l'éloquence. Son geste est sobre, d'autant plus qu'il a presque toujours en parlant une main dans sa poche, et cette main ne sort que dans les grandes occasions. Lorsqu'après une séance orageuse à la Chambre, on dit : Le Comte a parlé avec ses deux mains! cela signifie que la discussion a été très-chaude et que M. de Cavour y a eu un plein succès.

Il donne à son corps, pendant qu'il parle à la tribune, un certain balancement qui supplée à la sobriété du geste. Sa voix n'a pas les sons aigres et criards de celle de M. Thiers, elle est pleine et vibrante, douce et moqueuse. Sa parole, rapide d'abord, se ralentit à mesure que l'orateur s'émeut ou que les contradictions l'excitent. Au milieu des plus vives ardeurs et des plus bruyantes contradictions, il ne perd ni son calme, ni son esprit. Il a des intonations qui émeuvent l'assemblée; nul ne prononce comme lui le mot sacré : *Italia!*

Dans les grandes occasions, avons-nous dit, le Comte parle avec ses deux mains; mais parfois il met ses deux mains dans ses poches, c'est quand il pose une question de cabinet, quand il fait du vote d'une loi la condition indispensable de sa présence aux affaires. M. de Cavour gouverne le parlement de Turin comme le roi Léopold gouverne les Belges; on peut appeler ce système, le système de la canne et du chapeau. « Si vous n'êtes pas satisfaits, dit le roi Léopold à son peuple, je suis prêt à partir. » — « Si vous me refusez les moyens de gouverner comme je l'entends, dit M. de Cavour, voici ma canne et mon chapeau, je vais me retirer. »

Le Comte s'est rendu tellement indispensable que cette menace manque rarement son effet. Nul plus que lui n'est maître de sa parole. Il dit ce qu'il veut dire, et il n'est pas de tactique qui parvienne à lui faire franchir la limite dans laquelle il a résolu de se renfermer; cette puissance sur lui-même est d'autant plus remarquable que M. de Cavour n'est pas d'une nature calme, tant s'en faut! Il a des impatiences et des emportements de jeune homme, parfois des caprices d'enfant gâté; mais le jeune homme sait se dominer quand il le veut. Il a infiniment d'esprit, et il s'en sert très-adroitement pour éluder les difficultés dont le régime parlementaire enchevêtre souvent la marche des hommes d'État. « Parfois, a dit un de ses biographes, quand on l'interpelle à propos de la garde nationale, il répond en parlant du mont Cenis, et *vice versâ*. Quand il répond à un discours, le diable ne lui ferait pas mettre, s'il ne le veut pas, les points sur les *i*. Il a une habileté extraordinaire, non-seulement pour ne dire que ce qu'il veut dire, mais encore pour faire dire ce qu'il veut qu'on dise. Il échappe souvent à des objections pressantes par des personnalités qui n'ont rien de blessant et qui ont le privilége de dérider la grave assemblée dans les circonstances les plus critiques. »

VI

La carrière politique du Comte est loin encore de son terme, nous l'espérons, mais dût-elle s'arrêter au point où elle est parvenue aujourd'hui, elle suffirait à sa gloire. M. de Cavour, en forçant l'Europe à accepter l'entrée du Piémont au congrès de Paris, a préparé, plus activement et plus utilement que qui que ce soit, les événements qui s'accomplissent aujourd'hui. C'est lui qui a posé la question italienne, qui lui a donné sa haute valeur. Le jour où M. de Cavour, de concert avec ses collègues, a soumis au roi Victor-Emmanuel le projet d'envoyer sur les champs de bataille de la Crimée un corps d'armée sarde pour combattre à côté des armées française et anglaise, il a fait l'acte politique le plus considérable qui puisse marquer la vie d'un homme d'État; il a émancipé l'Italie.

C'est là le plus beau titre du Comte à la reconnaissance de ses concitoyens. Tout le reste n'est qu'accessoire, ou du moins n'est que le développement de la grande et généreuse initiative que M. le comte de Cavour prit dans le congrès de Paris. Trois hommes ont contribué également, mais à des degrés différents et avec des aptitudes diverses, à l'affranchissement de l'Italie : Victor-Emmanuel, Garibaldi, Cavour.

Le premier a été le régulateur de cet admirable mouvement national ; par sa bravoure sur les champs de bataille, par sa loyauté qui l'a attaché au statut constitutionnel, par sa hardiesse dans les décisions, par son ardent patriotisme, il a désarmé toutes les prétentions hostiles et moralement conquis l'Italie, il lui a donné foi en elle-même.

Le comte de Cavour a été la tête de ce mouvement, comme Victor-Emmanuel en était le cœur. Son habileté, son éloquence, sa prudente audace, ses talents, sa fermeté ont désarmé la diplomatie européenne, ravivé des sympathies éteintes et donné à l'œuvre commune un concours qui lui était indispensable, celui de l'opinion publique. En voyant que l'Italie avait un tel homme d'État, on a eu plus de confiance en elle.

L'entreprise chevaleresque, disons mieux, l'épopée de Garibaldi a fait le reste. Si M. de Cavour avait conquis les classes éclairées, les régions politiques de l'Europe ; si Victor-Emmanuel avait donné un centre à l'unité italienne, si de son noble cœur il avait fait le cœur de sa patrie, Garibaldi a conquis les masses, il les a enthousiasmées, électrisées, il a précipité le dénouement avec cette généreuse témérité qui a alarmé un instant le Roi et M. de Cavour eux-mêmes.

Quand une nation produit simultanément trois hommes de cette trempe, trois individualités si originales et si puissantes, c'est que l'heure de cette nation a sonné. Les forces diverses que ces trois caractères représentent, réunies en faisceau et dirigées vers un même but, sont invincibles. Certes les puissances absolutistes de l'Europe ne voient pas avec joie les événements qui s'accomplissent en Italie, elles se sont réunies à Varsovie et chaque jour elles échangent des projets ténébreux ; le clergé tout entier, sur tous les points du globe, réagit de toute sa puissance contre l'œuvre de l'unité et de l'indépendance italiennes. La papauté a lancé ses foudres, Pie IX a fait appel à la chrétienté, il a appelé les fidèles à sa défense, il leur a demandé de l'argent. A quoi cela a-t-il abouti ? à rien. Le Saint-Siége a perdu ses provinces et doit à la France le peu qu'il possède. L'Autriche a perdu la Lombardie ; les grands-ducs ont perdu leurs principautés de Toscane, de Parme et de Modène ; le roi de Naples, après avoir perdu la Sicile, a perdu sa capitale, où Victor-Emmanuel entre en triomphateur, appelé par le vœu des populations. Et tout cela, pourquoi ? Parce que Victor-Emmanuel, Cavour et Garibaldi représentent les trois faces d'une idée juste, parce qu'ils sont dans les desseins du Dieu libérateur, parce qu'ils émancipent des peuples, tandis que tous leurs adversaires ne songent qu'à opprimer ou asservir.

Nous avons essayé de caractériser le rôle important que M. de Cavour a rempli et continue à remplir dans cette trilogie, dans cette œuvre prodigieuse qui ouvre aux peuples Européens une ère nouvelle et consacre pour eux un droit nouveau. Le descendant d'une des plus anciennes maisons souveraines de l'Europe, le dernier rejeton d'une des plus illustres familles de l'Italie et le fils d'un pauvre pêcheur de Nice, unis dans une même pensée, poursuivant le même but et travaillant ensemble, par des moyens différents, à la constitution de l'indépendance et de l'unité italiennes, préparant la transformation du catholicisme par la suppression du pouvoir temporel de la papauté, n'est-ce pas là un fait prodigieux, n'est-ce pas un miracle plus saisissant que celui de la liquéfaction du sang de saint Janvier à Naples ?

VII

Cette rapide appréciation de la carrière politique de M. le comte de Cavour serait incomplète si nous ne disions un mot de l'attitude qu'il a prise vis-à-vis du clergé piémontais et de la tournure qu'il a donnée aux relations de la cour de Turin avec le gouvernement pontifical.

Il eût été impossible de constituer l'unité de l'Italie en laissant au clergé catholique la faculté de contreminer l'œuvre laïque de l'émancipation des peuples, en ne brisant pas dans ses mains les armes spirituelles dont il faisait, dans l'ordre temporel, un si déplorable usage. M. de Cavour et Victor-Emmanuel ont sagement compris qu'il était possible de séparer les intérêts spirituels de la religion de ses intérêts mondains, de sacrifier ceux-ci sans porter atteinte à ceux-là. Cette lutte contre les prétentions cléricales est la gloire de M. le comte de Cavour ; il y a apporté sans cesse une fermeté et une modération qu'on ne saurait trop louer.

Nous ne saurions ici énumérer les incidents nombreux de cette lutte qui a soulevé tant de passions et allumé tant de pieuses colères. Dans les discours que le Comte a prononcés à la tribune, dans les notes diplomatiques qu'il a rédigées, nous trouvons toujours cet esprit calme et sûr, cette droite raison dont il a donné tant de preuves. Nous pourrions citer ici des pages que ne désavouerait aucun de nos plus grands écrivains. Nous préférons emprunter quelques lignes à une réplique improvisée que le Comte prononça dans la séance du 30 décembre 1857, à propos de la discussion relative à la pression exercée par le clergé des États sardes dans les élections. La pensée de M. de Cavour, celles du Roi et du gouvernement y sont exprimées avec une remarquable netteté :

« Je ne crains pas, dit-il, les luttes politiques lorsqu'elles sont soutenues avec des armes légales ; mais je ne puis pas en dire autant lorsque le clergé peut impunément se servir des armes spirituelles dont il est investi pour des devoirs tout autres que celui de faire triompher tel ou tel candidat. Oh ! alors, pour sûr, la lutte ne serait plus égale ! Si on laissait l'usage de ces armes spirituelles s'établir et se consolider sur ce terrain, la société civile courrait les périls les plus graves ; la lutte légale serait en danger de se changer en lutte matérielle. Quand le clergé peut impunément dénoncer dans les assemblées électorales ses adversaires politiques, depuis ceux qui régissent l'État jusqu'au dernier fauteur des idées libérales, comme des ennemis acharnés de l'Église, comme des hommes qui méritent les foudres divines, il pourrait aisément porter ceux qui l'écoutent à s'opposer au gouvernement et à la majorité, non-seulement avec les armes de la légalité, mais en outre avec des moyens matériels. C'est pourquoi je n'hésite pas à proclamer que, si l'emploi abusif des armes religieuses pouvait avoir lieu impunément de la part du clergé, nous serions, dans un temps plus ou moins éloigné, menacés des horreurs de la guerre civile. »

Ces paroles étaient si sages que le chef de la droite, M. le marquis de Costa de Beauregard, ne put se dispenser d'appuyer la politique du premier ministre : « Je suis d'avis, dit-il, que la menace d'excommunication ou de refus de sacrement devra motiver l'enquête. »

Ce n'est pas le moindre des bienfaits rendus à sa patrie par M. de Cavour que d'avoir établi dans la conscience d'un peuple si longtemps courbé sous l'influence cléricale, sous le manteau de plomb des superstitions et des préjugés, cette distinction radicale entre le spirituel et le temporel ; entre ce qui est impérissable dans la religion et ce qui est humain et transitoire ; entre la morale du Christ et les intérêts ou les ambitions du clergé. C'est peut-être le plus utile des nombreux services rendus à sa patrie par M. de Cavour que d'avoir popularisé cette grande idée parmi les populations italiennes. L'œuvre capitale de notre siècle consiste à détruire l'influence temporelle de tout clergé quel qu'il soit. Il n'y aura pas de liberté possible en effet tant qu'une corporation sacerdotale, catholique ou protestante, musulmane ou israélite, pourra exercer une influence quelconque, dans l'ordre temporel, sur des populations ignorantes. L'œuvre d'émancipation politique et sociale que poursuivent tous les esprits généreux sera entravée tant que les clergés ne seront pas renfermés exclusivement dans leurs attributions spirituelles.

M. de Cavour aura la gloire d'avoir puissamment contribué à ce grand résultat; nous devions mettre particulièrement en lumière cette face de sa vie politique.

Nous devons aussi dire quelques mots du dissentiment qui s'est élevé entre M. de Cavour et Garibaldi, lors de l'héroïque expédition de ce dernier en Sicile, et de sa prise de possession de la capitale abandonnée par le Roi de Naples. Bien des gens ont fait de ce dissentiment un grand crime à M. de Cavour et lui ont reproché d'avoir entravé l'œuvre libératrice du Dictateur. Ce reproche ne nous paraît pas aussi fondé qu'on a bien voulu le croire.

Nous sommes trop portés à juger les hommes que les événements mettent en évidence comme s'ils étaient des Dieux. Les hommes, si grands qu'ils soient, sont des hommes, c'est-à-dire des êtres soumis à toutes les imperfections de la nature humaine. Mieux ils sont doués et plus énergique est leur ambition de suffire à tous les besoins, à tous les périls de la situation qu'ils dominent ou dans laquelle ils sont engagés.

Entre deux personnalités aussi éminentes, aussi originales que celle de Garibaldi et celle du Comte, la nature, l'éducation, le milieu social ont creusé un abîme qu'il n'est pas facile de combler. Les procédés employés par l'un différent essentiellement de ceux que l'autre affectionne. Celui-ci est habitué à agir sur les masses, à ne tenir compte d'aucune des difficultés que soulèvent la diplomatie et les exigences des relations internationales; il va droit au but et il n'hésite pas à prendre la révolution pour moyen, l'épée pour argument. Celui-la, au contraire, se montre habile à tourner les difficultés que l'autre dédaigne; il tend au même but, mais il y marche par d'autres voies; il ne brise pas les obstacles, il met son habileté à les aplanir: il sait ce que vaut l'opinion des cabinets Européens et il la ménage.

Qu'y a-t-il donc d'étonnant à ce que deux hommes placés à des points de vue si différents, agissent par des procédés si dissemblables, ne se soient pas trouvé toujours en parfait accord sur les moyens d'action, sur la conduite de l'œuvre immense que l'un et l'autre poursuivent, à laquelle ils travaillent tous deux avec un si admirable dévouement?

M. de Cavour, dit-on, a été jaloux de Garibaldi et il a fait tout ce qui était en son pouvoir pour faire échouer la glorieuse entreprise du Dictateur. Que le premier ministre ait voulu diriger cette œuvre, en déterminer ou en modifier les conséquences, c'est possible et cela se comprend aisément; M. de Cavour pouvait légitimement croire que sa position, son autorité, ses services lui donnaient le droit d'exercer quelqu'influence sur les décisions de Garibaldi autant que celui-ci était dans son droit en refusant toute méticuleuse intervention d'un homme d'Etat dans une entreprise si hardie. Dans le désir de l'un, aussi bien que dans les résistances de l'autre, nous ne voyons rien que de très-naturel. Tous deux ont obéi à leur nature, à leur mission; tous deux ont fait leur devoir, et si quelque faiblesse humaine s'est mêlée à l'accomplissement de ce devoir, si l'un et l'autre n'ont pas su vaincre suffisamment, en présence de l'œuvre commune, les antipathies personnelles qui les séparaient, on ne peut vraiment songer à leur en faire un crime.

VIII

Il est difficile de prévoir les proportions que prendra, dans un avenir prochain, la carrière du Comte. L'œuvre glorieuse à laquelle il a voué sa vie est loin encore de son terme. Venise est sous le joug de l'Autriche; le Pape est à Rome sous la protection des armes françaises. Il y a là deux drames. Quel en sera le dénoûment? Le Pape cédera-t-il à la voix de ce peuple qui crie vers lui? Si Pie IX n'était le plus faible des monarques, nous espérerions; mais Pie IX est tenu par un parti puissant et habile qui ne cédera sans doute qu'à la force. Ce n'est pas seulement la personne du Pontife et son pouvoir précaire que l'armée française soutient à Rome; sans le vouloir, elle y soutient l'Autriche. Entre la papauté, telle qu'elle est constituée, et le cabinet de Vienne, foyer de l'absolutisme impérial et clérical, il y a une connexité parfaite. Venise et Rome sont les deux termes d'une même question. Le jour où l'un de ces deux termes disparaîtra, l'autre aura fait son temps.

Comment sera franchie cette double difficulté que la présence d'une armée française à Rome complique étrangement? Nul ne peut le prévoir; mais ce qu'il est possible d'affirmer, c'est que la puissante trinité que Dieu a préposée à l'affranchissement de l'Italie, Victor-Emmanuel, Cavour, Garibaldi, ne fera point défaut à sa glorieuse mission. L'affranchissement de l'Italie est la première condition de l'affranchissement, non-seulement des peuples européens, mais de l'esprit humain, de la conscience humaine trop longtemps habitués à confondre ce qui touche aux intérêts périssables du clergé avec les intérêts éternels de la morale chrétienne. Douter qu'un tel but soit atteint, ce serait douter de Dieu.

L. J.

LAMARTINE

Typ. Ernest Meyer, à Paris.

LAMARTINE

I

Dans un des châteaux qui dominent les riantes campagnes et le cours sinueux de la Saône, un homme, à l'heure où nous écrivons ces lignes, est courbé par la maladie, vieilli par le chagrin, par l'ingratitude des hommes, par les vicissitudes de la vie, plus encore que par l'âge. Mais le corps seul de cet homme est brisé, son esprit et son cœur ont conservé leur puissance et leur jeunesse, sa volonté n'a rien perdu de son invincible énergie et, au milieu des plus atroces souffrances, il se livre à un travail opiniâtre, il dicte, il revoit patiemment les œuvres de sa jeunesse, il corrige des épreuves, il entretient des relations étendues et gagne sa vie par un rude labeur quotidien.

Cet homme est une des plus vastes intelligences, un des plus purs écrivains, un des plus grands poètes de notre temps ; son éloquence a fait des miracles ; il a tenu dans ses mains les destinées de la France ; il a opposé sa poitrine au flot frémissant des révolutions ; sa popularité a été immense.

Cet homme est Alphonse de Lamartine.

Pourquoi ne pas dire toute notre pensée ? Ce nous est une joie d'avoir à raconter aujourd'hui l'existence glorieuse de ce poète, de cet orateur, de l'honorer, de témoigner publiquement en sa faveur, d'exprimer bien haut notre admiration pour ce magnifique talent, pour ce beau et noble caractère, pour ce grand citoyen, à l'heure où tant d'indifférents, tant d'ingrats, tant de méchants se détournent de lui et se débarrassent du fardeau de la reconnaissance en niant ses services. C'est plus qu'une joie, c'est un honneur pour nous que de reconnaître et de signaler des facultés si exceptionnelles, des services si éclatants, de nous incliner devant ce génie splendide, devant cette âme loyale et de lui rendre, au nom des lettres françaises, le tribut de nos respectueuses sympathies et aussi, qu'il nous permette d'ajouter, de notre filiale affection.

Marie-Louis-Alphonse de Prat de Lamartine est né à Macon le 21 octobre 1790. Lamartine a raconté lui-même son enfance avec un charme inimitable ; tous, nous connaissons, par ce qu'il en a dit lui-même, les lieux où il a grandi ; tous, nous avons appris de bonne heure à aimer et à vénérer sa noble et tendre mère.

Nul homme n'a parlé de sa mère en termes plus élevés et plus touchants. Je vois d'ici, dans le château de Milly, au foyer de famille, comme si j'y avais été moi-même assis, cette pieuse femme tenant sur ses genoux la Bible de Royaumont et apprenant à lire à l'enfant que tant de gloire attendait. Ces tableaux que Lamartine a retracés, on ne les oublie plus. Les événements quotidiens emportent toutes choses dans leur cours rapide ; chaque jour les points de vue changent, il nous est presqu'imposssible de songer le lendemain à ce qui nous préoccupait la veille ; mais les impressions de ces lectures sont ineffaçables ; les émotions qu'elles nous ont causées persistent malgré tout, et bien souvent il nous arrive, au milieu du bruit des luttes et du choc des intérêts contemporains, de nous réfugier par la pensée sous les beaux ombrages de Milly ou de Saint-Point, de suivre le poète dans son pèlerinage en Orient, d'évoquer le souvenir de ses confidences, de ses poèmes, de ses récits, de vivre de sa vie en un mot. C'est le privilége du génie d'exercer un tel ascendant sur des générations entières.

II.

L'instruction du jeune Lamartine, commencée à Milly, sous la direction de sa mère et de son père, s'acheva à Belley, chez les Pères de la Foi. Ses premières aspirations, ses vagues inquiétudes, ses rêves de jeune homme qui les dira jamais mieux qu'il ne les a dits lui-même! Son génie bouillonnait en lui. Il regardait le monde avec une sorte d'effroi et se demandait où y serait sa place.

Il avait vingt ans quand l'Empire fondé par Napoléon Ier était au faîte de ses prospérités et de ses gloires; il voyait l'Europe entière aux pieds de cet homme extraordinaire. Tout ce qui l'entourait lui était odieux. Dans le milieu où il avait été élevé, il avait appris à détester tout ce qui était debout, à aimer et à respecter tout ce qui était renversé.

Le régime impérial lui inspira cette aversion insurmontable qui fut instinctive d'abord et que plus tard l'étude et la réflexion affermirent. Dans la préface des *Méditations* et dans le tableau historique dont il a fait précéder son *Histoire de la Restauration*, les motifs de cet invincible sentiment ont été exposés avec cette élévation d'idées et ces magnificences de style qui distinguent tout ce qui est sorti de cette plume élégante.

Que faire? Rien ne permettait, en 1810, de prévoir la chute de l'Empire. Nulle issue ne s'offrait à cette activité dévorante, silencieuse encore et repliée sur elle-même. Tout d'abord il tourna ses regards vers l'Italie qui l'attirait. Pour la première fois il s'éloigna des lieux et des êtres chers à son cœur, l'aiglon s'élança hors de l'aire paternelle. Ceux qui connaissent Lamartine ou qui seulement ont vu sa belle figure, douce et austère à la fois, peuvent se faire une idée de ce que devait être, dans la fleur de sa jeunesse, ce beau et grave jeune homme qui portait tout un monde poétique dans sa tête et dans son cœur.

Au retour de ce premier voyage il voulut s'essayer aux réalités de la vie. Il songea à aborder le théâtre. La tragédie était alors en pleine floraison, elle défilait le chapelet de ses alexandrins monotones devant le public de l'Empire qui se contentait volontiers de cette froide pâture. Il est vrai que la tragédie avait alors un interprète sublime. Lamartine vit Talma qui l'accueillit avec bonté et encouragea ses premiers essais. Mais la tragédie classique n'était pas le fait du jeune poète. La tragédie d'ailleurs n'était plus au théâtre, Napoléon l'avait transportée sur une scène plus vaste et lui avait donné de gigantesques proportions, de terribles péripéties. Le dénoûment approchait ; pour les regards exercés l'astre impérial pâlissait dans son ciel si resplendissant.

Jusque-là contenue, la passion s'éveillait et fermentait dans l'âme ardente de Lamartine. Il fit, en 1813, un second voyage en Italie et ce serait folie que de vouloir redire après lui les impressions qui l'agitèrent pendant cette période, la plus ardemment passionnée de sa vie. Nous devons nous borner à donner des dates et à rappeler des faits ; Lamartine n'aura de biographe que lui-même.

La restauration des Bourbons était, pour sa famille et pour lui-même, un heureux événement. Son père avait vaillamment défendu le trône au 10 août ; sa première religion politique fut celle de ses parents. Louis XVIII, pour récompenser les services du père, admit le fils dans ses gardes du corps. Si jamais homme fut dépaysé, ce fut à coup sûr ce pauvre grand poète encore inconnu, sous un uniforme militaire, dans un corps hiérarchique et discipliné. Il n'y demeura pas longtemps. Son génie l'obsédait. Au milieu des agitations politiques, il avait écrit des vers que nul ne connaissait. Une nouvelle ère littéraire s'ouvrait. Chateaubriand avait planté son drapeau sur des terres jusque-là inexplorées ; lasse des tempêtes, brisée de fatigue, humiliée de ses défaites, la France aspirait à des gloires plus calmes, à des émotions plus douces, plus généreuses, à des joies littéraires dont elle était depuis longtemps sevrée. Un monde allait naître !

III

Après de longues hésitations, Lamartine se décida à publier, en 1820, ses *Méditations poétiques*. La foudre ne produit pas un effet plus saisissant et plus prompt. Ce fut comme un événement impatiemment attendu. La France qui sortait à peine des platitudes de la littérature impériale, reçut vraiment une commotion en lisant ces beaux vers, en écoutant cette langue sonore, harmonieuse, élégante qui laissait deviner plus de choses encore qu'elle n'en disait, qui répondait si bien aux aspirations des âmes tendres et rêveuses, qui berçait si mollement cette société fatiguée de longues luttes,

Le succès des *Méditations* fut Européen ; 50,000 exemplaires en furent vendus très-rapidement. Le gouvernement ne put faire moins que d'honorer le poète. Le ministre, en lui envoyant, au nom du Roi, magnifiquement reliées, la collection des chefs-d'œuvre de la langue française et celle des auteurs latins, le pria d'accepter ce don « comme une preuve de l'estime qu'il portait au mérite de l'auteur des *Méditations*. »

Peu de temps après, Lamartine fut attaché à la légation de Florence. Il revit l'Italie, mais non plus comme un jeune homme inconnu et cherchant sa voie ; il y arriva cette fois précédé par sa gloire naissante. Un vers des *Méditations* ayant froissé le patriotisme italien, il en résulta un duel retentissant ; le poète reçut une assez grave blessure. Ce fut pendant ce voyage qu'il connut et épousa madame de Lamartine. Il fut successivement secrétaire d'ambassade à Naples, puis à Londres, chargé d'affaires en Toscane, ministre plénipotentiaire en Grèce, où il précéda Byron qui devait bientôt y venir, suivant l'expression d'un autre grand poète :

Pour finir en héros son immortel ennui !

En 1829 l'Académie le nomma en remplacement du comte Daru. La joie que lui causa son élection fut de courte durée ; un horrible et douloureux événement le priva tout à coup de sa mère, de la sainte femme qui avait exercé sur son âme et sur son esprit une si heureuse influence ! Madame de Lamartine s'était placée dans une baignoire vide ; en voulant la remplir d'eau froide d'abord, elle se trompa et l'eau presque bouillante lui causa une si vive douleur qu'elle perdit la tête et ne songea pas à refermer le robinet. On accourut à ses cris, mais il était déjà trop tard. Elle expira, après trois jours de cruelles souffrances, dans les bras de son fils désolé.

La révolution de Juillet interrompit la carrière diplomatique de Lamartine ; il y renonça de son plein gré, malgré les offres qui lui furent faites par le nouveau gouvernement, non que ses principes fussent contraires à ceux que la révolution venait de faire triompher, — depuis longtemps son esprit s'était élevé au-dessus des fragilités de l'esprit de parti, — mais il concevait à son activité un rôle plus utile et plus vaste. Il voulut aborder la tribune. Sa candidature, proposée aux électeurs censitaires de Toulon et de Dunkerque, fut repoussée. On sait comment se faisaient alors les élections. Quelques meneurs se disputaient les votes et conduisaient au scrutin le troupeau électoral. Quelles chances pouvait avoir un poète, et surtout un poète qui avait été attaché à la Restauration, au milieu de ces petites intrigues que rapetissait encore l'étroit esprit de clocher ?

IV

Lamartine se consola aisément de son échec. Comme l'Italie avait attiré sa jeunesse, l'Orient attirait sa virilité. Il résolut d'aller le visiter. Il fréta à Marseille un vaisseau entièrement à ses ordres, et au mois de mai 1832 il s'y embarqua avec sa femme et sa fille Julie, adorable enfant qui ne devait plus revoir la France, et dont son père a immortalisé le souvenir! Ce fut un départ triomphal.

Quelques amis, un médecin, de nombreux serviteurs accompagnaient le poète dans cette excursion princière qu'il a racontée avec tant de charme dans un livre que nous avons tous lu. Ce voyage dura seize mois; nous en connaissons tous les épisodes, nous savons comment il perdit sa fille à Beyrouth, comment l'accueillit lady Stanhope, cette femme étrange qui lui prédit en termes sibyllins un grand cataclysme européen et le rôle de sauveur qui l'attendait dans son pays. Le récit de ce voyage en Orient, malgré l'importance excessive que le poète y donne à sa personnalité, est un des livres les plus intéressants que Lamartine ait publiés. On le relit sans fatigue et on le relira plus encore à mesure que les événements appelleront sur ces belles et malheureuses contrées l'attention de l'Europe.

Pendant que Lamartine parcourait l'Orient, les électeurs de Dunkerque se ravisèrent. Ils avaient refusé de l'élire quand il sollicitait d'eux ce témoignage de confiance; ils l'élurent quand il était loin de sa patrie et quand son esprit était plus loin encore de cette petite ambition, un instant caressée.

A son retour, il alla prendre possession de son siége au Palais-Bourbon. On était alors en 1834, c'est-à-dire au milieu des complications et des difficultés les plus vives que devait traverser le gouvernement de Juillet. La politique était humble au dehors, mesquine et tracassière à l'intérieur. Les esprits se rétrécissaient dans de petites intrigues de parti, dans d'obscures menées gouvernementales ; la prose la plus vulgaire débordait des régions officielles et politiques.

Qu'allait faire en un tel milieu ce hardi penseur, ce doux et grand poète ?

Quand il parut pour la première fois à la tribune, pour la discussion de l'adresse au Roi, il causa à ces honnêtes bourgeois venus là de tous les coins de la France, un étonnement mêlé de quelque dédain et d'hilarité. « Nous sommes des gens d'affaires, des gens positifs et pratiques, que nous veut ce rêveur, ce poète ! Va-t-il nous répéter des vers, va-t-il jouer de la lyre ? »

Le rêveur, le poète ne joua pas de la lyre, ne récita point de vers, mais dans un langage inconnu au monde parlementaire, dans une forme splendide, dans une prose admirable, il ravit ces bons bourgeois au septième ciel. Ils s'amusèrent assez de la politique *humaine* préconisée par l'éloquent orateur. La politique *humaine* ! Quelle bête est-ce là ? Qu'est-ce qu'elle a de commun avec le tiers parti, le juste milieu et les carlistes ? Mais quand, à propos d'un crédit de 1,200,000 francs destiné à bâtir un prétoire en vue des procès politiques dans le palais du Luxembourg, il trouva de beaux et généreux accents pour réclamer l'amnistie, des applaudissements se firent entendre, timides d'abord, puis la Chambre arriva à l'enthousiasme lorsque l'orateur s'écria : « Ah ! Messieurs, gardez-vous des légistes ! (Il faut se souvenir que la Chambre en était peuplée) ne vous laissez pas entraver par ces hommes qui ne voient de légalité que dans la chicane ! La grande loi, la loi suprême c'est la politique, et la vraie politique c'est l'humanité ! Mettez la main sur vos consciences, laissez battre votre cœur sous la main du législateur. Demandez-vous sans préoccupation, sans peur, sans colère, si vous voulez que les cachots se rouvrent, que les victimes respirent, que les récriminations s'amortissent, que les partis et le gouvernement désarment ! Écoutez la réponse que vous vous ferez à vous-mêmes et, ne craignez rien, cette réponse sera assez politique si elle est assez magnanime. »

La séance fut suspendue, ce qui est la plus haute expression de l'admiration parlementaire. Il revint souvent sur ces idées et son éloquence emporta la Chambre vers les préoccupations qui lui étaient le plus antipathiques. Dans la séance du 3 février 1835 il abordait en ces termes le plus grave des problèmes sociaux. « La Révolution française nous a laissé à résoudre la question du prolétariat, celle qui repose au fond de toutes les autres, celle peut-être qui les résume toutes. Vous murmurez contre ceux qui la soulèvent, vous les accusez d'une perturbation qu'ils signalent mais qu'ils n'ont pas faite. Vous l'écartez en vain de vos pensées, comme un nuage sur notre horizon. *Elle éclatera en une explosion terrible tôt ou tard*, si la société ne la résout pas. » Les collègues de Lamartine continuaient à dire : c'est un rêveur ! Qu'attendre d'un homme qui ne se pliait au joug d'aucune coterie, qui élevait la politique à de telles hauteurs !

Quand vint la discussion des trop fameuses lois de septembre qui furent le contre-coup de l'attentat Fieschi, Lamartine fit à cette législation draconienne la plus généreuse et la plus vive opposition. La liberté de la presse trouva en lui un défenseur éloquent et convaincu ; en la défendant contre des attaques insensées, contre des passions aveugles et irritées, il défendait son propre berceau, il défendait une des forces vives de tout pays libre. C'est une justice à lui rendre qu'en toute circonstance, au pouvoir comme hors du pouvoir et dans les circonstances mêmes où il eut le plus à se plaindre des injustices de la presse, il fut l'inébranlable avocat de cette liberté précieuse. Dans un splendide discours il prononça ces prophétiques paroles qu'on ne saurait trop redire : « Les gouvernements libres, difficiles par la presse, sont impossibles sans elle ! Il faut la supporter ou renoncer à la liberté. Il faut la vaincre en la mettant dans son tort *ou la tourner pour soi*. Mais la nier, mais la briser, mais l'étouffer, c'est une entreprise insensée *qui retombe sur ceux qui la tentent*. Cela mine en arrière et les nations ne reculent pas pour longtemps. Cela mine à Moscou ou à Prague par le chemin de la tyrannie et de l'aveuglement ou par le chemin de la révolte... Je repousse ces lois comme un humiliant désaveu que la liberté, à laquelle j'ai foi, ferait d'elle-même ! Nous avons combattu quarante ans pour la discussion libre et nous reviendrions de quarante années en arrière par un seul vote ! Je ne suis pas un homme de Juillet, mais je suis un homme du pays et du temps ; la honte du pays et du temps rejaillirait sur nous ! »

V

Le talent oratoire de Lamartine grandissait dans chacune de ces luttes. Sa parole pompeuse acquérait cette précision et cette netteté qui sont les qualités essentielles de l'orateur politique. Sa carrière parlementaire ne fut certes pas sans erreurs, il se fourvoya parfois et notamment dans la discussion célèbre de la loi dite loi de *disjonction*, mais sa probité politique ne fut jamais soupçonnée. En revanche, à combien de projets utiles, de mesures libérales il prêta le secours de son admirable talent! Il soutint presque seul, en 1837, le ministère Molé contre les efforts et les intrigues de la coalition. Il fut, avec M. de Tracy, l'adversaire ardent de la peine de mort; avec M. Passy, celui de la traite des noirs. Ce grand et vigoureux esprit ne pouvait toucher à une question, si minime qu'elle fût, sans l'élever vers quelques sommets inaccessibles au vulgaire. Une commission parlementaire, chargée d'examiner une proposition soumise à la Chambre sur la nécessité de donner un costume officiel aux représentans de la nation, confia à Lamartine le soin de rédiger le rapport. Les partisans du projet avaient invoqué l'exemple de la Constituante, de la Convention, des Cinq-Cents, des Assemblées de l'Empire qui, toutes, avaient adopté pour leurs membres un costume et des insignes spéciaux. « Pourquoi, dit l'illustre rapporteur, pourquoi l'Assemblée Constituante prit-elle le costume du Tiers-État? C'est que c'était le signe de la victoire sur les classifications sociales qu'elle venait de renverser; c'est que c'était l'habit du vainqueur... Quand la Convention revêtit ses insignes militaires et terribles, c'est qu'elle n'était plus un corps législatif, c'est qu'elle était le gouvernement et l'armée, la nation armée elle-même; c'est que les membres d'un Corps qui pouvait, d'un geste, lancer quatorze armées sur nos frontières, étaient d'assez terribles fonctionnaires pour que leurs fonctions fussent écrites sur leurs habits... La pensée de l'Empire et de ses assemblées muettes chamarrées de broderies était une pensée anti-représentative, une pensée qui voulait, autant que possible, faire disparaître aux yeux du peuple les représentants du peuple, en les confondant avec des courtisans. »

Inutile d'ajouter que la proposition fut rejetée.

Il fut admirable dans la discussion relative à la suppression des tours pour les enfants trouvés. Nous voulons citer quelques phrases seulement, quelques mots pris au hasard, dans nos souvenirs:

« Tout ce que vous économisez, c'est la mort qui le gagne!

« Il y a des abus, vous dit-on. Oui, et ces abus, c'est quelques milliers d'existences conservées; quelques mois de nourrice et de pension, payés de trop, selon vous, pour enrichir le pays de populations saines et utiles... Mais économise-t-on sur la vie des hommes? Tout ce que vous gagnez n'est-il pas gagné aussi par le crime et par la mort?... La charité est l'élément divin jeté par Dieu même dans les rapports sociaux pour dignifier les gouvernements et élever la politique à la dignité de la vertu. Partout où il y a eu société, gouvernement, nation, il y a eu charité légale sous une forme ou sous une autre, sans quoi le monde aurait péri ! »

Un jour, répondant à M. Guizot, il donna à la politique conservatrice et progressive une largeur de base que tous ses amis politiques, le comte Molé en tête, n'acceptaient pas : « On a émis à cette tribune une théorie dangereuse : celle de la prépondérance des classes moyennes, du gouvernement des classes moyennes. Cette théorie est opposée au véritable sens de la Révolution française. Le mot de *classes* a été complétement effacé par la Révolution de 89. Le gouvernement que nous comprenons, c'est le gouvernement *pour tous, par tous, de tous*, dans la proportion, dans la limite de leurs droits, de leurs garanties, de leurs capacités et de leurs lumières. »

Le projet des fortifications de Paris le rencontra pour adversaire. Il écrivit un rapport extrêmement remarquable, un chef-d'œuvre sur le projet de loi relatif à la propriété littéraire, et il soutint la discussion, nous ne dirons pas seulement avec talent, mais avec une rare habileté et un charmant esprit. On avait plusieurs fois invoqué son exemple et son nom dans le cours des débats. Il termina son discours par ces paroles que la Chambre couvrit d'applaudissements :

« On a parlé de moi en termes trop bienveillants dans cette affaire : je n'en parle pas moi-même. Je sais les limites de mon horizon borné, borné pour mon nom, borné pour ma fortune d'homme de lettres. Je n'ai pas d'enfant : je suis désintéressé par le côté de la gloire, par la médiocrité de mes œuvres : elles ont déjà plus que ce qu'elles méritent. Je suis désintéressé du côté de l'avenir par ma solitude ici-bas. Mais mon bonheur, ma fortune, ma gloire seraient, je l'avoue, d'obtenir de la justice de mon pays cette loi généreuse, ce patrimoine de quelques années de plus pour mes maîtres, mes émules et mes amis. »

Une citation encore, elle a une assez grande importance en ce moment où les prétentions cléricales deviennent de plus en plus vives et exigeantes. C'était dans une discussion soulevée par des interpellations de M. Thiers et relatives à l'exécution de la loi sur les congrégations religieuses. Lamartine explique ainsi les modifications qui se sont produites dans ses opinions ; il dit comment il s'est élevé de la foi de son enfance à une foi supérieure, comment son horizon s'est élargi ; laissons-le parler :

« . . . . . Élève des Oratoriens, puis élevé dans une maison de Jésuites, tolérée à cette époque, sous l'Empire, j'ai respiré, depuis, l'air de mon siècle, je me suis imprégné de toutes les idées de mon époque, j'ai perdu et gagné des opinions entièrement différentes de celles qui me furent inculquées en politique, en religion, en liberté dans mes premiers jours : mais ce que je n'ai pas perdu, ce que vous ne voudriez pas que j'eusse perdu, c'est mon respect, ma reconnaissance pour les premiers maîtres de mon enfance.....

« Tout à l'heure M. Berryer louait le Concordat de Napoléon comme une œuvre de génie social et politique. J'ose le dire, comme je l'ai toujours pensé, le Concordat fut une œuvre rétrograde et une faute politique. Du point de vue de l'affranchissement de l'esprit humain et de la dignité des croyances, ce fut une rechute dans le système des religions d'État. Napoléon fit rétrograder la législation de tout le xviii° siècle : il enchaîna l'Église à son trône ; il mit le nom de l'empereur dans le catéchisme de Dieu : il fit de la servitude un dogme, des choses saintes un instrument de gouvernement, *instrumentum regni*! Il refit un matériel des cultes, comme il aurait refait un matériel d'armée ; il refit un établissement ecclésiastique dominant : mais refit-il une foi ? Non, car il eût été Dieu.....

« ..... On citait à l'appui de l'alliance des deux pouvoirs le grand nom de Bossuet comme le chef de l'Église gallicane. Savez-vous ce que faisait ce chef libéral de l'Église gallicane ? Il faisait des dragonnades.....

« ..... Il n'y a de paix que dans la liberté des cultes, dans la séparation graduelle, successive, dans le relâchement systématique et général des liens qui unissent l'Église à l'État..... »

Il n'y avait plus là de rêveries, de nuages, de vagues déclamations. Le poète était devenu homme politique. Le Roi lui offrit à diverses reprises un portefeuille ; il ne faisait pas cette chasse là. Il refusa. La ville de Mâcon, fière de son fils, le nommait membre de son conseil municipal, puis le département de Saône-et-Loire l'appelait à la présidence de son Conseil général.

Aux faciles et lucratives grandeurs du pouvoir, il préféra sagement les modestes et humbles fonctions électives que lui offraient la confiance et les sympathies de ses concitoyens. Il s'occupa avec dévouement des affaires communales et départementales qui lui étaient confiées, mais il tint à conserver son indépendance à la Chambre. Son heure n'était pas venue encore. Il poursuivit ses luttes généreuses, étranger aux préoccupations de l'esprit de parti, étranger à toutes les intrigues, dédaignant les ambitions vulgaires. Le pouvoir devait un jour venir à lui dans des circonstances périlleuses, son nom devait plus tard devenir le cri de ralliement de toutes les opinions ; de toutes les frayeurs, la sauvegarde de tous les intérêts. Mais n'anticipons pas sur les événements. Lamartine resta fidèle à son rôle et à sa mission, le gouvernement glissait sur la pente qui mène aux abîmes; il fit pour le retenir, pour l'éclairer, tout ce qu'il était humainement possible de faire. Il parlait aux pires des sourds, à ceux qui ne veulent point entendre.

Ce fut pendant cette dernière période du règne de Louis-Philippe que le talent oratoire de Lamartine atteignit son plus vif éclat; il semblait se préparer à l'œuvre que, quelques années plus tard, il devait accomplir. Sa parole a une puissance qui ne tient pas seulement comme beaucoup de personnes le croient, à la pompe du langage, à la profusion ou à la grandeur des images qu'il emploie, sans doute cette puissance doit beaucoup à la forme du discours, à la beauté du geste, à la pureté de l'accent, à tout ce qui constitue en un mot le talent de l'orateur, mais sa véritable source est dans l'âme, dans la conviction communicative, dans ce qu'on pourrait appeler l'éloquence morale de Lamartine. Nous avons été assez heureux pour entendre tous les grands orateurs qui, depuis 1830, ont porté si haut et si loin la gloire retentissante de la tribune française; chacun d'eux obtient par des procédés qui lui sont propres le résultat qu'il veut atteindre, mais nous ne croyons pas nous tromper en disant que Lamartine est celui qui, à un moment donné, exerce la plus rapide influence sur l'auditoire qui l'écoute, celui qui fait le plus tôt passer son âme dans l'âme de ses auditeurs. Nous ne disons pas qu'il produise cet effet chaque fois qu'il parle en public. Le sujet, l'inspiration, le milieu y font beaucoup; mais dans les occasions décisives, chaque fois qu'une question importante a été agitée, l'éloquence du poète a fait pencher la balance en faveur de la cause qu'il défendait. Lamartine s'est trompé souvent; qui donc est infaillible? plus souvent encore il a été l'irrésistible champion de la vérité; heureux ceux de qui l'on peut rendre un tel témoignage.

Les préoccupations, les soins nombreux de la vie politique ne suffisaient pas à absorber l'activité de son génie. En même temps qu'il discutait les intérêts de sa commune, ceux de son département, ceux de la France, il produisait des œuvres littéraires de premier ordre, il écrivait *Jocelyn*, la *Chute d'un Ange*, les *Confidences*, le *Tailleur de Saint-Point*, *Geneviève*, il préparait des travaux historiques considérables, tels que l'*Histoire de la Restauration*, l'*Histoire de la Turquie*, les monographies des hommes illustres, et tant d'autres publications qu'il revoit aujourd'hui pour les châtier, les épurer et les juger en dernier ressort avec une consciencieuse impartialité. Il est triste de songer qu'il n'est pas jusqu'à l'accomplissement de cette tâche suprême qui n'ait été mal interprétée par la malveillance de ses détracteurs. Les uns accusent

son orgueil, d'autres son âpreté au gain, parce qu'il se fait lui-même l'éditeur, le réviseur de ses œuvres complètes. Le grand crime en effet!
Mais poursuivons !

VII

La révolution de 1848 éclata; il l'avait depuis longtemps prévue. Nous serions tenté, si l'exiguité de ce cadre ne s'y opposait, de rappeler jour par jour la glorieuse initiative qu'il y prit, les services immenses qu'il rendit dans ces difficiles circonstances, la popularité prodigieuse de son nom, tant il semble que tout cela ait été oublié par la génération actuelle qu'aux jours du danger il vit, pour ainsi dire, à ses pieds.

L'histoire mentionnera cette gigantesque ingratitude.

Elle dira que, pendant la plus fiévreuse tourmente qui ait jamais ébranlé les bases de l'édifice social, quelques hommes courageux prirent en main la direction des affaires; que leur premier soin fut de décréter l'abolition de la peine de mort en matière politique, de prononcer l'abolition de l'esclavage, de supprimer le plus impopulaire des impôts, celui des boissons; que, sous leur gouvernement provisoire, il ne fut porté atteinte ni à la propriété, ni à la liberté, ni à la vie d'aucun citoyen, et que ces hommes, sous l'influence d'une réaction fatale, furent proscrits, oubliés, calomniés, haïs.

Elle dira que le poëte illustre, le grand orateur qui avait, au prix de sa vie, lutté sur la place publique contre les factions, contre les opinions extrêmes et les utopies dangereuses, tendit un jour la main à ses compatriotes, implorant un secours pour racheter son patrimoine, et que la grande majorité de ses compatriotes, sourde à sa prière, se détourna de lui.

Elle dira que cet homme consacra sa vie, son talent, son génie, à la défense des plus généreuses causes, des principes les plus sacrés, et elle lui en saura d'autant plus de gré que, pour en arriver là, pour patroner une révolution, pour se faire l'avocat du peuple, Lamartine dut rompre avec les traditions, les préjugés, les affections de son enfance et de sa jeunesse, avec sa première foi politique, avec le culte de l'ancienne monarchie, culte dans lequel il avait été élevé. Pour franchir de tels obstacles, il faut une vigueur d'esprit, une indépendance de caractère que, pour notre part, nous admirons sincèrement.

Il a été de mode un instant de railler ou de blâmer Lamartine à propos de la souscription ouverte en sa faveur par ses amis. Si nous avions eu l'honneur d'être au nombre de ceux que le pauvre grand poète consulta, nous aurions protesté contre cette funeste idée. Mais une fois l'idée acceptée, le fait accompli, nous avons imposé silence à notre sentiment et nous avons tenté tout ce qui était en notre pouvoir pour réveiller des sympathies que l'oubli et l'ingratitude avaient engourdies, et que l'illustre écrivain n'avait point cessé de mériter.

Que Lamartine ait eu tort ou raison de laisser une souscription publique s'ouvrir en son nom; qu'il ait bien ou mal géré ses intérêts privés; qu'il ait gaspillé ou non sa fortune; là n'est point la question. Du jour où il en était, ou croyait en être réduit à ce point qu'il dût faire appel au concours de ses concitoyens, un tel homme avait droit à ce concours; il avait droit surtout au respect, il avait droit d'espérer que la calomnie ne travestirait pas ses intentions, qu'on ne lui attribuerait rien de bas, rien d'ignoble. Il avait pour répondant sa vie entière, son dévoûment à la chose publique, les manifestations éclatantes de son génie.

Il est riche, disaient les uns, et il mendie! Pourquoi s'est-il ruiné en prodigalités, en dépenses folles? disaient les autres. Mais qui donc a le droit de pénétrer dans sa vie, de lui demander compte du bien qu'il a répandu, des aumônes qu'il a faites, de l'existence qu'il lui a plu de mener? Lamartine a vécu surtout de son travail. Quand la tempête a éclaté, quand vous l'avez porté à l'Hôtel de Ville, quand la France l'a acclamé, quand, au milieu de vos terreurs, vous lui avez demandé l'aumône de son éloquente parole pour faire rentrer dans son lit le torrent révolutionnaire prêt à déborder, pour apaiser des passions surexcitées, vous a-t-il marchandé son temps? Vous a-t-il dit: J'ai chez moi des travaux importants que je dois finir? A chacun ses affaires! J'ai les miennes, faites les vôtres! Avant de répondre, a-t-il recherché comment et pourquoi, par quelle série de négligences ou de fautes, vous en étiez venu à laisser se produire une situation si dangereuse?

Non! il était là à votre premier appel. Amis, famille, intérêts, affections sacrées, traditions du foyer! il a tout quitté, il a renoncé à tout; il a tout donné: son temps, son intelligence, sa gloire, sa santé, son repos, sa fortune. Il ne s'est pas demandé si ceux qui allaient avec lui manœuvrer et guider, à travers les écueils, le vaisseau en péril étaient ses amis de la veille, s'ils seraient ceux du lendemain; si la république était ou non dans ses prévisions et dans ses aspirations politiques. Il s'est jeté sur le navire et n'a rien épargné pour le mener au port.

Ah! vous aviez alors d'ardents enthousiasmes, de profondes admirations pour ce poète, pour ce tribun qui, sans sourciller, affrontait, à votre profit, les orages de la place publique. Son nom retentissait d'un bout à l'autre de la France; il sortait à la fois de vingt urnes électorales, acclamé par le peuple, acclamé par la Bourgeoisie. Vous trouviez tout naturel qu'il se sacrifiât pour vous, qu'il vous donnât tout son talent, toute son énergie, tout son dévouement, tout ce qu'il avait de meilleur en lui.

Et puis, quand, quelques années plus tard, cet homme, ce poète, ce tribun, ayant sa fortune embarrassée, son domaine paternel grevé de charges trop lourdes pour que son immense travail pût les soulever, se résigne à cette extrême humiliation de vous demander votre obole, vous vous croyez le droit de scruter sa vie, de lui demander son bilan, son livre de caisse, le compte de ses actions, de lui reprocher ses largesses, de vérifier l'emploi de sa fortune.

Eh! repoussez sa main tendue vers vous, c'est votre droit rigoureux! mais ne l'humiliez pas, ne le calomniez pas surtout. Respectez en lui une des gloires de la France; oubliez ses services politiques, si vous voulez, si leur souvenir vous pèse trop, mais songez à toutes les heures bénies, à toutes les bonnes inspirations que vous lui devez. Songez à tout ce que ce talent a produit, à tant de beaux vers, à tant de compositions gracieuses, à tant d'excitations vers le bien, à tant d'enseignements utiles qui sont sortis de cette plume éloquente et infatigable.

Pour moi, je l'avoue, lorsque par la pensée je me reporte dans ce château de Milly, et que je vois dans ces grandes salles désertes où s'écoula si heureusement son enfance, ce vieillard de soixante et dix ans, courbé sur sa tâche ingrate, accablé par la maladie, et après une longue carrière si noblement remplie, accomplissant courageusement encore un travail quotidien pour payer ses dettes, j'éprouve une admiration sincère et une émotion que je ne cherche point à dissimuler.

C'est là surtout ce que nous avions à cœur de dire en parlant de Lamartine; nous ne nous sommes point fait d'illusion; nous savions qu'on ne peut raconter en quelques pages la vie d'un homme qui a lui-même raconté dans ses livres, et dans un langage inimitable, les impressions, les faits principaux de sa vie, les joies, les souffrances, les drames intimes de son cœur. Mais il nous appartenait de dire ce qu'il ne pouvait dire lui-même, il nous appartenait de rappeler ses immortels services, de justifier sa laborieuse vieillesse contre les attaques, les dédains, les indifférences qui l'ont assaillie. Lamartine est et restera une des grandes figures du XIXe siècle. Il a été un des précurseurs de la révolution littéraire qui précéda la révolution de 1830, il a doté notre langue de chefs-d'œuvre incomparables ; il a pris une part active et glorieuse au mouvement social qui entraîne les peuples vers des destinées nouvelles ; il a contenu, dans les circonstances les plus graves et les plus difficiles, le flot populaire qu'une révolution avait agité et troublé.

Quand un homme a donné à son nom un tel éclat, il n'est besoin ni de le louer, ni de le défendre contre de misérables agressions, il suffit d'affirmer, non son talent que nul ne peut nier, mais la loyauté de son caractère, l'honorabilité de sa vie, la grandeur de son âme. Nous nous sommes renfermé dans cette affirmation et nous croyons avoir accompli un devoir vis-à-vis de nous-mêmes, bien plus que vis-à-vis de lui qui n'a pas besoin d'être défendu et qui peut opposer à ses détracteurs une longue carrière entièrement consacrée à son pays, au progrès des idées généreuses, au développement des sociétés humaines.

Nous avons à peine esquissé quelques traits de cette existence si noblement remplie. Pour pénétrer dans les détails, pour apprécier l'œuvre littéraire et l'œuvre politique de M. de Lamartine, il eût fallu plus d'espace qu'il ne nous en était donné. Nous nous sommes borné forcément à tracer une silhouette là où la main d'un maître trouvera quelque jour les éléments d'un magnifique portrait ; mais nous avons dit ce que nous avions à dire, et si nous avons honoré avec une respectueuse affection ce beau caractère, ce grand cœur, cette vaste intelligence, nous avons atteint le but que nous nous étions proposé.

L. J.

Typ. Ernest Meyer, à Paris.

ABD-EL-KADER

ABD-EL-KADER

I

Les déplorables événements dont la Syrie a été le théâtre pendant l'été de cette année, 1860, ont mis en relief, plus, et surtout autrement qu'elle ne l'avait été jusqu'ici, une des plus belles et des plus originales physionomies de ce siècle. Les sympathies de l'Europe entière, celles de toute la chrétienté environnent aujourd'hui le nom d'Abd-el-Kader d'une auréole extraordinaire. Qu'a fait Abd-el-Kader ? Il s'est montré humain et tolérant, il a porté secours à des chrétiens, il en a arraché le plus qu'il a pu à leurs massacreurs; il a exposé sa vie, sa popularité parmi les musulmans, pour sauver la vie d'hommes étrangers à sa foi religieuse et qu'il a néanmoins considérés comme ses frères.

Pour nous, nous n'avions pas attendu cet acte héroïque pour admirer l'ancien et redoutable adversaire de notre domination en Algérie. Depuis le jour où le nom d'Abd-el-Kader retentit pour la première fois parmi nous, nous avons suivi avec soin, étudié avec sollicitude ce beau caractère, et nous espérons faire passer dans l'esprit de nos lecteurs une conviction que la connaissance des faits et une longue observation ont lentement formée.

Sidi-El-Hadji-Ould-Mahdy-Eddin Abd-el-Kader est né vers 1807, dans les environs de Mascara, sur le territoire des Hachems (plaine d'Eghreis). Son père, Sidi-Mahdy-Eddin, marabout très-vénéré de la province d'Oran, appartenait à une illustre famille. Suivant les uns, sa généalogie remontait jusqu'au prophète ; suivant d'autres, le marabout Mahdy-Eddin descendait des Beni-Isseren, famille qui avait fourni des sultans à Tlemcen.

Quoiqu'il en soit, l'illustre fils de Mahdy-Eddin n'a plus besoin de parchemins, il a lui-même fait sa noblesse et attaché à son nom une gloire impérissable.

Abd-el-Kader fut élevé, avec ses deux frères, dans la *Guetna* (sorte de séminaire) de son père. Des traditions locales affirment que, dès son enfance, des prodiges annoncèrent ses hautes destinées. Abd-el-Kader fut précocement intelligent, savant et pieux. Il excellait dans tous les exercices du corps et excitait l'admiration des Arabes. Nul ne montait à cheval avec plus de grâce et d'audace, nul ne maniait le yatagan avec plus de dextérité, nul n'avait plus d'affabilité et de fermeté dans le caractère, plus de sagesse dans les conseils.

Abd-el-Kader fit, bien jeune encore, avec son père, le pèlerinage de la Mecque ; il en revint avec le titre de *hadji* (pèlerin) et une réputation de sainteté qui accrut son influence parmi toutes les tribus de l'Ouest. Des récits merveilleux ont circulé sur les divers incidents de ce voyage et les Arabes y ajoutent une foi profonde. Ainsi, à Bagdad, dans une des chapelles élevées à la mémoire de Sidi-Abd-el-Kader-El-Djelali, fondateur d'une corporation religieuse qui compte de nombreux adhérents parmi les Arabes de la province d'Oran, un ange serait apparu à Abd-el-Kader et lui aurait annoncé, de la part du Prophète, sa haute mission.

II

Abd-el-Kader avait vingt-trois ans lorsque la France, pour venger une offense faite à son représentant auprès du Dey d'Alger, entreprit la conquête de l'Algérie, œuvre immense dont, après trente ans d'occupation, nous entrevoyons à peine la grandeur et les conséquences !

Le débarquement de notre armée à Sidi-Feruch, le 14 juillet 1830, la prise d'Alger, le départ du Dey, furent, dans toute l'Algérie, le signal d'événements très-graves. Les tribus de l'Ouest, sous la direction de Sidi-Mahdy-Eddin, chassèrent les Turcs de Mascara et choisirent pour roi ce marabout vénéré. Plus que personne le père avait foi dans les destinées du fils ; ne l'avait-il pas vu en songe assis sur un trône et rendant la justice ? Il résolut de remettre à Abd-el-Kader l'autorité suprême que les Arabes venaient de lui conférer, mais il voulut auparavant avoir un entretien avec son fils ; il l'appela sous sa tente et lui demanda comment il entendrait l'exercice du pouvoir royal : « Si j'étais sultan, répondit le jeune homme, je voudrais gouverner mon peuple avec une main de fer et un cœur d'or, et si la loi m'ordonnait de tuer mon père, j'obéirais à la loi. »

A ces mots Mahdy-Eddin prit son fils par la main, parut avec lui sur le seuil de la tente et le présentant à la foule : « Voilà le fils de Zohra, dit-il, voilà le sultan qui nous est annoncé par les prophètes ! » Et la foule enthousiaste acclama le sultan Abd-el-Kader.

Au moment de son élévation, le nouveau souverain possédait pour toute fortune un cheval magnifique et quelques pièces de monnaie nouées dans un coin de son kaïck. « Dieu me pourvoira ! » dit-il. En effet, on vint de toutes parts lui offrir de riches présents ; le soir même sa maison était convenablement montée et le lendemain, quand il fit son entrée à Mascara, les Mozabites et les Juifs lui livrèrent des sommes considérables.

Aussitôt il envoya, suivant l'usage, ses ambassadeurs, chargés de cadeaux somptueux, auprès de l'empereur du Maroc qui ratifia l'élection du peuple et, en sa qualité de chef de la religion, prescrivit l'obéissance la plus entière au chef de la guerre religieuse contre les infidèles.

III

A peine investi du pouvoir, Abd-el-Kader ne perdit pas un instant. Il organisa la lutte avec une habileté à laquelle nos généraux ont rendu justice et il la dirigea, de sa personne, avec une bravoure calme et intrépide que notre armée a plus d'une fois admirée.

De toutes parts, les hommes les plus vigoureux, les cavaliers les plus hardis venaient se ranger sous ses ordres. En 1832, il attaqua la place d'Oran avec 10,000 hommes et ce ne fut qu'après trois jours d'une lutte, héroïque de part et d'autre, que le général Boyer put repousser l'armée arabe. Au plus fort de l'action on avait vu sur les glacis Abd-el-Kader à cheval, excitant ses soldats de la parole et du geste, servant de point de mire aux défenseurs de la place sans se soucier des projectiles qui tombaient comme grêle autour de lui. Il eut son cheval tué sous lui près du fort Saint-Philippe.

De si glorieux échecs grandissaient sa réputation et son influence ; son autorité s'en trouvait affermie plus peut-être qu'elle ne l'eût été par des succès.

Au début des opérations Abd-el-Kader paraissait décidé à refuser l'échange des prisonniers. Il répondit à une proposition d'échange faite par le général Desmichels qui avait eu la gloire de le battre : « Chacun son tour entre ennemis. Un jour pour vous, un jour pour moi. Le moulin tourne pour tous deux, mais toujours en écrasant de nouvelles victimes. Néanmoins, c'est un devoir religieux pour chacun de nous et il faut l'accomplir. Pour moi, quand vous m'avez fait des prisonniers, je ne vous ai jamais fatigué de démarches en leur faveur. Comme homme, j'ai souffert de leur malheureux sort ; mais, comme musulman, je regarde leur mort comme *une vie nouvelle*, et leur rachat de l'esclavage au contraire comme une mort honteuse, aussi n'ai-je jamais demandé leur grâce. » On verra plus tard qu'il ne persista pas dans cette pensée.

Son père, le vénérable Sidi-Mahdy-Eddin, mourut peu de temps après. On était alors en 1833. Abd-el-Kader conclut avec le général Desmichels un traité de paix qui, faisant du Chétif la limite de ses possessions, lui constituait un véritable royaume avec Mascara pour capitale, entre le Maroc et les provinces de Titery et d'Alger.

Ce traité fut une faute. Il donna à Abd-el-Kader le temps de dresser et de modifier l'organisation de ses troupes, dans le sens que l'expérience de la guerre lui avait indiqué ; il put établir un gouvernement régulier et reconstruire la nationalité arabe en lui donnant un point d'appui et un centre d'action.

IV

Il suffirait d'ouvrir le *Moniteur officiel* et de lui emprunter les récits de cette longue lutte si nous écrivions ici l'histoire de notre conquête algérienne au lieu de raconter rapidement la vie de l'homme extraordinaire dont le génie tint pendant si longtemps en échec la puissance et les armes de la France.

Abd-el-Kader n'a pas été seulement un grand général, un habile administrateur ; il a déployé au plus haut degré, pendant sa lutte contre nous, les plus rares qualités du diplomate et de l'homme d'État. Depuis le traité Desmichels, qui lui donna une solide base d'opération, jusqu'au fameux traité de la Tafna, signé par le général Bugeaud le 3 mai 1837, on chercherait en vain dans la conduite d'Abd-el-Kader, une faute, même légère, une fausse démarche, une maladresse.

Le caractère de l'Émir et celui du général Bugeaud se révélèrent, même dans les plus petites circonstances, lors de la solennelle entrevue qui précéda la signature du traité.

Abd-el-Kader y déploya une pompe royale. Si le général Bugeaud représentait le sultan des Francs, ne représentait-il pas directement, lui, le peuple arabe? Il tenait à établir cette distinction. Environné de deux cents chefs, presque tous marabouts, vêtus avec magnificence, montant de superbes chevaux, l'Émir se rendit au lieu fixé pour l'entrevue. On le remarquait sur un cheval noir de pure race, qu'il enlevait de temps en temps des quatre pieds à la fois, manœuvre difficile et toujours exécutée avec une grâce et une sûreté parfaites. Tous les mamelons voisins étaient couverts de tentes, partout flottaient de riches bannières, des instruments de musique se faisaient entendre et l'air retentissait des cris qui acclamaient le sultan.

Le général Bugeaud arriva le premier au rendez-vous. Un kaïd alla au-devant de lui et lui dit : « N'aie pas peur, l'Émir t'attend. »

« Je n'ai peur de rien, dit l'intrépide général, mais je trouve indécent que ton maître me fasse venir de si loin et attendre si longtemps. »

A la fin de l'entrevue, quand les conditions du traité eurent été fixées, le général français se leva et l'Émir affecta de rester assis, comme s'il se fût promis d'humilier devant le peuple arabe le représentant de la puissance française. Le général Bugeaud s'aperçut de la ruse et dit à Abd-el-Kader, que quand il se tenait debout, le chef des Arabes devait en faire autant, et sans attendre la réponse, avec cette bonhomie et cette fermeté qui caractérisaient le général, il saisit de sa main robuste les mains délicates de l'Émir et l'enleva de terre en souriant.

Plus encore que le traité de 1833, le regrettable traité de la Tafna eut pour l'Émir des conséquences heureuses. Après s'être ravitaillé, après avoir comblé les pertes que la guerre lui avait occasionnées, Abd-el-Kader, se fondant sur ce que certaines clauses du traité étaient mal exécutées par la France, reprit en 1839 les hostilités avec une audace, une vigueur et une rapidité d'exécution incroyables.

Celui qui écrit ces lignes était à cette époque à Alger, et il lui est resté un très-vif souvenir de la panique causée parmi la population européenne par cette brusque attaque dont le contre-coup s'était fait sentir jusqu'aux environs d'Alger, dans la plaine de Mitidja, où les fermes de nos colons avaient été brûlées.

Le grief principal d'Abd-el-Kader n'était point sans fondement, il faut en convenir. Le passage de notre expédition de Constantine à travers le territoire de Hamza et celui des Beni-Djaad, compris dans la zone que le traité de 1837 lui avait soumise, équivalait à une déclaration de guerre, et notre tort fut de n'avoir pas prévu les conséquences de cette violation de territoire, surtout vis-à-vis d'un peuple si fanatique que celui en présence duquel nous nous trouvions et d'un chef si habile que celui dont nous avions nous-même consolidé le pouvoir.

Cette agression fut le signal de représailles énergiques, et la France, dès ce moment, comprit qu'il fallait absolument en finir avec ce redoutable adversaire. Les pouvoirs publics ne reculèrent devant aucun sacrifice et des expéditions décisives furent résolues.

Pendant l'année 1840, le maréchal Valée et le duc d'Orléans battirent l'armée d'Abd-el-Kader à Mouzaïa. Ils s'emparèrent de Médéah et de Milianah. Le général Bugeaud, de son côté, organisa cet habile système d'attaque et de défense qui devait infailliblement réduire, dans un temps donné, la puissance de l'Émir. Il prit Mascara et soumit un grand nombre de tribus. Enfin, en 1842, à la suite de la mémorable expédition des Bibans, les chasseurs commandés par Mgr le duc d'Aumale et les spahis du général Yussuf s'emparèrent de la smala d'Abd-el-Kader, et le forcèrent à se réfugier chez l'empereur du Maroc après la destruction de ses derniers réguliers, que commandait le célèbre Sidi-Embareck, que nos soldats désignaient plaisamment sous le nom de *Sidi-Embarras*, à cause des embarras très-sérieux qu'il leur causait.

Le général Bedeau prit une part active au résultat de cette campagne. Ce fut lui qui repoussa, sur les bords de la Sikkak, Abd-el-Kader qui s'y était présenté avec un contingent marocain de 5 à 6,000 hommes. Plus tard, le 29 avril 1842, le général Bedeau obtint un nouveau succès qui compléta la défaite de l'Émir.

A partir de ce moment l'activité d'Abd-el-Kader ne se manifesta plus que par d'impuissantes tentatives et la bataille de l'Isly porta le dernier coup à son pouvoir.

L'autorité morale et religieuse de cet homme extraordinaire était telle que les populations marocaines se rallièrent autour de lui et que l'empereur n'exerça plus dès lors qu'une autorité nominale. Il ne fallut pas moins de deux années d'efforts et de combats incessants pour réduire cet infatigable joûteur. Ses ordres étaient exécutés avec une merveilleuse précision à des distances considérables. En février 1846, il porta la révolte dans l'Ouen-Nougha, entre Médéah et Sétif. Le général Bugeaud l'en chassa; mais notre colonne était à peine rentrée à Alger, qu'Abd-el-Kader, avec une rapidité foudroyante, reparut dans la Mitidja sous le canon même de nos forts. Nos troupes se remirent aussitôt en marche. Elles surprirent l'Émir entre Alger et Dellys et le poursuivirent à outrance pendant plusieurs mois au milieu des immenses steppes du Sahara.

C'est à cette époque que se place un des faits les plus odieux qui aient été reprochés à Abd-el-Kader : nous voulons parler du massacre des prisonniers français à la Deïra.

Il paraît certain aujourd'hui que cet ordre barbare fut donné par les chefs de la Deïra et non par Abd-el-Kader qui, à ce moment, était éloigné du lieu où s'accomplit cet horrible drame.

L'Émir a toujours repoussé toute responsabilité de ce crime; il s'est toujours défendu d'avoir ordonné cette boucherie; et si l'on se reporte à sa conduite antérieure vis-à-vis des prisonniers français, conduite que l'évêque d'Alger, Mgr Dupuch, a hautement et publiquement honorée, on est tenté de croire qu'Abd-el-Kader fut en effet étranger à ce crime. Mais ce que l'histoire pourra lui reprocher, ce sera de n'avoir pas sévi contre l'auteur principal du massacre des prisonniers, Mustapha Ben-Tami, qui resta attaché à sa personne.

Du reste, il serait injuste de ne pas tenir compte, en une circonstance si grave, des protestations de l'Émir lui-même.

Lorsqu'il vint à Paris remercier l'empereur Napoléon III de la grâce que celui-ci lui avait accordée, l'Émir expliqua en ces termes, cet horrible événement :

« J'étais, dit-il, dans le Sud, à 200 lieues de la Malouïa, quand cette
» affaire s'est passée. C'est un effet de la rivalité qui divisait mes lieu-
» tenants Ben-Tami et Bou-Hamédi. Celui-ci voulait livrer les prisonniers au
» Maroc, Ben-Tami voulait les garder. Il vit le moment où Bou-Hamédi
» allait les lui enlever de force. Alors il crut devoir, pour demeurer fidèle
» à sa consigne, user d'un expédient que je désavoue publiquement, qui
» est exécrable, que je maudis, car il m'a fait plus de mal que les armées
» du maréchal Bugeaud, du général Cavaignac et du général Lamoricière.

« A cette époque, ajouta l'Émir avec émotion, mes lieutenants ne m'obéis-
» saient plus. La division régnait dans mon camp, mon autorité déclinait
» comme le soleil à son coucher, et mon khalifa ne craignit pas d'agir sous
» sa propre responsabilité, quitte à s'expliquer plus tard avec moi. Je ne
» saurais trop le répéter, le sang des morts de la Malouïa ne doit pas

» retomber sur ma tête. On a tort de me le reprocher. Si j'ai dit par
» deux fois : une première fois aux prisonniers eux-mêmes, une seconde
» fois au sultan Louis-Philippe, que j'avais ordonné le massacre, c'est que je
» parlais, j'agissais en chef et qu'un chef, dans l'exercice de l'autorité, doit
» prendre hautement et fièrement la responsabilité du bien et du mal,
» sauf à s'expliquer plus tard avec ses lieutenants. Je ne pouvais pas
» avouer publiquement que je ne régnais plus dans mon camp, que mon
» autorité y était méconnue et que, sans mon ordre, l'on y fusillait des
» prisonniers de guerre. »

Ce sont là de belles et nobles paroles dont il est impossible de ne pas tenir compte, surtout lorsqu'elles sortent de la bouche d'un homme qui a donné de si éclatantes preuves de sa loyauté. L'histoire dégagera le nom d'Abd-el-Kader de toute responsabilité directe dans ce massacre épouvantable.

V

Nous avons dit que le système d'attaque et de défense adopté par le général Bugeaud, système que l'expérience de nos guerres africaines lui avait révélé, devait nécessairement épuiser les forces d'Abd-el-Kader dans un temps prochain. L'Émir déploya toutes les ressources de son génie, il prolongea la lutte au delà de toutes les prévisions, mais il finit par succomber et il succomba héroïquement. Lorsqu'il fut bien convaincu qu'il ne pouvait plus tenir la campagne sans exposer la vie de ses soldats, il résolut de se rendre spontanément, librement.

Il pouvait se réfugier dans l'immensité du désert et de là, par la seule influence de son nom, troubler pendant longtemps encore notre possession, nous obliger à entretenir des troupes sur tous les points à la fois et attendre ainsi le moment où il pourrait reprendre l'offensive. Il jugea cette guerre de partisans indigne de lui, indigne de la nation dont il était le chef, indigne de la France. Dieu avait parlé, il se soumit. Il vint lui-même au-devant de notre armée et se constitua prisonnier de guerre entre les mains du général Lamoricière.

C'était dans la nuit du 21 au 22 novembre 1847. L'habile et intrépide général, auquel les événements dont il a été le triste héros dans les États-

Romains ne sauraient nous empêcher de rendre hautement justice, l'intrépide général Lamoricière, disons-nous, rompu à toutes les ruses de la guerre d'Afrique, avait fait occuper le col de Kerbouss par des spahis déguisés en simples cavaliers des tribus. Ils étaient à peu de distance du campement arabe dont les avant-postes étaient commandés par le lieutenant d'Abd-el-Kader, Bokouïa.

La nuit était noire; une pluie battante détrempait le sol. Les spahis déguisés s'avancèrent, pour les surprendre, vers les soldats de Bokouïa. « Qui êtes-vous ? » leur cria-t-on. — « Nous sommes des cavaliers de la tribu voisine, » répondirent-ils.

A ce moment, un homme s'avança vers eux : « Non, leur dit-il, vous n'êtes pas des cavaliers de la tribu voisine; vous êtes Français, ou si vous êtes Arabes, vous servez les Français. Je suis l'Émir Abd-el-Kader, fils de Mahdy-Eddin, et je demande à parlementer avec le général. »

Deux cavaliers partirent immédiatement au galop et allèrent porter cette proposition au général Lamoricière qui se tint en défiance, croyant à quelque ruse.

Bokouïa suivit de près les deux cavaliers; il était porteur du sabre et du cachet de l'Émir. Il venait traiter de la reddition de son maître qui ne demandait qu'une chose : être transporté en Orient.

Le général Lamoricière, à son tour, envoya son sabre et un cachet du bureau Arabe à Abd-el-Kader pour gage de sa parole. Dès le point du jour, la cavalerie, sous les ordres du colonel Montauban, se mit en route et Lamoricière se rendit auprès de l'Émir qui demanda quelques heures de sursis. Il était calme et résigné, mais son âme était encore livrée à de rudes combats intérieurs. Il se prosternait de temps à autre et priait avec ferveur, puis sa résolution fut prise.

Sa belle jument noire qu'il affectionnait avait été blessée dans un des derniers engagements; il monta un cheval maigre et essoufflé, le premier cheval venu, et escorté de quelques cavaliers pâles, exténués, dont le visage exprimait la profonde tristesse, il se dirigea vers le quartier général de Lamoricière.

Ce triste cortége fut accueilli avec respect et avec une vive émotion par nos soldats qui n'en pouvaient croire leurs yeux. Il défila lentement entre une double haie de chasseurs qui rendirent à l'Émir les honneurs militaires, et le sacrifice fut accompli.

Cette nouvelle produisit en France une sensation telle qu'elle détourna pendant quelque temps les esprits des préoccupations politiques intérieures qui, en ce moment surtout, avaient une vivacité inouïe : nous touchions aux grands événements qui allaient marquer le début de l'année 1848.

Le général Lamoricière s'était engagé vis-à-vis d'Abd-el-Kader, au nom de la France. La France devait tenir sa promesse et conduire Abd-el-Kader, soit à Alexandrie, soit à Saint-Jean-d'Acre, suivant le vœu qu'il avait formellement exprimé, suivant la condition, la seule qu'il eût faite. Le gouvernement de cette époque en jugea autrement. L'ex-Émir, sa famille et ses serviteurs furent, au mépris de la foi jurée, enfermés au fort de Lamalgue, près Toulon. C'est là que le bruit de la révolution de Février vint surprendre Abd-el-Kader qui ne ne comprenait pas qu'un mouvement populaire pût avoir détrôné le sultan Louis-Philippe.

Avant de quitter l'Algérie, Abd-el-Kader avait été reçu à Nemours par le duc d'Aumale. Cette entrevue, au dire des témoins de cette scène, fut empreinte d'une solennité majestueuse. Le jeune prince reçut l'illustre vaincu avec les plus touchants égards. L'Émir fut digne et calme, il remercia le duc d'Aumale de ce qu'il daignait confirmer la parole donnée par le général Lamoricière et le pria d'accepter, comme souvenir et témoignage de haute estime, sa belle jument noire dès qu'elle serait remise de sa blessure. Le prince accepta. «J'aurais voulu faire plutôt ce que je fais aujourd'hui, dit Abd-el-Kader, j'ai attendu l'heure marquée par Dieu. Je pars tranquille puisque j'ai ta parole et celle du général.»

Puis, après avoir assuré le sort des serviteurs, des parents, des amis qu'il quittait, il se confia à Dieu, à la France et à sa destinée.

Qu'on juge du douloureux étonnement qu'éprouva cet Arabe lorsqu'il se vit enfermé dans une forteresse au bord de la mer. Il demeura calme cependant ; il se plaignit, mais sans aigreur, du manque de foi dont il était victime. En apprenant que la révolution venait de détrôner le roi Louis-Philippe, il crut sincèrement que le nouveau gouvernement tiendrait la parole que le gouvernement déchu n'avait point tenue.

M. Fulcran Suchet (du Var), qui fut depuis représentant du peuple à l'Assemblée législative, venait d'être nommé, par l'unanime acclamation de ses concitoyens, maire de la ville de Toulon. L'Émir fit prier le premier magistrat de la cité de venir le visiter dans sa prison. M. F. Suchet s'y rendit aussitôt et témoigna toute la déférence qui était due à cette grande infortune. Il ne put donner à l'illustre captif d'autre assurance que celle où il était lui-même. Le gouvernement régulier qui allait bientôt succéder au gouvernement provisoire ne pouvait manquer, selon lui, de faire exécuter les clauses de la convention du 22 novembre 1847.

La frayeur qu'inspirait le nom d'Abd-el-Kader, la crainte que, dès son arrivée dans une ville d'Orient, son nom ne servît de drapeau à de nouvelles agitations en Algérie, inspirèrent bien mal le gouvernement et l'Assemblée constituante. De vives discussions s'engagèrent à ce sujet dans la presse et à la tribune. Le général Lamoricière défendit avec chaleur la convention qu'il avait conclue; il montra l'honneur du nom français intéressé à ce que cette convention fût respectée. Tout fut inutile. Un membre de l'assemblée alla jusqu'à dire que mieux valait l'émir en Algérie qu'en Orient. « Rien n'est plus facile, répliqua le général avec cette vivacité de répartie qui lui est habituelle, rien n'est plus facile que de satisfaire l'orateur; vous tenez Abd-el-Kader, reconduisez-le en Algérie, ce sera plus honnête! »

La raison d'État, souvent aussi mauvaise conseillère que la peur, l'emporta et la détention indéterminée de l'ex-Émir fut résolue. On le conduisit d'abord à Pau, puis à Amboise; il supporta cette captivité, sous laquelle il succombait, avec un calme admirable.

Pendant ces rudes épreuves, le colonel Boissonnet, pour lequel l'Émir avait toujours professé la plus vive sympathie, fut attaché à sa personne et ne contribua pas peu à alléger les souffrances morales du prisonnier. M. Ismayl Urbain, chef de bureau au Ministère de la Guerre, qu'Abd-el-Kader affectionnait beaucoup aussi, lui écrivait et le visitait souvent : Mgr Dupuch, ancien évêque d'Alger, qui avait connu l'Émir lorsqu'il négocia avec lui l'échange des prisonniers, le voyait quelquefois aussi.

Cette injuste captivité dura jusqu'au mois d'octobre 1852, époque à laquelle Louis-Napoléon, prince-président de la république, en vertu de ses pleins pouvoirs, le rendit à la liberté et décida qu'il serait conduit à Brousse avec une pension annuelle de 100,000 francs. Abd-el-Kader jura que jamais il ne porterait ni n'exciterait qui que ce soit à porter les armes contre la France, devenue sa seconde patrie. Il a tenu parole.

Avant de parler de la courageuse et apostolique mission qu'il a remplie à Damas vis-à-vis des Chrétiens, lors des événements qui ont nécessité l'intervention de la France entre les Druses et les Maronites, il nous paraît intéressant de jeter un coup d'œil rétrospectif sur la première période de sa vie, celle pendant laquelle il fut notre ennemi.

VI.

Abd-el-Kader, ainsi que nous l'avons dit, a dû à l'influence de son père, le marabout Mahdy-Eddin, le pouvoir souverain dont, bien jeune encore, il fut investi; mais s'il a conservé ce pouvoir, s'il l'a étendu et fortifié pendant de longues années, s'il a pu soutenir contre les forces de la France une lutte si acharnée, il ne l'a dû qu'à son génie, à la fermeté de son caractère, aux brillantes facultés dont il est doué.

Lorsque les Arabes l'acclamèrent en qualité de sultan, il était non-seulement le plus habile et le plus gracieux cavalier des tribus de l'Est, mais il était déjà célèbre par son activité, par son courage, par sa piété fervente, par la simplicité et la pureté de sa vie. Il était poëte et lettré, sa parole était éloquente et imagée.

Sa douce et belle figure offre une vague ressemblance avec l'image traditionnelle du Christ; ses traits sont pleins de noblesse. Ses grands yeux noirs ont un éclat et un charme que les femmes de Paris admirèrent pendant le séjour qu'il fit dans la capitale entre sa sortie de prison et son départ pour l'Orient. Son teint d'un blanc mat inaltérable, sa barbe noire, son doux sourire donnent à sa physionomie un cachet de distinction étrange.

Notre contact, ce qu'il a vu de nos mœurs, de notre civilisation ont exercé sur Abd-el-Kader une influence prodigieuse. Entre le jeune et bouillant Émir qui, au lendemain de notre conquête, souleva la nation arabe contre nous et l'homme qui, à Damas, exposait sa vie contre les Musulmans pour sauver les Chrétiens, il y a un abîme, et cet abîme c'est le génie de la France qui l'a comblé.

Au début des hostilités dirigées contre nous, Abd-el-Kader se faisait appeler : *Coupeur de têtes de Chrétiens pour l'amour de Dieu*, c'est-à-dire en vue de la récompense éternelle; aujourd'hui cette grande âme s'est ouverte à une idée plus généreuse, plus large, et les Chrétiens sont, aux yeux de l'Émir, des enfants de Dieu aussi bien que les Musulmans.

Abd-el-Kader a laissé en Algérie une réputation de sainteté, de patriotisme, de vertu, de sagesse qui fait déjà de lui, et de son vivant, un personnage légendaire. Ce qui est certain, c'est qu'il fut à la fois juge impartial et administrateur intègre. L'organisation du gouvernement qu'il avait fondé témoigna d'une habileté politique peu commune, autant que ses manœuvres stratégiques, pendant les longues guerres qu'il nous suscita, témoignaient de son habileté comme général.

Lorsqu'il fut élevé au pouvoir, il en établit le siége à Tagdemt, ville qu'il édifia sur les ruines d'une cité romaine et non loin du poste actuel de Tiaret, dans une position plus centrale que celle de Mascara. Tagdemt devint à la fois sa capitale, son arsenal et son quartier général. Il y plaça ses munitions, ses magasins d'armes, ses manufactures, sa fabrique de monnaies.

Il partagea ses États en huit khalifats ou provinces. Cette organisation enlaçait tout le territoire arabe. Chaque khalifat comprenait plusieurs groupes de tribus ou aghaliks dirigés chacun par un agha. Les actes financiers étaient contrôlés par l'*oukil el solthan*, sorte de ministre des finances et de factotum du Prince.

L'Émir avait établi des postes fortifiés à Saïda, Taza, Sebdou; il avait créé une manufacture d'armes. Afin de parer à l'inconvénient que présentait l'appel trop fréquent des contingents irréguliers qu'il fallait réserver pour les circonstances graves, puisqu'ils comprenaient tous les hommes valides des tribus, il avait organisé une petite armée régulière, habillée, soldée et nourrie aux frais du trésor public. Lorsqu'en 1839 Abd-el-Kader reprit contre nous les hostilités, il avait environ 10,000 réguliers (cavaliers et fantassins) et même quelques pièces d'artillerie.

Lorsqu'on lit avec attention les récits, les faits qu'ont publiés, au sujet d'Abd-el-Kader, les prisonniers qu'il nous a rendus et les officiers qui l'ont visité au temps de sa puissance, on est frappé de la ressemblance qui existe entre le héros moderne et l'antique ennemi de Rome, Jugurtha, que Salluste nous a dépeint en un si beau langage.

Un des traits les plus distinctifs de cette belle et originale physionomie est l'amour, le respect profond qu'Abd-el-Kader portait à sa mère. Lellah Zohra était une femme de grand cœur, d'un esprit ferme, d'un aspect imposant. Elle exerçait sur les résolutions de son fils une influence à laquelle Abd-el-Kader n'essaya jamais de se soustraire. Elle était à la fois sa mère et son maître, et il était si bien son fils, la chair de sa chair et le cœur de son cœur, que jamais un dissentiment ne s'éleva entre eux.

Lellah-Zohrah approuva la décision de son fils lorsque celui-ci résolut de se rendre librement à la France pour éviter une effusion de sang qu'il jugeait désormais inutile. Elle le suivit dans la captivité, et ce fut elle qui le soutint dans les rigueurs que la politique du gouvernement français lui imposa de 1847 à 1852. Lellah-Zohrah aurait hautement approuvé la conduite de son fils à Damas. C'est le plus bel éloge que nous puissions faire de cette femme qui restera une des femmes célèbres de l'Islamisme.

VII

Nous arrivons à la période la plus éclatante (jusqu'ici du moins, car nous ne savons ce que l'avenir réserve à Abd-el-Kader), à l'acte le plus généreux de cette existence prodigieuse.

Un grand poëte, Alfred de Musset, a dit avec raison :

> Rien ne nous rend si grands qu'une grande douleur!

Abd-el-Kader a dû au malheur de sa captivité le baptême qui l'a régénéré. Il est sorti de la prison d'Amboise et il a quitté la France plus grand, plus religieux assurément qu'il n'y était entré. Quelques prélats que séduisaient la difficulté et l'éclat d'une telle conversion ont essayé, dit-on, de faire renoncer Abd-el-Kader à la foi de ses pères. C'était à la fois méconnaître l'homme et ignorer la puissance que la religion musulmane exerce sur ses fidèles.

Abd-el-Kader a résisté, cela va sans dire, et si la piété ne lui eût pas conseillé cette résistance, la conscience de sa propre valeur, le pressentiment du rôle qu'il était appelé à remplir en Orient l'eussent certainement empêché de céder aux sollicitations plus zélées qu'éclairées dont il était l'objet.

Abd-el-Kader, disions-nous tout à l'heure, a dû au malheur de sa captivité le baptême qui l'a régénéré. Ce baptême, c'est le spectacle de la France, de nos mœurs tolérantes, du génie de notre race, qui le lui a donné, et certes nul baptême n'eût été aussi efficace, aussi puissant que celui-là ; sans cesser d'être musulman Abd-el-Kader est devenu chrétien, non pas membre d'une église catholique ou protestante, ce qui ne signifie rien, mais chrétien dans la plus haute acception du mot, chrétien par le sentiment de bienveillance qui l'anime à l'égard de tous les membres de la famille humaine, sans distinction de communion et de culte; chrétien par le sentiment qui l'anime à l'égard de la France qu'il considère comme l'élue des nations et l'apôtre de Dieu.

Ce ne sont point là des hypothèses légèrement admises par le biographe pour la plus grande gloire de l'homme dont il trace la biographie. Ce n'est pas de notre pleine autorité que nous faisons d'Abd-el-Kader un libre-penseur. C'est lui-même qui, dans une lettre écrite à la suite des événements de Damas, à quelques personnes qui avaient cru devoir le féliciter sur sa courageuse et généreuse initiative, a exprimé, en termes fort clairs, cette idée que l'Islamisme était impuissant à poursuivre aujourd'hui une œuvre de civilisation et qu'il appartenait à la France, — non à tel ou tel clergé, — à la France telle qu'il l'a vue, la France libérale et tolérante, d'accomplir en Orient sa mission d'ordre, de paix et de concorde.

Abd-el-Kader était depuis trois ans à Brousse, sa première résidence, lorsqu'un tremblement de terre l'obligea à quitter cette ville.

La nouvelle résidence de l'Émir fut fixée à Damas. Il s'y rendit avec sa smala, sa famille, ses nombreux serviteurs, et là il vivait en sage, partageant son temps entre la prière, l'éducation de ses enfants et le gouvernement intérieur de sa maison, lorsque la guerre éclata entre les Druses et les Maronites.

Abd-el-Kader est trop intelligent, trop habile, trop profondément observateur pour ne s'être pas rendu compte, depuis longtemps, des causes de la décadence de l'empire ottoman, des éléments de dissolution qu'il renferme, des divisions qui soulèvent les unes contre les autres les races diverses dont ce vaste territoire est peuplé. Son esprit grave et réfléchi, qu'ont éclairé les lueurs de la civilisation européenne, a longuement médité sur les éventualités que l'avenir réserve à cet empire bouleversé, sur les probabilités d'une intervention Européenne, sur le rôle qu'il peut, d'un moment à l'autre, être appelé à remplir au milieu d'événements dont mieux que personne il peut mesurer la portée.

Le fils de Mahdy-Eddin, il ne faut pas l'oublier, est un des saints de l'Islamisme; nous croyons avoir prouvé, par ce qui précède, qu'il a en lui les qualités de l'homme d'État; il a fait ses preuves comme général, comme administrateur, comme souverain. Par sa naissance, par le prestige religieux qui l'environne, par ses qualités personnelles, Abd-el-Kader n'est au-dessous d'aucune mission, si grande et si difficile qu'elle soit.

Avant même que la guerre n'éclatât entre les Druses et les Maronites, il connaissait leurs divisions, les haines séculaires qui les séparent. Comme toutes les personnes qui ont étudié de près le caractère, les mœurs, le génie de ces races ennemies, il ne se faisait point d'illusion sur les vertus chrétiennes des Maronites; il prévoyait bien que leurs prétentions, leurs tentatives d'envahissement devaient un jour ou l'autre provoquer un terrible conflit.

Aussi, quand les sauvages hostilités éclatèrent avec l'assentiment et le concours des représentants de l'autorité turque, Abd-el-Kader se rangea du côté des faibles contre le fort, sans se soucier de leur communion religieuse. Musulman, il ouvrit sa porte et donna sa protection aux Maronites comme il eût ouvert sa porte et donné sa protection à ses coreligionnaires si ceux-ci eussent été les plus faibles. En cela, il se montra fidèle aux traditions qu'il avait recueillies pendant son séjour en France, il fit à la fois un acte d'humanité et un acte de haute politique. Il comprit qu'en s'élevant au-dessus de toutes préoccupations religieuses, en sauvant des femmes, des enfants, des vieillards, des hommes qu'on traquait comme des bêtes fauves, il faisait ce qu'eût fait à sa place un Français, et c'est là le mérite éclatant de sa belle et glorieuse conduite. Abd-el-Kader ne s'est pas dit : « Que ferait en ces circonstances un musulman? que ferait un chrétien? » Il s'est dit : « Que ferait un Français? que ferait la France? »

Le Français serait humain avant tout! La France serait généreuse et irait au secours des opprimés et il a agi en conséquence.

Son inspiration ne pouvait mieux le servir, et le cri de reconnaissance qui, de tous les points de l'Europe, s'est élevé vers lui a dû lui causer une joie profonde, une de ces puissantes émotions que l'homme n'éprouve pas deux fois en sa vie. Malgré la modestie des diverses réponses qu'il a adressées à ceux de ses amis de France et d'Angleterre qui lui ont écrit pour le féliciter, cette émotion et cette joie y percent visiblement.

En apprenant la conduite d'Abd-el-Kader, l'Empereur des Français l'a immédiatement élevé à la dignité de Grand'Croix de la Légion d'Honneur. D'autres souverains ont suivi cet exemple.

La carrière d'Abd-el-Kader est probablement loin de son terme. Un grand rôle lui est sans doute réservé dans les éventualités de l'avenir.

L. J.

Typ. Ernest Meyer, à Paris.

ROSSINI

ROSSINI

I

Vers les derniers jours de l'année 1791, pendant que la Révolution française mettait l'Europe en feu et que l'Italie était livrée aux premières douleurs de l'enfantement de son indépendance et de son unité, deux pauvres musiciens ambulants parcouraient les rues de Rome et s'arrêtaient tantôt sur les places publiques, tantôt dans les cafés et y faisaient entendre leurs chansons. Le mari se nommait Guiseppe Rossini; la femme, d'une remarquable beauté, se nommait Anna Guidarini : elle était enceinte et les fatigues de sa grossesse donnaient à sa beauté un caractère de grandeur qui frappait vivement ceux qui écoutaient ses chants.

Guiseppe Rossini accompagnait la voix très-pure et très-harmonieuse de sa femme ; il jouait de la flûte, puis du violon, puis il sonnait du cor. Un de ces nombreux *Monsignori*, que la cour pontificale entretient sur un pied assez opulent dans la capitale de la chrétienté, remarqua Anna Guidarini, admira la fraîcheur et la pureté de sa voix; s'approchant d'elle, il lui dit : « L'enfant que vous portez sera un *Maëstro* éminent, c'est moi qui vous le dis. » — La femme sourit; Guiseppe Rossini, avec sa belle et joyeuse humeur, répliqua ; Je l'espère bien.

Deux mois après, le 29 février 1792, Anna Guidarini mettait au monde à Pesaro, dans les États-Romains, un enfant du sexe masculin qui reçut le nom de Gioacchino. L'enfant suivit ses parents à travers leur vie de Bohème. Il apprit la musique, comme les rossignols apprennent à chanter. Bien jeune encore, il faisait sa partie dans les concerts en plein vent dont ses parents étaient les principaux virtuoses.

Ce fut seulement à l'âge de 12 ans que plusieurs personnes ayant remarqué la voix charmante et le goût musical du bambin, engagèrent son père à lui donner un professeur. Son père hésita, puis il chercha et avec l'aide de quelques amis, l'enfant fut confié aux soins d'Angelo Tassei de Bologne.

L'élève fit de rapides progrès qui ravirent le professeur, et en très-peu de temps le jeune Rossini fut en état de tenir l'emploi de maître de chœurs dans les théâtres de plusieurs petites villes et entre autres ceux de Lugo, Ferrare, Forli, Sinigaglia, etc. Sa voix avait alors un éclat et un charme qui ne furent pas de longue durée. Avec la puberté sa voix mua et renonçant à monter sur les planches, il se voua à l'art de la composition.

En 1807, il entra au Lycée de Bologne où l'abbé Matteï fut son maître de contre-point. Mais ces vieilles règles dans lesquelles on voulait enfermer ce génie si prime-sautier, si plein de verve, lui devinrent insupportables. Il se forma lui-même en mettant en partition des quatuors et des symphonies d'Haydn et de Mozart, ses maîtres de prédilection.

L'année suivante (1808) il fit exécuter à Bologne une symphonie et une cantate: *Il pianto d'armonia* qui eut un très-grand succès. Mais il rêvait déjà une gloire plus éclatante et songeait au théâtre qui, seul, pouvait établir sa réputation : il travailla avec ardeur et en 1810, grâce à l'appui de la famille Porticari, de Pesaro, il fit recevoir au théâtre de San-Mosé, à Venise, son premier opéra sous ce titre : *La Gambiale di Matrimonio*. C'était un acte savamment écrit, d'où les qualités qui devaient plus tard distinguer ce talent étaient absentes. *La Gambiale* n'eut qu'un succès d'estime. Ce début ne le découragea pas.

L'année suivante, il fit représenter à Bologne l'*Equivoco stravagante*. Cette fois, hélas! ce ne fut pas même un succès d'estime ; la pièce tomba pour ne plus se relever. Il s'acharna alors au travail et jura qu'il trouverait sa voie, qu'il vaincrait l'apathie, le mauvais vouloir du public.

En 1812, ce fertile génie produisit sept opéras ni plus ni moins. Il est bon d'en rappeler les titres, qu'à l'exception des artistes et des amateurs, peu de personnes connaissent aujourd'hui.

Demetrio e Polibio fut représenté à Rome avec succès. C'était une femme distinguée, madame Monbelli, la mère, qui avait fourni à Rossini le libretto de cet opéra.

L'*Inganno felice* et *Il cambio della Valigia* furent représentés à Venise. A Ferrare, il donna *Ciro in Babilonia* : à Milan, *la Pietra del Paragone*, et enfin dans les derniers mois de l'année, encore à Venise, la *Scala di seta* et l'*Occasione fa il ladro*.

Le public vénitien fut celui qui d'abord se montra le plus favorable au talent du jeune *maëstro*, et ce fut pour lui qu'il écrivit, en 1813, trois opéras, dont deux sont restés célèbres : *Tancredi* et l'*Italiana in Algieri* ; il avait alors vingt ans.

Ce fut après le succès de l'*Italiana* qu'étant à Milan, il rencontra le célèbre Gall dans un salon : la maîtresse de la maison pria le phrénologue de palper la tête du jeune artiste dont il ignorait le nom et la gloire naissante. Gall ne se fit pas prier, et à mesure que sa main parcourait les proéminences du crâne, il prononça ces mots que la maîtresse de la maison écrivit sous sa dictée : « Inspiration, génie créateur, énergie, grâce, fécondité, souplesse. » Ce fut bien plus tard seulement que Gall apprit que ce jeune homme était Rossini.

Les événements se précipitaient en Europe : la coalition marchait sur Paris et les bouleversements qui se préparaient allaient changer les destinées de l'Italie. Rossini se laissa peu, trop peu, émouvoir par ces perspectives, et pendant l'année 1814 il fit représenter à Milan un opéra seria : *Aureliano in Palmira*, et un opéra buffa : *il Turco in Italia*. Nous ne mentionnons pas les cantates et les œuvres de circonstance pour lesquelles sa verve était toujours prête. Le bruit de sa réputation s'étendait déjà dans toute l'Italie, mais il n'avait pas encore franchi les Alpes : la France était trop douloureusement préoccupée en ce moment, pour prêter l'oreille à de si joyeux accents.

II

Le directeur du théâtre San Carlo, à Naples, *il Signore Barbaga*, l'attacha à son théâtre avec un traitement annuel de 12,000 francs. Son début n'y fut pas heureux. Ce fut *Elisabetta, regina d'Inghilterra*. L'engagement fut résilié et pendant cette même année, revenant à ses premières amours, il donna au théâtre de Venise son opéra de *Sigismondo*.

Ce fut pendant l'année 1816 que Rossini mit le sceau à sa réputation et se plaça au premier rang des compositeurs contemporains, en faisant représenter à Rome l'*Otello* et *Il Barbiere*. Paësiello avait déjà traité le sujet du *Barbier de Séville*; l'œuvre de Beaumarchais avait eu en France un tel succès qu'elle devait tenter nécessairement plus d'un compositeur. Le duc Sforza Cesarini, qui, malgré sa qualité de grand seigneur, était tout simplement impressario de l'*Argentina*, avait commandé à Rossini, moyennant une somme de 2,000 francs et le logement en sus, cette partition du *Barbier*. Rossini, avant de se mettre à l'œuvre, demanda à Paësiello la permission de mettre en musique un sujet qui avait déjà été traité par un maître si célèbre. Paësiello la lui accorda gracieusement et, quelques mois après, le *Barbier* fut représenté à Naples et outrageusement sifflé à la première représentation. Rossini, selon l'habitude italienne, tenait ce soir-là le piano d'accompagnement. A la dernière période du célèbre final du premier acte, la salle entière témoignait son mécontentement par des signes non équivoques. Rossini, plein de foi en lui, se leva et s'adressant aux acteurs : « Ne les écoutez pas, s'écria-t-il avec feu, allez toujours! ceci est très-beau! » et seul il applaudit les chanteurs. Non pas seul cependant, un des spectateurs donna raison à Rossini et applaudit avec lui, c'était Panseron.

On a beaucoup parlé du mécontentement de Paësiello et des intrigues qu'il aurait ourdies contre l'audacieux jeune homme qui avait osé refaire son œuvre. On a calomnié Paësiello, qui était incapable de revenir sournoisement ainsi sur une autorisation qu'il avait de bonne grâce accordée à son jeune confrère, et d'ailleurs nous avons ici des dates certaines; Paësiello est mort le 5 juin 1816 et c'est seulement dans le courant du mois de décembre suivant que la représentation du *Barbier* de Rossini eut lieu à Rome, devant un public, qui manifesta avec si peu de courtoisie et de raison son mécontement. Ce jugement, on le sait, ne fut pas sans appel, et le *Barbier* eut un succès fou, non-seulement à Rome mais dans toute l'Italie, puis dans l'Europe entière.

Le succès d'*Otello* fut moins contesté. Cette belle musique excita dès le premier jour des transports d'enthousiasme si familiers aux populations italiennes. Le lendemain de la première représentation, un Anglais excentrique fit demander à Rossini la permission de le contempler pendant quelques instants. Rossini avait en ce moment auprès de lui un de ses amis, le comte de F..., Rossini lui proposa immédiatement de poser à sa place en face de l'insulaire. Il adorait ces sortes de mystifications. Le compositeur et le comte portaient tous deux un habit bleu à boutons d'or. L'Anglais s'inclina devant le comte, prononça quelques formules admiratives et sortit. Il alla immédiatement trouver l'impressario et lui dit : Il me faut absolument, et à quelque prix que ce soit, l'habit ou le gilet de M. Rossini,

L'Anglais avait à sa disposition des arguments irrésistibles, et l'impressario consentit à s'acquitter de cette délicate commission. Le comte prit gaiement l'aventure, se dépouilla de son habit et le donna en échange de 100 livres sterling que Rossini fit immédiatement distribuer aux choristes du théâtre. L'histoire fut contée à quelques personnes et un journal raconta tout au long la mystification dont l'Anglais avait été victime. Le soir de la seconde représentation on remarquait au beau milieu de l'orchestre l'Anglais affublé de l'habit bleu à boutons d'or. Pendant un entre-acte il lut le journal qui s'égayait sur la plaisanterie que Rossini s'était permise à son endroit, et aussitôt, poussant un cri, il se dépouilla de sa relique et la foula aux pieds. L'Anglais quitta la salle au milieu de l'hilarité générale.

III

Du reste, la causticité de Rossini n'épargnait et n'épargne encore personne. On raconte qu'un jour, à la foire de Lodi, pendant qu'il faisait répéter un petit ouvrage, un cor malencontreux laissa échapper quelques notes douteuses. Rossini arrête tout à coup son orchestre et demande quel est l'auteur de ce couac. — C'est moi, répond une voix hésitante. — Ah! c'est toi, eh bien, mets ton cor dans sa caisse et retourne à ta case, — jouant ainsi sur les deux mots italiens *cassa* et *casa*. Le malheureux virtuose que Rossini apostrophait ainsi en riant n'était autre que Giuseppe son père.

A l'époque où nous sommes parvenus (1816) la musique du jeune maestro, déjà si populaire en Italie, fit sa première apparition sur la scène française, madame Catalani était alors directrice des Italiens, et dans son enthousiasme pour les compositions de son célèbre compatriote, elle monta avec beaucoup de soin l'*Italiana in Algieri*, qui avait été représentée pour la première fois à Venise et avec un très-grand succès en 1813.

L'éducation musicale du public français, qui n'est pas très-développée encore aujourd'hui, était en ce temps fort incomplète; cette joyeuse et charmante musique que l'Italie entière applaudissait avec frénésie depuis trois ans ne trouva pas grâce devant nos dilettanti; l'*Italiana*, il faut bien le dire, fut outrageusement sifflée; il est juste d'ajouter que, depuis lors, cette faute a été dignement réparée, mais il n'était pas moins juste de la constater. Rossini ne se tint pas pour battu et se promit d'en appeler plus tard du public français au public français lui-même; en attendant l'heure de la réparation, qui ne pouvait tarder à sonner, il poursuivit en Italie le cours de ses triomphes. Nous suivons l'ordre chronologique, sauf à revenir sur nos pas.

En 1817, trois chefs-d'œuvre : la *Gazza Ladra* à Milan, *Armida* à Naples et à Rome la *Cenerentola* qui avait fourni précédemment en France le sujet de l'opéra de *Cendrillon*, de Nicolo Isouard. Vous croyez peut-être que Rossini va s'arrêter un instant, jouir en silence de l'admiration qu'il excitait, savourer sa gloire, la déguster? Non! cette prodigieuse source d'harmonie ne cesse pas un seul jour de verser ses mélodieuses cascades. Rossini chante pour le plaisir de chanter, sans fatigue, sans effort, comme un oiseau du bon Dieu.

Il donne, en 1818, son *Moïse*, *Adelaïda di Borgogna* et *Ricciardo e Zoraïde*; en 1819 la *Donna del Lago*, *Ermiona*, *Edoardo e Cristina* qui n'est qu'un pastiche tiré de ses œuvres précédentes.

La *Donna del Lago* fut sifflée à la première représentation et le jeune maître aussi indifférent jusque-là à ses revers qu'il l'était à ses succès, éprouva une telle émotion qu'il s'évanouit. On dut le transporter chez lui sans pouvoir lui arracher une parole. Certes, il aurait pu alors, comme à la première représentation du *Barbier*, dire aux exécutants : « Ne faites pas attention, ce que vous chantez là est très-beau ! » Le coup porta au cœur cette fois, mais à peine était-il remis de cet accès de sensibilité, qu'il apprit l'éclatante résurrection de l'ouvrage. Le bruit de ce succès traversa les monts et l'administration de l'Opéra français chargea Niedermeyer de remanier, de mutiler, d'arranger *à la française* cet opéra qui fut représenté sous le titre de *Robert Bruce* et qui fut applaudi. La gloire de Rossini s'imposait ainsi de vive force. Mais le Théâtre-Italien, que Paër dirigeait alors, se gardait bien d'accueillir les œuvres du maître, et Berton ne craignait pas d'écrire des couplets dans le goût de celui-ci, qu'il faut citer pour montrer jusqu'où peut aller l'oubli de soi-même sous la triste influence de l'envie et de la jalousie :

> Oui, dans ce Paris sans égal,
> Tous les jours c'est un carnaval :
> Ce monsieur Chose est un Molière,
> Ce monsieur Chose est un Voltaire ;
> Nous n'avons plus de Sacchini,
> De Grétry ni de Piccini ;
> Nous n'avons plus que Rossini,
> A la chienlit ! à la chienlit !

Mahomet II et *Bianca e Faliero* furent représentés en 1820 ; *Matilda di Shabran* en 1821.

En 1822, Rossini se marie avec mademoiselle Isabella Colbrand, célèbre cantatrice espagnole, et ce mariage lui assure une très-belle fortune. L'abbé Totola écrit pour lui le *libretto* de *Zelmira* qui est joué à Naples, et le Théâtre des Italiens, comprenant qu'il ne peut plus longtemps exclure de sa scène le compositeur le plus brillant, le plus fécond et le plus populaire de l'Italie, se décide à faire exécuter le *Moïse*.

Les sympathies de la France lui arrivaient lentement ; en revanche l'enthousiasme des Anglais allait jusqu'à l'extravagance. Lorsqu'en 1823 Rossini se rendit à Londres pour y surveiller l'exécution d'une de ses œuvres, le Roi envoya vers lui un des gentilshommes de sa Chambre pour prier l'illustre compositeur de se rendre au château, où il désirait le voir. Rossini fut indisposé pendant plusieurs jours et ne put quitter son appartement ; chaque jour le chambellan de service vint, à heure fixe, s'informer de sa santé au nom du monarque.

Dès qu'il fut rétabli, Rossini se rendit au Palais. Le Roi alla au-devant de lui et, prenant affectueusement sa main, l'introduisit dans son cabinet ; ils déjeunèrent tous deux en tête-à-tête. Peu de jours après, des notabilités de la politique, des arts et des sciences, des grands seigneurs, des membres du parlement et de la chambre des Lords offrirent à Rossini un banquet splendide. Rossini fut étincelant d'esprit, de verve, de bonne humeur ; au dessert, après les toasts, on le pria de chanter ; il chanta admirablement un air d'*Otello*, puis ses amphytrions le prièrent d'accepter, en souvenir de cette réunion, un présent de 2000 livres sterling (50,000 francs) ; les petits cadeaux entretiennent l'amitié !

Le comte de Liéven, ambassadeur de Russie, le mari de la célèbre Egérie qui a rempli à Paris, sous le règne de Louis-Philippe, un rôle politique si actif, présenta officiellement Rossini à la Cour. Pendant les cinq mois qu'il passa à Londres, il gagna, en leçons et en concerts, 250,000 fr. ; ce qui fit dire à M. Scribe dans un des vaudevilles qu'il faisait alors représenter au Gymnase, en parlant des arts :

> En France on sait les admirer,
> Mais on les paye en Angleterre.

Les admirer ! Pas toujours, mais il fallait faire au public cette galanterie.

C'est au milieu des ovations anglaises qu'il acheva *Sémiramis*, dont la représentation eut lieu peu de temps après à Venise.

IV

Pour que rien ne manquât à sa gloire, l'auteur de tant de chefs-d'œuvre fut élu membre associé de l'Institut de France, en remplacement de Paësiello. L'Institut eut la main heureuse ce jour-là : en même temps que Rossini il élut le célèbre statuaire Thorwaldsen. L'année suivante (1824) la *Donna del Lago* fut jouée sur la scène Louvois, puis aux Italiens, puis enfin à l'Odéon.

Nous mentionnons pour mémoire une pièce de circonstance qui fut écrite et jouée à Paris en 1825; le *Voyage à Reims* ou l'*Auberge du Lys d'or*, à l'occasion du sacre de Charles X.

Rossini avait acquis droit de cité; il était Parisien. Il arrangea, en 1826, son opéra de *Mahomet II* pour la scène française, sous ce titre qui est demeuré populaire : Le *Siége de Corinthe*. Un éditeur très-connu, M. Troupenas, acheta la partition pour le prix de 16,000 fr. Mais, par des circonstances indépendantes de sa volonté, des procès, des contrefaçons, etc., cette opération fut désastreuse pour lui. Rossini, qui cependant n'a pas la bosse de la générosité, apprit cela et il voulut indemniser son éditeur en ne lui vendant que 8,000 fr. la partition du *Moïse* qu'il refondit et arrangea pour l'Opéra français en 1827.

L'année suivante il reprit les motifs de son opéra de circonstance, le *Voyage à Reims*, et en fit la délicieuse partition du *Comte Ory*. Puis vint le chef-d'œuvre des chefs-d'œuvre, celui qui devait mettre le sceau à sa réputation : *Guillaume Tell*, qui fut représenté à l'Opéra, le 3 août 1829.

Cette œuvre admirable avait été écrite à la campagne, chez M. Aguado, au milieu du bruit et des conversations les plus futiles et les plus graves, avec une facilité remarquable. On lui adressait la parole; il répondait avec à-propos, avec esprit, écrivant toujours comme s'il eût jeté ses notes sous la dictée d'un génie invisible.

Quelquefois, c'était lui qui, pour stimuler et égayer les causeurs, s'interrompait et racontait quelques-unes de ces innombrables anecdotes qu'il raconte si bien : « Figurez-vous, dit-il un jour, qu'étant à Padoue, j'avais de très-sérieux motifs pour désirer d'être admis dans une maison dont les portes m'avaient été fermées jusque-là. La maîtresse de la maison y consentit, mais à la condition que tous les matins, à trois heures, je *ferais le chat* sous ses fenêtres, et comme j'étais, après tout, un musicien assez..... distingué, il fallait que mon miaulement fût faux! comprenez-vous? » Pendant qu'on riait de cette boutade, Rossini, riant aussi, reprend la plume et écrit au galop. Puis, un instant après, jetant de la poudre sur la page humide : « Enfin, dit-il, m'en voilà débarrassé! »

— De quoi donc? demanda Levasseur qui était là, vous devez avoir écrit un air très-gai, très-comique? — Oui, répliqua Rossini, c'est mon trio! — et ce trio c'était le magnifique chant qui est dans toutes les mémoires : *Mon père, tu m'as dû maudire!*

On se demande comment l'administration de l'Opéra a osé pendant si longtemps mutiler cette œuvre gigantesque. Pendant longtemps on joua un acte de *Guillaume Tell* pour lever de rideau. Rossini souffrit cruellement, dit-on, de ce vandalisme, de cet affront. M. Duponchel, directeur de l'Opéra, rencontre un jour le *maëstro* sur le boulevard : — Vous devez être content, lui dit le directeur, on joue ce soir le troisième acte de *Guillaume*. — Comment? Tout entier! répliqua Rossini avec un imperturbable sang-froid.

V

Rossini, pendant l'hiver de 1829, prit la direction du Théâtre-Italien. Il n'y réussit pas, il sollicita avec trop d'empressement peut-être une compensation; il fut nommé *inspecteur général du chant*, — de quel chant? on n'a jamais pu le savoir, — avec un traitement de 20,000 francs qui devrait se convertir en une pension de 6,000 francs, au cas où une circonstance imprévue supprimerait cet emploi.

Cette circonstance ne tarda pas à éclater; la révolution de 1830 supprima l'emploi et, malgré les mérites de l'éminent titulaire, refusa la pension. Rossini entend raillerie sur toutes choses excepté sur ce chapitre; il était de l'école du maréchal Soult, qui disait qu'on lui arracherait plutôt la vie que son traitement. Il plaida contre la liste civile, tant et si bien qu'il finit par gagner son procès.

Il s'associa alors avec Severini et ils reprirent ensemble la direction des Italiens; cette fois l'exploitation fut fructueuse. Rossini s'y enrichit et le concours intelligent de son ami Aguado, par d'heureux placements, sut accroître une fortune déjà considérable et très-soigneusement conservée. Un fait caractéristique est celui-ci : Pendant tout le temps qu'il fut intéressé à la direction des Italiens, bien qu'il habitât le théâtre, Rossini ne parut jamais à aucune représentation.

Ce génie, dont la fécondité avait été jusque-là si prodigieuse qu'on aurait pu la croire inépuisable, s'arrêta dès lors. Était-ce lassitude? était-ce dégoût? était-ce épuisement? Ce qui est certain, c'est qu'à partir du moment où il écrivit avec cette verve et cette facilité que nous savons ce splendide poëme de *Guillaume Tell*, ce chant du cygne, Rossini a cessé de produire, il s'est enseveli vivant dans sa gloire; comme le rat de la fable il s'est retiré dans son fromage et il émiette son fromage sur son macaroni. Un bon plat de macaroni et des pastilles de Vichy pour le digérer! C'est l'idéal que poursuit aujourd'hui, dans son élégante retraite de Passy, l'auteur de *Moïse*, d'*Othello*, du *Barbier*, de *Sémiramis*, du *Comte Ory* et de tant d'immortels chefs-d'œuvre. Ce que le vieux Caton disait de la vertu, Rossini le dit de la gloire.

Le lion endormi fit un soubresaut pourtant, et le monde entier prêta l'oreille :

Conticuêre omnes, intentique ora tenebant.

Rossini donna son *Stabat* à quatre voix avec orchestre et chœurs. Qu'on juge de l'effet que produisit ce coup de tonnerre! on en parle encore. Jamais œuvre ne fut plus longuement, plus sévèrement jugée; on couvrirait la surface du globe avec tout ce qui a été imprimé pour ou contre ce malheureux *stabat* qui a des qualités brillantes, mais qui a aussi un défaut devant lequel disparaissent toutes ces qualités : ce n'est pas un *stabat*. C'est beau, c'est grand, c'est gracieux, c'est charmant, mais ce n'est pas un *stabat*. De quoi diable aussi ce spirituel mécréant est-il allé se mêler?

Depuis 1836 Rossini était en Italie, écoutant de loin le bruit qui se faisait autour de son nom; assailli de sollicitations, d'offres brillantes, de *libretti* par monceaux. Il demeura ferme dans sa résolution.

VI

Le *Stabat* avait paru en 1841. Deux ans plus tard, fatigué de gloire et de bonne chère, couverts de lauriers et de rhumatismes, Rossini vint à Paris pour y chercher les soins de son ami, le Dr Civiale. Il s'occupa exclusivement de sa santé. Cependant en 1844 il exhuma de ses cartons, véritables *placers*! des chœurs pour voix de femmes qui parurent sous ce titre : *la Foi*, *l'Espérance et la Charité*.

Madame Rossini (mademoiselle Colbrand) qui vivait séparée de lui mourut à cette époque et Rossini usa de la liberté que cette mort lui laissait, pour se rapprocher davantage de madame Olympe Pélissier que plus tard il épousa.

Toutes les agaceries qu'on lui fit à Paris, l'accueil et les bienveillantes sympathies dont il était l'objet, l'admiration publique, l'inauguration à l'Opéra de sa statue due au ciseau d'Etex, tout fut inutile. Rossini retourna en Italie et se fixa à Bologne où il espérait vivre en repos et jouir paisiblement de sa fortune. Mais il était écrit que les révolutions lui porteraient malheur. Celle de 1848 eut dans les États-Romains de si violents contre-coups que le maëstro dût quitter Bologne pour aller planter sa tente à Florence. Mais Paris a d'irrésistibles tentations; quelque dédain que l'on ait pour l'admiration des hommes, pour les séduisantes fumées de la gloire, on ne renonce pas aisément à ses douces fumées. Malgré son horreur pour la locomotion, Rossini se décida à revenir à Paris, bien décidé à ne pas monter dans un wagon de chemin de fer. Il y vint et il y est resté, entouré d'amis, d'admirateurs enthousiastes, de flatteurs; toujours gai, spirituel, malin, obligeant.

En 1857 il eut la faiblesse de consentir à ce qu'un *pasticcio* de lui, amalgame d'improvisations très-légères, fruit de sa première jeunesse, fut représenté aux Bouffes-Parisiens sous le titre de *Bruschino*. Le public y fit à peine attention et ce fut justice. De *Guillaume Tell* et du *Stabat*, les deux seules œuvres publiées depuis 1829 à Bruschino, il y avait par trop de distance; ajoutons qu'il y avait aussi par trop d'insouciance de la part de l'illustre maëstro à laisser reparaître son nom dans de telles conditions.

Aux productions si nombreuses que nous nous sommes bornés à énumérer, il faut ajouter un recueil de vocalises et solféges, des messes, douze pièces à une ou deux voix qui furent publiées en 1835 sous le titre de *Soirées musicales*, un nombre incalculable de duos, quatuors, sextuors, quartettini, duettini, nocturnes, ariettes, chansons, romances, etc., etc. C'est une œuvre colossale, et Dieu sait ce qu'après lui ses héritiers trouveront dans ses cartons.

Jamais compositeur n'a eu, au même degré que Rossini, le bonheur de voir ses œuvres interprétées par d'incomparables virtuoses. Parmi les cantatrices célèbres qui, à l'origine, créèrent les principaux rôles de ses opéras, il faut citer Mmes Marcolini, Malanotte, les sœurs Mombelli, l'incomparable contr'alto Pisaroni, une des femmes les plus laides et le talent le plus merveilleusement accompli qui aient jamais paru sur la scène, madame Damoreau-Cinti, et enfin Isabella Colbrand que Rossini épousa.

Parmi les chanteurs, Raffanelli, Galli, Mombelli, Velluti, le dernier des *soprani* célèbres, David, Nozzavi le maître de Rubini, Garcia, Donzelli, Zuchelli, Bordogni, Levasseur, Pellegrini, Dérivis, l'infortuné Nourrit, etc., etc.

Après ces artistes éminents tous ceux qui se sont fait un nom au théâtre ont tenu à honneur de reprendre les rôles créés par leurs glorieux aînés.

Rien n'a manqué à Rossini : prestige du génie, séduction de l'esprit, gloire, honneurs, fortune, distinctions, rubans, ovations, admirateurs, il a eu tout ce qu'un homme peut désirer ici-bas. Il est chamarré de croix ; la France l'a fait successivement chevalier, officier, puis commandeur de la Légion d'honneur. De toutes ces décorations il ne porte habituellement que la rosette rouge.

VII

Rien ne lui a manqué, disais-je, rien qu'un plus vif sentiment des liens qui attachent l'homme à la patrie, cette grande famille ! Il lui a manqué ce filial amour qui, partant du coin de terre où fut le berceau, rayonne sur la cité d'abord, puis sur la nation et sur l'humanité. Rossini n'a aimé ni la patrie ni la liberté. A Dieu ne plaise que nous exigions de l'artiste qu'il s'enrôle sous la bannière d'un parti, qu'il obéisse aux petites passions politiques, qu'il s'occupe des coteries, des intrigues, des ambitions qui s'agitent autour du pouvoir pour les exploiter ou pour le renverser. L'artiste a mieux que cela à faire, sa mission est plus haute. Mais au-dessus de sa mission elle-même, au-dessus de ces passions, de ces intrigues, de ces compétitions où se plaît l'esprit de parti, il est une passion généreuse et forte, un sentiment puissant et profond qui élèvent l'âme humaine, qui la font vibrer, cette passion, ce sentiment, c'est l'amour de la patrie, l'amour de sa gloire, de sa liberté, de son indépendance, c'est la passion de ce qui est juste et bon. Quiconque n'a pas éprouvé cette passion, ce sentiment a vécu d'une vie incomplète.

L'artiste, dans nos sociétés contemporaines, a une tendance regrettable à croire qu'il doit se tenir en dehors de ce qui émeut, de ce qui touche sa patrie, des grands intérêts qu'elle représente. C'est un tort et ce tort a été d'autant plus grand chez Rossini que Dieu l'avait exceptionnellement doué. Si cet homme eût mis son génie au service de sa patrie, s'il eût été l'écho de sa plainte, de ses douleurs, de ses humiliations, combien il eût hâté l'heure de sa délivrance !

Il est beau sans doute de se dire cosmopolite, mais c'est à la condition d'aimer d'abord sa patrie, de même que quand on se dit patriote il faut commencer par aimer la famille, qui est à la patrie ce que la nation est à l'humanité, c'est-à-dire l'alvéole primitive, le premier anneau de la chaîne qui unit tous les hommes entre eux.

Je n'ai pas l'honneur de connaître Rossini, je ne lui ai jamais été présenté, mais il est mon voisin à Passy et j'ai souvent le plaisir de le rencontrer. Chaque fois que je le vois, je me découvre avec respect devant cet aimable vieillard dont le génie populaire a enfanté tant de délicieuses mélodies, égayé tant de cœurs, déridé tant de fronts; mais au milieu de mes plus ferventes admirations, je ne puis m'empêcher de lui reprocher cette indifférence, cet égoïsme qui l'ont rendu insensible aux maux de la patrie, cette absence de moralité politique, cette faiblesse de caractère qui lui attirèrent un jour, de la part d'un général autrichien, un sauf-conduit ainsi formulé : « sauf-conduit pour le signor Rossini, *patriote sans conséquence.* » Voici en quelles circonstances ce sauf-conduit injurieux pour tout homme de cœur lui fut délivré.

Rossini avait composé en 1815 une hymne patriotique ; il était alors à Bologne. Les Autrichiens y arrivèrent, et loin de s'en émouvoir et de s'en affliger, le jeune homme éprouva le désir de se mettre au mieux avec eux. Il adopte à son hymne des paroles en l'honneur de l'empereur François 1er et va porter son œuvre au général autrichien en protestant de son dévouement et demandant la permission de quitter Bologne. Ce fut alors que le général lui remit le sauf-conduit portant cette qualification : *patriote sans conséquence*. Rossini avait alors vingt-trois ans ! Il se hâta de quitter Bologne, riant du bon tour qu'il avait joué aux Autrichiens. Le tour était bon en effet, car lorsque, quelques jours après, le général voulut entendre l'hymne à l'empereur, il reconnut dès les premières mesures l'air anarchique et révolutionnaire qu'on fredonnait tout bas dans les Romagnes.

D'ailleurs les biographes de l'illustre auteur du *Barbier* et de *Guillaume Tell* seront bien embarrassés un jour par la question de savoir ce que Rossini aura aimé ici-bas, lui excepté. Son génie aura rayonné sur le monde, ses chants seront répétés *par vingt générations*, on redira ses mots, ses traits d'esprit ; mais son cœur ?

VIII

On fera un jour certainement un *Rossiniana*. Nous n'en finirions pas si nous voulions raconter les mille anecdotes dont Rossini est le héros. Sa verve railleuse s'est attaquée à tout et à tous, à la musique de ses confrères comme à la sienne. On sait son mot à propos des œuvres de Meyerbeer et d'Halevy : « J'attends que tous ces juifs aient fini leur sabbat. »

Il eut un jour le plaisir de s'entendre critiquer vertement. Il se rendait à Bergame et avait pour compagnons de route trois dilettanti. On parla musique, on parla de Rossini. Les voyageurs firent chorus ; ils analysaient un à un tous les opéras du maître. Ce passage est vulgaire ; cet autre a été pillé, et ainsi de suite. Loin de les contredire, Rossini abondait dans leur sens.

— A propos, dit-il, connaissez-vous les œuvres de ce drôle ?

— Allons donc ! Est-ce qu'on entend pareilles choses ?

— Que serait-ce donc, répliqua Rossini, si vous les connaissiez ! Tenez, écoutez !

Et il se mit à fredonner d'une voix charmante de beaux passages des plus vieux maîtres qui furent déclarés détestables.

— Et maintenant, reprit-il, écoutez les maîtres, les vrais maîtres ! et il chanta quelques cantilènes de ses opéras.

Les voyageurs s'extasièrent.

— Voilà de la musique, de la belle musique ! dirent-ils avec enthousiasme, en priant l'inconnu de continuer.

Et Rossini égréna sans se faire prier le chapelet de ses plus ravissantes mélodies. On arriva à Bergame ; les trois voyageurs, enchantés de leur joyeux compagnon qui professait une telle admiration pour les maîtres et un si profond mépris pour la musique de Rossini, voulaient connaître son nom et son adresse afin de cultiver une si précieuse connaissance.

— Volontiers, dit Rossini, je serai à Venise dans peu de jours, et s'il vous plaît de venir m'y siffler, j'en serai enchanté, voici ma carte !

Les aventures de ce genre abondent dans la vie de Rossini, et nous n'avons cité celle-là que pour donner une idée de cette verve et de cette malice qui n'ont jamais été en défaut, frappant à droite et à gauche, amis ou ennemis. Un seul trait encore :

Tadolini, ancien chef du chant au Théâtre-Italien de Paris, allait chaque année, après la saison théâtrale, passer quatre ou cinq mois à Bologne, sa ville natale. C'était un original. Il avait acheté un âne, et, monté sur son quadrupède, il passait sa matinée à se promener dans les rues. Un matin, Rossini sort et aperçoit Tadolini, à pied par extraordinaire et longeant les murs : « Tiens, tiens, dit-il, Tadolini est resté chez lui ce matin, l'âne est sorti tout seul ! » Et il aimait beaucoup Tadolini.

IX

Rossini n'a pas été seulement le plus illustre et le plus populaire des contemporains et un admirable chanteur, il dessine avec tout son esprit, et c'est beaucoup dire; il aurait pu se faire une réputation comme caricaturiste. Il sait jouer, je crois, de tous les instruments; mais il a été surtout un flûtiste remarquable.

Et maintenant quelle est la valeur de Rossini? que restera-t-il de son œuvre colossale? Sa popularité n'est-elle due qu'à l'engouement du public ou bien a-t-elle une base sérieuse? est-elle fondée sur un mérite réel? On a tant discuté sur ces questions et on s'est mutuellement si peu éclairé que ce serait folie de recommencer ces discussions. Nous n'avons point qualité pour prononcer un jugement en pareille matière; mais nous pensons que tout homme est apte à juger une œuvre d'art, à exprimer naïvement du moins l'impression qu'elle a faite sur lui. Le jugement du public et celui de la postérité ne sont, en définitive, que le résumé de ces impressions personnelles dont l'ensemble établit ce que l'on appelle le succès.

Nous ne sommes point exclusif; nous n'appartenons, en fait d'art, à aucune école; nous ne sommes inféodé à aucun système, à aucune doctrine. Nous aimons et nous admirons le beau et le vrai partout où ils s'offrent à nous, dans la musique allemande aussi bien que dans la musique italienne ou la musique française. En musique comme en littérature, nous sommes assez de l'avis de Boileau :

> Tous les genres sont bons, hors le genre ennuyeux.

Or, nous avons attentivement et souvent écouté la musique du maître illustre dont nous venons de tracer la biographie; nous avons été enthousiasmé, ému, enchanté bien souvent; d'autres fois nous avons eu peine à réprimer un mouvement d'impatience ou de désapprobation. Dira-t-on que nous jugions de la musique comme un aveugle des couleurs, que ce qui nous paraissait lourd, monotone, sans couleur, était au contraire admirable? Non, nous n'admettons pas cela. Ce qui est vraiment beau s'impose irrésistiblement, et cela est surtout vrai quand il s'agit des œuvres scéniques. Remplissez la salle du Théâtre-Français de gens illettrés, et représentez devant eux une pièce de Corneille, de Molière, de Racine et de Victor Hugo; pas un beau vers, pas un mot vrai ne passeront inaperçus, même alors que l'acteur ne les soulignera pas.

Soyez convaincus que la musique de Rossini, quand elle laisse le public froid, indifférent, ne vaut pas la musique de Rossini qui l'éveille, le charme et l'émeut.

Une fécondité aussi prodigieuse que celle du cygne de Pesaro ne peut pas invariablement produire des œuvres belles, puissantes et originales. Les tours vulgaires, les redites, les réminiscences y sont inévitables; ils abondent dans l'œuvre de Rossini. Le soleil a des taches; nous sommes des êtres finis et la perfection n'est pas de notre domaine. Mais, en revanche, que de merveilles! que de fraîcheur! que d'esprit! que de gaieté! que de grandeur! quels accents sublimes! Pour apprécier cette musique, il faut l'entendre souvent. J'ai entendu les principales œuvres de Rossini : *Guillaume Tell*, le *Barbier*, *Otello*, *Sémiramis*, le *Comte Ory*, l'*Italiana*, *Cenerentola*, etc., etc., plus de cent fois à coup sûr, et à chaque audition j'ai éprouvé un charme plus grand qu'à l'audition précédente, j'ai découvert des filons harmonieux que je n'avais pas soupçonnés. Tout n'y est pas également attrayant, également beau; mais tout y porte le cachet d'un talent arrivé à un degré de perfection que peu de maîtres ont atteint.

Je ne sais rien de plus fâcheux que la manie de comparer entre eux des maîtres qui n'ont de commun que le procédé, la forme du langage dont ils se servent pour exprimer leur pensée et traduire leur inspiration. Que de fois, dans les discussions interminables dont la musique et les œuvres musicales sont l'objet, j'ai entendu les adversaires de Rossini triompher en disant : « Comparez donc cela à telle œuvre de Mozart, à tel opéra de Meyerbeer, à tel ou tel autre. »

L. J.

INGRES  Typ. Ernest Meyer, à Paris.

INGRES

I

On raconte que, le 15 septembre 1781, la ville de Montauban fut témoin de divers prodiges : Le groupe des trois Grâces, placé sous la charmille de M. le président au bailliage, exécuta une sorte de danse sur son piédestal, et un sourire parut sur les lèvres de la Vierge à la chaise, dont la gravure ornait le cabinet de M. le premier échevin.

L'antiquité et la renaissance saluaient ainsi la venue au monde de Jean-Dominique-Auguste Ingres, le futur auteur du *plafond d'Homère*, du *Martyre de saint Symphorien*, de l'*Odalisque*, de la *Stratonice* et de tant d'autres tableaux que tout le monde connaît.

Mortel chéri des muses, Ingres père enseignait à la fois la musique et la peinture, quelques personnes ajoutent même la danse, aux jeunes demoiselles de Montauban. Poudré, lustré, pimpant, luisant, tiré à quatre épingles, Ingres père sortait chaque matin du logis, et allait de maison en maison instruire ses compatriotes dans l'art d'Euterpe et de Terpsichore. Après avoir soupiré cinq ou six fois la romance de *Nina* ou entonné le grand air des *Indes galantes*, Ingres père rentrait chez lui, et s'occupait de l'éducation d'Ingres fils pendant tout le reste de la journée.

Ingres père voulait faire un musicien d'Ingres fils : non point un musicien de clavecin et d'épinette, un bredouilleur de romances et d'ariettes, mais un compositeur solide, sérieux, profond; capable de marcher sur les traces du grand Rameau. Il lui mit l'archet en main dès son bas âge, et il lui apprit la gamme en même temps que l'alphabet.

Quel motif puissant décida Ingres père à quitter la ville de Montauban, sa patrie? L'histoire est muette sur ce point. Il ne paraît pas pourtant qu'il ait eu jamais à se plaindre de l'ingratitude de ses concitoyens. Également apprécié de la noblesse et du tiers-état, bien avec le clergé, le professeur Ingres était aussi accueilli dans les salons comme dans les couvents. Le nombre de ses élèves augmentait chaque jour. Il est donc probable que l'artiste céda à l'ambition de se montrer sur un théâtre plus vaste et plus digne de ses talents.

Toulouse a toujours été par excellence la ville musicale du Languedoc et du Midi tout entier. Hautes-contre, tailles, basses-tailles, elle fournissait déjà l'ancien régime de chanteurs. Les capitouls qui firent rouer Calas étaient passionnés pour la musique ; après l'exécution d'un protestant, le spectacle que la populace aimait le plus, c'était la représentation d'un opéra. Lorsque Ingres père y vint avec Ingres fils, Toulouse brillait comme une capitale ; elle luttait ouvertement contre Paris, et croyait que, dans l'estime de l'univers, l'Académie des jeux floraux passait bien avant l'Académie française.

C'est dans cette ville, amie des beaux-arts, que le jeune Ingres fit pour la première fois connaissance avec la gloire.

Le matin d'un jour dont l'histoire a négligé de nous transmettre la date, les habitants de Toulouse lurent la note suivante intercalée en grosses lettres entre le titre des deux pièces qui s'étalaient sur l'affiche du grand théâtre :

PENDANT L'INTERMÈDE,

M. AUGUSTE INGRES, AGÉ DE NEUF ANS,

EXÉCUTERA UNE SONATE DE VIOTTI.

S'il faut s'en rapporter à la tradition, le père de M. Ingres, à l'instar du père de Mozart, aurait donc destiné son fils à la carrière d'enfant prodige, et c'est en cette qualité que le chef de notre grande école de peinture classique aurait reçu les premières couronnes de ses concitoyens. Ingres père s'apprêtait sans doute à conduire son fils à Paris, lorsque le hasard vint détruire ses projets, et empêcher le jeune Ingres de disputer plus tard la palme du violon à Lafont et à Boucher.

II

Il y avait au musée de Toulouse un dessin de Raphaël, que personne ne regardait : le moment de Raphaël n'était pas encore venu. On se contentait d'admirer Fragonard, Greuze, Vanloo, Boucher, etc. ; les petits amours du dix-huitième siècle empêchaient de voir les anges de la renaissance, les nymphes remplaçaient effrontément les madones, partout le joli faisait oublier le beau. Mais l'heure de la réaction allait bientôt sonner.

Montez avec nous au Capitole, suivez nos pas dans la salle des tableaux, et regardez cet enfant qui semble en extase devant une œuvre de Raphaël : ses yeux s'arrêtent tour à tour sur chaque personnage, dont ils semblent dévorer les contours. Cet enfant, c'est l'apôtre du dessin, le futur restaurateur de l'antiquité, un jeune Grec de Montauban, destiné par la muse à tirer la ligne de l'oubli, et à chasser la couleur du trône usurpé de la peinture.

Cet enfant, c'est le virtuose dont nous venons de parler.

Dès qu'il eut vu le tableau de Raphaël, Ingres fils déclara à Ingres père qu'il ne serait jamais un grand violoniste, et qu'il se sentait appelé à devenir un grand peintre. Des pinceaux et plus d'archet ! il fallut bien obéir à ce cri d'une vocation impérieuse. Le père mit son fils à l'école de dessin.

A cette époque, florissait à Toulouse un peintre du nom de Roques, qui a tenu le pinceau d'une main ferme jusqu'à l'âge de quatre-vingts ans. Les innombrables produits d'une si longue carrière remplissent les églises à plus de dix lieues à la ronde. Il n'y a pas dans la Haute-Garonne, dans le Tarn-et-Garonne et dans le Tarn, de chapelle de village qui ne puisse montrer un ou plusieurs Roques aux amateurs. C'est à ce maître fécond que le jeune Ingres fut confié. Disciple fervent de David, ne s'inspirant que de l'histoire romaine et de l'histoire sacrée, ne voyant dans la couleur que l'humble servante du dessin, Roques était bien le guide qui convenait aux instincts de l'élève qu'on lui confiait. Il a vécu assez longtemps pour jouir de sa gloire, car la Parque ne trancha le fil de ses jours que plusieurs années après la révolution de juillet.

Un jour Roques, dans son atelier, corrigeant les dessins de ses élèves, passa sans s'arrêter devant Ingres, qui crut à une distraction, et n'en continua pas moins son travail; le lendemain et le surlendemain même oubli. Cela dura ainsi pendant toute la semaine. Ingres se décida enfin à demander à son maître la raison de sa conduite.

— Jeune homme, lui répondit Roques, c'est à un autre que vous devez vous adresser désormais pour vous corriger.
— A qui donc?
— A David.

Quelques jours après, Ingres partait pour Paris.

III

Paris était alors dans la fièvre de plaisirs et de fêtes qui succéda aux émotions terribles de la révolution. Quoiqu'il quittât une grande ville, le jeune Ingres n'en dut pas moins éprouver une vive surprise à la vue de cette capitale si bruyante, si animée, si avide d'amusements. La foule en trouvait partout et les acceptait tous. Le nouveau débarqué pouvait choisir entre le jardin de Tivoli, rendez-vous de la société élégante, et le jardin des Capucines, fréquenté par le peuple. C'était alors le beau temps des saltimbanques : tous les acrobates, tous les funambules, tous les hercules, tous les prodiges, tous les monstres contemporains, se donnaient rendez-vous au jardin des Capucines. Là, une femme sauvage mordait à belles dents dans une poule crue; ici un Indien avalait des cailloux; plus loin, un hercule, le corps attaché à une chaise par la nuque et par le tendon d'Achille, soutenait le poids de cinq ou six vigoureux gaillards, et chantait la romance *Fleuve du Tage*. C'est dans le jardin des Capucines que s'éleva le premier cirque des frères Franconi; c'est là que le physicien Robertson jeta les fondements du grand art de la fantasmagorie et de la prestidigitation. Il y avait également dans ce jardin une salle de spectacle, où Ingres se rendait aussi souvent que l'état de ses finances le lui permettait, théâtre enfumé où Vernet débuta tout enfant, où brillèrent tour à tour et ensemble Potier, Tiercelin, Brunet, Odry, Cazot et Bosquier-Gavaudan.

A l'autre extrémité de Paris, sur le boulevard du Temple, même tumulte, mêmes distractions. Voici d'abord le théâtre du sieur Nicolet, puis le Petit-Lazari, l'Ambigu-Comique, le cabinet de Curtius, puis enfin le tréteau de Bobêche et Galimafré, devant lequel l'ex-élève de Roques aimait à s'arrêter. Au sortir de ce pandœmonium en plein vent, il regagnait sa demeure à la clarté douteuse des réverbères, en songeant à Raphaël, et en méditant les leçons de David, après avoir ri aux facéties de Zozo.

C'était l'âge d'or des coucous et des grisettes. O Montmorency! tes ombrages épais ne virent pas errer le jeune artiste de Tarn-et-Garonne avec une compagne en robe d'indienne et en petit fichu; sa jeunesse austère sut se préserver des flèches du petit dieu malin, comme on disait à cette époque; on ne le vit point non plus prendre de Fornarina dans une boutique de modiste ou dans un atelier de couturière, ni donner dans les excentricités de toilette des jeunes peintres de son époque, qui se promenaient en *pœplum* sous les arcades du Palais-Royal, et allaient applaudir Elleviou vêtus d'une toge à la romaine. Déjà, à cette époque, on songeait à la réforme du costume: grande question abandonnée pendant trente ans pour être reprise à la révolution de juillet, à laquelle on n'a pas l'air de songer, et qui, demain peut-être, sera discutée avec une vigueur nouvelle. En 1830, la mode était au moyen âge, et la réforme voulait nous ramener au costume féodal; sous le Directoire et sous le Consulat, l'antiquité était en faveur, et on s'habillait comme les contemporains de César. Quoique David eût dessiné le costume de la Réforme, quoique Talma le portât, Ingres garda obstinément ses gros souliers et sa longue redingote de Tarn-et-Garonne, objets des railleries des rapins ses contemporains.

A propos de rapins, ces messieurs, s'il faut s'en rapporter cette fois encore à la tradition, se seraient comportés d'une façon plus que légère à l'égard du camarade que la cité de Clémence Isaure leur envoyait, et ne lui auraient épargné aucune des épreuves auxquelles il était d'usage de soumettre les nouveaux venus dans les ateliers. On prétend que M. Ingres fut mis *à l'échelle*. C'est un fait que nous donnons sous toutes réserves, comme on dit aujourd'hui.

IV

En 1801, le sujet de composition donné par l'Académie aux élèves de l'école des Beaux-Arts admis à concourir pour le prix de Rome, était: *l'Arrivée dans la tente d'Achille des ambassadeurs envoyés par Agamemnon pour apaiser la colère du fils de Péléc.*

Inspiré par ce sujet, qui nous semble aujourd'hui peut fait pour enflammer l'inspiration d'un artiste, Ingres remporta le premier grand prix. L'année précédente, il avait déjà obtenu le second, dans le concours dont le sujet, aussi terne pour le moins que celui que nous venons de reproduire, était *Antiochus renvoyant son fils Scipion fait prisonnier sur mer*. Ce prix lui avait valu l'exemption de la conscription, ce qui n'était pas un mince avantage à cette époque.

En 1801, nous avions bien une école de peinture à Rome, mais l'école manquait de budget. Voilà donc notre lauréat forcé d'attendre, avant de se rendre en Italie, que les finances de la France deviennent assez prospères pour permettre à l'État de pourvoir à son entretien. Cette attente dura quatre années, pendant lesquelles M. Ingres vécut en faisant des portraits qu'on ne lui payait pas aussi cher qu'aujourd'hui. Enfin le budget de l'école fut rétabli, et le pensionnaire en disponibilité put enfin prendre le chemin de la ville éternelle.

Pendant la dernière année de ses études officielles, Ingres avait envoyé au Salon *OEdipe et le Sphynx* et *Jupiter et Thésée*. Les expositions étaient alors l'objet du plus vif empressement de la part du public; les théâtres leur consacraient une revue spéciale; les dames de la halle s'en occupaient; on les voyait entrer par groupes de cinq ou six au Salon; elles appelaient cela *aller aux tableaux*. David n'exposait jamais sans que les dames de la halle ne se fissent un devoir de venir lui offrir un bouquet. Un tableau, pour peu qu'il eût de succès, inspirait une centaine de pièces de vers, odes, épîtres, quatrains, aux poëtes du moment. Non-seulement les tableaux de M. Ingres n'obtinrent pas l'honneur d'être chantés, mais encore ils furent l'objet de critiques assez vives de la part des journaux; le *Lycée français*, entre autres, publia sur *Jupiter et Thésée* un article, attribué à Tissot par les uns et à Arnault par les autres, dont M. Ingres se montra profondément ulcéré. Dès ce moment, il se mit en bouderie réglée avec Paris, et déclara qu'il ne remettrait plus les pieds dans cette ville, ne voulant sans doute pas respirer le même air que ses détracteurs.

C'était sans doute faire preuve d'une bien grande susceptibilité, mais M. Ingres croit à son mérite, et ne supporte pas la contradiction en matière d'art. Quelque temps avant son départ pour Rome, il était sur le point de se marier. La demande était faite, les conditions arrêtées, et il ne s'agissait plus que de remplir les formalités. Tout à coup le fiancé se retire et déclare que tout est rompu, qu'il n'épousera jamais une femme qui a soutenu une discussion contre lui sur la peinture, et manifesté en matière d'esthétique des opinions diamétralement opposées à celles qu'il professe.

V

M. Ingres, nous l'avons dit, boudait Paris ; aussi, son temps de pensionnaire expiré, se garda-t-il bien de revenir dans cette ingrate ville, où le talent recevait, pour toute récompense, des injures de MM. Tissot et Arnault. Il assista de loin aux gloires et aux malheurs de la France, et il se consola de la chute de l'Empire en songeant à celle des Césars, dont les ruines l'environnaient. C'est à Rome que M. Ingres a le plus vécu et le plus travaillé. C'est là que, sans compter un assez grand nombre de portraits, de copies, de dessins, d'esquisses, il a fait : Jupiter et Thétis. — Raphaël et la Fornarine. — Virgile lisant *l'Énéide* devant Auguste. — Françoise de Rimini et Paolo, et une variante du même tableau, dont la Société des Arts de Paris ne voulut pas pour cinq cents francs. — La Chapelle Sixtine. — L'Aretin refusant la chaîne d'or que lui envoie Charles-Quint. — L'Aretin chez Tintoret. — Don Pédro de Tolède baisant l'épée de Henri IV portée par un page. — Raphaël et le cardinal Bibiena. — L'Odalisque, commandée par la reine Caroline de Naples. — Philippe V et le maréchal de de Berwick. — Le duc d'Albe à Sainte-Gudule, recevant du pape Pie V, après l'expulsion du prince d'Orange, l'épée et le drapeau bénits dans la nuit de Noël. — Henri IV jouant avec ses enfants, au moment où vient d'entrer l'ambassadeur d'Espagne. L'un d'eux est sur son dos : « Êtes-vous père, monsieur l'ambassadeur ? dit le roi. — Sire, j'ai ce bonheur. — En ce cas, je puis continuer le tour de ma chambre. » — La Mort de Léonard de Vinci. — Roger délivrant Angélique. — Jésus-Christ remettant les clés à saint Pierre. — N'oublions pas en outre de mentionner le *Songe d'Ossian*, grande peinture qui lui avait été commandée par Napoléon, pour orner le plafond de sa chambre à coucher, au palais de Monte-Cavallo. Un jour M. Ingres, en se promenant dans les rues de Rome, aperçut à l'étalage d'un marchand de bric-à-brac une toile roulée ; l'idée lui vint de la faire déployer : c'était le *Songe d'Ossian*, moins les oreilles et le nez du barde, rongés par les rats.

M. Ingres ne quitta Rome qu'en 1820 pour se rendre à Florence. C'est dans cette ville qu'il composa un de ses meilleurs tableaux : *le Vœu de Louis XIII*, commandé à l'artiste, en 1820, pour le prix de 3,000 francs ; la direction des Beaux-Arts crut devoir doubler la somme, après le succès obtenu par cette toile au Salon de 1824. L'entrée de Charles V dans Paris, composition qui, par le ton et par l'arrangement, paraît vouloir se rapprocher des tableaux de l'école romantique, date également du séjour de M. Ingres à Florence.

Quelque temps après son arrivée dans la ville éternelle, M. Ingres s'était marié. « Une dame française, d'un naturel fort enjoué, raconte-t-il à un de ses biographes, M. Théophile Silvestre, qui semble parfois avoir sténographié les paroles du maître, me parlait souvent d'une parente qui faisait à Guéret un petit commerce de lingerie, et elle lui écrivait : « Viens chercher un mari à « Rome! » Elle y vint, en effet; je la vis pour la première fois à la promenade auprès du tombeau de Néron. Cette femme, le modèle du dévouement, a fait la consolation de ma vie; j'ai eu la douleur de la perdre en 1849; je me suis remarié deux ans après. » Le ménage ne fut pas d'abord heureux, au point de vue de la fortune s'entend, car M. Ingres vient de nous le dire, sa femme a fait le bonheur de sa vie; mais comme il était plus laborieux que fécond, et comme on ne payait pas alors les œuvres au poids de l'or, comme on a pu le voir par le *Vœu de Louis XIII*, les mariés connurent, sinon tout à fait la misère, du moins la gêne, une sœur qui lui ressemble beaucoup. M. Ingres cependant ne se décourageait pas : « J'ai toujours vu mon étoile, a-t-il dit depuis, mais je n'ai eu du pain que dans la vieillesse, ne voulant pas imiter l'exemple des artistes de nos jours, qui n'aiment que l'argent et le travail facile.

M. Ingres avait mis trois ans et demi à terminer le *Vœu de Louis XIII*. Au moment d'envoyer ce tableau à l'exposition, l'auteur, soit par tendresse paternelle, soit qu'il ne craignît plus les attaques d'Arnault et de Tissot, ne voulut pas s'en séparer. M. Ingres suivit donc son œuvre à Paris. Elle figura avec éclat au Salon de 1824. Cette année-là, M. Ingres reçut la croix d'honneur. L'année suivante, il était membre de l'Académie des Beaux-Arts.

Ce n'était pas seulement l'amour du succès qui avait engagé M. Ingres à quitter sa retraite de Florence; il volait au secours de la peinture menacée par les barbares de l'expression et de la couleur.

VI

David, le grand David, celui que ses élèves avaient toujours appelé *monsieur* David, était mort dans l'exil, ne laissant que quelques imitateurs plus tenaces qu'intelligents de son système de peinture. David avait fait passer dans ses œuvres le sentiment de la révolution. Ses derniers disciples, adorateurs serviles de la forme du maître, n'en comprenaient plus l'esprit. La tradition inerte de

David s'était perpétuée sous la Restauration, dans les ateliers de Regnault, de Girodet, de Gérard, de Guérin, de Lethière, grands-prêtres d'une religion dont la foi s'était retirée, et qui ne présentait plus que des formules ; ils pratiquaient sans le comprendre le dogme de David, lorsque deux novateurs, deux hérésiarques, Géricault et Delacroix, sortirent comme toujours du séminaire, c'est-à-dire de l'atelier de Guérin. Un troisième personnage se présenta bientôt pour concilier l'hérésie avec la religion : ce fut Paul Delaroche.

C'est alors que M. Ingres vint de Rome pour combattre l'hérésie et l'éclectisme, et pour sauver la religion de David en la transformant.

Temps mémorables du Salon de 1827, temps héroïques de la peinture moderne ! Votre souvenir n'est point encore sorti de la mémoire des contemporains, et ceux qui ne les ont point vus regrettent de ne les connaître que par l'histoire. Quel bruit, quel mouvement dans la galerie du Louvre ! Voyez autour de la *Mort de Sardanapale*, le groupe chevelu des amis d'Eugène Delacroix, poussant des cris d'admiration devant ce bûcher qui va consumer bientôt le grand voluptueux de l'orient, ses richesses et ses femmes ; plus silencieux, mais non moins fervents, les ingristes admirent dévotement le *plafond d'Homère*; quelques-uns seraient tentés de s'agenouiller, la plupart semblent dans l'extase. En passant devant les tableaux de Delacroix, l'ingriste détourne la tête pour ne pas voir la toile blasphématoire ; le rapin, le romantique, montrent le poing au vieux rapsode. Contenus par la majesté du lieu et par la présence des gardiens, les disciples des deux maîtres se contentent de se mesurer des yeux, dans le Louvre ; mais, à peine sortis du palais, ils se dédommagent de la contrainte, et l'on assure qu'il fallut plus d'une fois transporter chez le pharmacien voisin quelque romantique à l'œil poché, ou quelque classique au nez tuméfié et saignant.

Les journaux prenaient une part non moins vive à la discussion, la querelle des romantiques et des classiques déjà entamée, s'engageait sous une nouvelle forme, les feuilletons croisaient la plume pour le dessin ou pour la couleur, pour le mouvement ou pour la composition, pour Rubens ou pour Raphaël. Le combat dura vingt ans, et aujourd'hui on ne sait pas encore à qui appartient la victoire.

Dans cette lutte mémorable, M. Ingres a sans doute déployé beaucoup d'énergie et beaucoup de talent ; c'est un grand homme si l'on veut, mais un grand homme en arrière. Il n'a fait que ressusciter l'école de David. Du reste, lui-même l'avoue et s'en fait gloire ; il n'est qu'un élève de ce peintre. « David, dit-il au biographe que nous avons déjà cité, est le vrai restaurateur de l'art français et un très-grand maître. J'admire les *Horaces*, l'*Enlèvement des Sabines* comme des chefs-d'œuvre. C'est David qui m'a enseigné à mettre une figure sur ses pieds, à attacher une tête sur ses épaules. Je me suis adonné, comme lui, à l'étude des peintures d'Herculanum et de Pompéi, et, quoique je sois toujours au fond resté fidèle à ses excellents principes, je crois avoir ouvert une voie personnelle en ajoutant à l'amour qu'il avait pour l'antique le goût de la nature vivante, l'étude de la grande tradition des écoles d'Italie, et surtout les ouvrages de Raphaël. N'y a-t-il pas quelque chose de divin dans la grâce, la noblesse et la facilité de ce maître sublime? Si je pouvais croire aux êtres surnaturels, je penserais qu'un esprit céleste habitait en lui. On ne sent pas le moins du monde le travail dans ses ouvrages; ils paraissent sortis d'un seul jet de son intelligence. Ce qu'il y a de plus admirable dans ses compositions, c'est le lien qui unit entre elles les figures d'un groupe, réunit les groupes entre eux, et les fait pour ainsi dire ressembler aux diverses grappes d'un raisin harmonieusement unies à la tige principale. Raphaël est, sans nul doute, le continuateur direct de la Grèce, de Zeuxis et d'Apelle : il a été mieux doué que personne du sentiment de l'élégance; mais les Grecs, si bien servis par le climat et les mœurs de leur beau pays, qui leur permettaient d'étudier la beauté toujours à nu au milieu de l'éclat des fêtes et des cérémonies publiques, lui ont été probablement supérieurs. »

Si M. Ingres n'est pas coloriste en peinture, on voit que la couleur lui vient dans l'improvisation : on n'est pas né pour rien sur les bords du Tarn. Les groupes qui ressemblent à des grappes de raisin me semblent d'un ton de style assez éclatant. Du reste, M. Ingres paraît avoir une certaine vocation pour la métaphore. C'est lui qui a enrichi la langue des arts de cette définition : *Le nombril est l'œil du torse.*

VII

Outre l'*Apothéose d'Homère*, M. Ingres, pendant son séjour à Paris, de 1824 à 1834, mit la dernière main à plusieurs autres compositions de moindre importance. Nous citerons : deux figures pour le frontispice de l'album du sacre de Charles X; deux portraits destinés au même ouvrage; Charles X en manteau royal et le cardinal Latil; le portrait de M. de Pastoret en uniforme de conseiller d'État; le dessin de la médaille de la Société d'émulation de l'école des Beaux-Arts; Henri IV et ses enfants, répétition; le portrait de M. Molé; le portrait de M. Bertin aîné, auquel se rattache le souvenir d'une caricature célèbre de Daumier; le portrait de M. Baillot, de M. Hittorf, de la famille Gatteaux, et enfin le fameux *Martyre de saint Symphorien*.

Ce tableau fut exposé au Salon de 1834.

Les romantiques critiquèrent les licteurs et la mère du saint, deux fois trop grande en proportion des autres personnages; ils se moquèrent de cet apôtre de la correction et du dessin qui tombait dans des fautes si grossières; mais, qui le croirait? les plus amères critiques de ce tableau sortirent de la bouche même des collègues de l'auteur. De la part de Gros, cela se conçoit! Génie essentiellement moderne, il ne devait pas comprendre beaucoup l'art de M. Ingres, exhumé des mines de Pompéi; mais Hersent, mais Lethière, voilà qui semble prodigieux! Que pouvaient-ils reprocher à M. Ingres? Rien, si ce n'est peut-être d'appeler un peu trop l'attention sur lui. Attaqué par le romantisme, miné sourdement par l'Institut, et trouvant la France indifférente à la double persécution dont il était l'objet, M. Ingres, un beau jour, fit demander une audience au ministre de l'intérieur, qui avait les beaux-arts dans son département. C'était M. Thiers qui remplissait alors ce poste.

« Monsieur le ministre, lui dit-il, mes ennemis m'abreuvent de dégoûts et me rendent le séjour de la patrie impossible; j'éprouve le besoin de m'expatrier.

« — Quels sont donc ces ennemis si terribles dont vous me parlez? demanda M. Thiers à M. Ingres.

« — Les romantiques d'abord, qui poursuivent mon *Saint-Symphorien* de leurs quolibets; ensuite les membres de l'Institut, qui se joignent à eux et me persécutent jusque dans mes élèves, qu'ils éloignent de tous les concours, à moins qu'ils ne consentent à me renier. Ces gens-là veulent ma mort.

« — Calmez-vous, mon cher monsieur Ingres, calmez-vous.

« — C'est impossible, je ne saurais rester à Paris plus longtemps. Horace Vernet vient de finir son temps de direction à Rome... Prouvez-moi que vous ne faites point partie de la grande conspiration du romantisme et de l'Institut: nommez-moi à sa place. »

A l'idée seule d'être soupçonné de tremper dans l'immorale coalition des cheveux longs et des habits brodés, des rapins et des académiciens, M. Thiers frémit et s'empressa de porter la nomination de M. Ingres à la signature du roi en qualité de directeur de l'école des Beaux-Arts de Rome. Ne voulant pas être plus longtemps un obstacle au rétablissement de la paix dans la république des arts, ce dernier fit voile tout de suite vers l'Italie, et partit pour son exil à quinze mille francs d'appointements par an.

Pins du Monte-Pincio, frais jardin de la villa Médicis, pendant sept ans vous le vîtes errer sous vos ombrages et dans vos sentiers, sombre et mélancolique, cherchant à arracher de son cœur les flèches de l'Institut et les javelots du feuilleton; faisant des collections de pots et de médailles pour se distraire, et, quand il n'y parvenait pas, prenant son violon, comme Orphée, et essayant d'adoucir, au son d'un concerto de Viotti, les loups, les lions et les ours intérieurs qui menaçaient de le dévorer. Pouvoir magique de la musique! tu parvenais par moments à calmer ses maux et à lui faire oublier les critiques du *Saint-Symphorien*.

Parfois aussi, réunis autour de lui, peintres, musiciens, sculpteurs, architectes, graveurs en taille-douce et graveurs sur pierre, jeunes lauréats espoir de l'avenir, vous l'entendiez parler de la nécessité de conserver la ligne dans la musique aussi bien que dans le dessin, de ne faire que des torses antiques et de ne jamais donner dans la couleur à laquelle pourtant il s'accusait d'avoir sacrifié un moment dans les premiers temps de sa carrière. Mêlant dans ses épanchements le divin Raphaël et M. Lethière, l'antiquité et les feuilletons, les Grecs et ses ennemis, Phidias et l'Institut, il vous attendrissait par la familiarité même de ses harangues, qui embrassaient tant de points de l'horizon à la fois et qui le transportaient en un instant de Rome à Paris, de Paris à Athènes, du présent dans l'avenir!

On ne peut pas toujours cependant ramasser des vieux sous et des morceaux de poterie, ni jouer du violon, ni se promener au Colysée, ni prêcher la ligne aux pensionnaires de l'Académie. Au lieu de rester à Rome, son temps de direction expiré, M. Ingres revint à Paris, où l'écho de ses douleurs et de ses plaintes, franchissant les Alpes, retentissait depuis longtemps au cœur de ses amis.

VIII

Les banquets avaient du bon dans le temps; ils semaient un peu d'imprévu dans la vie culinaire et variaient agréablement la monotonie du pot-au-feu quotidien. On avait banqueté hier avec les fouriéristes, et on avait entendu le général Bugeaud porter un toast à l'abolition de la guerre : aujourd'hui on dînait avec les saint-simoniens, et on buvait à la réhabilitation de la chair et à la rétribution selon les œuvres. L'économie politique avait aussi ses agapes fraternelles, et, après avoir avalé la veille le gigot de la protection, on pouvait le lendemain absorber le roastbeef du libre échange. La cuisine impartiale venait au secours de tous les systèmes et se transformait au gré de la pensée humaine.

Pour célébrer l'arrivée de M. Ingres, ses disciples résolurent de frapper un grand coup. Un beau matin on lut dans les journaux :

BANQUET DE M. INGRES

SALLE MONTESQUIEU — PRIX : 2 fr. 50 c.

« On souscrit salle Montesquieu, chez Messieurs les Commissaires du Banquet destiné à donner à M. Ingres,un juste témoignage de l'admiration publique. »

Par le fait seul de ce banquet, l'ingrisme passait à l'état de religion : il y avait désormais des ingristes à deux francs cinquante centimes par tête, comme il y avait des fouriéristes, des owénistes, des icariens, des swedenborgistes et des templiers, car on comptait encore des templiers à cette époque.

C'est dans les premiers jours du mois de septembre 1838 qu'eut lieu cette manifestation si flatteuse pour M. Ingres et pour Raphaël. Dès cinq heures et demie, une foule nombreuse garnissait les abords de la rue Montesquieu et se dirigeait vers la salle de ce nom. Vers sept heures, tous les souscripteurs garnissent leurs tables respectives, l'orchestre donne le signal, et le héros du banquet, entouré des commissaires, s'avance au son d'une marche guerrière. M. Ingres porte un habit noir qu'il a peine à maintenir boutonné sur son ventre légèrement proéminent ; son pantalon, de même étoffe que l'habit, s'arrête un peu au-dessus de la cheville et laisse voir les cordons de deux souliers lacés ; les épaules sont rondes, la tête enfoncée dans les épaules, les cheveux aplatis sur le front. Si les regards vifs et profonds d'un bel œil noir ne décelaient le grand artiste, on croirait voir un de ces gros curés de campagne qui ne le cèdent en rien en vigueur au plus robuste de leurs paroissiens.

Les applaudissements et les acclamations ne cessent que lorsque M. Ingres s'est assis. Le potage et le premier service sont immolés à cette faim brutale de l'homme qui a longtemps attendu son dîner : l'estomac calmé, l'esprit s'ouvre plus facilement aux émotions de l'esthétique ; entre chaque service une musique douce et sévère à la fois se fait entendre ; l'orchestre joue du Bach, du Haydn, du Handel, des morceaux où la ligne domine ; au dessert, du haut d'une tribune réservée, Delsarte se lève et chante un air du chevalier Gluck. Le moment de l'enthousiasme et des toasts est arrivé : le président porte la santé du héros de la fête ; mille voix lui répondent, les ingristes trépignent, cassent les verres et les assiettes ; quelques-uns se précipitent aux genoux de M. Ingres et coupent les basques de son habit pour s'en faire des reliques, d'autres veulent le porter en triomphe autour de la salle comme Musard ; le maître ne parvient qu'avec la plus grande peine à se dérober aux étreintes de ses fidèles. Ce n'est pas le banquet, mais le volcan du dessin que nous avons sous les yeux; l'ingrisme fait éruption. L'enthousiasme s'exalte jusqu'au paroxisme des fêtes de Jagghernaut; çà et là seulement, dans les recoins de la salle, quelques hommes cherchent à se dissimuler : à leur cravate blanche, à leur front chauve, à leur sourire feint, à leur satisfaction postiche, on les reconnaît aisément pour des élèves de Lethière, pour des membres de l'Institut, qui n'ont pas osé protester par leur absence contre ce banquet.

M. Flandrin s'était chargé de reproduire cette fête sur la toile, et de peindre en plafond l'*Apothéose de M. Ingres*, pour faire pendant à celui d'Homère. On se demande quels motifs ont pu l'empêcher de donner suite à ce projet.

A partir de ce jour, M. Ingres était passé dieu.

Nous passions l'autre jour devant le lieu sacré où eut lieu, il y a vingt ans, cette grande transfiguration. La salle Montesquieu devrait être un temple, un sanctuaire, un endroit de pèlerinage : hélas! après avoir successivement servi d'asile à des lutteurs et à des boxeurs, elle n'est plus aujourd'hui qu'un vaste établissement de bouillon!

IX

C'est à Rome que M. Ingres avait commencé cette fameuse *Stratonice* qui, au retour de l'artiste, lui fut achetée par le duc d'Orléans. A la vente de sa veuve, M. Demidoff a payé ce tableau 63,000 fr. C'est le plus haut prix qu'un artiste vivant aujourd'hui ait obtenu pour ses œuvres; la *Vierge à l'hostie* date de la même période; le Césarevitch Alexandre le lui avait commandé à Rome. Il commença aussi dans cette ville l'*Odalisque et son esclave*, et le portrait de Chérubini inspiré par les muses des chants sacrés : la muse offre les traits de Mlle de Rayneval, fille de l'ambassadeur de France à Rome.

Depuis son retour en France, nous avons eu de M. Ingres : — les portraits du duc d'Orléans, de la comtesse d'Haussonville, de la baronne Rothschild ; — des cartons pour les vitraux des chapelles de Dreux et de Saint-Ferdinand ; — cinq figures dessinées pour l'illustration du *Plutarque français;* — deux décorations inachevées pour le château de M. de Luynes à Dampierre, et représentant l'une l'*Age d'or*, l'autre l'*Age de fer;* — *Raphaël et la Fornarina*, variante inachevée du tableau déjà cité, et cette fameuse *Venus Anadyomène* que les fidèles ont été admis pendant si longtemps à adorer sur l'autel dans l'atelier du peintre.

En 1846, les peintres ayant eu l'idée d'ouvrir une exposition au boulevard Bonne-Nouvelle, s'adressèrent naturellement à M. Ingres. Il répondit qu'il ne consentirait à envoyer ses œuvres à l'exposition que dans le cas où on leur réserverait une place spéciale et éloignée de tout voisinage. A la grande exposition de 1855, M. Ingres manifesta la même exigence, et on lui construisit une sorte de petit temple, où les adorateurs du dieu allaient l'encenser. M. Courbet, qui, lui aussi, voulait humer tout seul l'encens des dévots, fut obligé, faute d'être membre de l'Institut et commandeur de la Légion d'honneur, de faire construire à ses frais l'annexe-Courbet à côté de la grande salle.

Le temple du dieu Ingres fut peu fréquenté pendant l'exposition universelle ; ses toiles réunies rendaient plus saillants les défauts de cet artiste, et les multipliaient pour ainsi dire par eux-mêmes. Il ne s'agit certainement pas de contester le talent de M. Ingres : il est considérable, et il a exercé une très-grande influence sur les peintres modernes; mais on peut dire que cette influence leur a été plus funeste qu'utile. La réaction que l'école du bon sens a essayée au théâtre, M. Ingres l'a accomplie dans la peinture ; il nous a ramenés à cinquante ans en arrière, à l'école de David, moins le sentiment révolutionnaire de David. On se demande pourquoi l'Institut a cru devoir autrefois jeter des bâtons dans les roues du char de M. Ingres, car ce char portait l'Académie elle-même et sa fortune. Vivre dans le passé, ne s'intéresser à rien de ce qui se passe aujourd'hui, ne voir les événements contemporains qu'à travers le voile de l'allégorie antique, travestir les hommes du XIXe siècle, quand il daigne s'occuper d'eux, en héros d'Homère : voilà le système de M. Ingres tout entier.

Pour avoir osé écrire ces paroles, autrefois notre vie eût peut-être été en danger : le nombre des ingristes a singulièrement diminué depuis dix ans, et ceux qui restent se sont considérablement radoucis. Un tableau de M. Ingres à l'exposition ne produirait pas une émotion bien grande, même de curiosité. L'auteur de *Stratonice* n'a jamais ému les esprits qu'à la surface, même à une époque où ils étaient bien plus ouverts qu'en ce moment à toutes les impressions de la peinture et des beaux-arts en général. Le talent académique le plus parfait, le talent de M. Ingres, en un mot, ne saurait plus passionner personne. Si la révolution qui a pris le nom de romantique n'est point parvenue à créer un art nouveau, elle a du moins porté le suprême coup à l'art qui lui était opposé, et qui n'était qu'un triste et dernier reflet du mouvement intellectuel du XVIIe siècle.

M. Ingres a maintenant près de quatre-vingts ans.

A voir ce petit vieillard à la taille ramassée, aux bras un peu courts, à la tournure vulgaire, on ne dirait pas que cette enveloppe bourgeoise cache l'âme intolérante et fière d'un dictateur, d'un Calvin de la peinture, capable de procéder contre ses adversaires par la mise hors du temple et par le bûcher. Supposez le gouvernement des beaux-arts organisé comme celui de Genève, et M. Ingres, qui a souvent souhaité qu'il en fût ainsi, n'hésitera pas à faire brûler Servet, c'est-à-dire Delacroix.

David, de son temps, exerça sur la peinture une dictature que M. Ingres aurait bien voulu continuer à son profit; mais s'il avait, comme caractère, toutes les qualités pour réussir dans cette entreprise, le concours des circonstances lui manquait. L'hérésie a pris un tel essor depuis cinquante ans, qu'il est devenu impossible de lui refuser la liberté de conscience. Le temps des orthodoxies dans l'art est passé comme dans tout, et, à l'exposition universelle, l'État a proclamé l'égalité des cultes en décernant la médaille d'or à la religion de la couleur et à la religion du dessin. C'est ce qui a frappé M. Ingres au cœur : depuis ce jour, ses plaintes contre l'ingratitude de ses contemporains n'ont fait que redoubler; il nie le présent, désespère de l'avenir, et traîne partout après lui l'amertume et la mauvaise humeur d'une dictature rentrée.

Que manque-t-il pourtant à sa gloire? Il est membre de l'Institut, commandeur de la Légion d'honneur; les habitants de Montauban ont donné son nom à une des plus belles rues de leur ville, et, comme ceux de David, ses élèves ne l'appellent que *monsieur* Ingres!

T. D.

LÉOPOLD, ROI DES BELGES

DEUXIÈME PARTIE

LÉOPOLD

ROI DES BELGES

I

n dira un jour : le roi Léopold — toute irrévérence à part et toutes différences gardées — comme on dit : le roi d'Yvetot. L'auguste personnage dont nous allons retracer la vie est en effet l'individualité la plus originale, l'unique sans doute, qui ait jamais figuré dans la galerie des souverains. Nous ne disons pas cela parce qu'il est immensément instruit, — d'autres l'ont été autant — prodigieusement habile, — d'autres l'ont été davantage — profondément honnête, — il y a eu d'honnêtes gens parmi les rois, — mais parce que ce monarque constitutionnel ne doit la couronne qui ceint son front, le trône sur lequel il est assis, qu'au suprême dédain qu'en toute occasion il a manifesté pour un trône et pour une couronne quels qu'ils fussent.

Quand les souverains s'attachent avec un âpre acharnement à conserver ou à étendre leur pouvoir, à fonder leur dynastie, qu'ils bombardent leurs sujets plutôt que de se laisser détrôner par eux; le roi Léopold, au contraire, est toujours disposé à céder sa place. Au moindre signe de mécontentement, il prend sa canne et son chapeau, fait viser son passeport, offre sa démission et annonce à son peuple l'intention d'aller vivre paisiblement et n'importe où de ses rentes. Voyant cela, le peuple supplie son roi de rester et il reste.

N'allez pas croire au moins que ce soit là une ruse, une tactique royale. Non! le roi Léopold offre très-sincèrement sa démission; il ne tient pas du tout à la royauté, c'est la royauté qui tient à lui. En voulez-vous une preuve? Il était bien jeune encore, quand les puissances européennes lui offrirent d'être roi de la Grèce, nouvellement émancipée; il se fit prier, puis il finit par accepter. Mais quand il vit que les Grecs ne le voyaient pas tous d'un bon œil, qu'il n'était pas sympathique à tous les partis, il écrivit aux puissances qu'il refusait la couronne et il persista dans cette résolution.

Un roi qui, très-sincèrement, ne tient pas à être roi, qui ne consent à l'être qu'à la condition d'être aimé de ses sujets, voulu par eux, est certes un roi original et un type rare.

C'est de ce type que nous allons vous parler.

II

Georges-Chrétien-Frédéric-Léopold de Saxe-Cobourg-Saalfeld appartient à cette forte race des Cobourg qui a le privilége de perpétuer les races royales de l'Europe et d'offrir aux jeunes filles des familles souveraines un bel assortiment de fiancés sains et robustes, aptes à faire tout ce qui concerne leur état. Le prince Léopold naquit le 16 décembre 1790; il a donc soixante et dix ans aujourd'hui et il est, assure-t-on, le plus vert des monarques Européens. Il était le troisième fils du duc François de Saxe-Cobourg-Saalfeld, commandant en chef les armées alliées des Pays-Bas à l'époque où les guerres de la Révolution française éclatèrent. C'était un vaillant homme que le duc François, feld-maréchal au service d'Allemagne! Il fit donner à ses fils, mais surtout au jeune Léopold, une éducation très-brillante et une solide instruction. Son père suivait ses progrès avec une paternelle sollicitude et l'offrait en exemple à ses frères : « Léopold ira loin! » leur disait-il. Et en effet, Léopold a fait son chemin.

Le mariage de sa sœur, la princesse Julienne, avec le grand-duc Constantin détermina le jeune homme à entrer au service de la Russie, et en 1808 il accompagna l'empereur Alexandre à Erfurth, en qualité de général.

Dans ce temps-là Napoléon Ier faisait manœuvrer les rois et les princes de l'Europe aussi aisément qu'il faisait manœuvrer sa vieille garde et sa grande armée. De sa propre autorité il s'était nommé protecteur de la Confédération du Rhin, et comme il se connaissait en hommes, il pria le jeune prince de quitter le service de la Russie et de venir administrer, sous sa protection, la principauté de Saxe-Cobourg-Saalfeld. Il fallait obéir; mais quand vint, en 1813, le commencement de nos désastres, quand le premier tintement du glas funèbre retentit, Léopold reprit du service dans l'armée Russe en qualité de général de cavalerie.

Il se battit bravement contre nous et se distingua à Lutzen, à Bautzen, à Leipsick, à Brienne, à Arcis-sur-Aube, à La Fère-Champenoise, douloureuses étapes! La Russie le décora de l'ordre de Saint-Georges, l'Autriche de celui de Marie-Thérèse, deux ordres militaires spécialement destinés à récompenser les faits de guerre, les actions d'éclat sur les champs de bataille.

Dans le courant de l'année 1814, les souverains alliés se réunirent à Londres; l'Angleterre, qui payait les coalitions, avait bien le droit d'exiger cette marque de déférence! L'empereur Alexandre estimait fort le jeune prince; il le désigna pour l'accompagner. Léopold était alors un grand beau garçon de 24 ans, aux larges épaules, un vrai Cobourg! La princesse Charlotte, fille du prince de Galles et héritière du trône de la Grande-Bretagne, était déjà fiancée au prince d'Orange. Elle vit Léopold, elle put apprécier, nous ne dirons pas les brillantes mais les solides facultés de son esprit, et elle éprouva pour lui une vive sympathie. Cette princesse était une femme d'un remarquable esprit ; elle possédait une vaste et solide instruction ; elle était artiste distinguée ; elle parlait et écrivait, indépendamment de sa langue maternelle, le français, l'allemand, l'espagnol et l'italien avec une grande perfection.

Malgré les impérieuses obligations de son rang et les exigences de la politique, elle déclara positivement qu'elle aimait le prince Léopold de Saxe-Cobourg et qu'elle n'épouserait jamais le prince d'Orange. Sa résolution fut inébranlable et il fallut bien que sa famille y consentît.

III

Léopold était déjà Allemand de naissance, un peu Autrichien et beaucoup Russe. Il se fit naturaliser anglais le 27 mars 1816 et le 2 mai suivant il épousa l'héritière du trône d'Angleterre. Le Parlement anglais fit bien les choses : il donna au prince le titre de duc de Kendal, le rang de prince du sang, un million et demi de francs pour frais de premier établissement, et, en cas de prédécès de la princesse, il lui assura une pension annuelle et viagère de 50,000 liv. sterling (1,250,000 fr.) plus l'ordre de la Jarretière par-dessus le marché.

Malheureusement Charlotte mourut en couches le 5 novembre 1817, moins de dix-huit mois après la consécration de cette union que rien n'avait troublée. Elle était tellement aimée que sa mort fut pour Londres un deuil public ; tous les magasins furent spontanément fermés, les affaires suspendues. Le prince fut longtemps inconsolable. Il se retira d'abord à Claremont. Le roi, qui avait pour lui une sincère affection, essaya de le distraire en l'attachant à de hautes fonctions, il le nomma feld-maréchal, puis membre du conseil privé. Léopold se livra avec ardeur à ses deux passions favorites : l'étude et la chasse ; il voyagea, puis il retourna en Angleterre, eut la louable fantaisie de passer son examen et de recevoir à Oxford le titre de docteur en droit. Il parcourut ensuite l'Italie, la Suisse, vint souvent à Paris où le duc d'Orléans l'accueillit avec distinction. L'hôte du Palais-Royal ne se doutait guère alors qu'il recevait ainsi son futur gendre et que le gendre et le beau-père seraient rois en même temps.

La révolution, qui devait opérer de si grands changements dans les destinées de ces deux hommes, éclata en 1830. L'Europe était en ébullition. La France a seule ce privilége d'émouvoir le monde dès qu'elle s'émeut !

Les gouvernements anglais, français et russe avaient, quelques années auparavant, professé devant l'Europe attentive un cours de politique démocratique, dont les peuples devaient un jour profiter. A eux trois — et Dieu nous garde de les en blâmer ! — ils avaient aidé la Grèce à s'affranchir du joug que le Sultan, son souverain légitime, faisait peser sur elle. Ils avaient battu le Sultan, détruit sa flotte, et afin qu'il fût bien convenu et établi une fois pour toutes que les peuples ont le droit de se soustraire à l'autorité de leurs souverains légitimes, quand cette autorité est abusive ou oppressive, ils prêtèrent quelque argent à la Grèce pour l'aider à monter son ménage et s'établir en royaume.

IV

A tout royaume il faut un roi. Mais quel roi proposer à cette petite nation grecque pour qu'elle n'offusque ni la France, ni la Russie, ni l'Angleterre? Les trois puissances alliées qui avaient donné au monde ce bel exemple, qui avaient protégé le faible contre le fort, un peuple contre son souverain, songèrent au prince Léopold. Dans la Conférence du 4 février 1830, elles lui avaient offert le trône; il posa ses conditions; on en accepta quelques-unes, on repoussa les autres, notamment celles qui étaient relatives à la délimitation des frontières du nouvel État. Il passa outre. Mais les Grecs voulaient que leur souverain adoptât la religion orthodoxe; il refusa net. Quelques mécontentements se manifestèrent alors. Voyant cela, Léopold prit sa canne et son chapeau, déposa la couronne et écrivit aux représentants des trois puissances cette belle lettre qui honorera éternellement dans l'histoire l'honnête homme qui l'a écrite, le cœur loyal qui l'a dictée :

« Le caractère et les sentiments du soussigné ne lui permettent pas de se soumettre *à être ainsi imposé à un peuple mécontent*, et de se retrouver rattaché, dans l'esprit des Hellènes, à une diminution de territoire, à l'abandon de leurs forces en armes et à l'évacuation de leurs terres et maisons, d'où les Turcs ne les avaient expulsés jusqu'à ce moment que par une incursion temporaire... Le soussigné avait déclaré ne pouvoir gouverner les Grecs conformément à un traité qui pouvait avoir pour résultat l'effusion du sang et le massacre de leurs frères; il avait élevé des objections contre les nouvelles frontières à cause de leur faiblesse sous le point de vue militaire, et réclamé pour les Grecs *le droit de s'opposer à sa nomination*... Lorsque le soussigné prévoyait qu'il deviendrait souverain de la Grèce, c'était dans l'espoir *d'être reconnu librement et unanimement par la nation grecque*, et d'être accueilli par elle comme l'ami qui récompenserait sa longue et héroïque lutte par la sûreté de son territoire et l'établissement de son indépendance sur des bases permanentes et honorables. C'est avec le plus profond regret que le soussigné voit ces espérances déçues......... Il remet formellement entre les mains des plénipotentiaires un dépôt dont les circonstances ne lui permettent plus de se charger *avec honneur, pour lui-même, et avantage pour les Grecs ou les intérêts généraux de l'Europe...* »

Cette lettre, qu'un si sage esprit avait inspirée, attira plus vivement encore sur le prince l'attention de l'Europe.

La Belgique, en se détachant des Pays-Bas, venait de prouver qu'elle avait compris et mis à profit les leçons qu'avaient données aux peuples les gouvernements protecteurs de la Grèce.

Maîtresse d'elle-même, ayant conquis son indépendance et sa nationalité, la Belgique voulut un roi. Spontanément, elle offrit le trône à un des fils de Louis-Philippe, le duc de Nemours; des raisons politiques sur lesquelles nous n'avons point à revenir ici, la crainte fatale de blesser l'Angleterre engagèrent le roi-citoyen à refuser cette offre. La Belgique songea alors à l'honnête prince qui avait refusé de régner sur la Grèce parce que le vœu du peuple ne lui était pas unanimement favorable.

Une députation du Congrès national belge se rendit à Londres, auprès de Léopold, le 26 juin 1831, lui offrit la couronne, et, moins d'un mois après, le 26 juillet, le nouveau roi fit son entrée solennelle dans sa capitale, acclamé par toutes les classes de la population. Avant de mettre le pied sur le sol de la patrie qui l'adoptait pour son chef, Léopold avait remercié de leurs services les officiers et jusqu'aux serviteurs anglais attachés à sa personne. Il avait en outre renoncé à la pension de 50,000 livres sterling qu'aux termes de son contrat de mariage l'Angleterre devait lui payer pendant tout le cours de sa vie; le souverain d'un pays libre ne pouvait être le pensionnaire de la Grande-Bretagne. Sans cette renonciation, l'Angleterre aurait aujourd'hui payé près de 60 millions de francs, sans compter les intérêts, à un prince de la famille Cobourg pour la peine qu'il voulut bien se donner d'épouser, en 1816, une belle et charmante jeune fille appartenant à la famille royale.

Le jour même de son entrée à Bruxelles, Léopold prêta le serment constitutionnel conçu en ces termes: « Je jure d'observer la Constitution et la loi du peuple belge, de maintenir l'indépendance nationale et l'intégrité du territoire. » Ce serment a été et est encore loyalement observé. S'adressant aux membres du Congrès, Léopold prononça ces paroles qui produisirent une profonde sensation : « Si, malgré tous les sacrifices pour conserver la paix, nous étions menacés de guerre, je n'hésiterais pas à en appeler au courage du peuple belge, et j'espère qu'il se rallierait tout entier à son chef pour la défense du pays et de l'indépendance nationale. »

Il tint parole, et quand les Hollandais recommencèrent brusquement les hostilités, Léopold se souvint qu'il avait été général au service de la Russie, et il alla se mettre à la tête de l'armée belge qui fut battue à Louvain; mais, grâce à l'intervention de la France, le jeune royaume fut sauvé.

V

L'échec de Louvain avait fait sentir au roi Léopold la nécessité de réorganiser l'armée et surtout d'en fortifier les cadres. Il demanda au gouvernement français un certain nombre d'officiers généraux et d'officiers supérieurs de diverses armes pour mener à bonne fin cette tâche. Les susceptibilités de l'armée belge furent bien un peu inquiètes, l'amour-propre de nos chatouilleux voisins s'alarma à l'idée qu'il fallait des Français pour dresser des Belges au métier des armes, mais le roi Léopold voulait atteindre le but et il n'hésita pas sur les moyens.

Pendant cette même année, la duchesse douairière de Saxe-Cobourg-Saalfeld, mère de Léopold, mourut à l'âge de 75 ans.

La Belgique avait un roi; à ce roi il fallait une cour. Or, il n'y a pas de cour sans femmes. Léopold songea à se remarier. Des négociations furent entamées, et il fut décidé qu'il épouserait la princesse Louise d'Orléans, fille aînée de Louis-Philippe. Le mariage fut célébré à Compiègne, le 9 août 1832; il n'eut pas lieu à Paris parce que le roi Léopold était protestant, et que M. de Quélen, archevêque de Paris, se fondant sur la lettre de certains canons de l'Église qui prescrivent de ne procéder au mariage entre protestants et catholiques qu'à la porte du temple, s'était opposé à ce que la bénédiction nuptiale fût donnée aux époux dans la cathédrale du chef-lieu diocésain.

Marier un roi et la fille d'un roi sur la place publique eût été chose inconvenante. On alla donc à Compiègne. L'évêque de Meaux fut plus accessible que l'archevêque de Paris; il paraît qu'il est avec les canons de l'Église des accommodements. L'évêque officia pour la princesse, et le pasteur Gœpp pour le roi. Les chambres françaises votèrent à la jeune reine une dot d'un million de francs.

Ce n'est pas le tout que d'avoir une cour; il faut un Ordre de Chevalerie; un ordre quelconque bariolé de couleurs vives; il faut qu'un roi puisse distribuer des croix et des cordons. L'ordre de Léopold fut créé et tout fut pour le mieux dans le plus petit et le meilleur des royaumes possibles. Oui, le meilleur à coup sûr, car la constitution belge qui fut promulguée en 1833, est sans contredit la plus libérale des constitutions ; elle consacre tous les droits et toutes les libertés : droit d'association, droit de réunion, liberté de la presse, liberté de l'enseignement, séparation de la société civile et de la société religieuse, sénat électif, etc., etc.

La Belgique doit à cette constitution, à la probité du roi qui la respecte, le développement de sa prospérité et de sa richesse. Dès l'année 1834, avant même que la France ne songeât à construire ses deux petits chemins de fer de Saint-Germain et de Versailles, la Belgique construisait son réseau, et elle devait à ces voies de communication perfectionnées un prodigieux élan commercial et industriel. La Banque de Bruxelles était créée; la *Société générale pour favoriser l'Industrie nationale* activait tous les progrès, et le roi, par son initiative, prenait une part intelligente à toutes ces créations utiles.

En même temps, par des traités habilement négociés et heureusement conclus, le roi Léopold créait au dehors, à la Belgique, des débouchés et des appuis. Des traités de commerce furent successivement conclus avec l'Angleterre, la France, la Porte Ottomane, l'Espagne, la Hollande elle-même, le Zollwerein, etc., etc. Ce fut à la suite de ces divers traités, en 1841, sous le ministère Nothomb, que des tentatives d'union douanière entre la Belgique et la France causèrent dans les deux pays de si vives émotions. Les journaux jetèrent feu et flamme, les uns approuvant, d'autres criant à la trahison ; il y eut une avalanche de brochures, tous les intérêts menacés ou favorisés par le projet d'union prirent la parole pour ou contre et l'union douanière ne fut pas réalisée.

Après cet échec, la Belgique essaya de fonder un système colonial à Guatemala, et elle ne fut pas plus heureuse.

VI

Le roi Léopold est essentiellement visiteur et comme il exerce l'hospitalité aussi volontiers qu'il la reçoit, il en résulte que son palais est une hôtellerie princière et que lui-même se met en route avec autant de facilité que s'il était un simple *gentleman*. Tous les rois, tous les grands-ducs, tous les princes royaux et héréditaires de l'Europe ont passé par Bruxelles et tous ont été enchantés de l'accueil digne et simple qu'ils y ont reçu.

Léopold est un grand seigneur, dans l'acception toute moderne du mot. Ce n'est ni un philosophe ni un poète, c'est un homme pratique et positif; il est de son siècle, il en comprend les besoins, il sait où tend le monde, et n'a pas la folle prétention de le faire rétrograder. Sa belle et remarquable intelligence s'est familiarisée avec tous les grands problèmes de notre temps; sa vaste instruction lui permet de les étudier avec fruit, d'en chercher la solution possible. Il fait en conscience son métier de roi. Il sait qu'il tient sa couronne du peuple, et il consacre à ce peuple, à son élévation, au développement de son bien-être toute son activité, tout ce qu'il a de meilleur en lui.

Quoique protestant, il a poussé le respect de la liberté jusqu'à laisser le clergé catholique prendre dans son royaume une influence désastreuse, et nous avons vu les évêques belges attaquer le gouvernement du roi Léopold avec ces violences, ces intempérances de langage, auxquelles le clergé français nous a malheureusement, lui aussi, habitués. Le clergé belge ne pardonne pas au roi sa fidélité, son attachement à la communion religieuse dans laquelle il est né. Il vérifie la parole que prononça l'abbé de Haerne, lors de l'élection de Léopold au trône de Belgique : « Prenez garde ! ce protestant sera odieux aux masses catholiques. » La sinistre prédiction ne s'est pas réalisée, en ce sens que Léopold a su conquérir les sympathies des masses catholiques, mais certains hommes n'ont rien épargné et n'épargnent rien encore pour le leur rendre odieux.

Ces menées, ces intrigues, ces manœuvres du parti clérical en Belgique laissent le roi impassible. Il gouverne avec la majorité que les élections législatives lui envoient ; il change ses ministres et oriente ses voiles selon le vent parlementaire. Il laisse passer les folles clameurs et attend tout du bon sens de son peuple. Il fait respecter la constitution et les lois, le reste ne l'inquiète guère. Dans ses luttes avec le clergé il a fait preuve d'une habileté et d'une dignité personnelle très-remarquables ; jamais il ne lui a donné prise sur lui par une inconséquence ou une imprudence. Léopold possède au plus haut degré le plus rare des esprits, l'esprit de conduite et cette vue droite, cette netteté de l'esprit que nous nommons le bon sens. Il vit noblement et simplement, sans faste et sans morgue ; il est bienveillant sans affabilité ; il force ses adversaires eux-mêmes à l'estimer ; il a dans sa forme la raideur britannique.

Lorsque la princesse Adélaïde, sœur du roi Louis-Philippe, mourut, il fit un voyage à Paris, où il revint d'ailleurs très-souvent, soit seul, soit avec la reine, puis il alla à Londres. A peine de retour à Bruxelles, il apprit les événements de février 1848 et le départ de son beau-père pour l'exil.

VII

Ainsi qu'il arrive toujours, notre révolution eut en Europe des contre-coups retentissants. Quelques mouvements républicains se manifestèrent en Belgique : on discutait très-haut la question de savoir si le trône serait maintenu, si Léopold continuerait à être roi des Belges. Pendant que l'on discutait assez tumultueusement sur la place publique, Léopold arriva inopinément, — il aime à se mêler aux foules, à les voir de près, — il se présenta devant le peuple et, dans un discours d'une remarquable simplicité, il offrit sa démission. Nous n'avons pas le texte de ce discours sous les yeux, mais en voici le sens : « Je suis très-honoré sans doute d'être votre roi, mais pour peu que vous ayez d'autres idées et que ma présence vous gêne, je suis tout disposé à partir. Je ne suis pas né et je ne tiens pas à mourir sur un trône. Vous n'avez qu'un mot à dire et je m'éloigne. »

Je vous laisse à penser si ces paroles furent couvertes d'applaudissements. On garde toujours un roi qui veut s'en aller.

Léopold resta.

Le parti clérical alors, en Belgique comme en France, était bien loin d'avoir les allures menaçantes et cassantes que nous lui voyons depuis quelques années. Il était humble, il faisait des sermons démocratiques et sociaux, il exaltait la souveraineté populaire. Les mandements épiscopaux respiraient un parfum révolutionnaire. Le Pape était libéral et le Cardinal Antonelli affirmait qu'il était du devoir et de l'honneur de la Papauté de délivrer l'Italie du joug autrichien. C'était le bon temps! Le roi Léopold profita sagement des terreurs du parti clérical pour réaliser d'importantes et intelligentes réformes. On supprima le timbre des journaux, on réduisit le cens électoral et on augmenta notablement aussi le nombre des électeurs, on fit bien d'autres choses encore; le clergé ne dit mot. C'était l'époque où les évêques en France bénissaient les arbres de la liberté et revendiquaient la devise républicaine : Liberté, Égalité, Fraternité! Le clergé belge fit de même; il savait bien qu'armé de la liberté de l'enseignement il reconquerrait aisément le terrain perdu. Aussi le mot d'ordre fut donné en France et nos catholiques n'eurent de repos que lorsqu'ils eurent aussi cette précieuse liberté. Avec cette liberté, en effet, ils peuvent défier toutes les libertés; avec elle, avec leurs corporations puissantes, avec l'influence dont ils disposent, avec le concours de la chaire, du confessionnal, les cléricaux peuvent faire à l'enseignement de l'État et à l'enseignement laïque en général une concurrence redoutable; ils peuvent s'emparer de l'esprit des jeunes générations et dresser contre le progrès de redoutables barricades.

La regrettable et folle expédition connue sous le nom de *Risquons-tout* donna beau jeu au parti clérical belge. Il lui donna barre sur l'opposition libérale.

Cependant le roi Léopold demeura fidèle à son programme. Les réformes qu'il avait librement consenties n'étaient point des concessions *in extremis*, elles étaient depuis longtemps dans sa pensée, il les avait mûries et les clameurs, les hostilités, les calomnies ultramontaines ne le firent point dévier de la ligne qu'il s'était tracée.

En 1849, aux réformes déjà accomplies vint s'ajouter la réforme postale. L'année suivante, le roi Léopold fut de nouveau et très-cruellement frappé dans ses plus chères et ses plus intimes affections. La reine, qui avait conquis, dans sa patrie d'adoption, d'universelles sympathies, mourut à Ostende le 11 octobre 1850. Sa mort causa dans toute la Belgique, dans tous les partis, une impression de douleur profonde. Cette noble femme, dont notre grand Ary-Scheffer a immortalisé les traits, fut pleurée par ce peuple qu'elle aimait, par les pauvres dont elle était le soutien et la consolation. Et ce n'est pas là une phrase de circonstance; nous n'avons guère l'habitude de flatter les personnes royales, mais nous nous faisons ici l'écho de l'opinion générale en Belgique. La reine ne se bornait pas à faire distribuer des aumônes; cette charité est si facile aux riches! Elle allait elle-même, sous de simples costumes, secourir et consoler de pauvres familles affligées, elle soignait les enfants et les malades, elle avait des agents spécialement chargés de lui signaler les infortunes dignes de son intérêt.

Ce second veuvage affligea profondément le roi; il avait aimé d'un tendre amour sa première femme, la princesse Charlotte, mais la mort vint sitôt briser ce lien qu'il put à peine apprécier l'étendue de la perte qu'il venait de faire. La mort de la reine lui porta un plus rude coup. Il avait eu le temps, cette fois, de compter les rares qualités qui distinguaient le cœur et l'esprit de la princesse Louise; il avait appris à l'estimer; elle avait été sa fidèle compagne et souvent son Égérie. Pour distraire sa douleur, il s'occupa plus que jamais des affaires politiques dont le fardeau n'effrayait pas sa vigoureuse vieillesse.

Il rétablit en 1852 des relations diplomatiques entre son gouvernement et la Hollande. Les relations entre les deux souverains acquirent presque un caractère d'intimité.

VIII

Son fils aîné, le duc de Brabant, prince royal, atteignit en 1853 sa majorité constitutionnelle. En fêtant le fils, la Belgique honorait encore la mémoire de sa mère. Le peuple prit une part réelle aux réjouissances publiques ordonnées à l'occasion de cet avènement. Le président de la Chambre des Députés fut l'organe du pays lorsque, s'adressant à Léopold, il lui dit ces paroles : « Il faut que son affection soit bien profonde pour qu'un peuple » naturellement calme et peu porté, par caractère, aux démonstrations bruyantes, » manifeste un enthousiasme qui dépasse en vivacité et surtout en spontanéité » ce qui se voit ailleurs dans des circonstances analogues. Si la famille royale » est si populaire, c'est à vous surtout, Sire, qu'elle le doit, à vous qui avez » rendu au pays tant de services signalés, à vous qui avez consacré notre » indépendance et notre nationalité, à vous *qui avez respecté et fait respecter* » *nos libertés*, à vous dont la bonté et l'affabilité ont su gagner tous les » cœurs. »

Malgré la présence du roi ces paroles furent couvertes d'applaudissements. Cet éloge était mérité, il n'était pas seulement sur les lèvres du président de la Chambre, il était dans son cœur et dans tous les cœurs. Tant il est vrai qu'un roi, honnête homme, n'est pas chose commune, et qu'un roi prêt à déposer la couronne et à abandonner son trône le jour où il cesserait d'avoir le concours de son peuple est chose moins commune encore.

Nous avons dit l'activité et l'habileté avec lesquelles le gouvernement Belge avait négocié des traités de commerce. En 1854, la Belgique s'unit avec l'Autriche par un traité de cette nature. En cette même année Léopold eut une entrevue à Calais avec Napoléon III, et pour cimenter les bonnes relations des deux souverains et des deux pays, le petit-fils de Louis-Philippe vint visiter l'Empereur des Français aux Tuileries, dans ce palais que son grand'père avait fui si tristement en 1848. Parlant de cette visite, Léopold dit dans son discours d'ouverture des chambres : « Le voyage du duc de Brabant en France, l'accueil qui lui a été fait nous ont montré quel rang élevé la Belgique occupe entre les nations. »

Le fait est que le jeune prince avait été accueilli avec sympathie par le peuple parisien et que la cour des Tuileries avait mis quelque coquetterie à le bien recevoir. Aussi, à son retour, les partis extrêmes reprochèrent-ils au duc de Brabant d'avoir subi l'influence de la politique française. On a dit bien souvent que les Belges étaient des Français contrefaits. Le mot n'est pas juste. Les Belges ont une individualité. La communauté de mœurs et de langage qui existe entre les deux peuples, la facilité avec laquelle ils s'assimilent les progrès réalisés hors de chez eux, ne doivent point nous faire illusion. Le peuple belge a des qualités et des défauts qui lui sont propres et ses qualités peu éclatantes, mais solides, méritent bien quelque respect.

La Belgique a célébré, en 1856, le vingt-cinquième anniversaire de l'avénement au trône du roi Léopold ; or, comme c'est de cet avénement que datent la nationalité et l'indépendance Belges, on comprend que la célébration d'un pareil anniversaire ait été une fête publique, la fête de la nation. Aussi se pressa-t-elle tout entière autour de son chef et les témoignages d'affection et de dévoûment furent unanimes. Seul, le parti clérical mit des restrictions à son enthousiasme. Battu dans les élections, c'est-à-dire par le pays, qui, de plus en plus, s'éloigne de lui, il contint mal sa mauvaise humeur et l'occasion de la manifester ouvertement ne tarda pas à se montrer.

Le ministère soumit aux Chambres, en 1857, un projet de loi sur la charité et les établissements charitables. Quelques dispositions de ce projet touchaient aux priviléges du clergé. Ce fut pour le parti ultramontain le prétexte d'une levée de boucliers. Excitant les plus mauvaises passions, les préjugés les plus grossiers, montrant la religion menacée, il parvint à soulever des mécontentements qui se traduisirent par des actes de violence déplorables.

Le roi fit alors ce qu'un monarque constitutionnel doit faire : il prononça la dissolution de la Chambre et fit appel au pays, l'engageant à être juge lui-même du conflit qui venait de s'élever. Les élections eurent lieu. Le parti clérical comprit que ce duel était sérieux ; aussi n'épargna-t-il rien : menaces, intrigues, promesses, effroi des consciences, tout fut mis en œuvre et échoua devant la souveraine puissance de l'opinion. Le scrutin donna raison au roi, à son gouvernement, à sa politique, à la raison en un mot. Mais le parti ultramontain est incorrigible ; les leçons qu'il reçoit ne l'instruisent pas ; elles l'irritent. Dès le lendemain, il recommença ses intrigues avec plus d'acharnement que jamais.

Le peuple belge est un peuple actif et laborieux, mais il est peu artiste.

Léopold a fait tout ce qu'il était humainement possible de faire pour développer en lui le goût des arts. C'est à lui que la Belgique doit ses expositions triennales de peinture, la création d'une classe des beaux-arts et d'un prix d'histoire à l'Académie royale. C'est par son initiative que des statues monumentales ont été élevées à Rubens, à Grétry, au général Belliard, à Charles de Lorraine, à Orlando Lassus, à Vésale. etc. C'est sous son règne que le monument du Congrès national a été élevé; que le musée royal de peinture et de sculpture a été organisé.

Les premières expositions agricoles ont été ouvertes en Belgique ; un prix y a été fondé pour le meilleur ouvrage sur l'agriculture générale ; d'autres prix sont décernés aux familles laborieuses, qui se distinguent par leur moralité, leur bonne conduite « *et leur propreté.* » D'excellentes choses, en un mot, ont été faites sous ce long règne qui compte aujourd'hui près de trente années d'existence.

IX

La Belgique constitutionnelle et libérale et le roi qu'elle s'est choisi donnent aux rois et aux peuples de l'Europe un exemple utile, en ce moment surtout où tant de trônes chancellent et tombent, non pas comme on le dit dans les gazettes monarchiques ou religieuses, sous le coup de la révolution, mais sous le coup de la désaffection des peuples. Le roi de Naples, le souverain temporel des États-Romains, les grands-ducs de Parme, de Modène et de Toscane, issus de races royales, rois et princes de droit divin, se croyaient affermis dans leur pouvoir, bien mieux que ce petit roi de Belgique, élu par un peuple. L'Autriche croyait son autorité sur son royaume Lombard-Vénitien bien plus solide que ne pouvait l'être celle du roi Léopold en Belgique ; la volonté nationale l'avait porté sur le trône, la même volonté pouvait l'en renverser. Est-ce que le pouvoir souverain est compatible avec de telles éventualités, avec des chances si douteuses ? Est-ce qu'il est digne d'un Roi de reconnaître des principes subversifs, de compter les peuples pour quelque chose, de leur demander autre chose que de l'argent ?

Eh bien ! ce petit roi de Belgique est roi depuis trente ans, il l'est encore, il le sera demain, et l'orgueilleuse Autriche a perdu la Lombardie, la Vénétie lui échappe, elle n'est pas sûre de la Hongrie!

Ce petit Roi de Belgique, élu par le peuple, est sur son trône et le Roi de Naples est enfermé dans Gaëte, abandonné par ses sujets qui, à l'unanimité, votent leur annexion au Piémont et font acte de soumission à Victor-Emmanuel.

Léopold est roi de Belgique et le Pape a perdu une partie de ses États, et sans la France qui a la bonté de le soutenir, il y a longtemps que ses sujets, respectant son autorité spirituelle, l'auraient prié de vivre en paix et de laisser Rome à l'Italie unie et indépendante.

L'élu d'un peuple est solidement assis sur un trône qu'il occupe depuis trente ans. Où sont les grands-ducs de Parme, de Toscane et de Modène?

C'est donc quelque chose que le peuple! C'est quelque chose que son affection! On peut donc tout avec lui et on ne peut rien sans lui! Léopold n'est pas un homme de génie, c'est simplement un homme distingué, et cet homme, par cela seul qu'il a compris que les rois étaient faits pour les peuples et non les peuples pour les rois, a trouvé le moyen de donner à son pouvoir une solidité, une base plus large que celle sur laquelle repose le pouvoir des monarques absolus. Il y a là, ce nous semble, matière à sérieuses réflexions.

De son mariage avec la princesse Louise, fille du roi Louis-Philippe, Léopold a eu deux fils et une fille.

L'aîné des fils est né le 5 avril 1835, c'est le duc de Brabant, prince royal, général-major, commandant honoraire du régiment des grenadiers. Il s'est marié à la duchesse Marie, archiduchesse d'Autriche, fille de feu l'archiduc Joseph, palatin de Hongrie. Deux enfants sont nés de ce mariage : la princesse Louise et le comte de Hainaut.

Le second fils de Léopold est le comte de Flandre, général-major, commandant honoraire du régiment des guides; il est né le 26 mars 1837.

Et enfin la princesse Charlotte, née le 7 juin 1840 et mariée en 1857 à l'archiduc Maximilien, qui fut gouverneur de la Lombardo-Vénétie et frère de l'empereur régnant.

Ainsi le roi Léopold est allié par les liens du sang à l'Angleterre, à la France et à l'Autriche; mais c'est vers cette dernière puissance que l'entraîneraient plutôt ses sympathies personnelles s'il ne s'était fait une loi d'obéir, avant tout, aux intérêts de son peuple.

L'almanach officiel de Gotha donne à Léopold les titres de : « Roi des Belges, duc de Saxe, prince de Saxe-Cobourg-Gotha, propriétaire du régiment d'infanterie autrichien n° 27. » Léopold est feld-maréchal d'Angleterre ; il ne prend plus officiellement ce titre et il a conservé celui de *propriétaire* d'un régiment autrichien.

Nous mentionnons cette particularité sans y attacher plus d'importance qu'elle n'en mérite. Autrichien ou non, le Roi Léopold est Belge avant tout, il est roi constitutionnel, il observe fidèlement le pacte fondamental qu'il a juré de maintenir. Loin de porter atteinte aux droits et aux libertés de son peuple, il les a développés avec sagesse ; sous son règne la Belgique s'est élevée à un très-haut degré de prospérité ; elle a été hospitalière pour nos proscrits et c'était pour nous un devoir d'honorer le prince qui a ainsi compris ses hautes et difficiles fonctions.

L. J.

LE CARDINAL ANTONELLI.

ANTONELLI

I

Nous aurions quelque peine à dissimuler nos secrètes sympathies pour cet étrange personnage. Il a été vivement attaqué de part et d'autre ; nous avons nous-même plus d'une fois maudit son influence : c'est que nous n'avions pas compris l'utilité du rôle qu'il remplit. Lorsque l'œuvre laborieuse à laquelle nous travaillons aujourd'hui sera terminée, lorsque l'Italie sera rendue à elle-même et constituera une puissante unité nationale, lorsque l'Autriche aura été chassée de Venise, lorsque Rome sera la capitale d'un pays libre, et lorsque, par conséquent, la Papauté aura perdu tout pouvoir temporel, nous reconnaîtrons l'utilité du concours que nous aura prêté le cardinal Antonelli ; nous comprendrons que sans lui, sans les haines qu'il a amassées autour du trône pontifical, sans la déconsidération politique qu'il a attachée au gouvernement du Saint-Siége, sans les violences, les scandales de son administration, sans sa résistance obstinée à toute idée de progrès, à toute réforme, les résultats eussent forcément été plus lents.

Antonelli a fait plus que qui que ce soit pour éclairer l'opinion publique, pour lui démontrer le danger que fait courir à la religion et à la société cette confusion des deux pouvoirs, spirituel et temporel, aux mains du Souverain-Pontife. L'heure de la justice sonnera donc pour cet homme habile qui a voulu servir à sa manière la révolution, pour ce ministre hardi qui est entré au Vatican revêtu de la pourpre cardinalesque, et qui a sacrifié son nom, sa réputation d'homme d'État, afin de perdre plus sûrement la puissance temporelle des papes.

Nul ne pouvait mieux qu'Antonelli accomplir cette difficile mission, mener à bien cette gigantesque hypocrisie. Il est presque inutile de dire que nous ne parlons ici que du ministre, de l'homme public, et nullement de l'homme privé, dont nous n'avons point à nous occuper et qu'aucune de nos appréciations ne saurait atteindre. Si le cardinal-ministre est justiciable de la presse, monseigneur Antonelli doit lui rester inconnu.

Ce fut près de Terracine, lieu fatal aux chaises de poste et aux diligences, dans la petite bourgade de Sonnino, que le 2 avril 1806 la femme d'un pauvre bouvier mit au monde un enfant pâle et chétif qui reçut le nom de Giacomo Antonelli. Son enfance fut bercée au récit des aventureuses expéditions de ses compatriotes; il apprit de bonne heure comment on rançonne les voyageurs, comment on dépiste les gendarmes, comment on lutte avec eux; mais de bonne heure aussi il apprit comment on succombe dans ces luttes, car sous Pie VII et sous Léon XII, alors que son esprit commençait à se développer, il vit plus d'une fois, exposées sur la place publique de Sonnino, les têtes des voisins, des amis, des parents qui lui avaient eux-mêmes, pendant les veillées d'hiver, raconté leurs hauts faits.

Ce spectacle était bien fait pour inspirer de sérieuses réflexions. Le père du jeune Antonelli savait que, pendant l'occupation française, un membre de sa famille avait été condamné à mort et exécuté à la suite de certains démêlés avec la justice. Il désira pour son fils une carrière plus honnête et moins périlleuse. Le pauvre bouvier de Sonnino fit si bien qu'il parvint à faire entrer le petit Jacques au grand séminaire de Rome, non que l'enfant eût le moins du monde la vocation ecclésiastique, — le milieu dans lequel il avait grandi n'était guère propice à l'éclosion d'une vocation pareille, — mais le séminaire permettait d'entrer dans les fonctions publiques, et la famille comprenait vaguement que l'exploitation de ces fonctions dans les États-Romains devait être plus lucrative et moins dangereuse que celle des grandes routes.

Le jeune montagnard se fit remarquer par la vivacité de son esprit, la promptitude de son intelligence et surtout par deux qualités qui semblent exclusives l'une de l'autre : une grande souplesse de caractère et une fermeté énergique dans ses volontés. Il reçut les premiers ordres et arriva jusqu'au diaconat, ce qui n'engage à rien. La prêtrise pouvait le gêner dans l'accomplissement de ses desseins et il y renonça. Voyageur prudent, il ne voulait pas se charger de bagages inutiles.

Il fut présenté à Grégoire XVI, qui fut frappé de cette physionomie vive et accentuée. Ce jeune diacre au teint bistré, à la lèvre fine, au regard profond, cet ensemble de traits qui donne à la figure de monseigneur Antonelli beaucoup d'analogie avec celle des oiseaux de proie, ce jeune diacre plut à Sa Sainteté, qui lui accorda sa souveraine protection. On en fit d'abord un *monsignor*. C'est la moindre des choses; il existe à Rome et dans la domesticité du palais pontifical une multitude de fonctions qui donnent la prélature et le titre de *monseigneur*. Ce n'est rien en soi, mais c'est un marchepied, et Antonelli n'était pas homme à ne s'en point servir.

II

Le vent soufflait alors à la réaction. Antonelli se fit, sans effort, réactionnaire; il exagéra ses opinions dans ce sens, et, pour utiliser les services de ce jeune monsignor, on le nomma assesseur au tribunal criminel supérieur; puis il fut délégué à Orvieto, à Viterbe, à Macerata. Partout il déploya un zèle frénétique. Se dévouant dès lors à la mission qu'il s'était donnée de servir la cause révolutionnaire en déconsidérant le pouvoir temporel de la Papauté, en le rendant odieux, il fut rigoureux, impitoyable. Il appela si vivement ainsi l'attention sur lui que le gouvernement pontifical, pour récompenser de telles ardeurs, le nomma en 1841 sous-secrétaire d'État au département de l'intérieur.

L'ambition d'Antonelli visait plus haut, mais il accepta ce poste avec joie. Il pouvait de là exercer sur les affaires et les destinées de la Papauté une influence dissolvante. Il ne manqua pas à ce devoir, et ce fut à partir de ce moment qu'il songea aussi à édifier sa fortune personnelle et celle de sa famille. Mais pour atteindre ce but, il voulut passer de l'intérieur aux finances. Ce n'était pas facile: les avenues étaient bien gardées, les positions étaient occupées. Antonelli ne se découragea pas; il fit jouer les grands ressorts de l'influence féminine, il circonvint adroitement le Saint-Père, et en 1844 il fut nommé second trésorier.

Mais un second trésorier suppose un premier trésorier, qui dirige, surveille, contrôle. Tosti était alors grand-trésorier des deux chambres apostoliques, c'est-à-dire ministre des finances. Il s'agissait de renverser Tosti, qui n'était pas de force à lutter contre le rusé montagnard de Sonnino. En moins d'un an Tosti céda sa place à Antonelli. Ce fut alors que celui-ci plaça ses frères, ses cousins, ses amis, et que l'humble bouvier de Sonnino, son père, fut élevé aux fonctions d'intendant et de receveur municipal.

Monsignor Antonelli était occupé de ces soins pieux quand le conclave élut Pie IX. Le bon et honnête Mastaï avait des velléités libérales. Antonelli orienta ses voiles en conséquence et devint plus libéral que le Pape. Il le poussa sur cette pente. L'ancien délégué d'Orvieto, de Viterbe, de Macerata, qui s'était distingué par ses rigueurs réactionnaires, se changea en agneau. Il fit des homélies sur les malheureuses destinées des peuples, sur les dangers de la tyrannie et du pouvoir absolu. Pie IX fut enchanté d'avoir sous la main un démocrate de cette force; son caractère faible et timide fut captivé par cette souple et énergique nature. « Je veux vous faire cardinal, » dit le Pape dans un élan de reconnaissance. Antonelli baissa les yeux avec humilité, prétendit qu'il était indigne d'un si grand honneur, qu'il ne consentirait à accepter cette dignité que si elle lui permettait de servir plus efficacement les intérêts de la Papauté et la cause sacrée des réformes libérales. Le bon Pape n'y tint pas, il embrassa avec effusion ce serviteur modeste, et, le 12 juin 1847, Antonelli fut créé cardinal de l'ordre des diacres.

Être prince de la sainte Église, c'est beaucoup sans doute; mais il ne fallait pas perdre de vue les petits intérêts de ce bas monde. Antonelli se trouvait bien aux finances; il n'eut pas de peine à persuader au Pape que c'était le poste où il pouvait lui être le plus utile. En conséquence, il resta ministre des finances, et en cette qualité il fit partie du premier conseil des ministres établi par Pie IX, et qui eut pour président le cardinal Gizzi. Ce fut à cette époque que le Pape songea à établir une Consulte d'État, sorte de commission extraordinaire chargée d'examiner les besoins nouveaux, les réformes possibles. Qui pouvait présider cette Consulte mieux que le cardinal Antonelli, le prêtre libéral dont les idées avancées avaient séduit le Pape réformateur? Le cardinal, en effet, poussa la Consulte dans la voie des réformes; sous son influence, elle formula des propositions très-patriotiques; mais en sa qualité de membre du cabinet et du Sacré-Collége, le cardinal contribua puissamment à faire repousser les propositions qu'il avait approuvées ou inspirées dans le sein de la Consulte. Il ménageait habilement, suivant une expression populaire, la chèvre démocratique et le chou autrichien.

III

La révolution de 1848 éclata sur ces entrefaites. On sait quelles espérances elle éveilla en Italie. Antonelli, pour être maître du mouvement, feignit de vouloir le diriger ; il sut habilement conquérir les sympathies du peuple, pauvre peuple si facile à tromper! Aussi, lorsqu'au mois de mars, sous la pression de l'opinion publique, le cabinet Gizzi dut faire place à un ministère plus libéral, le cardinal Antonelli en devint le président, et ce choix fut acclamé par toutes les classes de la population.

Le cardinal semblait alors abonder dans le sens du parti national: ce fut lui qui combattit les indécisions de Pie IX lorsqu'il fut question de mettre en campagne une armée de 17,000 hommes destinée à combattre les Autrichiens, non-seulement dans les Légations dont ils s'étaient emparés, mais encore dans la Lombardie. Dans ce temps-là, Antonelli rêvait la gloire du cardinal Richelieu ; il eût volontiers ceint la cuirasse et l'épée par dessus sa soutane rouge. Il exprimait tout haut et avec chaleur cette opinion, « qu'il n'y avait de salut pour la Papauté que dans sa participation ouverte et déclarée à la croisade nationale contre toute domination étrangère, et plus particulièrement contre la domination autrichienne. »

Sincère ou non, ce généreux élan ne pouvait être de longue durée. Le cardinal calculait de sang-froid les chances que lui offraient les deux partis. Dans le grand mouvement de la nationalité italienne, son individualité disparaissait; à Rome, au contraire, avec l'ascendant qu'il avait pris sur le faible Pie IX, nul ne pouvait lui contester la première place. Et puis, ce chapeau rouge qu'il avait tant ambitionné pouvait-il se fourvoyer au milieu des masses populaires, quand le haut clergé tout entier protestait contre la révolution triomphante? Son choix fut bientôt fait: le cardinal rompit définitivement avec les idées libérales et quitta le ministère, mais il ne renonça pour cela ni aux affaires, ni aux intrigues politiques ; il ne cessa pas d'être le conseiller intime du Saint-Père. C'était par lui que Pie IX correspondait avec Charles-Albert, faisait élaborer des projets de lois, nommait aux fonctions importantes ; ce fut sur ses indications que le Pape renversa le ministère Mammiani et plaça à la tête d'un nouveau cabinet l'infortuné Rossi, homme d'État intelligent et habile sans doute, mais le moins propre, sans contredit, à diriger la Papauté au milieu des crises et des difficultés soulevées par l'état de la Péninsule.

La tournure que ne tardèrent pas à prendre les affaires d'Italie ne fut pas de nature à lui faire regretter la résolution qu'il avait prise. Antonelli avait tous les avantages du pouvoir sans en avoir la responsabilité. Il avait pressenti l'orage, l'orage éclata. On sait au milieu de quelles déplorables circonstances Rossi fut tué. Nous dirions volontiers le mot de M. de Talleyrand : Ce fut plus qu'un crime, ce fut une faute ! Et cette faute, ce crime détestable furent exploités par la contre-révolution avec une infernale habileté. Le cardinal Antonelli ne se souciait pas de subir un pareil sort ; il conseilla au Pape de fuir, et Pie IX accepta ce conseil avec empressement. Antonelli dirigea sa fuite, et, d'accord avec le roi de Naples, il choisit pour refuge à la Papauté la forteresse de Gaëte, où il ne tarda pas à aller rejoindre le Pape fugitif.

Antonelli exerçait déjà un très-grand ascendant sur l'esprit de Pie IX. Une fois à Gaëte, quand le Saint-Père était bourrelé de remords, quand il se reprochait d'avoir lui-même, par ses velléités de réformes libérales au début de son règne, allumé l'incendie révolutionnaire; quand il se frappait la poitrine et voyait des apparitions de saints et de saintes qui venaient l'affermir dans ses résolutions nouvelles, lui montrer la religion en péril et en péril par sa faute, le rusé cardinal prit un empire souverain sur cet esprit faible, sur cette âme tourmentée. Le Pape ne vit plus que par les yeux d'Antonelli; il ne se décida à rien sans l'avoir consulté. Le cardinal Antonelli règne et gouverne en réalité, depuis lors, sous le nom de Pie IX. Il fut nommé secrétaire d'État de la Cour pontificale. Il se montra favorable à l'idée d'une intervention autrichienne, lui qui, quelques mois auparavant, avait hautement déclaré qu'il n'y avait pour la Papauté qu'un moyen de salut : la direction d'une croisade nationale italienne contre l'Autriche. Il repoussa les députés de la Commission provisoire de Rome venus à Gaëte pour offrir leurs hommages au Chef spirituel de la chrétienté. Il protesta en son nom d'abord, puis au nom de son Souverain contre le nouveau gouvernement; il en appela à toutes les cours catholiques, et les somma de rétablir le Pape dans son domaine temporel.

IV

La République française eut la faiblesse de répondre à cet appel. Une division française, sous le commandement du général Oudinot, débarqua à Civita-Vecchia en avril 1849. Alors même qu'elle venait prendre à Rome la défense du Saint-Siége, la France était suspecte. Ne portait-elle pas la révolution dans les plis de son drapeau ?

Rome capitula. Le Pape ne demandait pas mieux que de témoigner sa reconnaissance à ses libérateurs, d'aller immédiatement prendre possession du trône que la France lui rendait; mais Pie IX n'avait plus de volonté. Souverain nominal, il avait abdiqué en réalité sa puissance entre les mains d'Antonelli. Celui-ci s'opposa à ce que le Pape exprimât ses sentiments; il lui inspira, au contraire, une attitude pleine de réserve et de défiance : « Prenez garde, Saint-Père, la Révolution va se déchaîner de nouveau ! » Et devant cette menace le Pape cédait en tremblant.

Antonelli fit son entrée à Rome comme dans une ville conquise; il prit des mesures répressives qui produisirent un effet déplorable, et il ne fallut rien moins que l'intervention directe du gouvernement français pour l'obliger à traiter l'armée française avec les égards qui lui étaient pourtant bien dus, car sa présence seule soutenait alors, comme elle soutient encore aujourd'hui, ce trône chancelant. Douze années se sont bientôt écoulées depuis que la France a accompli cette restauration: qu'a fait le Saint-Siége, pendant cette longue période, pour asseoir sa souveraineté temporelle si précaire ? Quelles réformes a-t-il consenties ? Quel cas a-t-il fait des conseils désintéressés de la France ? Quels efforts a-t-il tentés pour se concilier les sympathies populaires, sans lesquelles nul trône n'est solide ? Au lieu de cicatriser la plaie, le cardinal Antonelli l'a envenimée ; il aurait été chargé par la révolution de servir auprès de Pie IX ses intérêts, de hâter le triomphe de la cause nationale, qu'il n'eût ni mieux ni autrement agi.

Si l'on juge sa conduite à ce point de vue, si on le considère comme un agent révolutionnaire en mission auprès du Saint-Siége pour ruiner son pouvoir temporel, Antonelli est un homme d'une habileté consommée. Si, au contraire, il est sincèrement dévoué aux intérêts de la Papauté, s'il croit que le maintien du pouvoir temporel est indispensable au chef de l'Église, que, sans ce pouvoir, sans cette motte de terre, pour nous servir de l'expression pittoresque du Père Ventura, la religion catholique est sérieusement compromise, le cardinal est le plus maladroit, le plus mal inspiré des hommes d'État. C'est lui qui mène le deuil de la Papauté temporelle; c'est lui qui, par ses violences et ses fautes, la compromet sans retour. Or, si sévèrement que l'histoire le juge, elle ne pourra refuser à cet homme ni assez d'esprit ni assez de perspicacité pour qu'il n'ait pu mesurer la portée de ses actes, pour qu'il ne se soit pas rendu compte de l'effet qu'il produisait. C'est grâce à lui que les Romagnes se sont détachées des États pontificaux; c'est grâce à lui que les Marches et l'Ombrie se sont jetées avec un si patriotique entraînement dans les bras de Victor-Emmanuel. Et si les populations du domaine de saint Pierre n'ont pas imité l'exemple de celles des autres provinces, le cardinal sait bien que ce résultat ne lui est pas dû, qu'il est le fait de la pression que nous exerçons sur elles par la présence de notre armée.

Où donc est l'habileté en tout cela? Il ne peut y avoir habileté que s'il y a trahison. Il faut nécessairement opter entre ces deux termes : ou le cardinal Antonelli est un idiot, — et rien n'indique qu'il le soit, — ou il a trahi le Saint-Siége en feignant de le servir ; ou il s'est trompé grossièrement, comme il n'est pas permis de se tromper, ou il a indignement trompé. Niais ou traître! l'histoire prononcera. Mais poursuivons.

Pie IX était rentré à Rome le 12 avril 1850, suivi du cardinal Antonelli, ministre secrétaire d'État au département des affaires étrangères. Le premier soin de celui-ci, ainsi que nous l'avons dit, avait été de donner à la Papauté une attitude de défiance injurieuse contre l'armée française qui lui avait ouvert, au prix de si douloureux sacrifices, les portes de Rome.

Le cardinal ne s'en tint pas là : il fit tout ce qu'il était en son pouvoir de faire pour rendre le gouvernement pontifical odieux, pour ruiner les finances publiques déjà si gravement compromises par les prédécesseurs de Pie IX, pour détruire en un mot tout germe de prospérité intérieure.

Il fait des tribunaux l'instrument des plus détestables vengeances. Par deux édits successifs, il constitue les départements ministériels, établit un conseil d'État dévoué à sa politique et réorganise sur les bases les moins libérales l'administration des provinces et celle des communes. Cette réorganisation a pour effet le désordre financier, l'anéantissement du commerce et de l'industrie, le dépérissement des études, l'impunité assurée au brigandage, la permanence de l'état de siége, le mécontentement universel. L'habile cardinal eût été chargé par une puissance occulte de pousser les provinces au désespoir, de les engager à saisir ardemment la première occasion qui s'offrirait de secouer un joug détesté, qu'il ne s'y fût pas pris autrement.

Et remarquez qu'on ne peut excuser ici le ministre en disant qu'il a eu la main forcée par un pouvoir quelconque égal au sien. Non! jamais, dans aucun temps, les attributions du secrétaire d'État ne furent plus larges, moins contrôlées que celles dont jouit le cardinal. Le Pape règne nominalement, Antonelli gouverne en maître absolu. C'est lui seul qui traite avec les ambassadeurs étrangers ; c'est de lui seul que les cardinaux-légats reçoivent leurs instructions ; c'est lui qui préside les tribunaux de juridiction ecclésiastique et de juridiction mixte. L'administration, c'est lui ; la police, c'est lui, lui seul. Il confère, au nom du Pape, les honneurs et les emplois. Les autres ministres ne sont pas ses collègues : ce sont des commissaires qu'il nomme à son gré, et c'est lui seul qui reçoit les réclamations provoquées par leurs décisions. En même temps que secrétaire d'État, il a été ministre des armes jusqu'au moment où la gravité des circonstances a obligé le cardinal à confier ce poste à M. de Mérode, en même temps qu'il confiait le commandement de l'armée à l'infortuné général de Lamoricière, gloire éteinte, héroïque soldat devenu, par le malheur des temps, un aventurier *de pape et d'épée*.

Le cardinal Antonelli était tout, pouvait tout, ordonnait tout. Comment se fait-il qu'avec ce pouvoir prodigieux, avec une intelligence incontestable, il ait poussé le Saint-Siége aux extrémités où il est réduit? Si nous étions de ceux qui s'en affligent, quels griefs nous articulerions contre le cardinal! Mais nous appartenons, Dieu merci! à la cause que monseigneur Antonelli a servie indirectement, et il ne nous reste qu'à regretter, pour cette juste cause, qu'elle ait trouvé un pareil serviteur et de pareils services.

Et l'honnête Pie IX ne voit rien de tout cela! Son aveugle confiance est sans bornes. Lorsque, en 1855, la France et l'Angleterre lui adressèrent de vives remontrances sur la politique déplorable suivie dans les Etats-Romains, le doux Pontife tomba des nues. Le cardinal joua alors, avec un talent consommé, la scène de Tartuffe : « Ils ont raison, je suis un serviteur indigne, je compromets le Saint-Siége et la religion; souffrez, Saint-Père, que je me retire et que j'aille dans l'ombre et le silence expier mes fautes. » Et le cardinal, en effet, offrit sa démission. Le Saint-Père, suivant son habitude, pleura à chaudes larmes, embrassa son *cher frère*, si indignement calomnié par les gouvernements français et anglais et déchira la démission. Vaincu par les prières du Pape, Antonelli se décida à conserver le pouvoir. Hélas!

V

Ce fut peu de temps après cette époque qu'une tentative d'assassinat, non suivie d'effet heureusement, fut dirigée contre le cardinal. On ne sait pas même si le coupable était porteur d'une arme. Le tout-puissant secrétaire d'État aurait pu faire grâce; l'assassin fut condamné à mort et exécuté. Depuis ce temps, monseigneur Antonelli est en proie à des terreurs inimaginables. Une courtisane romaine qu'il honorait de ses bontés a raconté à ce sujet un détail édifiant qui a été publié par un spirituel écrivain : « Lorsque j'arrivais au rendez-vous, il se jetait sur moi comme un fou et tâtait passionnément mes poches; lorsqu'il s'était assuré que je ne portais point d'arme cachée, il se souvenait que nous étions... amis. »

Nous rappelons ce fait parce qu'il aide à peindre l'homme, et non dans l'intention de décrier les mœurs du cardinal. Par état, il n'est obligé ni d'être brave ni d'être chaste. Il tient à la vie, c'est tout simple; il se l'est faite assez belle pour qu'il ait le légitime désir d'en jouir le plus longtemps possible; et quant aux relations de la nature de celles que nous venons de rappeler, elles sont trop complétement dans les habitudes et les traditions du clergé romain pour qu'on puisse songer à en faire un crime à monseigneur Antonelli. D'ailleurs, à ceux qui ont le mauvais esprit de l'attaquer sur ce point, ses amis répondent bravement: « Il n'est pas prêtre! » Et ils ont raison : le cardinal, n'ayant jamais reçu que les ordres mineurs, n'a jamais dit la messe. Dans un pays où les prêtres eux-mêmes se gênent si peu et mènent à front levé une existence très-mondaine, très-scandaleuse quelquefois, les plus gros péchés du cardinal Antonelli en cette matière ne sont que des peccadilles. Ses opinions à ce sujet sont très-arrêtées; il n'a pas acquis sa haute position et sa grande fortune pour n'en point jouir à sa guise. C'est là, au surplus, le domaine de la vie privée, et nous ne le voulons point aborder.

Le cardinal est doué d'une grande finesse d'esprit. Sa photographie est exposée à Paris derrière la vitrine de tous les marchands d'images, et on peut, en observant ses traits fins et accentués, son regard chercheur, sa lèvre pincée et railleuse, deviner les lignes principales de son caractère. On sent que cet homme peut se faire aussi humble qu'il le faudra en des circonstances données, et que l'instant d'après il pourra être aussi hautain, aussi impertinent que s'il était né dans une famille princière. Il est naturellement violent et emporté; il a su se vaincre : c'est à cette condition seulement qu'il a pu prendre sur le Souverain-Pontife et sur ses collègues en robes rouges cet ascendant qui fait de lui, au moment où nous sommes, le maître absolu des destinées du Saint-Siége. Le Saint-Siége, on peut s'y attendre, ne recevra pas de lui une bonne inspiration, et le Pape actuel est personnellement incapable de prendre une initiative quelconque. Il ne voit et n'entend que par les yeux et les oreilles du cardinal; il ne prononce pas une parole qui ne soit l'écho d'une parole d'Antonelli.

La plupart des voyageurs qui ont visité Rome pendant ces dernières années et qui, après avoir été présentés au cardinal, ont rendu publiques les impressions que cette Eminence leur avait laissées, s'accordent à dire qu'il est spirituel, railleur, aimable dans les relations privées. Sa conversation est vive et enjouée, semée de traits malins; il s'enquiert volontiers de ce qu'on dit de lui, et nous ne connaissons personne qui ait eu le courage de lui dire en face toute la vérité sur ce sujet délicat. Un touriste français exposait un jour devant lui les conséquences de sa politique, l'isolement dans lequel elle plaçait la Papauté, et le cardinal, avec ce ton de persiflage qui lui est familier, répliquait : « Nous ne sommes pas aussi abandonnés que vous le dites ; nous avons pour nous M. de Villemain !

« — C'est beaucoup sans doute, répliqua malicieusement, à son tour, l'interlocuteur ; mais sauvera-t-il la cour de Rome ? Il est permis d'en douter.

« — La France est plus à plaindre que nous, répondit en souriant le cardinal ; nous prions pour la France ! »

Le cardinal Antonelli plaignant la France et priant pour elle ! C'est un spectacle assez curieux. Dieu ne serait pas juste s'il n'accueillait pas de telles prières.

Le même touriste raconte que, dans la suite de la conversation, il prononça le mot fatidique : Réformes !

« — Que vous connaissez mal le peuple romain ! reprit avec vivacité le cardinal ; qu'a-t-il besoin de réformes ? que lui importent ces réformes dont vous parlez ? Il ne les connaît pas. Il a du pain et le spectacle des pompes du catholicisme : que lui faut-il de plus ? »

Ce qu'il lui faut ! Que la France, pour laquelle le cardinal a de si tendres commisérations et de si ferventes prières, retire de Rome la force armée qu'elle y entretient depuis douze ans, et monseigneur Antonelli apprendra immédiatement ce qu'il faut au peuple des États-Romains ; il verra alors si ce peuple est déshérité et abruti à ce point qu'il se contente de pain ou du spectacle des pompes catholiques. L'expérience est si facile à faire ! Pourquoi ne pas la tenter ? Puisque la dure leçon de 1848 ne suffit pas, puisque l'empressement avec lequel les Romagnes et les autres provinces du Saint-Siége que l'armée française ne maintenait pas dans l'obéissance, puisque cet empressement, disons-nous, n'a rien appris aux défenseurs du pouvoir temporel de la Papauté, il faudra bien qu'un autre coup de foudre les éclaire. Quand éclatera-t-il ? C'est le secret de la Providence, qui dirige à son gré les destinées des rois et des peuples ; mais on peut prévoir à coup sûr que le jour où le gouvernement français, par un motif quelconque, retirera ses troupes de Rome, ce jour-là, c'en sera fait de la souveraineté temporelle du Pape ; ce jour-là, on verra si les habitants de Rome se contenteront, comme leurs aïeux, de pain et des jeux du cirque.

VI

Nous le demandons à tout lecteur de bonne foi, comment ne pas douter de la sincérité des convictions d'un homme d'État aussi habile, aussi exercé que l'est le cardinal Antonelli, quand on le voit se méprendre avec complaisance sur la gravité de la situation dans laquelle il a engagé le Saint-Siége? Dire en plaisantant que la Papauté n'est pas si abandonnée qu'on le croit, parce qu'elle a M. de Villemain pour adhérent; ajouter que l'on plaint la France et qu'on prie pour elle, c'est bien, et personne assurément ne songe à prendre au sérieux ces facéties. Mais gouverner et administrer comme gouverne et administre M. le cardinal Antonelli, en froissant l'opinion publique, en remplissant les cachots, en s'opposant à toutes réformes, c'est préparer de parti pris une catastrophe inévitable. Le cardinal ne peut l'ignorer, et cependant il marche et entraîne résolûment avec lui le Saint-Siége vers l'abîme. Avions-nous tort de dire que le premier ministre, le confident de Pie IX, avait toutes les allures d'un agent révolutionnaire qui aurait accepté la triste mission de précipiter vers sa ruine le pouvoir temporel de la Papauté?

Quand les événements préparés par le cardinal Antonelli et par l'aveuglement de Pie IX seront accomplis; quand le Pape ne sera plus que ce qu'il doit être, conformément à la tradition évangélique, c'est-à-dire le chef spirituel de l'Église catholique; quand Rome sera devenue aussi ce qu'elle doit être, la capitale de l'Italie régénérée, ce sera une édifiante histoire que celle des rapports diplomatiques de la France et de l'Angleterre avec le gouvernement romain pendant la période qui aura précédé la chute du trône pontifical. Jusqu'ici nous ne connaissons que quelques fragments de cette correspondance diplomatique, quelques lambeaux des notes échangées et l'esprit général qui les a inspirées. On verra alors ce fait, sans précédent, de deux puissances laïques unissant leurs efforts, prodiguant leurs conseils, expédiant notes sur notes, dépêches sur dépêches, pour déterminer la Papauté à concéder des réformes populaires en vue d'affermir son pouvoir temporel, et la Papauté maudissant ces efforts, repoussant ces conseils avec hauteur, puis perdant, par cela même, cette souveraineté dont le maintien était l'objet de ses plus chères ambitions. On rendra alors cette justice au cardinal Antonelli, qu'il aura été l'agent le plus actif de ce grand événement, qui sera le point de départ de la plus grande transformation religieuse dont l'humanité ait été témoin depuis soixante siècles.

VII

Ce fut en réponse à une de ces notes diplomatiques dont nous venons de parler que le cardinal fit publier une statistique par laquelle il prétendait démontrer que, dans les États-Romains, les laïques occupaient tous les emplois civils, et que les prêtres, au contraire, en étaient exclus. Pour soutenir sa thèse, le cardinal énumérait tous les laïques investis des fonctions de juges, secrétaires, commissaires, huissiers, chambellans, valets de chambre, gendarmes, douaniers, copistes, etc. Mais ce que le cardinal ne disait pas, ce qui avait été l'objet principal de la note à laquelle il feignait de répondre, c'est que des ecclésiastiques seuls avaient le privilège des charges supérieures, des emplois élevés, de tous les postes importants dans l'administration et dans l'État. Aucun laïque, en effet, ne peut entrer dans la diplomatie; ni dans les tribunaux de Rote, de la Signature ou de la Sacrée-Consulte. La loi exclut formellement les laïques des fonctions de gouverneurs de provinces. Ce sont les ecclésiastiques de *la Chambre* qui composent le tribunal du contentieux administratif, et les études, l'administration supérieure, les institutions de bienfaisance, tout est gouverné et dirigé en dernier ressort par des ecclésiastiques. Il fallait avoir le courage de le dire, d'autant plus que la fameuse statistique ne trompait personne, et moins que qui que ce soit encore les ambassadeurs français et anglais. Cette tactique est du reste habituelle au cardinal. Lorsque, dans le sein du congrès de Paris, le comte Walewski et lord Clarendon firent remarquer que le système administratif et politique des États-Romains pouvait créer des dangers que le congrès devait s'efforcer de prévenir, le cardinal se roidissait contre ces sages avis et affirmait que son administration était à l'abri de tous reproches. Tout le monde savait cependant qu'à ce moment même la seule prison de Bologne, sur 638 détenus politiques, n'en renfermait pas moins de 124 qui n'étaient ni condamnés, ni poursuivis, mais que l'on avait incarcérés *par précaution*, ainsi que le constataient les livres d'écrou.

Qu'est-il arrivé aussi? C'est que ce système a porté ses fruits, et qu'il aura pour résultat définitif la perte du pouvoir temporel de la Papauté. On se lamentera alors, on gémira comme on gémit et comme on se lamente aujourd'hui; en accusant la révolution, les mauvais principes, on troublera les consciences, on sèmera les haines et les divisions; et cependant qui aura causé le fait de la dépossession? qui aura provoqué le résultat final? Le cardinal Antonelli est trop intelligent pour ne pas répondre, du fond de sa conscience, à ces questions.

VIII

Nous avons esquissé les traits principaux de la carrière politique du cardinal Antonelli. Nous nous sommes abstenu de pénétrer dans les détails de sa vie privée; nous pourrions écrire un volume avec les notes qui, de divers côtés et de Rome surtout, nous sont parvenues sur les mœurs, les intrigues, les désordres de cette existence; sur les moyens dont le cardinal s'est servi pour élever l'édifice de sa fortune, sur l'influence qu'exercent ses frères pourvus par lui de fonctions importantes et lucratives.

Nous n'avons ni le temps ni le désir de vérifier l'exactitude de ces faits. La passion peut les avoir exagérés ou dénaturés, et, indépendamment de la réserve que nous nous sommes prescrite dans ce travail, nous considérons comme un devoir pour tout écrivain de ne pas se laisser entraîner au delà des limites de ce que l'on peut appeler sa juridiction. Cette juridiction embrasse la vie publique, la libre appréciation des actes publics et de leurs conséquences bonnes ou mauvaises; mais elle s'arrête devant la vie privée.

Nous croyons ne pas nous être départi de cette règle salutaire. Le jugement que nous avons porté sur le cardinal Antonelli est-il conforme à celui que l'impartiale histoire portera plus tard? Si nous ne le croyions fermement, nous n'eussions pas pris la peine de le formuler. Nous avons pu nous tromper, mais nous affirmons que c'est de bonne foi.

Comment ne pas croire que le cardinal Antonelli a été fatalement placé près du Saint-Siége, dans la haute position qu'il occupe, avec l'influence souveraine qu'il exerce sur l'esprit du Pontife et sur les affaires pontificales en général, pour accélérer la ruine du pouvoir temporel de la Papauté, lorsque l'on songe à la simplicité, à l'innocuité des moyens à employer pour sauver ce qui est irrévocablement compromis aujourd'hui? Puisque le cardinal, auquel ses plus ardents adversaires ne sauraient refuser une très-haute intelligence et un esprit d'une vivacité peu commune, n'a pas cru devoir employer ces moyens; puisque, voyant l'écueil où allait se briser le gouvernement temporel du Saint-Siége, il n'a rien fait pour éviter cet écueil, au contraire! il en faut bien conclure que le cardinal a agi résolûment et de parti pris, que, volontairement ou non, il a été l'agent le plus actif de la révolution qui transforme la péninsule italique. Ce n'est donc pas une proposition paradoxale que nous avons émise au début de ce travail. Il est possible que le cardinal n'ait pas conscience du mal qu'il fait au pouvoir temporel de la Papauté, ni du service qu'il rend à la cause des idées libérales; mais le mal n'en est pas moins réel et profond, le service n'en existe pas moins. Il faut bien constater l'un et reconnaître l'autre.

Une personne qui a eu l'honneur de voir souvent l'illustre Eminence dans une assez grande intimité nous racontait dernièrement que le cardinal envisageait sans effroi les circonstances qui auraient pour effet de forcer le Pape à s'éloigner une fois encore de Rome, et monseigneur ajoutait : « Nous sommes bien revenus de Gaëte ! Oui, il peut arriver tels événements qui forcent le Pape et le Sacré-Collége à aller chercher un refuge en Allemagne ou en Espagne; mais l'exil ne sera pas de longue durée : nous rentrerons encore à Rome, et cette fois avec un tel éclat, un tel ascendant, une telle force, que nous n'en sortirons plus. »

Nous avons une entière confiance dans la personne qui nous rapportait ces paroles, et nous ne doutons pas que ces craintes et cet espoir n'aient été exprimés par le cardinal; mais ce que nous ne pouvons sérieusement croire, c'est que cet homme d'État si habile se fasse illusion à ce point. Qu'il prévoie ainsi un échec inévitable, c'est possible ; mais qu'il croie à la possibilité d'une éclatante restauration du pouvoir temporel du Saint-Siége, nous ne saurions l'admettre. Oui, la Papauté est revenue de Gaëte en 1849; mais comment y est-elle revenue? A-t-elle été rappelée par le vœu des populations? Le peuple frappait-il sa poitrine et reconnaissait-il la faute qu'il aurait commise en la laissant s'éloigner ?

Hélas ! non ! Pour que Pie IX et les cardinaux pussent reprendre possession d'un pouvoir dont ils avaient fait un si triste usage, il avait fallu qu'une armée française vînt conquérir Rome, que la République française vînt renverser la République romaine. Pour que, depuis onze ans, le Pape ait pu rester sur son trône et le cardinal Antonelli gouverner en son nom, il a fallu que notre armée demeurât en sentinelle autour du Vatican. La dernière heure du gouvernement romain sonnera le jour où il plaira à la France de retirer ses troupes. Si la France, obéissant à une saine politique, accomplit un jour, comme nous l'espérons, ce grand acte; si elle comprend qu'en donnant depuis onze ans ce suprême témoignage de respectueuse sympathie au Chef spirituel de la religion catholique, elle exerce une pression regrettable sur le peuple des États-Romains ; si elle comprend que, par sa seule présence à Rome, elle fait obstacle à l'unification de l'Italie en la privant de sa capitale naturelle; qu'elle intervient en un mot là où elle s'est elle-même interdit et où elle a interdit aux autres toute intervention ; si la France, disons-nous, se décide à retirer ses troupes, ce ne sera pas pour recommencer plus tard ce qu'elle fit en 1848 et 49: sa résolution sera bien arrêtée ! Et alors, comment revenir d'un nouveau Gaëte? Est-ce que vous seriez revenus de Gaëte, en 1849, sans l'appui de la France? Est-ce que, sans cet appui permanent et dévoué, vous seriez encore à Rome? Non ! Les instants de la souveraineté temporelle des papes sont comptés. Le cardinal Antonelli le sait bien, et il sait bien aussi que l'arrêt prononcé par la France, le jour où notre armée s'embarquera à Civita-Vecchia, sera définitif.

Ce jour-là sera un grand jour dans l'histoire du monde : le génie du mal aura subi une irréparable défaite. La religion catholique, privée de toute domination temporelle, dépouillée de la brûlante tunique de Nessus, remontera vers son origine; elle se transformera et s'épurera au foyer d'où sortirent les enseignements du divin Maître. Le cardinal aura été un des instruments les plus actifs de cette immense révolution. Il est pour la Papauté ce que M. de Polignac fut pour l'antique monarchie française issue du droit divin. M. de Polignac aussi croyait et disait que l'exil de Charles X ne serait pas de longue durée, que la monarchie serait rappelée avec enthousiasme par ce peuple révolté. Trente années se sont écoulées depuis lors; c'est peu de chose, il est vrai, dans la vie d'une nation, mais c'est beaucoup dans la vie des hommes. Où est le droit divin aujourd'hui? et la France vous paraît-elle disposée à l'acclamer?

Il en sera de même pour cette royauté romaine dont le cardinal Antonelli conduira le deuil : elle s'évanouira un jour comme un nuage s'évanouit à l'horizon, et, dans quelques années, nos fils, songeant aux émotions qui nous agitent, se diront ce que nous nous disons nous-mêmes en songeant à la monarchie de droit divin : Où est-elle ?

L. J.

L'EMPEREUR D'AUTRICHE.

L'EMPEREUR D'AUTRICHE

I

Le 20 mars 1848, au moment où le contre-coup de la Révolution de Février ébranlait toutes les monarchies de l'Europe et le vieil empire Autrichien, l'archiduc Régnier, fils du vice-roi de la Lombardo-Vénétie, écrivait à son frère : « Nous devons cette belle situation à notre gouvernement de femmes, se composant : d'un idiot pour empereur, d'un ladre pour successeur présomptif, d'un gamin présomptueux pour prince héréditaire, et à la suite de ceux-ci, de l'impératrice-mère, Sophie, puis T*** et *tutti quanti,* les..... appartenant à chacune d'elles. De cette façon et par cette *race* périra notre monarchie qui était si forte ! Metternich est en fuite, Kollowrath, l'oncle Louis, et sans doute aussi les autres ministres se retireront ; on n'en nommera pas d'autres sans faire de nouvelles concessions, et nous tomberons ainsi dans le précipice qui nous engloutira tous ! En pensant à cette suite d'événements, comme je te l'ai dit, les cheveux se dressent sur ma tête. Il ne manquerait plus que la Russie nous refusât l'argent qu'elle nous a promis, et qu'elle nous déclarât la guerre ! C'est pour le coup que nous pourrions dire : adieu l'empire ! et nous faire inscrire comme citoyens dans la garde civique ! »

Le parti n'eût peut-être pas été aussi mauvais que l'archiduc Régnier a l'air de le croire. Les princes de la maison de Habsbourg n'auraient rien perdu à montrer moins de répugnance pour les institutions modernes. Ce qu'il y a de sûr du moins, c'est que, sincère ou non, c'est à ces institutions qu'en 1848 comme aujourd'hui le gouvernement Autrichien s'est attaché pour ne pas tomber.

On le voit par le fragment de lettre que nous venons de citer, les périls de la monarchie étaient pressants, il fallait, pour la sauver, une main ferme ; le vieil empereur abdiqua ; son frère l'archiduc François-Charles en fit de même, et son fils François-Joseph ceignit la couronne. C'était ce gamin présomptueux dont l'archiduc Régnier vient de parler.

Le nouveau règne naissait au milieu des orages. Vienne était pour ainsi dire encore au pouvoir de l'insurrection ; l'Italie et la Hongrie soulevées tenaient en échec les armées impériales. Le gouvernement jugea qu'il n'avait pas pour le moment d'autre force que celles que lui prêteraient les idées de liberté constitutionnelle ; il parut les adopter entièrement : « Appuyé sur les bases d'une vraie liberté, disait François-Joseph II dans son manifeste, sur le principe de l'égalité des droits entre tous les peuples qui composent notre empire, sur l'égalité de ses agents devant la loi, sur le droit acquis aux représentants du peuple de s'associer à notre gouvernement, notre pays va retrouver son ancienne gloire. L'édifice que nous allons tous ensemble reconstruire pourra braver les orages de ces temps difficiles et formera comme une vaste tente sous laquelle viendront s'abriter, plus unies que jamais, sous la protection du sceptre que nous tenons de nos ancêtres, les diverses races que nous sommes fier de gouverner. »

Ces promesses étaient encourageantes, et c'est sous l'influence de l'heureuse impression qu'elles venaient de produire que l'Assemblée constituante de Kremsier continua ses délibérations. Elle discutait la constitution future de l'Empire, lorsque tout à coup l'Empereur en promulgua une de son propre mouvement, et fit suivre cette promulgation de la dissolution de l'Assemblée. Ce revirement subit était dû à la nouvelle des avantages que l'armée autrichienne venait de remporter en Italie.

L'Empereur ne s'était pas réservé dans le nouveau pacte une part d'influence beaucoup plus grande que celle des autres monarques constitutionnels. Il exerçait le pouvoir législatif simultanément avec la diète de l'Empire, et avec les diètes provinciales. Deux Chambres formaient la diète de l'Empire. Les diètes provinciales choisissaient les membres de la Chambre haute parmi les gens payant cinq cents florins d'impôt. Les membres de la Chambre, élus par le suffrage direct des citoyens majeurs et jouissant de leurs droits civils et politiques, devaient payer le même cens que les électeurs. La constitution admettait en outre le droit de révision et de modification par la diète générale. Pour l'Autriche cela n'était pas trop mal.

II

Dans tous les pays où elle existe, la monarchie a toujours cherché l'unité et la centralisation. En France elle a fini par atteindre son but, elle l'a manqué en Angleterre. En Autriche, le prince de Schwartzenberg, pensant que le moment était favorable au développement des tendances unitaires, poussa vigoureusement le pouvoir dans la voie de la centralisation. Extirpé de la Lombardie et de la Vénétie par la domination française, le régime féodal subsistait encore dans les autres provinces de l'Empire avec son cortége d'impôts particuliers, de priviléges locaux et de juridictions exceptionnelles. L'Empereur supprima tout cela d'un trait de plume, en apparence au nom de la révolution, mais en réalité au profit du pouvoir impérial.

Tant que dura la guerre de Hongrie, l'Empereur se résigna parfaitement à la constitution de 1849, mais l'insurrection domptée, grâce aux baïonnettes russes, François-Joseph, revenant vainqueur d'Olmutz où il s'était rencontré au milieu des fêtes avec son sauveur le Czar Nicolas, trouva cette constitution infiniment trop libérale et la supprima sans en promulguer une autre ; voilà donc le monarque constitutionnel détrôné et remplacé par un souverain absolu. Plus de liberté politique ni religieuse, plus de responsabilité ministérielle, plus de Chambres. Le Conseil de l'Empire choisi par l'Empereur devenait la seule représentation de l'État. Le prince Schwartzenberg se chargea d'expliquer ce nouveau revirement dans une circulaire adressée aux agents de l'Autriche à l'étranger. « L'Empereur, disait-il, qui a donné spontanément et de son plein gré les lettres patentes du 4 mars, ne s'est jamais lié à leur égard, ni par un serment qu'il aurait prêté, ni par une concession ou abandon quelconque de son autorité impériale. Sa Majesté n'est donc point tenue à maintenir la lettre de cette constitution, qui doit être rangée parmi ces mesures que le souverain, dans l'exercice de son plein pouvoir, adopte ou modifie, ou abroge selon sa conviction et dont il n'est responsable qu'envers Dieu seul. »

C'est là une doctrine commode : on l'a assez souvent réfutée pour qu'il ne soit pas nécessaire de le faire de nouveau.

Rentré dans la plénitude de son pouvoir, n'ayant rien de mieux à faire pour le moment, l'Empereur jugea à propos de se distraire par un petit voyage, et il choisit précisément la Lombardo-Vénétie comme but de son excursion. Le choix était hardi, et plus d'une fois François-Joseph dut se repentir de l'avoir fait. Il reçut partout un accueil glacial, et ne trouva un peu de gaîté que sur le visage de ses soldats, et encore de cette gaîté que communiquent les distributions extraordinaires de brandwein.

Quelque temps après son retour à Vienne, l'Empereur apprenait une bien triste nouvelle. Le 5 août 1852, le prince Schwartzenberg, après avoir présidé le conseil des ministres, s'habillait pour se rendre à un grand dîner donné par son frère, lorsqu'il tomba tout à coup sans connaissance. On n'eut pas le temps de faire appeler un médecin ; au bout de cinq minutes, il était mort. « Je perds en lui, écrivit François-Joseph, au frère du premier ministre, un serviteur fidèle, et un loyal ami. La patrie perd un homme qui, dans les temps de crise, s'est mis à la disposition de ma famille avec un rare courage, et qui, depuis lors, s'est dévoué à la tâche qu'il s'était imposée de raffermir l'ordre et le trône avec un tel zèle et un tel succès que son nom tiendra une place glorieuse dans les annales de l'Autriche. »

Huit ans se sont écoulés depuis cette mort, et les événements ont déjà prouvé qu'il y avait beaucoup à rabattre de ce jugement porté par l'Empereur sur son ministre.

Comme Louis XIV après la mort de Mazarin, François-Joseph déclara qu'il gouvernerait désormais par lui-même, que les délibérations du conseil d'Etat auraient lieu dorénavant en sa présence. En cas d'empêchement de sa part, la présidence du conseil devait revenir de droit à M. de Bach, ministre de l'intérieur. Ce choix avait une signification particulière. Fils d'un avocat distingué, entré fort jeune dans l'administration, un pied dans le barreau, un autre dans la bureaucratie, M. de Bach se décida pour le barreau, et quitta la plume pour la robe à la mort de son père. Député de son ordre en 1848, il figura parmi les membres de la commission provisoire chargée d'administrer la capitale. Il fit plus tard partie de l'Assemblée constituante comme député du faubourg de Weyden. Piqué de la mouche unitaire comme le prince Schwartzenberg, tout ce qui ressemblait de près ou de loin à l'homogénéité avec l'Allemagne, à l'indépendance des races et des nationalités, lui paraissait le comble de l'abomination. Hors de la centralisation point de salut. Au seul mot de Hongrois, de Croate, d'Esclavon, de Transylvain, il tressaillait comme un puriste qui entend retentir un barbarisme à son oreille. Il n'y avait pour lui que des Autrichiens; il voyait des Autrichiens partout, même en Pologne. Chassé de Vienne par l'insurrection du 6 octobre 1848, il se rendit à Olmutz, où l'Empereur lui confia le portefeuille de la justice dans le cabinet Schwartzenberg-Stadion. C'était ce dernier qu'il remplaçait comme ministre de l'intérieur. A lui revenait par conséquent la tâche de fondre, de réunir, d'amalgamer, d'unifier les diverses fractions de la monarchie autrichienne, et il faut lui rendre cette justice qu'il s'y est employé avec une ardeur et une foi qui ne se sont pas un instant démenties depuis son entrée au ministère jusqu'au jour où il l'a quitté pour aller à Rome, en qualité d'ambassadeur, unifier et fusionner son gouvernement avec la papauté.

Le comte de Buol-Schauenstein, autre unificateur déterminé, remplaçait le prince Schwartzenberg. Diplomates de père en fils depuis des siècles, les Buol, originaires du pays des Grisons, étaient en possession de peupler les légations et les ambassades autrichiennes. Le père de Buol l'unificateur présida longtemps la diète germanique. Son fils, formé sous sa direction, fut successivement attaché à diverses légations de l'Allemagne, puis à celle de Florence; il tint à Paris et à Londres la place de secrétaire d'ambassade. En 1848, il occupait le poste important mais difficile de ministre d'Autriche en Piémont. Voyant la tournure que prenaient les choses, il demanda nettement ses passeports. Cela fut considéré comme un acte d'énergie à Vienne, et pour le récompenser, on l'envoya à Saint-Pétersbourg d'où il revint pour remplir sous le prince Schwartzenberg les fonctions de second plénipotentiaire aux conférences tenues à Dresde pour terminer l'éternel différend entre la Prusse et l'Autriche au sujet des duchés de Holstein et de la Hesse-Électorale. En qualité de président du conseil et de ministre des affaires étrangères, c'est le comte de Buol-Schauenstein qui, lorsque l'Autriche se décida à mettre en pratique le mot du prince Schwartzenberg, et à étonner le monde par son ingratitude, lui en fournit les moyens en signant avec la France et l'Angleterre le traité du 2 décembre 1854 qui ménageait peu les intérêts de la Russie.

Le baron de Bruck, grand unificateur aussi, s'était retiré un an auparavant du ministère, où il ne rentra que quatre ans plus tard. On s'est aperçu depuis que sa politique consistait surtout à unifier la fortune du gouvernement avec la sienne.

Rassuré par la présence de M. de Bach devenu baron, et par celle du comte de Buol-Schauenstein au ministère, l'Empereur François-Joseph crut avoir partie gagnée, et ne douta plus du succès de l'unification; et éprouvant alors de nouveau le besoin de voyager pour se convaincre qu'il régnait sur un pays non moins uni que la France, il commença ses promenades par la Hongrie et la Croatie. Quel accueil pouvait-il espérer du premier de ces pays où on l'avait vu assister à des fêtes, tandis qu'à côté de son palais se dressait le gibet où allaient figurer les plus pures gloires de la patrie? Il y avait là une espèce de défi à l'opinion publique dont il est difficile de comprendre l'utilité et le but. Quant à la Croatie, on comptait sur son enthousiasme, mais il arriva que ces Croates, qui en haine des maggyars s'étaient soulevés au premier signal de Jellachich en faveur de l'Autriche, se montrèrent aussi froids et aussi réservés que les Hongrois eux-mêmes, donnant pour raison de leur mécontentement qu'ils n'avaient point versé leur sang au profit de la centralisation autrichienne, mais pour assurer au contraire le maintien de l'indépendance et des institutions nationales.

Le triomphe de l'unité n'était donc pas aussi complet qu'on voulait bien le dire, et la centralisation semblait avoir encore beaucoup de progrès à faire au sein de l'Empire, lorsque le bruit d'une nouvelle insurrection à Milan se répandit tout à coup dans Vienne. Le 6 février 1853, des barricades surgissaient tout à coup sur différents points de la ville; le peuple s'emparait de plusieurs postes, une bande armée réussissait même à pénétrer dans le château. Tout cela indiquait qu'il manquait encore quelque chose à l'unification de l'Italie avec l'Autriche. Radetski se chargea d'activer la besogne par des mesures dont l'efficacité ne lui semblait pas douteuse. « Je fais surtout savoir, dit-il dans un *bando* adressé aux habitants de Milan, que j'ai ordonné aux autorités judiciaires de mettre sous le séquestre, dès les premiers indices légaux, les biens de ceux qui, d'une manière quelconque, se rendraient complices de tentative de haute trahison, *quand même cette complicité ne consisterait que dans l'omission de la révélation à laquelle chacun est tenu.* » Il va sans dire que l'Empereur s'empressa d'approuver ces mesures unificatrices, corroborées par la bastonnade, le *carcere duro* ou *durissimo* et l'exil.

Presque au même moment, on apprenait qu'un ouvrier hongrois, du nom de Lebenji, venait de protester à sa façon contre l'unification, en assénant un coup de hache sur la tête de l'Empereur pendant qu'il se promenait tranquillement sur les glacis de Vienne en compagnie de son aide de camp. Fort heureusement le tremblement de la main de l'assassin détourna le coup et amortit sa violence. Après douze ou quinze heures d'inquiétude, la sécurité reparut, et au bout d'une semaine, François-Joseph était complétement guéri.

M. de Buol-Schauenstein, après l'insurrection de Milan et la tentative de Lebenji, crut devoir demander à la Suisse l'expulsion des réfugiés italiens établis sur son territoire, et à la Turquie le renvoi des réfugiés hongrois qui s'étaient retirés à Constantinople. La Suisse tint bon, et la Turquie venait de céder lorsqu'éclata comme une bombe dans le ciel tranquille de la diplomatie, la fameuse mission du prince Mentschikoff.

La querelle engagée entre la France, l'Angleterre, la Turquie d'une part, et la Russie de l'autre, quel parti allait prendre François-Joseph, pour qui se prononcerait-il? A ne consulter que l'honneur et la reconnaissance, son choix ne pouvait être douteux; Nicolas 1er avait sauvé l'Autriche, François-Joseph II devait secourir la Russie. Au point de vue de l'intérêt, la question prenait une autre physionomie. Pensant que la reconnaissance était une vertu trop bourgeoise, François-Joseph se rangea hardiment du côté de ses intérêts, et sacrifia son sauveur.

Que le lecteur se rassure, au lieu de parcourir les phases diverses de la question d'Orient, nous allons le conduire au bal.

III

Une nuit du mois de décembre 1853, les vitres du château de Schœnbrunn, ordinairement sombres, étincelaient du reflet de mille bougies, le bruit joyeux des valses allemandes, des danses polonaises, des quadrilles français éveillait la résidence sombre et silencieuse des Césars autrichiens. Chose rare, car le jeune Empereur est assez morose de son naturel, il y avait bal à la cour.

Invitées par l'Impératrice-mère Sophie, plusieurs jeunes princesses étaient venues passer quelque temps avec elle à Schœnbrunn. On dansait en leur honneur. Il y avait là l'élite et la fine fleur des princesses à marier. Dans ce frais jardin germanique, parmi ces roses royales, François-Joseph daignerait-il faire un choix? Sa mère l'espérait, et les courtisans partageaient son attente.

Parmi les danseuses se trouvait la princesse Élisabeth-Amélie-Eugénie, seconde fille de Maximilien-Joseph, duc en Bavière, représentant de la branche cadette de la maison royale de ce pays. Par sa physionomie piquante et modeste à la fois, par l'éclat voilé de ses yeux, par la grâce de sa démarche et la finesse de sa taille, la jeune descendante des Witelsbach attirait tous les regards. On remarqua que non-seulement François-Joseph s'était laissé entraîner jusqu'à danser deux fois avec elle, mais encore que le bal étant sur le point de finir, il s'était approché d'elle en rougissant, et lui avait offert un bouquet. Les courtisans expérimentés, en voyant ces démonstrations inusitées de la part de leur maître, ne s'y trompèrent pas, et se dirent en mettant leur bonnet de nuit : Nous avons une Impératrice.

En effet, le lendemain François-Joseph se rendit chez sa mère, il lui fit part de ses sentiments, et le 24 avril 1854 l'Église bénit un mariage d'amour que l'Empereur signala par les grâces et les faveurs usitées en pareille circonstance. Le maréchal Radetski reçut la grand'croix de Saint-Étienne, le Ban Jellachich le titre de comte, le prince Schwartzenberg, frère du ministre défunt, le grade de lieutenant général : deux cent mille florins furent consacrés au soulagement des misères causées par la disette dans les campagnes, et, chose non moins juste, une amnistie depuis longtemps attendue rendit à la liberté et à la patrie une foule de condamnés et de prévenus, pendant que les gouverneurs de Venise et de Milan recevaient l'ordre de lever l'état de siége dans ces deux villes.

La jeune et aimable Impératrice à laquelle furent dus tous ces adoucissements, aujourd'hui malade et languissante, est obligée de se soustraire à l'influence pernicieuse du climat de Vienne. Elle traversait ces jours derniers l'Allemagne méridionale pour se rendre à Trieste, où l'attendait le navire qui devait la transporter à Madère.

IV

Franchissons l'intervalle de cinq années pendant lesquelles rien d'important ne se passe dans la vie de François-Joseph, si ce n'est son accession au congrès de Paris où il se fit représenter par le comte de Buol-Schauenstein, et où fut plaidée en présence de l'Europe la grande cause italienne, en attendant d'être jugée définitivement sur les champs de bataille de Magenta et de Solferino.

Nous sommes au mois d'avril 1859.

Non content de repousser la proposition d'un congrès faite par l'Angleterre, et acceptée par la France, la Prusse et la Russie, François-Joseph donnait l'ordre à son représentant à Turin, M. de Kellesberg, de remettre au gouvernement piémontais une note pour le sommer d'avoir à rétablir son armée sur le pied de paix, et à licencier les corps de volontaires. Un délai de trois jours était donné pour répondre par *oui* ou par *non* à cette sommation.

C'était là sans doute s'expliquer catégoriquement, mais depuis longtemps il n'était plus permis de se faire illusion sur l'intention bien arrêtée de l'Empereur François-Joseph d'en appeler aux armes. Quinze jours avant l'envoi de l'*ultimatum*, le général Giulay, passant en revue à Milan les troupes destinées pour la frontière, leur avait adressé l'ordre du jour suivant :

« Soldats !

« S. M. l'Empereur vous appelle sous les drapeaux pour rabaisser une troisième fois la vanité du Piémont, et vider le repaire des fanatiques et des destructeurs de la paix générale de l'Europe. Soldats de tous grades, marchez contre un ennemi que vous avez constamment mis en fuite; rappelez-vous Volta, Sommacompagna, Curtatone, Montanara, Rivoli, Santa-Lucia, et une année plus tard à la Cava, à Vigegano, à Mortara, et enfin à Novare où vous l'avez dispersé et anéanti. Il est inutile de vous recommander la discipline et le courage : pour la première vous êtes uniques en Europe, et par le second vous ne le cédez à aucune armée. Que votre mot d'ordre soit : *Vive l'Empereur et vivent nos droits !*

« Giulay. »

Né à Pesth, en Hongrie, dans l'année 1799, le signataire de cet ordre du jour insolent, descend d'une grande et riche famille de l'aristocratie. Son père avait été Ban de Croatie et président du conseil Aulique en 1830. Entré au service en 1816, lieutenant-colonel quatorze ans après, il devenait propriétaire du régiment n° 19, puis major-général et brigadier. Nommé lieutenant-feld-maréchal en 1846, il recevait en même temps le commandement de la division de Vienne; il avait le gouvernement de Trieste en 1848. Appelé l'année suivante au ministère de la guerre, il quitta ce poste pour aller remplir une mission particulière à Saint-Pétersbourg. Investi à son retour du commandement d'un corps d'armée sous le maréchal Radetski, il prit le commandement général de l'armée de Lombardie à la mort de son vieux chef. Homme de grandes manières, d'un coup-d'œil juste et prompt, le général Giulay avait fait concevoir des espérances que son talent militaire n'a point justifiées. Plein de bravoure sur le champ de bataille, il n'y a point montré cette vigueur d'initiative, cet instinct des grandes combinaisons, cette fécondité de ressources qui font le capitaine. L'Empereur François-Joseph se vit obligé, au milieu de la campagne, de destituer Giulay et de mettre un autre général à la tête de ses troupes. « Le général Giulay, dit un des historiens de la dernière guerre d'Italie, avait commis une faute irréparable en ne marchant pas rapidement sur Turin. A ce moment là, le champ de la guerre lui appartenait, pour ainsi dire, tout entier. L'armée française, par suite de la précipitation même de son entrée en campagne, se trouvait dans la position la plus critique; privée encore de munitions et d'artillerie, séparée en plusieurs tronçons, elle eût pu être attaquée en détail, et amoindrie dès le commencement de la lutte, avant même d'être organisée. De plus, en occupant Nuovi avec les forces considérables dont il pouvait disposer, le général en chef autrichien coupait nos communications si importantes entre Gênes et Alexandrie... »

Il aurait fallu, pour réparer cette faute, un génie militaire qui ne se trouvait pas chez les généraux autrichiens. François-Joseph, lui-même, malgré son ardeur et sa bravoure, a prouvé dans cette guerre que, s'il avait les qualités du soldat, il était dépourvu de celles qui font le capitaine.

V

Triste présage pour la monarchie; le vieux prince de Metternich était mort le jour même de la bataille de Magenta. Maintenant nous voici au lendemain de Solferino. L'Autriche vient de perdre deux armées, le quadrilatère est menacé : Venise va succomber.

Renfermé dans Vérone, François-Joseph vient de se mettre au lit pour demander au sommeil l'oubli des soucis qui le dévorent; tout à coup son premier aide de camp, le comte de Grünne, entre dans sa chambre.

— Sire, lui dit-il, le général Fleury, aide de camp et premier écuyer de l'Empereur des Français, chargé d'une mission spéciale, demande à être introduit auprès de Votre Majesté.

François-Joseph se lève en toute hâte, et reçoit le général qui lui remet une lettre autographe de son souverain.

Cette lettre, que l'Empereur lut avec un mélange visible d'étonnement et d'émotion, conviait le jeune souverain de l'Autriche à mettre un terme à la guerre, au nom des sentiments d'humanité qui doivent surtout présider aux décisions de ceux qui disposent de la vie de leurs semblables.

L'envoyé de Napoléon était chargé de proposer un armistice et d'insister sur les avantages d'un acte de ce genre qui pouvait permettre d'entamer de nouvelles négociations, et qui suspendait du moins l'effusion du sang, en attendant qu'on pût mettre fin à une guerre où la victoire même coûtait si cher. Le général Fleury, après s'être acquitté de cette partie de sa mission, s'inclina en attendant que l'Empereur prît la parole. François-Joseph lui dit que la réponse qu'on lui demandait était trop grave pour être faite tout de suite, et qu'il la remettait au lendemain.

L'audience était terminée. Avant de se retirer, l'envoyé français crut devoir faire observer à l'Empereur que la flotte aux ordres de l'amiral Romain-Desfossés, chose qu'il ignorait peut-être, occupait l'île de Lossini, et que l'attaque de Venise allait commencer.

— Je le sais, répondit François-Joseph, j'aurais dû le premier occuper Lossini. A demain, général!

A huit heures du matin, le lendemain, l'Empereur d'Autriche faisait appeler le général Fleury et lui lisait sa réponse à l'Empereur des Français. L'armistice était accepté. François-Joseph priait Napoléon de choisir l'endroit où l'on en réglerait les conditions. Ses derniers mots au général Fleury furent une demande de vouloir bien écrire au commandant des forces françaises dans l'Adriatique pour lui mander ce qui venait de se passer, et l'inviter à suspendre les hostilités. Ce désir de l'Empereur satisfait, le général Fleury prit congé de lui. A neuf heures du matin il quittait Vérone, et deux heures après il descendait de voiture au quartier-général français.

Dès l'aurore, notre armée qui s'attendait à une attaque générale des Autrichiens, était rangée en bataille, prête à soutenir le choc; tous les chefs de corps d'armée avaient en main un ordre de mouvement précis et détaillé. Un peu avant midi les troupes recevaient l'ordre de regagner leurs bivouacs respectifs. Bientôt la nouvelle de l'armistice circulait dans tous les camps, fort mal accueillie, il faut le dire, par le soldat, qui, dans son gros bon sens, comprenait bien que dans les circonstances où l'on se trouvait, l'interruption de la guerre équivalait à sa cessation, et qui n'aurait pas été fâché de donner un dernier coup de collier pour achever une œuvre déjà aux trois quarts terminée.

L'armistice signé, l'entrevue de Villafranca fut décidée.

Le 10 août on vit arriver au quartier-général français le prince de Hohenlohe, aide de camp de François-Joseph, chargé de sa part de prier Napoléon de régler les détails de l'entrevue. On convint que les deux Empereurs s'y rendraient, ainsi que leurs maisons militaires, en tenue de campagne, et leurs escortes en grande tenue.

Le lendemain, Napoléon, ayant à sa gauche le maréchal Vaillant, et derrière lui sa maison militaire, s'avançait sur la route de Villafranca, où il arriva comme neuf heures sonnaient au clocher de la ville. C'était le moment fixé pour la rencontre des deux souverains. Quelques minutes après lui, parut François-Joseph à la tête de son escorte. Les deux états-majors s'arrêtèrent, et l'Empereur des Français s'avançant vers l'Empereur d'Autriche, tous les deux se saluèrent du képi, et se tendirent la main. Un instant après ils se remirent en marche trottant l'un à côté de l'autre, et bientôt ils purent mettre pied à terre dans la principale rue de Villafranca, devant la maison de M. Gaudini Morelli, où un modeste salon du premier étage avait été préparé pour les recevoir.

Un poste de cent-gardes et un poste de gendarmes autrichiens occupèrent l'étroit corridor de la maison, et fournirent les sentinelles placées à la porte du salon. Une table séparait les deux Empereurs ; sur la table du papier, de l'encre, des plumes et un vase de fleurs. Au bout d'une heure tout au plus, François-Joseph et Napoléon se séparèrent. On remarqua après l'entrevue que le papier était intact, et que pas une plume n'avait été trempée dans l'encre ; seulement dans le vase il manquait une rose.

VI

Les résultats de l'entrevue de Villafranca, et de la mission que le prince Napoléon fut bientôt après chargé de remplir auprès de l'Empereur d'Autriche à Vérone, font partie maintenant de l'histoire, nous n'avons pas à les raconter, moins encore à les juger. Pour satisfaire la curiosité de ceux qui désirent savoir comment s'accomplissent les grands actes de la vie des souverains, nous nous bornerons à citer, d'après l'historien de *la Campagne d'Italie de* 1859, l'entretien entre François-Joseph et le prince Napoléon qui se termina par la cession de la Lombardie.

« Tous les paragraphes (de l'acte contenant les préliminaires de paix) avaient été passés en revue un à un, la discussion ne pouvait se prolonger et se généraliser indéfiniment. Le prince Napoléon avait expliqué, ou laissé entrevoir les points essentiels sur lesquels l'Empereur des Français pourrait faire des concessions, et ceux qu'il était impossible de modifier.

Il dit donc à l'Empereur d'Autriche :

— Sire, j'ai reçu l'ordre d'être de retour au quartier-général de Valeggio au plus tard à dix heures, je dois donc, pour obéir aux instructions qui m'ont été données, partir de Vérone à huit heures et quart, ce qui ne me permet d'attendre la réponse de Votre Majesté que pendant deux heures. Ce serait avec un vif regret, Sire, si cette réponse était négative, que l'Empereur Napoléon se verrait dans la nécessité de recommencer la guerre à l'expiration de l'armistice, guerre qui, de part et d'autre, serait plus terrible encore, n'en doutez pas, qu'elle ne l'a été jusqu'à ce jour, et entraînerait après elle, par la conflagration générale de l'Italie, des conséquences incalculables.

— C'est bien, dit l'Empereur en se levant, vous aurez ma réponse.

Et il conduisit lui-même le prince Napoléon à l'appartement préparé pour lui.

Deux officiers de la maison militaire de Sa Majesté vinrent tenir compagnie au prince pendant le repas qui lui fut servi.

Les ordres avaient été donnés pour qu'à huit heures et quart la voiture de Son Altesse Impériale fut attelée.

A sept heures et demie, le prince vit l'Empereur d'Autriche entrer dans sa chambre.

— Je vous apporte ma réponse, lui dit François-Joseph, mais je ne puis guère modifier mes premières propositions.

— C'est qu'alors, Sire, je suis un bien mauvais avocat, répondit le prince Napoléon.

— Vous n'appréciez pas assez le sacrifice que je fais en cédant la Lombardie, ajouta l'Empereur.

Et il donna au prince le papier qu'il tenait à la main.

— Est-ce définitif, Sire? demanda celui-ci, après en avoir pris connaissance.

— Oui, répondit l'Empereur.

— S'il en est ainsi, je prierai Votre Majesté de vouloir bien signer ce papier.

— Vous le signerez aussi au nom de l'Empereur ? dit François-Joseph.

— Sire, répliqua le prince, dans de semblables conditions, je ne me crois pas autorisé à le faire ; les modifications que Votre Majesté a cru devoir apporter à la rédaction que j'avais eu l'honneur de lui soumettre, sont de telle nature, que je dois réserver la liberté de mon souverain.

— Je ne puis cependant m'engager, dit François-Joseph, si l'Empereur Napoléon ne l'est pas également de son côté, et signer de semblables concessions, sans être certain qu'elles seront admises par la France.

— Sire, répondit alors le prince d'une voix haute, je donne à Votre Majesté ma parole d'honnête homme, que demain matin elle recevra ce même papier avec ou sans la signature de l'Empereur des Français.

L'Empereur d'Autriche regarda le prince Napoléon, et sans ajouter un seul mot, il signa le papier ; puis le lui tendant avec une émotion visible :

— C'est un grand sacrifice que je fais de céder ainsi une de mes plus belles provinces ; mais, si nous pouvons nous entendre avec l'Empereur Napoléon sur les affaires de l'Italie, il n'y aura plus de causes de discorde entre nous.

— Je crains bien, reprit le prince, que ces préliminaires ne soient insuffisants pour arriver au but que vous voulez atteindre.

Il était huit heures moins quelques minutes.

Jusqu'au moment où l'on entendit le roulement de la voiture dans la cour, il ne fut plus prononcé une seule parole sur la politique.

L'Empereur avait signé. — Pour lui, tout était dit.

Il accompagna le prince Napoléon jusqu'au bout de l'escalier, et alors seulement en lui tendant la main :

— Au revoir, prince, lui dit-il, j'espère que ce ne sera plus en ennemi. »

C'est ainsi que la Lombardie fut cédée par l'Empereur d'Autriche à l'Empereur des Français qui, à son tour, l'a cédée au Roi du Piémont.

VII

François-Joseph, s'il n'est point une grande figure, n'en excite pas moins un assez vif intérêt par son caractère, et par ses malheurs, mais un intérêt de curiosité plutôt que de sympathie. On regarde avec étonnement ce jeune homme qui s'est montré tout de suite un des plus acharnés et des plus obstinés représentants des vieux principes. Entre François-Joseph et Ferdinand II de Naples, il n'y avait que la différence de l'âge; le vieux Bourbon et le jeune Habsbourg ont eu les mêmes idées, les mêmes ruses, la même patience dans la défaite, et la même ardeur à prendre leur revanche. Tous les deux se sont montré libéraux en attendant le moment de rentrer dans l'absolutisme; ils donnaient des constitutions, et ils les déchiraient; vaincus, ils parlaient de clémence; vainqueurs, ils étaient impitoyables. L'exécution de Robert Blum, les pendaisons de la Hongrie, ne le cèdent en rien aux supplices ordonnés par le feu roi de Naples. François-Joseph et Ferdinad II ont une égale horreur des idées libérales, et ne reculent devant aucun moyen pour les extirper de leurs États. L'Autriche avait eu par hasard un souverain libéral qui avait fondé la liberté religieuse dans son pays. François-Joseph prit surtout à tâche de détruire les lois de son prédécesseur, Joseph Ier, et il signa avec Rome ce Concordat qui ressuscitait le moyen âge en plein XIXe siècle; dans la politique, dans l'administration, partout, à l'exemple du roi de Naples, il a combattu et traqué l'esprit moderne. Ferdinand II est mort sans avoir reçu le châtiment qu'il méritait, et que la Providence a infligé à son fils; François-Joseph assiste à la chute de son empire en Italie, il voit s'écrouler cette œuvre d'unification par le sabre qui était la pensée de son règne; la liberté qu'il croyait avoir étouffée sort du cercueil et lui impose des concessions en attendant de lui dicter des lois. François-Joseph comprendra-t-il la leçon que lui donnent les événements? Ferdinand II répondait un jour à Louis-Philippe qui lui conseillait une marche plus libérale et un rapprochement avec lui, que les Bourbons comme les Habsbourg étaient trop vieux pour se corriger, et que, s'ils devaient finir, ils finiraient ensemble. Ces paroles se réaliseront-elles? nous voudrions espérer le contraire, mais en étudiant la physionomie de François-Joseph, en regardant cette tête fine, intelligente et sombre, dont le front étroit et les contours arrêtés indiquent l'entêtement plutôt que la fermeté, on ne peut se défendre de craintes sérieuses pour l'avenir, et en même temps d'une impression de tristesse et de regret, en remarquant l'air de fatalité qui semble empreint sur les traits du jeune Empereur.

François-Joseph prend les titres suivants : Roi de Bohême, de Dalmatie, Croatie, Slavonie, Gallicie, Lodomerie et Illyrie, archiduc d'Autriche, duc de Salzbourg, Styrie, Carinthie et Carniole; grand-prince de Transylvanie; grand-woïvode de Serbie, margrave de Moravie, duc de Silésie, d'Autchwitz et Zator, de Teschen, Frioul, Raguse et Zara, comte souverain de Habsbourg, Tyrol, Kybourg, Gars et Gradiska, prince de Trente et Brixen, margrave de Lusace et d'Istrie, comte de Hobenems, Feldkirch, Bregenz, Sonnemberg, etc., seigneur de Trieste, Cattaro et des Windes, roi du royaume Lombard-Vénitien. La seconde moitié seulement de ce titre lui appartient encore. Combien de temps la gardera-t-il?

T. D.

O'DONNELL.

Typ. Ernest Meyer, à Paris.

O'DONNELL

I

Le roi Charles III d'Espagne disait que ses sujets étaient comme les enfants qui crient quand on les nettoie. Ce roi aimait les réformes ; mal lui en prit un jour d'avoir voulu réformer le costume des Espagnols. Ils prirent les armes pour garder leur sombrero et leur manteau, et, sans le dévouement de la garde wallone et du régiment irlandais, le roi réformateur aurait passé un mauvais quart d'heure. Ces monarques de l'ancien régime, si sûrs, nous dit-on, de l'amour de leurs sujets, faisaient sagement, néanmoins, d'avoir quelques étrangers à leur service ; ils s'en trouvaient bien dans plus d'une occasion.

Parmi les officiers de la légion irlandaise figurait un O'Donnell, lequel eut quatre enfants qui tous suivirent la carrière des armes, comme leur père, se fixèrent en Espagne, et firent souche de bons Espagnols sans sombrero, mais non pas sans manteau ; car, par une transaction survenue entre Charles III et ses sujets, il fut entendu que ceux-ci sacrifieraient le couvre-chef et garderaient le couvre-épaules. Les quatre fils d'O'Donnell parvinrent à de hauts grades dans l'armée, et moururent tous généraux. L'un d'eux, le lieutenant général don Carlos O'Donnel, fut le père d'O'Donnel, duc de Tétuan, capitaine général des armées et président du cabinet de la reine Isabelle II.

En 1820, l'Espagne se souleva, non pour garder son chapeau, mais pour obtenir des institutions constitutionnelles. Placés entre la cour et la révolution, voici comment les votes des quatre fils O'Donnell se partagèrent :

Pour le *Rey netto* : le lieutenant général don Carlos O'Donnell et le lieutenant général don José O'Donnell.

Pour la *Constitution* : le lieutenant général don Henrique O'Donnell, comte del Abisbal, et le lieutenant général don Alexandre O'Donnell.

Depuis l'âge de dix ans, par une faveur du roi, le fils de don Carlos O'Donnell, le futur vainqueur du Maroc, faisait partie de l'armée avec le grade de sous-lieutenant. Lorsque le duc d'Angoulême franchit les Pyrénées pour rendre aux Espagnols les bienfaits de l'absolutisme, et pour replacer sur son trône ce bon Ferdinand VII, qui faisait, comme chacun sait, tant d'honneur à la famille des Bourbons, le sous-lieutenant O'Donnell remplissait réellement les fonctions de son grade dans l'armée constitutionnelle.

L'Espagne est le pays classique de la guerre d'embûches, d'assassinats et de grande route. Tous les bandits, routiers, voleurs, détrousseurs, tireurs de bourse, contrebandiers, trabucayres, s'étant empressés d'offrir leur concours désintéressé à la monarchie, on forma de ces gentilshommes une armée dite : *armée de la foi*. Ces fidèles se mirent tout de suite à l'œuvre : coupant les oreilles et le nez aux libéraux pauvres, séquestrant les autres, et ne les rendant à leurs familles qu'en échange de fortes rançons ; brûlant, saccageant, pillant, violant, sous la conduite des curés et des moines qui les commandaient, et qui ne voyaient rien de mal à cela, puisqu'on ne faisait rien qu'au nom de la foi.

Notre O'Donnell, on le sait, avait du sang royaliste dans les veines ; soit que ce sang eût parlé, soit qu'il lui répugnât de servir une cause qui n'était pas celle de son père, le jeune sous-lieutenant décampa un beau matin, et courut se ranger sous les drapeaux de l'armée de la foi. Les historiens qui se sont occupés de notre personnage glissent, en général, sur cette démarche, la plupart n'en parlent pas ; et ceux qui en parlent essayent de l'excuser en raison de l'extrême jeunesse du transfuge, de l'entraînement des guerres civiles, et de la situation de l'Espagne à une époque où constitutionnels et absolutistes reconnaissaient pour roi Ferdinand VII.

Faisons comme les autres, à notre tour glissons.

II

Le duc d'Angoulême étant revenu en France se reposer sur les lauriers du Trocadéro ; Ferdinand VII ayant recouvré la plénitude de sa puissance et autorité ; les principaux chefs constitutionnels ayant été suffisamment pendus, étranglés, fusillés, garrottés et exilés, nonobstant l'amnistie, on songea qu'il était temps d'organiser un peu le gouvernement, c'est-à-dire l'armée.

On commença naturellement par la garde royale.

A défaut de Wallons et d'Irlandais, dont il aurait bien voulu s'entourer, Ferdinand VII choisit les officiers, sous-officiers et soldats de ce corps d'élite parmi la fine fleur des fidèles Espagnols qui avaient entretenu la guerre civile et servi d'avant-garde à l'armée d'invasion. Les états de service dans l'armée de la foi ne furent pas le plus mauvais titre d'admission dans les rangs des nouveaux régiments, plus spécialement chargés de monter la garde à la porte des palais royaux. O'Donnel reçut un de ces brevets d'officier sollicités par tout ce que la jeunesse royaliste avait de plus ardent et de plus dévoué, il obtint l'immense faveur d'être admis dans la garde comme lieutenant.

Quoique Irlandais d'origine, O'Donnell n'a aucune des qualités vives et brillantes de sa race ; d'un caractère grave, sérieux, parfois taciturne, il se fit bientôt remarquer parmi les jeunes officiers par sa conduite réglée, par son amour de l'étude, par son exactitude et son application à remplir tous ses devoirs militaires.

On envoyait ordinairement un bataillon de la garde royale dans les villes les plus importantes de l'Espagne ; Barcelone avait même les honneurs d'un régiment au grand complet. Le gouvernement se méfiait de cette grande cité commerciale et industrielle qui, sans cesse en contact avec la France, restait comme le foyer mal éteint des idées libérales dans la Péninsule. Le lieutenant O'Donnell vint y tenir garnison. Il y fit la connaissance d'une jeune et belle veuve, qui bientôt devint sa femme.

Ferdinand VII, qui s'entretenait rarement de politique avec ses ministres, en parlait volontiers avec ses familiers, et surtout avec le violoniste Alexandre Boucher, qu'il avait attaché à sa cour, et dont il aimait l'entrain et la vivacité, pour le moins autant que le talent ; car S. M. Catholique ne passait pas pour goûter particulièrement la musique. Un jour donc, par une assez chaude après-midi de printemps, le roi et le premier violon de toutes les Espagnes causaient familièrement dans un appartement retiré du palais, et ils causaient — qui le croirait ? — de la situation politique du royaume. Le virtuose blâmait le système de compression suivi par le gouvernement avec sa chaleur accoutumée, et le roi l'écoutait en souriant. Boucher finit enfin sa tirade Ferdinand avait toujours à sa portée quelques bouteilles de vin de Champagne, sa boisson favorite d'été; il en prit une sur la table, la décoiffa lui-même, et tenant le pouce sur le bouchon, prêt à partir : « Vois-tu, dit-il à son interlocuteur, l'Espagne c'est cette bouteille, moi je suis le bouchon : quand je ne serai plus là, gare l'explosion !

Quelque temps après 1830, Ferdinand étant mort, le bouchon partit.

Quand l'explosion eut lieu, O'Donnell, malgré son zèle, son exactitude et sa bonne tenue d'officier, n'était encore que simple capitaine.

III

Ferdinand VII n'aimait personne, mais il détestait son frère don Carlos, qui le lui rendait bien. Pour lui faire pièce, il abolit la loi salique avant de mourir, et d'un trait de plume le déshérita. Ainsi se trouva porté par le plus absolutiste des rois le coup le plus terrible que l'absolutisme pût recevoir en Espagne. Atteint profondément, mais non point encore mortellement, l'absolutisme fit un suprême appel à ses fidèles. La Navarre et Zumalacarreguy lui répondirent.

Le régiment d'O'Donnell fit partie de l'armée envoyée pour combattre les carlistes. Notre capitaine se battit dans ses rangs obscurément, et participa aux défaites que les armes de l'innocente Isabelle II ne cessèrent d'éprouver sous les généraux Quesada, Rodil, Mina et Valdès.

Fort heureusement pour la reine Isabelle et pour le lieutenant O'Donnell, le général Cordova succéda à Rodil dans le commandement de l'armée libérale, à laquelle il rendit la confiance et la force morale par la victoire de Mendigorria.

Don Louis Fernandez de Cordova, ayant servi dans la garde royale, prenait plaisir à pousser ses anciens camarades. Il protégea O'Donnell, lui fournit toutes les occasions de se distinguer, et, en peu de temps, il lui fit franchir tous les degrés de l'échelle militaire jusqu'au grade d'officier général inclusivement. Non content de cela, le général en chef ne cessa de vanter les connaissances militaires de son protégé, d'attirer sur lui l'attention de l'armée et du public; en un mot, de le combler de réclames.

Ainsi inventé par Cordova, O'Donnell passa bientôt pour un des généraux qui avaient le plus d'avenir en Espagne. Aussi Espartero, succédant à Cordova, pensa qu'il n'avait rien de mieux à faire que de choisir O'Donnell comme chef d'état-major général.

Le poste était important, mais difficile. Militaire brave et intelligent, mais un peu indolent, Espartero laissait volontiers faire beaucoup de choses aux autres; son entourage exerçait une assez grande influence sur lui, et cet entourage n'aimait pas O'Donnell, surtout le brigadier Linage, qui était l'O'Donnell d'Espartero, comme O'Donnell lui-même avait été le Linage de Cordova. Il s'agissait donc d'éloigner le chef d'état-major, et le quartier-général était devenu un foyer d'intrigues et de luttes, au moyen desquelles les deux partis cherchaient à emporter, par la ruse ou par la force, la décision du flegmatique commandant en chef.

La seconde guerre de succession en Espagne présentait alors une double physionomie : au nord, c'est-à-dire dans les provinces basques et navarraises, elle était contenue et limitée par le système de blocus appliqué par Cordova; mais à l'est, dans les anciens royaumes d'Aragon et de Valence, Cabrera faisait des progrès alarmants, qui s'étendaient déjà sur une assez notable portion du territoire de Castille. Sa base d'opérations fixée au cœur même de l'Aragon, l'armée constitutionnelle n'osait venir l'y attaquer. Il avait conquis et armé des places fortes, créé des fabriques d'armes, fondu des canons, et, par une succession de positions militaires habilement échelonnées, il marchait sur Madrid, et se rendait peu à peu maître de toutes les communications aboutissant à cette ville. Le gouvernement constitutionnel allait se trouver placé dans la dure nécessité de se retirer à Séville, et d'abandonner la capitale au prétendant.

Pour échapper à cette extrémité, et pour arrêter les progrès de Cabrera, on renforça l'armée du centre, dont on confia le commandement à O'Donnell.

C'était Espartero qui l'avait désigné pour ce poste.

IV

Narvaëz avait vivement ambitionné ce commandement; grâce à la protection que nous venons de dire, son concurrent l'emporta.

Tous les moyens d'action, tous les renforts dont pouvait disposer le gouvernement en ce moment furent fournis à O'Donnell, qui, grâce à la supériorité des forces constitutionnelles, reprit petit à petit l'ascendant sur l'ennemi. Il fallait pourtant l'attirer à une rencontre décisive, que Cabrera évitait autant que possible, sentant bien le désavantage de sa situation. Enfin eut lieu la bataille de Lucena, qui valut à O'Donnell le titre de comte et le grade de lieutenant-général.

Cabrera, battu, n'avait pas été cependant mis en déroute; évitant soigneusement désormais de nouvelles rencontres générales, mettant à profit sa prodigieuse mobilité, sa connaissance exacte des localités et les ressources que lui fournissait le pays, l'intrépide et habile chef carliste rendit vaine la victoire de Lucena. Même après cette victoire, O'Donnell, entré en Aragon avec quarante mille hommes de bonnes troupes, n'avait pas conquis encore un pouce de terrain. Le moment devenait de plus en plus critique pour la réputation militaire d'O'Donnell, et Cordova devait commencer à se repentir de ses pronostics. L'armée de son protégé faisait chaque jour des pertes nouvelles, tandis que les forces de Cabrera augmentaient, au contraire, et qu'il poussait ses conquêtes jusqu'aux portes de Madrid.

On ne sait pas comment se serait terminé ce duel entre Cabrera et O'Donnell, mais, pour le moment, l'avantage ne paraissait pas être du côté de celui-ci.

Heureusement, dans les provinces du Nord, la guerre prenait une tournure plus favorable aux intérêts de la reine Isabelle. La division s'était mise dans le camp carliste, Maroto venait de lever le masque, et les Basques, fatigués de la lutte, demandaient la paix à tout prix. La convention de Vergara signée, don Carlos réfugié en France, Espartero put se porter avec son armée sur l'Aragon, tirer O'Donnell d'embarras, et mettre fin à la guerre civile. On sait ce qui s'ensuivit : une révolution militaire enleva le pouvoir des mains de la reine-régente Marie-Christine, et le fit passer dans celles du général victorieux, qu'une révolution militaire ne devait pas tarder à renverser à son tour.

O'Donnell entra l'un des premiers dans cette conspiration tramée contre Espartero par ses compagnons d'armes, mécontents de la part de gâteau qu'il leur avait laissée. S'étant ménagé des intelligences dans la place, O'Donnell donna le signal de la révolte en s'emparant, le 1er octobre 1841, de la citadelle de Pampelune. Le mouvement qui devait éclater simultanément à Pampelune, à Saragosse et à Madrid ayant échoué sur les deux derniers points, O'Donnell prit vite la fuite, et parvint à se réfugier en France, où ne tardèrent pas à le rejoindre ses compagnons d'aventure ; ils vinrent se grouper autour de la reine Christine, et attendre des jours meilleurs en fumant des cigarettes sur le boulevard des Italiens.

L'exil pour O'Donnell avait quelque chose de plus triste et de plus amer que pour la plupart de ses compagnons. Il était très-pauvre, et sa pauvreté pesait sur sa famille, sur sa dignité, sur son orgueil. La nécessité le forçait à accepter les subsides de Marie-Christine, qui ne savait pas toujours, à ce qu'il paraît, user de la délicatesse nécessaire en pareil cas de la part d'une femme et d'une reine. Le souvenir de ces relations est toujours resté présent à la mémoire d'O'Donnell, et l'on assure qu'il n'a pas été étranger à l'hostilité qui éclata entre Christine et son ancien champion dès que celui-ci revint de Cuba.

V

L'Espagne est un théâtre où tout se fait par changements à vue.

Pendant que l'émigration de 1841 et la petite cour de la reine-mère tâchaient de passer aussi agréablement que possible le temps à Paris, leurs amis préparaient dans la coulisse un nouveau changement de décoration qui allait leur permettre de reparaître sur la scène politique. Tant qu'Espartero n'avait fait que frapper sur ses adversaires, personne n'avait rien dit, mais le moment étant venu où tout chef de parti est obligé de mécontenter ses partisans, un grand nombre de progressistes s'allièrent aux conservateurs, le mouvement de 1844 renversa la régence, et força le régent à s'embarquer pour l'Angleterre.

Aussitôt O'Donnell, Narvaëz, les Concha et tous les émigrés christinos d'accourir à Madrid. O'Donnell était certainement, par son nom et par ses antécédents, en mesure de disputer à Narvaëz le premier poste dans le gouvernement qui allait se fonder; il eut le bon sens de lui céder la place, et de préférer le solide au brillant. Il accepta la position de gouverneur général de l'île de Cuba que Narvaëz lui faisait offrir. C'était ce qui s'appelle tirer son épingle du jeu.

Le gouvernement de Cuba a cet avantage, qu'il enrichit ceux qui en sont chargés. Après quelques années de séjour dans cette île, le gouverneur en revient ordinairement millionnaire. C'est un usage établi, une sorte de tradition de la monarchie espagnole. On a fort amèrement reproché, cependant, à O'Donnell d'avoir suivi l'exemple de ses prédécesseurs. Nous ignorons si ces reproches sont fondés, mais ils prouvent du moins qu'on devient plus scrupuleux en Espagne; nous devons ajouter, pourtant, qu'à son retour de Cuba, en 1846, le général disait à qui voulait l'entendre : « J'ai vécu à la Havane sans faste, j'ai économisé une partie de mes forts appointements, et je rapporte quatre-vingt mille piastres. » Ces quatre-vingt mille piastres font quatre cent mille francs.

Sans nier la vérité de ces assertions du général O'Donnell, quelques personnes ont insinué publiquement que la générale était bonne, compatissante, qu'elle aimait à protéger les gens, à rendre service, à s'associer aux entreprises utiles, qu'elle comptait de nombreux clients à la Havane qui ne s'étaient point montrés ingrats, et qu'elle reçoit encore aujourd'hui des témoignages de leur reconnaissance, sous une forme ou sous une autre, le plus souvent sous la forme de dividendes. Laissons là ces insinuations qu'on n'épargnerait à personne dans une pareille situation, et qui, d'ailleurs, ne nous regardent pas. Ce sont là des choses d'Espagne, *cosas de España*, comme disent eux-mêmes les Espagnols, dont nous n'avons point à nous occuper.

Les Anglais ont fortement accusé O'Donnell d'avoir favorisé la traite des nègres ; mais il ne faut jamais en croire les Anglais sur parole dans toutes les affaires qui touchent au commerce et à la navigation.

Le séjour de Cuba avait, à ce qu'il paraît, des charmes pour O'Donnell, car il aurait volontiers accepté une prorogation de trois ans de son commandement. Narvaëz commit la faute de ne pas comprendre ce désir, le général don José de la Concha reçut la mission de veiller sur la perle de l'Atlantique, dont les Américains seraient si charmés d'enrichir leur écrin ; il partit pour la Havane en 1846, et O'Donnell resta à Madrid.

Or, que faire à Madrid, à moins qu'on n'y conspire ?

On s'attendait d'abord à voir O'Donnell jeter feu et flammes contre son ancien collègue et camarade d'émigration, et se mettre à la tête de l'opposition qui menaçait le ministère Narvaëz. L'ex-gouverneur de la Havane se garda bien d'agir ainsi ; une telle conduite eût été l'enfance de l'art. Il se contint, se modéra, et cacha ses projets de vengeance sous le voile discret et commode d'une simple bouderie, qui permettait un raccommodement. Narvaëz donna dans le piége ; il fit les premières avances auprès d'O'Donnell.

La direction de l'infanterie constitue en Espagne un emploi très-important, recherché par tous les militaires. Les ministres ne l'accordent qu'à un homme sur le dévouement duquel ils croient pouvoir compter ; Narvaëz le fit proposer à O'Donnell, qui se donna bien garde de le refuser. Voilà donc le président du conseil enchanté du succès de la négociation, et se frottant les mains d'avoir rattaché définitivement à sa cause un homme de l'importance d'O'Donnell, tandis qu'il n'avait fait qu'introduire l'ennemi au centre de la place.

Marie-Christine régnait en Espagne sous le pseudonyme de sa fille Isabelle. Pour une de ces causes mystérieuses et inconnues qui font souvent de la politique intérieure de l'Espagne le plus parfait des imbroglios, Narvaëz se brouilla avec la reine-mère. Au bout de fort peu de temps de lutte, il était renversé. O'Donnell n'eut donc pas la consolation de déterminer lui-même la chute du ministère ; il continua cependant à tenir entre ses mains les fils déjà noués, et se tapit au fond de sa conspiration comme une araignée au fond de sa toile, ne sachant pas précisément sur quelle mouche il se jetterait, mais comptant toujours sur une proie.

M. Bravo-Murillo, qui succéda à Narvaëz, était un ministre tout à fait à la main de Marie-Christine. O'Donnell, jugeant utile de se mettre mal avec lui, envoya sa démission avec éclat, et rentra dans la vie privée.

VI

Progressistes et modérés, sentant qu'ils ont, pour le moment, le même ennemi à combattre, s'unissent contre la camarilla. Marie-Christine, trouvant M. Bravo-Murillo insuffisant pour les circonstances, le remplace par M. Sartorius, lequel, considérant avec raison O'Donnell comme un des chefs les plus dangereux de la coalition qui vient de se former, s'empresse de l'exiler au fond d'une province. Ce n'est pas tout que d'exiler les gens, il faut encore les prendre. M. Sartorius laissa échapper O'Donnell, ou, du moins, il ne sut pas le découvrir dans la retraite qu'il s'était ménagée au milieu même de Madrid, et du fond de laquelle il dirigeait tout à son aise les préparatifs du mouvement prêt à éclater ; si bien que, le 13 juin 1854, s'étant rendu à une des portes de Madrid, où il comptait trouver les officiers, ses complices, avec les troupes réunies sous leurs ordres, et le rendez-vous ayant manqué par un hasard fortuit, O'Donnell put rentrer tranquillement dans sa cachette, et rejoindre, dix jours après, Dulce, qui l'attendait avec sa cavalerie à l'entrée de la caserne, et faire son *pronunciamento* à cheval, au nez de ce bon M. Sartorius, comte de San-Luis.

Vicalvaro est un petit village situé à l'entrée de la plaine qui entoure Madrid. C'est là que le *pronunciamento* s'arrêta pour attendre ses premiers effets ; il y fut bientôt attaqué par les troupes royales envoyées à sa poursuite. Les deux armées se tirèrent des coups de fusil pendant toute la journée, après quoi chacune d'elles s'attribua la victoire. En attendant de nouvelles opérations militaires, le général rebelle prit la plume, et utilisa ses loisirs en rédigeant ce fameux manifeste du Mançanarès, dans lequel il indiquait le but de la révolte. « Nous voulons, disait-il, le maintien du trône sans la camarilla qui le déshonore ; la pratique rigoureuse du gouvernement constitutionnel ; l'amélioration des lois d'élection et de la presse ; la réduction des impôts d'après les lois d'une stricte économie ; la réforme de la centralisation, de façon à donner aux peuples l'indépendance locale nécessaire pour la gestion de leurs intérêts, et, comme garantie de tout cela, l'établissement, sur de solides bases, de la milice nationale. »

Excellent programme, dont l'Espagne attend encore la réalisation.

Si le résultat de la journée de Vicalvaro restait incertain, il n'en était pas de même du résultat politique. Les *pronunciamentos* se succédaient dans les provinces avec une rapidité électrique. A Madrid, l'effervescence des esprits augmentait d'heure en heure. Pendant que le général Blaser, ministre de la guerre, remportait chaque jour une nouvelle victoire dans les bulletins du gouvernement, la population madrilène, au sortir d'une course de taureaux, se mit en pleine insurrection; les hôtels des divers ministres et le palais de la reine Christine furent quelque peu saccagés, et une junte révolutionnaire s'établit à l'hôtel de ville.

La jeune reine, pendant ce temps-là, chargeait le colonel Cordova de former une nouvelle administration, et, ce qu'il y a de plaisant, c'est que celui-ci trouvait des gens pour en faire partie. Pendant que le ministère, dit *des quarante heures*, parce qu'il ne dura que ce temps-là, s'installait comme si de rien n'était, Madrid se couvrait de barricades. La reine, après qu'on eut discuté autour d'elle toutes sortes d'expédients, comprit qu'il était temps de s'adresser à Espartero et à O'Donnell. Entre le départ et le retour des courriers expédiés à ces deux généraux, il y eut un rude moment à passer, et sans le vieux et chevaleresque général San-Miguel, qui fut investi d'une sorte de dictature en attendant l'arrivée des ministres réguliers, la reine courait grand risque d'aller rejoindre sa mère en exil. Heureusement la discorde vint en aide à la monarchie. Les insurgés se partagèrent en deux camps, deux juntes se formèrent, et progressistes et révolutionnaires luttant, se réunissant, se séparant pour fusionner encore, Espartero, plus vif cette fois dans ses mouvements que d'habitude, eut le temps d'arriver à Madrid. Ainsi, l'homme qu'un *pronunciamento* avait renversé en 1843 se trouvait, par un nouveau *pronunciamento*, porté au pouvoir, qu'il allait partager avec celui qui prit la plus grande part à sa chute.

La bonne intelligence entre les deux chefs du gouvernement ne pouvait pas être de longue durée. O'Donnell, peu satisfait d'avoir tiré les marrons du feu pour Espartero, ne songeait qu'au moyen de se débarrasser de lui, et Espartero, mécontent d'avoir un rival, attendait le moment favorable de le mettre à la porte du ministère. Il n'entre pas dans notre cadre de faire l'histoire de ce gouvernement tiraillé en sens contraire, aujourd'hui monarchique, demain révolutionnaire, convoquant une Constituante pour changer les lois de l'État, et déclarant la royauté inviolable, singulier spectacle où l'on vit la reine Marie-Christine exilée par celui qui avait partagé son exil en 1843, et la reine Isabelle protégée et défendue par le chef même du parti qui ne reculait pas devant l'idée de la renverser. Dans cet assaut de bizarreries et de contradictions, l'avantage devait rester, à la longue, à celui qui ne se contredisait que d'une façon apparente et, pour ainsi dire, de parti pris, c'est-à-dire à O'Donnell. L'indécision et l'incertitude étaient le fond même de la situation et du caractère d'Espartero; chez O'Donnell ces défauts ne résultaient que des circonstances. Petit à petit il se rapprochait de la cour et se fortifiait par elle.

Des désordres venaient d'éclater dans la Vieille-Castille; le ministre de l'intérieur Escosura, interpellé à ce sujet au sein des Cortès, n'hésita pas à les attribuer à la faction carlo-cléricale; O'Donnell, qui songeait à se ménager pour l'avenir un appui dans ce parti, contesta les appréciations de son collègue. De là une crise dans le cabinet. O'Donnell demandait le renvoi d'Escosura, en offrant sa démission si elle ne lui était pas accordée : « Ou l'un ou l'autre, » dit-il à Espartero : « L'un et l'autre, lui répondit celui-ci, ou ni l'un ni l'autre. » O'Donnell savait ce qu'il faisait en posant ainsi la question; il se sentait assez fort pour frapper un grand coup. La reine, juge constitutionnel entre les deux ministres, prononça la dissolution du cabinet et chargea O'Donnell d'en former un nouveau. On connaît les résultats de l'insurrection qui, à Madrid, à Barcelone et à Saragosse, suivit cette espèce de coup d'État. La cour resta victorieuse, la milice nationale fut dissoute ainsi que les Cortès, et Espartero alla méditer encore une fois à Logrono sur l'incertitude des choses humaines.

VII

Cette fois encore, il se trouva qu'O'Donnell n'avait point travaillé pour lui, mais pour Narvaëz. Le parti conservateur triomphant, son premier soin fut de se venger de celui qui avait causé sa chute, et qui venait de lui faire passer de si mauvais moments. O'Donnell ne fut pas même élu aux Cortès. Heureusement il lui restait un siége au Sénat, dont il profita pour faire une guerre acharnée à Narvaëz, qui perdait tous les jours du terrain dans la discussion. Son adversaire lui porta un coup terrible en prouvant sa complicité dans le mouvement de Vicalvaro. Pendant ces combats de tribune, les débris de l'*Union libérale*, fondée pendant le ministère Espartero-O'Donnell, se ralliaient autour de ce dernier; beaucoup de conservateurs modérés vinrent les rejoindre. Ainsi se forma le noyau d'une opposition qui devint bientôt assez forte pour renverser Narvaëz en 1858, et pour porter O'Donnell au ministère.

Au début de son administration, le nouveau président du conseil créa l'*Union libérale*, « dont les principes et l'action, nous dit un des plus récents panégyristes d'O'Donnel, devaient rallier les extrémités rapprochées des partis, et gagner ainsi peu à peu les centres, laissant alors les oppositions extrêmes livrées à elles-mêmes, et sans force devant un pouvoir également appuyé par tous les partis. » Le ministère était donc un ministère de fusion. Restait à savoir si les partis se rallieraient à cette politique et accepteraient l'alliance qui leur était offerte. La convocation des Cortès fut donc décidée. Le précédent cabinet, présidé par M. Isturitz, était tombé sur la question de la révision des listes électorales, mesure dont on comprendra la nécessité lorsqu'on saura que, dans la plupart des provinces, les listes d'électeurs fourmillaient d'erreurs volontaires, et qu'à Cacerès, par exemple, sur 2,733 citoyens inscrits, 941 ne remplissaient aucune des conditions voulues ; il en était de même à la Corogne, où, sur le nombre total des électeurs, la moitié ne payait pas le cens fixé par la loi.

Pendant que le conseil d'État et le sénat ouvraient leurs portes à des progressistes mêlés à des conservateurs, les élections générales avaient lieu sur des listes révisées, et O'Donnell expliquait sa politique à la nation dans une circulaire du ministre de l'intérieur : « Le gouvernement, disait M. Posada Herrera, ne se croit pas obligé de favoriser des partis qui prétendent fonder la monarchie chacun sur une constitution différente, qui aspirent à établir un système administratif chacun suivant ses vues propres, et qui voudraient livrer les fonctions de l'État à un personnel exclusif. Il n'admet pas que des partis de cette nature puissent s'appeler constitutionnels, et il ne croit pas que la nation puisse en attendre d'autres fruits que le despotisme ou l'anarchie..... Il y a de toutes parts des hommes honorables qui conservent, par tradition, certaines dénominations qui ne signifient plus rien de réel dans la plupart des cas ; il y a aussi une jeunesse pleine de nobles aspirations, obligée jusqu'ici de s'éloigner des affaires publiques, ou de se fondre, en abdiquant toute liberté, dans les anciens partis. Quand vous aurez obtenu l'appui de cette classe de personnes, vous pourrez défier ces colères intempestives des partis extrêmes..... » La politique de l'*Union libérale* consiste donc, en définitive, à prouver aux anciens partis qu'ils ont tort d'exister ; ce qui est une tâche rude dans tous les pays, et surtout en Espagne.

On ne peut pas trop dire ce qui serait advenu du ministère O'Donnell et de l'*Union libérale* si une question extérieure, débattue avec fermeté et résolue avec vigueur, n'était venue prêter son appui au système de fusion.

On remplirait plusieurs volumes du récit des interminables querelles entre l'Espagne et le Maroc depuis l'époque où Ferdinand le Catholique expulsa les Arabes de son pays jusqu'en 1859. Le fruit de toutes les expéditions tentées par l'Espagne sur les côtes du Maroc avait été la possession de Mélilla, Penon de Velez, Penon de Alhucenas et Ceuta, colonies fort incommodes que l'Espagne, faute de pouvoir en tirer meilleur parti, avait transformées en *presidios*. C'est là qu'elle envoyait ses malfaiteurs subir leur peine. Entre l'Espagne et le Maroc la paix n'a jamais guère existé que de nom ; chaque règne, pour ainsi dire, a eu maille à partir avec les barbares habitants de la côte marocaine ; vingt fois châtiés, ils ne se lassaient point de revenir à la charge, et l'on peut dire que l'histoire des possessions espagnoles dans cette partie de l'Afrique n'est qu'un long blocus.

A la première nouvelle de l'insulte faite à son pavillon, l'Espagne tout entière tressaillit, l'opinion publique se prononça d'une façon unanime pour qu'on saisît cette occasion d'en finir avec des barbares pour qui l'idée de droit n'existe pas, et qui ne reconnaissent que la force. Les partis se trouvèrent d'accord au moins une fois dans leur vie, ou plutôt il n'y eut plus de partis devant l'honneur national à défendre. O'Donnell n'hésita pas à suivre l'élan général, et, au milieu des acclamations des Cortès, il annonça que la guerre était déclarée.

L'expédition du Maroc présentait des difficultés de plus d'un genre : administratives, financières, militaires et politiques. Toutes les fois que l'Espagne avait voulu régler par les armes ses affaires avec le Maroc, l'action de l'Angleterre s'était fait sentir, et, sans intervenir d'une façon directe en faveur des Barbares, elle mettait tout en œuvre pour entraver l'attaque ou pour en circonscrire les effets. Cette fois encore le cabinet de Saint-James eut recours aux procédés d'intimidation diplomatique qui lui avaient réussi jusqu'alors ; M. Buchanan, ministre d'Angleterre, fut chargé de demander, par écrit, une déclaration portant « que si, par le cours des événements, l'armée espagnole était obligée d'occuper Tanger, cette occupation ne serait que temporaire, et ne se prolongerait pas au delà de la ratification d'un traité de paix entre l'Espagne et le Maroc. » Il paraît même que lord John Russell, allant plus loin, déclarait l'occupation incompatible avec la sûreté de Gibraltar si, le payement de l'indemnité n'ayant pas lieu, elle devenait permanente. La fermeté du gouvernement ne se démentit pas pendant tout le cours d'une correspondance longue et délicate ; l'Angleterre comprit qu'il fallait céder, et le délai fixé à l'empereur Sidi-Mohammed pour l'acceptation de l'*ultimatum* étant expiré, on poussa les préparatifs de l'expédition avec vigueur.

Le 14 novembre 1860 toutes les troupes étaient réunies au camp d'Algésiras ; O'Donnell, qui s'était réservé le commandement en chef de l'expédition, les passa en revue ; le 18, le 1ᵉʳ corps touchait à Ceuta, après avoir franchi le détroit au milieu d'une tempête effroyable. A peine débarqués, les Espagnols sont attaqués par les Maures, et le temps se passe en escarmouches jusqu'au jour de l'arrivée du général en chef. Le 12 décembre les trois corps qui formaient l'armée d'opérations étaient réunis, et l'on se mit en marche sur Tetuan, non sans avoir soutenu contre l'ennemi un grand nombre de petits combats vifs et meurtriers. Nous n'entrerons pas dans les détails de la bataille de *Castillejo*, dont le résultat fut d'ouvrir aux Espagnols la vallée qui mène à Tetuan, ni dans ceux de la prise de cette ville, où la paix fut signée.

Le soldat espagnol dans cette campagne s'est montré digne de sa vieille renommée ; il a été sobre, patient, intrépide, non-seulement vis-à-vis l'ennemi, mais encore en face des privations, des maladies, parmi lesquelles le choléra, qui fit dans l'armée espagnole de nombreuses victimes. A leur retour, l'Espagne accueillit les vainqueurs du Maroc avec un enthousiasme voisin de l'ivresse; ses orateurs et ses poëtes déclarèrent que les temps de Gonzalve de Cordoue et de Charles-Quint étaient revenus; c'est beaucoup dire, mais un peu d'exagération ne messied pas à un peuple quand il s'agit d'amour-propre national.

VIII

O'Donnell rapportait du Maroc la dignité de maréchal, le titre de duc de Tétouan, et, par-dessus le marché, la consolidation de son pouvoir.

Le pouvoir, en Espagne, n'est pas chose facile à conserver.

Malgré l'*Union libérale*, ou peut-être à cause de cette union, les partis n'ont pas cessé d'être tous passablement nombreux dans la péninsule; il y a des progressistes modérés et des progressistes purs, des démocrates et des républicains, des conservateurs progressistes et des progressistes conservateurs, des absolutistes mitigés et des absolutistes absolus, des catholiques et des néo-catholiques.

Il y a, en outre, la reine et les gens qui l'entourent; puis le roi et ses familiers; puis la reine-mère, qui dit son mot de loin; puis les confesseurs, les moines, les religieuses, les camereras, les majordomes, toutes les influences de la chapelle et de l'antichambre.

Le malheureux président du conseil est obligé de se débrouiller au milieu de tout cela. Jusqu'ici il y est parvenu, et ce succès fait honneur à sa dextérité. Après la victoire du Maroc, on aurait voulu le pousser à intervenir en faveur du pouvoir temporel du pape, et il a résisté à ces excitations, ce qui fait honneur à son bon sens. Il lui reste maintenant à satisfaire d'autres exigences, celles de la nation, et c'est là le plus fort de sa tâche.

L'Espagne n'a point oublié le fameux programme du Mançanarès; elle attend encore la pratique rigoureuse du gouvernement constitutionnel; l'amélioration des lois d'élection et de la presse; la réduction des impôts, basés sur les lois d'une stricte économie, la réforme de la centralisation et le rétablissement de la milice nationale. Au lieu de tout cela, on lui donne des chemins de fer; c'est bien quelque chose, sans doute, mais ce n'est pas tout. Les gouvernements qui ne s'appuient que sur les intérêts matériels ne remplissent qu'un côté de leur mission. On ne fait pas longtemps prendre le change à un peuple; les intérêts moraux finissent toujours par reprendre le dessus, et ils se vengent du pouvoir qui les a méconnus en le renversant.

Dans la physionomie spirituelle d'O'Donnell, dans ses yeux hardis et intelligents, on lit plus de finesse que de profondeur, plus d'habileté que de grandeur véritable. C'est un homme d'expédients, et les expédients peuvent servir à sa position personnelle, mais l'Espagne aurait besoin d'un homme d'État.

Les modérés, naturellement, n'ont point pardonné à O'Donnell son alliance avec Espartero, et ils ne laissent perdre aucune occasion de la lui reprocher avec amertume ; la modération, à ce qu'il paraît, n'exclut pas la rancune. O'Donnell a beau répondre que cette alliance était indispensable, qu'une règle élémentaire du grand art des conspirations est d'embrasser les gens pour mieux les étouffer, les modérés ne se laissent point toucher, et ils répondent au ministère comme le *Journal des Débats* à M. Guizot : « Vous pourrez bien avoir notre appui, mais jamais notre estime. » O'Donnell est homme à se contenter de l'appui et à se moquer parfaitement du reste.

Il paraît pourtant que le gros du parti modéré lui refuse même son appui ; des tentatives de rapprochement ont eu lieu, mais les gens qui s'en sont mêlés prétendent qu'O'Donnell, à son tour, garde contre ceux qui ne l'ont pas appuyé, dès qu'il est entré tout seul au pouvoir et qu'il a pris le gouvernement pour son propre compte, une rancune et des préventions qui rendent tout raccommodement extrêmement difficile, sinon impossible. O'Donnel garde le souvenir des offenses, et il paraît qu'on l'offense facilement. C'est une faiblesse pour un homme d'État. Sans méconnaître ses grandes qualités de commandement, les modérés l'accusent de petitesses de caractère qui nuisent à son action dans la politique ; les quelques progressistes qui se sont ralliés autour de lui n'en disent pas grand'chose, ils se bornent à le suivre sans enthousiasme, et à l'appuyer sans sympathie, se contentant de ce ministère faute de tomber dans un pire.

Sans avoir une intelligence de premier ordre, O'Donnell est instruit, persévérant jusqu'à l'opiniâtreté, fin jusqu'à la dissimulation, ingrat si cela est nécessaire, injuste s'il le faut ; des vertus et des vices il ne prend que ce qui est absolument indispensable à ses intérêts. Le sens moral n'est pas ce qu'il y a de plus développé chez lui ; on ne peut pas dire, cependant, qu'il soit tout à fait un méchant homme ; il a à ses côtés trois guides par lesquels il se laisse à peu près également conduire : son amour-propre, sa vanité et sa femme.

O'Donnel aime la louange, et il la paye généreusement. Les flatteurs sont nombreux autour de lui, dit-on, dont il a fait la fortune, tandis qu'il oubliait ses meilleurs, ses plus sincères et ses plus honnêtes amis. Un jour viendra, peut-être, où il les regrettera. Brillante en apparence, sa position manque de solidité réelle. Placé entre l'absolutisme et la liberté, il a également trompé et mécontenté les partisans des deux principes ; suspect à la cour et à l'opposition, soutenu, non point par un parti, mais par des fragments de tous les partis, son appui le plus solide paraît être dans l'armée ; or, on sait ce que vaut cet appui dans un pays comme l'Espagne.

Les Espagnols ne sont plus des enfants qui crient quand on les nettoie, ils prouvent tous les jours qu'ils comprennent tous les progrès de la science moderne et qu'ils savent les appliquer. Le monachisme et l'ultramontanisme, les deux monstres qui dévoraient l'Espagne, sont bien près de disparaître, il suffirait d'une main ferme pour leur porter les derniers coups. O'Donnell le fera-t-il? on ne saurait guère l'attendre de lui. Se méfiant à la fois de la cour et de la nation, il essaye de garder l'équilibre entre elles sur la corde tendue d'une coalition politique. Aux deux extrémités comme au centre, le moindre mouvement peut ébranler la corde, et adieu l'équilibriste! Il faut à l'Espagne un homme d'idée, et O'Donnell, ainsi que nous l'avons dit, n'est qu'un homme d'expédients. Il se soutient par l'expédient de la gloire, il vit sur sa campagne du Maroc. Nous verrons si elle le fera vivre longtemps.

T. D.

Typ. Ernest Meyer, à Paris.

L'EMPEREUR DE RUSSIE.

L'EMPEREUR DE RUSSIE

I

La majorité des princes de la famille impériale en Russie est fixée à l'âge de seize ans. Le 4 mai 1834, après un *Te Deum* solennel chanté dans la chapelle de la cour, en présence du Czar, de la Czarine, des grands-ducs, des grandes-duchesses, et des grands officiers de la Couronne, le grand-duc Alexandre, fils aîné de Nicolas Ier et héritier de la Couronne, prêtait le serment suivant sur le Saint Évangile tenu par le patriarche de Saint-Pétersbourg :

« Au nom du Dieu tout-puissant, devant son Saint Évangile, je jure et promets de servir, fidèlement et loyalement, mon très-gracieux souverain et père, et de lui obéir en toutes choses, sans épargner ma vie, et jusqu'à la dernière goutte de mon sang : de garantir et défendre de toutes mes facultés, de toutes mes forces et de tous mes moyens les droits et priviléges de l'autocratie souveraine de la puissance et de l'autorité de Sa Majesté Impériale, établis ou à établir par les lois, en coopérant à tout ce qui peut concourir au service de Sa Majesté Impériale et au bien de l'Empire, en ma qualité d'héritier du trône de toutes les Russies, ainsi que du royaume de Pologne et du grand-duché de Finlande réunis à cet Empire. Je jure et promets d'observer dans toute leur force et leur inviola-bilité tous les règlements pour l'ordre de succession au trône, et les dispositions de la pragmatique sanction concernant la famille Impériale, tels qu'ils sont établis par les lois fondamentales de l'Empire, comme je puis en répondre devant Dieu à son jugement dernier. »

Si c'est participer au gouvernement d'un grand Empire que de parcourir certaines provinces, la Sibérie, par exemple, la Finlande et la Crimée, d'y écouter des discours d'apparat, et d'y faire danser les femmes des gouverneurs, on peut dire que le Tzarewitch fut de bonne heure associé par son père à son pouvoir. Soit pourtant que cette part ne suffît point à l'héritier de Nicolas, soit que son tempérament fut naturellement porté à la mélancolie, le grand-duc Alexandre paraissait ennuyé, triste, découragé. Son père voulant le distraire, résolut de le marier : « Parcours les diverses cours d'Allemagne protestantes et catholiques, choisis parmi les héritières royales, grand-ducales margraviales, burgraviales, celle qui te conviendra, je ratifie ton choix d'avance; ne t'inquiète ni de la dot, ni de la religion; je me charge de la dot, quant à la religion, les princesses allemandes ont cela de bon qu'elles ne font aucune difficulté d'en changer quand il s'agit de faire un bon mariage : ta mère, excellente luthérienne, n'en est pas moins grecque parfaite aujourd'hui : il en sera de même de ta femme, je me charge d'avance de sa conversion ! »

Le jeune grand-duc partit, s'arrêta dans toutes les cours où il y avait des duchesses à marier, dansa, valsa, causa, sans trouver, s'il est permis de s'exprimer ainsi, chaussure à son pied. La Confédération Germanique commençait à lui peser terriblement, le spleen le reprenait, il parlait de revenir à Saint-Pétersbourg, lorsqu'on lui représenta qu'il ne pouvait faire à la Hesse-Grand-Ducale l'affront de partir sans la visiter, d'autant plus que le grand-duc avait des filles charmantes, et que son cœur, jusqu'à ce jour muet, parlerait peut-être à Darmstadt.

Le Tzarewitch se laissa persuader.

II

Alexandre arrive donc à Darmstadt, et aussitôt les fêtes commencent : bals, concerts, galas, rien ne manque à la réception faite au jeune héritier de la couronne de Russie. Le duc régnant de Hesse est père de deux filles charmantes, à qui l'idée de devenir impératrices ne déplaît pas, et qui font auprès du Tzarewitch assaut d'innocentes coquetteries. Laquelle des deux épousera-t-il ? c'est ce que l'heureux père se demande tous les matins en se frottant les mains.

Il attend à chaque instant que son futur gendre s'ouvre à lui, et, en beau-père bien appris, il fait tout ce qu'il faut pour brusquer la confidence. Cependant les journées s'écoulent, les bals succèdent aux bals, les banquets aux banquets, les chasses aux chasses, et Alexandre ne parle pas.

L'auguste souverain de Hesse-Darmstadt s'informe auprès des personnes de la suite du jeune prince, il leur demande si elles n'ont rien aperçu qui pût les mettre sur la voie du choix que Son Altesse Impériale avait certainement déjà fait. On lui répond que le prince, en effet, paraît plus rêveur que de coutume, qu'on l'entend soupirer de temps en temps, qu'il a bien l'air d'être amoureux, mais de qui? Voilà la question. Est-ce de l'aînée, est-ce de la cadette des filles de Son Altesse? C'est ce que nul ne saurait affirmer.

Pendant que toute la cour de Hesse-Darmstadt est en émoi, et que chacun cherche quelle est la belle préférée, Alexandre a remarqué une jeune fille à l'air modeste et candide à laquelle personne ne paraît prendre garde, et qui pourtant habite le palais et prend part à toutes les fêtes de la cour. Il est vrai qu'à table elle occupe toujours un des bouts, qu'au théâtre elle est placée sur le second rang de la loge, et qu'au bal elle porte une toilette qu'on semble avoir choisie exprès pour ne point attirer les regards.

Un jour le Tzarewitch demande à son hôte le nom de cette jeune inconnue.
— C'est ma fille, lui répond le grand-duc de Hesse, d'un air un peu surpris qu'on ait pu faire attention à elle, et il se mit à parler des vertus et des charmes des deux aînées.

Si vous voulez connaître les motifs de la façon singulière dont le grand-duc traitait sa troisième fille, interrogez les gens mieux au fait que nous de la chronique secrète de Hesse-Darmstadt; ils vous parleront de la jalousie de Son Altesse, des scènes fréquentes qu'il faisait à sa femme au sujet d'un aide de camp dont les traits ne sont pas sans offrir quelque ressemblance avec ceux de la jeune princesse en question, et d'une foule d'autres détails qui ne nous regardent point. Nous dirons seulement au lecteur qu'un beau jour le Tzarewitch fit demander l'audience tant attendue par le grand-duc. « Enfin, s'écrie le Prince, mon gendre se décide! dites-lui que je ne veux pas retarder son bonheur d'une minute, et que je l'attends ici à l'instant même. »

L'aide de camp à qui s'adressaient ces paroles sortit, et un quart d'heure ne s'était pas écoulé, que le Tzarewitch entrait dans le cabinet de Son Altesse qui lui offrit un fauteuil. Alexandre, un peu ému, prit le premier la parole.

— Monseigneur, lui dit-il, je suis amoureux de votre fille.

— De l'aînée? je m'en doutais, elle est si belle et si bonne!
— Non, Monseigneur, pas de l'aînée.
— De la cadette alors? cela ne m'étonne pas, elle est si bonne et si belle!
— Non, Monseigneur, pas de la cadette.
— De laquelle alors? répliqua le grand-duc.
— De la troisième.
— Quoi! vous voudriez épouser...

Le grand-duc n'en revenait point. Il n'y avait pas moyen de refuser le prince, et malgré sa surprise et son mécontentement, il fallut en passer par où il voulait. En quelques jours tout fut réglé, et voilà comment, quoique nous ne soyons plus au temps des contes de fée, le futur souverain de toutes les Russies épousa Cendrillon à la cour de Hesse-Darmstadt.

Devenue Impératrice, Cendrillon s'est montrée tout à fait à la hauteur de sa position. On assure qu'elle exerce un assez grand empire sur son mari, et qu'elle s'en sert pour favoriser ses compatriotes. Les boyards considèrent l'Impératrice actuelle comme le chef véritable du parti allemand, vers lequel ils accusent l'Empereur d'incliner un peu trop. On connaît l'extrême susceptibilité des vieux Russes, et nous ne serions pas surpris qu'il y eût quelque exagération dans les reproches qu'ils adressent à Alexandre II sur ses tendances germaniques. Ce qu'il y a de sûr, c'est que le ménage auguste qui se partage le trône de Russie ne paraît nullement troublé par des querelles politiques ou autres. Les deux époux vivent dans la meilleure et la plus parfaite intelligence. Qu'on dise après cela que les mariages d'amour ne sont jamais heureux.

Montée maintenant sur le trône, la jeune fille allemande y déploye plus de qualités estimables que de véritable grandeur. On lui reproche une excessive préoccupation des questions d'étiquette, un amour des minuties qui sied peu à l'élévation de son rang. Une grande partie du temps de l'Impératrice est consacré à des inspections d'établissements de bienfaisance et d'instruction publique. C'est sans doute un noble emploi de ses journées, mais on dirait quelques fois que l'habitude et le besoin de distraction ont autant de part que la charité à cette occupation quotidienne. Il existe à Saint-Pétersbourg, au couvent de Smolnoï, un établissement copié sur celui de Saint-Denis, où l'État se charge de donner une éducation aux filles des militaires pauvres. Il faut être fille de général pour y être admise. L'Impératrice a pris cette maison sous sa protection, on pourrait presque dire, sous sa direction spéciale, car à cela près d'y faire la classe, elle y remplit les fonctions d'une véritable institutrice, entrant dans tous les détails, interrogeant les élèves sur toutes les parties de leur éducation. On raconte qu'un jour, elle fit signe à deux jeunes filles qui paraissaient les plus intelligentes de leur section d'avancer vers elle. Les deux enfants s'approchèrent en rougissant.

— Mesdemoiselles, leur dit l'Impératrice, vous venez de répondre d'une façon convenable aux questions qu'on vous a adressées sur la syntaxe, maintenant savez-vous accommoder les côtelettes au poisson?

Les deux jeunes filles se regardèrent d'un air confus, et gardèrent le silence.

— Je vois avec peine que vos progrès ne sont pas aussi satisfaisants en cuisine qu'en grammaire, tâchez à l'avenir, reprit la Tzarine, de faire marcher les deux choses de front. Une demoiselle bien élevée doit savoir préparer une côtelette au poisson.

L'auguste souveraine daigna leur expliquer ensuite de sa propre bouche comment on confectionnait le plat en question.

Nous ne savons pas si la cuisine figure sur le programme des cours de Saint-Denis, comme sur ceux de Smolnoï. En tout cas, c'est une lacune à combler.

III

Le Czar a trois frères et deux sœurs. L'aîné de ses frères est le grand-duc Constantin qui passe pour le plus intelligent et le plus actif des trois. Il paraît s'intéresser surtout aux progrès de la science, et c'est à lui que s'adressent ordinairement les savants qui croient avoir fait quelque découverte ou quelque invention utile. Il a dans le caractère quelque chose de la roideur de son père Nicolas 1er.

Un jour le Tzarewitch faisait une promenade à Cronstadt où se trouvait son frère Constantin, chargé du commandement de la flotte. Alexandre monte en canot pour faire une visite amicale au grand-amiral, et en quelques coups d'aviron il accoste son navire ; il gravit l'échelle avec empressement. A peine sur le pont un officier l'arrête.

— Altesse, lui dit-il très-respectueusement, vous n'irez pas plus loin.

— Que signifient ces paroles, demanda sévèrement le grand-duc, ne me reconnaissez-vous pas?

— J'obéis aux ordres qui me sont donnés.
— Par qui?
— Par le commandant en chef de la flotte.
— Mon frère?
— Lui-même : il m'a ordonné de vous dire que vous deviez savoir qu'il est défendu d'aborder son vaisseau sans sa permission.

Alexandre revint à Saint-Pétersbourg sans avoir vu son frère.

Il y a là un trait de caractère utile à noter; Constantin tient beaucoup plus de son père que de sa mère, tandis qu'Alexandre, au contraire, a le naturel de sa mère; l'un est un tartare, l'autre un allemand. Aussi assure-t-on que dans les conseils de l'Empire, il prend toujours la parole en faveur des idées et des intérêts du vieux parti Russe. Les propositions de paix avec les puissances occidentales trouvèrent en lui un adversaire déterminé. Si ce que l'on rapporte à ce sujet est vrai, il dut lui en coûter beaucoup de se rendre à Paris et à Londres, au mois de mai 1857, pour cimenter l'alliance conclue après la chute de Sébastopol.

Le grand-duc Constantin est un homme intelligent, actif, qui suffit parfaitement aux nombreuses fonctions dont il est chargé. Il est en effet : grand-amiral de la flotte et ministre de la marine; commandant de la division des pionniers à cheval de la garde; chef du régiment de hussards de feu le grand-duc Michel; membre du conseil des Écoles militaires, et du comité de la Sibérie; propriétaire du 18ᵉ régiment d'infanterie autrichienne, et chef du régiment des hussards prussiens. Nous ne citons ces deux titres que pour mémoire. Pendant la dernière guerre, il était chargé de la défense de Cronstadt.

On le voit, le grand-duc Constantin occupe une grande position dans l'Empire, mais il se croit appelé à de plus hautes destinées.

— Savez-vous, demanda-t-il un jour à un de ses aides de camp, pourquoi on m'a appelé Constantin?

L'officier cherchait une réponse.

— Parce que, reprit le grand-duc, je dois régner un jour sur Constantinople.

Ceci se passait avant 1855. On ne dit pas si son Altesse Impériale conserve encore les mêmes illusions, ou les mêmes espérances.

Les deux autres frères du Czar, Nicolas Nicolaïewitch, et Michel Nicolaïewitch, sont nés, l'un le 8 août 1831, l'autre le 25 octobre de l'année suivante.

Le grand-duc Nicolas est aide de camp de l'Empereur, inspecteur général du génie, chef de la neuvième division de cavalerie légère de la garde, chef d'un régiment de dragons, du régiment de cuirassiers d'Astrakan, et du régiment de hussards d'Alexandre; chef du 6° bataillon de sapeurs de la garde; propriétaire du 2° régiment de hussards autrichiens, et du 6° régiment de cuirassiers autrichiens. Il commandait un corps dans la guerre de Crimée, et il a épousé le 6 février 1856 la grande-duchesse Alexandra Petrowna, fille du prince Paul d'Oldenbourg.

Le grand-duc Michel est, comme son frère, aide de camp général de l'Empereur; il est en outre grand-maître de l'artillerie, commandant du corps d'artillerie de la garde, chef d'un régiment de lanciers, d'un régiment de dragons et d'un régiment de chasseurs, propriétaire du 26° régiment d'infanterie autrichien, et chef du 4° régiment de hussards prussiens. Comme son frère, il a figuré dans la guerre de Crimée. Né un an après le grand-duc Nicolas, il s'est marié juste un an après lui, avec la princesse Cécile-Auguste, fille de feu Léopold, grand-duc de Bade.

Voilà ce qu'il y a de plus intéressant à dire sur le compte des deux frères.

La grande-duchesse Marie, sœur de l'Empereur Alexandre, a épousé le duc Maximilien de Leuchtenberg, fils d'Eugène Beauharnais. Quant à son autre sœur, la grande-duchesse Olga dont la beauté fut si célèbre, on se rappelle de combien de prétendants il a été un moment question pour elle. On assure que Nicolas, toujours empressé à jouer de mauvais tours à Louis-Philippe, avait jeté les yeux sur le duc de Bordeaux. On va jusqu'à prétendre que le mariage était résolu, et le contrat dressé. Le chef de la branche aînée des Bourbons devait prendre le titre de duc de Moldavie, et résider à Saint-Pétersbourg en attendant de remonter sur le trône de ses pères. La Restauration accomplie, la Russie et la France indissolublement unies réalisaient le programme de Tilsitt, et se partageaient le monde. Une petite difficulté empêcha cette union sur laquelle le parti légitimiste fut consulté. Les fortes têtes l'approuvèrent en principe, mais ils exigèrent que, sur le contrat, la duchesse de Berry, comtesse de Lucchesi-Palli, fut qualifiée de reine-douairière de France. Cela retarda les choses, et permit à d'autres difficultés de surgir, et voilà comment, pour une difficulté d'étiquette, le Roi de France et de Navarre perdit l'occasion d'ajouter à tous ces titres, celui de duc de Moldavie.

La princesse Olga épousa enfin le prince de Wurtemberg.

Tous les membres de la famille Impériale vivent fort bien entre eux, et en grand respect devant le Czar. Si Alexandre II a un jour de graves difficultés à surmonter dans son règne, il est probable qu'elles ne lui viendront pas du côté de ses parents.

IV

C'est au milieu des fêtes de l'entrevue de Varsovie que l'Empereur Alexandre II reçut la première nouvelle de la maladie de sa mère l'Impératrice douairière Alexandra Feodorowna. Elle souffrait depuis longtemps, usée, pour ainsi, par les émotions et par les douleurs de la toute-puissance. Fille du roi de Prusse, elle était marié depuis une dizaine d'années environ au grand-duc Nicolas Paulovich, héritier du trône de Russie, lorsqu'éclata la grande conspiration militaire du 15 décembre 1825. Elle était à côté de son mari lorsque celui-ci, entouré de quelques serviteurs fidèles, délibérait sur la résolution à prendre dans ce moment suprême. Ira-t-il lui-même faire tête à la révolte? attendra-t-il dans son palais qu'un nouvel Orloff vienne lui passer autour du cou son écharpe régicide? Nicolas hésite. Comprenant enfin qu'il est mille fois plus horrible de mourir entre quatre murs, la main d'un boyard sur la gorge, son genou sur le ventre, que frappé par la balle d'un soldat, il embrasse sa femme et son fils qui assistait à cette scène, et qui n'en a jamais perdu le souvenir, il sort du palais à cheval, laissant la grande-duchesse éplorée, pressant son enfant dans ses bras à chaque détonation qui part de la place du sénat, priant, et se demandant à chaque instant si elle reverra jamais son époux. Enfin une detonation plus formidable que les autres ébranle les vitres du palais; c'est l'artillerie de Benkendorf qui arrive sur le champ de bataille, et qui tire à mitraille sur les révoltés qu'elle foudroye à bout portant. Ce n'est plus un combat, mais une exécution en masse. Les chefs de la rébellion sont faits prisonniers : plus de deux mille rebelles restent sur le carreau. La Newa reçoit les morts; le bourreau attend les vivants, et le Czar rentre triomphant au palais. C'est ainsi que fut conquis le trône sur lequel s'assit Alexandra à côté de son mari.

Quelques années après, une épreuve non moins terrible attendait la czarine: mystérieux, insaisissable, foudroyant, le choléra vient d'éclater à Saint-Pétersbourg. En voyant succomber en quelques heures, sous ses yeux, sans que rien puisse les secourir, sa femme, ses enfants, son père, ses parents, ses amis, le moujick, ignorant et superstitieux, tremble comme devant un assassin invisible. Les Juifs, les Polonais, les Allemands, les étrangers, en un mot, les éternels ennemis de la sainte Russie, disent les gens du peuple, empoisonnent les sources, les fontaines et les puits. Il faut à tout prix se débarrasser de ces scélérats. Des meurtres isolés, de jour en jour plus nombreux, sont signalés à la police impuissante : des médecins sont précipités de la fenêtre dans la rue par les parents du malade qu'ils viennent soigner ; d'autres sont pendus ou jetés dans les égouts. La contagion du meurtre s'étend d'heure en heure. Le tocsin d'un massacre général peut sonner d'un moment à l'autre. Déjà la Sennaïa, cette immense place, est pleine d'hommes, de femmes, d'enfants hâves, fiévreux, impitoyables, brandissant des haches, des marteaux, des poignards, des bâtons, toutes sortes d'armes, et criant : Mort aux étrangers ! Ceux-ci ont beau se cacher, ils ne tarderont pas à être découverts, une mort terrible les attend, et qui sait où s'arrêtera la fureur du moujick une fois qu'il aura flairé le sang ?

On essaye d'arrêter l'émeute ; elle balaye comme la mer tout ce qui s'oppose à sa marche ; le flot menace même d'envahir la demeure impériale. Il n'y a plus qu'une ressource, c'est que le Czar, l'image visible de Dieu sur la terre, se montre au peuple et le ramène à l'ordre. L'Impératrice veut en vain le retenir en lui montrant la main d'un assassin caché parmi ces forcenés, il n'y a pas un moment à perdre, la foule va se ruer sur le palais. Le Czar, seul dans son droschki, vole vers la Sennaïa, et, debout, en présence de la multitude furieuse, il s'écrie d'une voix tonnante : « A genoux ! à genoux ! et demandez pardon à Dieu, c'est lui qui vous frappe, et qui vous punit ! »

Cette fois encore, la Czarine revit son mari sain et sauf.

Mais pour un cœur de femme tendre et compatissant, il y avait d'autres épreuves non moins cruelles à subir que celles que nous venons de raconter. C'était quand il fallait adoucir la sévérité du maître souverain de la Russie, solliciter sa clémence, et lutter contre la raison d'État dont le Czar n'était que trop disposé à écouter les conseils inexorables. Des déserts de la Sibérie, des casemates des forteresses, des cachots souterrains des prisons d'État, montaient sans cesse des voix plaintives qui imploraient la Czarine. Les familles des condamnés, leurs mères, leurs femmes, leurs filles invoquaient sa pitié. Troubetskoï, un des principaux conjurés du 15 décembre, s'était, après sa défaite, réfugié à l'ambassade d'Autriche ; sur une sommation de M. de Nesselrode, l'ambassadeur livra le malheureux qui s'était confié à son hospitalité. Interrogé par l'Empereur lui-même, Troubetskoï garda d'abord le silence. On lui montra quelques papiers saisis chez lui ; il se vit perdu, et se fit dénonciateur pour obtenir sa grâce : « Je vous donne la vie, lui dit le Czar, puisque vous croyez pouvoir la supporter après ce que vous venez de faire ; vous irez en Sibérie. » Troubetskoï y languissait dans les tortures de la solitude et de l'abandon, lorsque sa femme demanda à Nicolas la permission de se rendre auprès de lui. C'était un adoucissement aux maux de l'exilé, et le Czar répondit que les condamnés n'en devaient point espérer. L'Impératrice vint en aide à madame Troubetskoï, elle arracha plutôt qu'elle n'obtint l'autorisation sollicitée, et la femme du proscrit, après plusieurs mois d'attente et d'anxiété, put enfin le rejoindre dans les glaces de la Sibérie.

Douée d'une grande beauté, les douleurs de la maternité, les fatigues de la représentation, les secrets chagrins de son intérieur, avaient vieilli l'Impératrice avant l'âge. Aimant la valse avec passion, comme toutes les Allemandes, elle renonça, jeune encore, à son divertissement favori. De bonne heure, sur sa physionomie noble et gracieuse, on remarqua une vague expression de souffrance et de mélancolie. C'est qu'il y a de dures exigences dans la vie de la compagne d'un souverain comme Nicolas. Il est certaines positions auxquelles on peut appliquer le mot de Chamfort, et où il faut que le cœur se brise ou se bronze. Celui de la Czarine s'était brisé. La vieillesse d'Alexandra ne fut pas non plus exempte d'épreuves, et celles de la fin furent plus terribles peut-être que celles du commencement. Pendant la guerre de Crimée, elle fut chargée de panser les blessures faites à l'orgueil d'un despote altier qui perdait jour par jour, heure par heure, les illusions de sa toute-puissance, et qui voyait s'évanouir le rêve si longtemps caressé par son ambition. A chaque dépêche de Sébastopol, Nicolas devenait plus sombre, et se repliait davantage sur lui-même, repoussant toutes les consolations, même celles que lui offrait une femme tendre, dévouée, et dont l'âme patriote ne souffrait pas moins que la sienne des malheurs de la Russie. A ses derniers moments cependant, le Czar s'attendrit, et l'on se rappelle les adieux touchants qu'il fit à ses enfants et à leur mère qui ne devait pas lui survivre longtemps, et qui repose maintenant à côté de lui, dans les caveaux de Saint-Pierre et Saint-Paul.

Alexandre II arriva à temps à Saint-Pétersbourg pour recevoir les derniers adieux de sa mère qui mourut entourée de ses enfants.

V

Pendant son séjour à Varsovie, un jour le Tzar remarqua dans son état-major un lieutenant de marine dont la démarche festonnante semblait trahir les résultats d'un déjeuner trop copieusement arrosé de vin de Champagne.

Alexandre II jetant un regard sévère sur le jeune officier, lui demanda, en voyant ses nombreux zigzags, ce qu'il faisait ainsi.

— Sire, lui répondit le lieutenant, je louvoye à l'entrée du port.

L'Empereur ne put s'empêcher de sourire et laissa le marin continuer sa manœuvre.

Ce sont des anecdotes de ce genre qui ont défrayé les oisifs pendant le séjour des deux Empereurs et du Prince de Prusse à Varsovie. Cette entrevue fameuse a trompé l'attente de tout le monde, excepté celle du ministre des affaires étrangères du Czar qui y avait consenti, sachant bien que cela ne l'engageait pas à grand'chose, attendu que la Russie n'est guère en mesure de donner un démenti à la phrase qui a fait la réputation de cet homme d'État.

Le prince Alexandre Michaelowitsch Gortschakoff, successeur de Nesselrode, est le cousin du général Michel Gortschakoff qui défendit Sébastopol contre les armées alliées de la France et de l'Angleterre, et qui se console de ses échecs en écrivant des vers, et en représentant le vieux parti Russe. Le ministre actuel des affaires étrangères de la Russie vient d'atteindre sa soixante-troisième année. Entré dans la diplomatie à la sortie du collége de Tarskoë-Zelo, où il eut pour condisciple le poète Pouschkin, il fit ses premières armes aux congrès de Leybach et de Vérone, sous les ordres de M. de Nesselrode qu'il devait remplacer plus tard. Après ces congrès, il vint à Londres comme secrétaire d'ambassade; en 1830, il était chargé d'affaires à Florence où il resta jusqu'en 1832. C'est à cette époque qu'il fut appelé à Vienne, où le hasard lui fournit une occasion de se distinguer. Son ambassadeur tomba malade, et mourut laissant l'intérim de ses fonctions à son secrétaire. Une foule de questions divisaient l'Europe en ce moment, les affaires politiques paraissaient sur le point de s'embrouiller, le diplomate intérimaire ne se troubla point, et maintint l'influence de son gouvernement sur la cour de Vienne. Neuf ans plus tard, nous voyons notre futur ministre arriver à la cour de Stuttgard, avec un contrat de mariage dans son porte-feuille. Il s'agissait d'unir le Wurtemberg avec la Russie, dans la personne du Prince héréditaire et de la grande-duchesse Olga. La négociation réussit merveilleusement, et M. Gortschakoff fut promu au grade de lieutenant général, c'est-à-dire de conseiller intime.

La place de représentant de la Russie près la Confédération Germanique est un poste de confiance qu'on ne donne qu'aux diplomates éprouvés. M. Gortschakoff l'occupait à la satisfaction mutuelle de son gouvernement et de la Diète, lorsque la Révolution de 1848 éclata. C'est de Francfort qu'il noua, dit-on, les fils de l'espèce de conspiration de famille qui devait aboutir à l'abdication de l'empereur Ferdinand Ier, et à son remplacement par l'archiduc François-Joseph. S'il en est ainsi, l'Empereur actuel d'Autriche doit doublement son trône à la Russie.

En 1854, la question d'Orient si imprudemment soulevée par Nicolas, donnait de grands soucis à cet autocrate. L'Autriche branlait au manche, et il fallait un homme habile pour la raffermir dans sa fidélité; on songea naturellement à M. Gortschakoff, qui connaissait parfaitement les portes secrètes ou non de la politique viennoise, et qui comptait s'y introduire par des couloirs qu'il trouva fermés. Malgré toute son habileté et toute sa pratique des lieux, M. Gortschakoff ne put empêcher l'Autriche d'étonner le monde par son ingratitude; le traité du 2 décembre fut signé à sa barbe et à son nez. Après l'acceptation des quatre points qui impliquaient la conclusion du traité de Paris, M. de Nesselrode ayant jugé bon de prendre sa retraite, M. Gortschakoff fut appelé à occuper sa place, qu'il remplit du reste avec habileté. C'est un homme prudent, peu enclin aux entraînements, et qui a réussi, comme nous l'avons dit, par une phrase : « La Russie ne boude pas, elle se recueille. »

VI

On sait que dans les membres de la famille impériale Russe, depuis Pierre le Grand jusqu'à Nicolas Ier, le caporalisme a pris le caractère d'une véritable monomanie. Le grand-duc Michel, frère du précédent Empereur, faisait manœuvrer les hommes tout nus dans son palais, afin de juger d'après le jeu des muscles des mouvements qu'il fallait rectifier. Nicolas Ier poussait presque aussi loin le besoin de la réglementation. Supprimer ou ajouter un bouton de guêtre, déterminer la forme d'un hausse-col, fixer l'épaisseur d'une gourmette était pour lui une affaire d'État. Ce qui le frappait surtout dans le talent d'Horace Vernet, c'était son exactitude et sa fidélité à reproduire les moindre détails de l'équipement et du costume militaire. Rien ne lui échappait sous ce rapport : une buffleterie mal ajustée le frappait à cent pas de distance. Alexandre II n'a point, en fait de caporalisme, ce coup d'œil du génie. Dans sa jeunesse il aimait à se montrer à la tête du régiment des cosaques de la garde, sous le gracieux uniforme de ce corps, mais il ne témoigna jamais le même penchant à la soldatomanie que son père et son oncle. A la parade, il attirait les regards par la grâce mélancolique de sa physionomie plus allemande que slave, plutôt que par ce grand air militaire que Nicolas Ier avait au plus haut degré. Ses manières sont plus douces et plus aimables que celles de son père, dont la familiarité gardait toujours quelque chose de sec et de menaçant, et dont la bienveillance même semblait dure et empesée.

Travailleur infatigable, Nicolas Ier quittait avec le jour son lit de sangle, et enveloppé d'un vieux manteau de cosaque, il se mettait à la besogne. Il mettait la main à tout, ses ministres n'étaient que ses commis. — Sire, lui dit un jour Wronchenko, je me sens incapable de gérer le ministère des finances que vous m'avez confié, daignez accepter ma démission. — Reste, répondit le Czar, crois-tu donc que c'est toi qui es ministre?

Moins ardent aux affaires, Alexandre II laisse plus de latitude à ses conseillers. Un moment on trouva même qu'il montrait un peu trop d'indifférence à ce sujet, lorsqu'on le vit laisser en place les anciens agents de son père, et surtout le général Bibckof, ministre de l'intérieur, et le général Kleinmichel, directeur des voies de communication. Les Russes pensèrent qu'ils allaient vivre sous un souverain fainéant qui lâcherait la bride aux ministres, et cette perspective ne les rassurait guère. Heureusement ils se trompaient sur le caractère du nouveau Czar. Élevé par un père qui lui fit porter dès son enfance l'habit de soldat, et qui voulut lui-même le façonner à ce métier, et jouer vis-à-vis de son fils le rôle d'un caporal vis-à-vis d'une recrue, Alexandre II, par une réaction bien naturelle, devait témoigner peu de goût pour cette vie de parades et d'exercices perpétuels dont Nicolas n'exemptait pas les princes de sa famille. De même pour les affaires d'État. Il avait vu son père se perdre dans de tels détails, qu'il se sentit porté vers l'extrémité opposée, et qu'il voulut avoir des ministres véritables, et non des mannequins. Ce penchant n'allait pas jusqu'à abdiquer cependant toute initiative personnelle. On s'en aperçut enfin, en voyant les ministres impopulaires de son père en disgrâce, et la question de l'émancipation des serfs inaugurer la politique du nouveau règne.

Le servage est à la fois la honte et la plaie de l'autocratie Russe. Les Czars si puissants en apparence, ont toujours senti mugir sous leurs pieds une mer immense et profonde, l'Océan des serfs dont les vagues s'enflent de temps en temps d'un courroux mystérieux. Si la tempête éclatait, la Russie tout entière serait submergée et disparaîtrait sous des flots de sang. Le serf Russe, quelqu'abruti qu'il soit par la misère et l'esclavage, n'a jamais cessé d'aspirer à la liberté. Ces aspirations vagues se sont manifestées toutes les fois que l'occasion l'a permis, et surtout lorsque le trône de Russie a été occupé par un Prince réformateur. Quand le père de Pierre Ier, Alexis Mikhaïlowitch, parla d'abolir l'esclavage, on vit aussitôt une armée de serfs se former d'elle-même, et marcher sur Moscou qui paraissait vouloir résister aux volontés du Czar. Aux premiers mots prononcés par Catherine II, de lois, de code dans l'intérêt des serfs, ceux-ci se levèrent au nombre de plus de cent mille. De terribles vengeances eurent lieu ; plusieurs boyards furent massacrés. La Czarine eut un prétexte pour ne point accomplir les réformes promises ; le sort des serfs ne reçut aucune amélioration. A l'appel de Poujatscheff qui lui promettait la liberté, la population servile répondit d'une extrémité de la Russie à l'autre, et se montra prête à seconder la révolte. Des symptômes effrayants surgissaient de toutes parts. A Moscou, le prince Scherbatoff entrant dans son palais, fut surpris de trouver le premier étage illuminé, et retentissant du bruit et des chansons d'une orgie. Assis à sa table, ses domestiques boivent ses meilleurs vins de France, et l'un d'eux, se levant du fauteuil où il se carre, répond à son maître furieux et qui les menace tous du knout : « Calme-toi, prince Alexandre, et traite-nous plus doucement à l'avenir, car notre vengeur n'est pas loin d'ici. »

Poujatscheff en effet n'était plus qu'à quelques milles de Moscou.

Le serf Russe est bon de son naturel, il est susceptible d'élan, de dévouement, de courage ; né intelligent, il ne lui manque que l'instruction. On s'est bien gardé jusqu'ici de la lui donner. Son ignorance est la garantie de son obéissance. Aussi rien n'est plus ignorant, plus crédule qu'un serf russe. On a vu un moujick, voulant soigner son camarade affecté d'un vomissement de sang, lui tamponner la bouche avec de l'étoupe. Dans cette nuit opaque où vit le paysan Russe, quelques rayons ont fini cependant par pénétrer, il a vu l'horreur de son sort, et déjà, sous Nicolas, on a senti à des signes non équivoques qu'il était temps, si l'on voulait éviter une catastrophe, de résoudre enfin cette grande question du servage d'où dépendent la tranquillité présente et l'avenir de la Russie.

Nicolas Ier cependant ne s'occupa que des serfs de la couronne, et même sous ce point de vue ses mesures d'émancipation restèrent à peu près inefficaces. Le serf de la couronne, en effet, put devenir propriétaire, on lui donna à cultiver un espace de terrain qui, à la rigueur, aurait pu suffire à la nourriture de sa famille, si le fisc impérial n'eût prélevé sur chaque paysan une capitation de treize roubles, élevée aisément à vingt, à trente et même à cinquante roubles par les exactions des collecteurs. Le serf de la couronne n'était pas soumis, il est vrai, aux caprices d'un maître violent et fantasque, mais les employés du gouvernement, sous la surveillance desquels il se trouvait placé, devenaient pour lui les plus capricieux, les plus fantasques, les plus redoutables de tous les tyrans. Qu'il déplût à tel ou tel fonctionnaire, qu'il eût une fille jolie et dont il voulût défendre l'honneur, la Sibérie et le knout faisaient justice de sa résistance comme s'il eût appartenu à un simple boyard.

Les choses ont changé, non-seulement pour les serfs de la couronne, mais encore pour ceux de la noblesse. L'émancipation des serfs paraît se poursuivre avec le sérieux et l'activité qu'une telle mesure comporte; il serait prématuré de dire dès à présent quels en seront les résultats; ce qui est de bon augure, c'est que les intéressés croient à son efficacité. La royauté et le peuple semblent avoir conclu contre l'aristocratie une de ces alliances qui, si elles ne mènent pas toujours les nations à la liberté politique, leur assurent du moins les bienfaits de l'égalité civile. Le serf Russe se sent appuyé, et il relève la tête, les boyards commencent à s'apercevoir qu'il faut compter avec lui, le moujick, si longtemps abruti, reprend peu à peu la notion et la conscience de son droit; l'espérance d'un meilleur avenir lui sourit, et lui donne une assurance que son attitude trahit chaque jour davantage; il est aisé de s'en apercevoir dans les rues de Saint-Pétersbourg, lorsqu'une brillante voiture de grand seigneur rencontre sur son chemin un de ces lourds tombereaux qui transportent les boues et les glaces de la ville dans la Newa. Autrefois, au premier cri du cocher galonné, le charretier aurait fait ranger ses chevaux et se serait caché derrière eux pour éviter quelque bon coup de fouet sanglé en plein sur ses épaules, aujourd'hui, c'est à l'équipage armorié à attendre; le moujick suit son chemin sans se presser, et il se retourne de temps en temps pour jeter un regard narquois sur l'automédon en perruque poudrée, et sur le chasseur emplumé qui lui crient d'avancer, et si le cocher s'avisait de faire usage de son fouet, le serf le lui aurait bien vite cassé sur le dos.

Sous le règne de Nicolas Ier, 350,000 individus seulement dans toute l'étendue de son vaste Empire, recevaient à titres divers les bienfaits de l'instruction publique. Le Czar avait cru devoir fixer lui-même le chiffre des étudiants qui devaient fréquenter les diverses Universités dont les professeurs devaient invariablement appartenir à l'armée. Alexandre II a fait enlever toutes ces entraves. Le nombre des étudiants est illimité, les maîtres ne sont plus exclusivement des militaires; la censure des journaux et des livres semble montrer plus de bienveillance pour les droits de la pensée; la police, sans avoir perdu tout à fait son influence, n'est plus, comme autrefois, l'âme du gouvernement. On sent dans la Russie comme un souffle nouveau d'activité et de régénération. Le progrès suit sa marche là, comme partout ailleurs. La Russie cherche à se mettre au niveau des autres nations occidentales, elle ne prend pas toujours peut-être le meilleur chemin pour arriver à ce but, elle tâtonne, elle essaye, elle réussit quelquefois, elle peut se tromper souvent, mais enfin elle fait preuve de bonne volonté, et c'est là l'essentiel pour les peuples comme pour les individus.

Rien n'arrêtera-t-il plus ce mouvement ascensionnel de la Russie? Il serait téméraire de l'affirmer. Par une fatalité singulière, l'héritier du Prince libéral qui occupe en ce moment le trône est imbu, dit-on, de toutes les théories, de tous les préjugés, de toutes les erreurs de ce qu'on nomme le vieux parti Russe. Maître du pouvoir, on paraît craindre qu'il ne restaure aussitôt l'ancienne politique, et qu'il ne se retourne brusquement du côté de l'aristocratie. Dangereux et inutile revirement! au point où en sont les choses, tout retour en arrière ne ferait que placer sous le tranchant d'une révolution, le nœud qui peut encore être dénoué par une Réforme.

T. D.

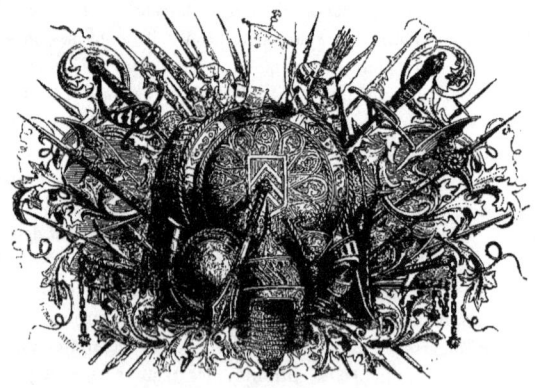

Typ. Ernest Meyer, à Paris.

KOSSUTH.

KOSSUTH

l est des hommes auprès desquels on ne peut passer sans détourner la tête et qui, au premier aspect, vous imposent en quelque sorte leur puissante personnalité. Parmi ces derniers il faut compter l'ancien gouverneur de la Hongrie indépendante, Louis Kossuth. Rien qu'à la fierté de sa démarche, à l'ampleur de son geste, au redressement de son front, on reconnaît un fort qui se sait fort. Que de ses lèvres tombent quelques mots, fussent-ils prononcés avec un accent étranger, à leur harmonie, à leur coloration brillante, à leur sonorité, on reconnaît qu'ils sortent d'une *bouche d'or*. Qu'au feu de la discussion, l'œil bleu du parleur s'enflamme, et l'on comprend, à l'émotion que l'on éprouve soi-même, que ce regard est celui d'un tribun, capable de fasciner tout un peuple.

Louis Kossuth est né le 16 septembre 1802, à Moenok (comitat de Zemplin). Son père, simple noble d'origine slave, était attaché en qualité de *fiscal*, sorte d'avocat privé, à la maison du baron Paul Vecsey, magnat opulent et patriote. Le baron, qui n'avait point d'enfants, prit en grande affection le jeune Louis. et le fit élever dans son château, puis l'envoya suivre les cours d'un lycée.

Reçu avocat à la suite des examens les plus brillants (1824), Kossuth revint dans son pays natal et devint le fiscal de la comtesse Szapary, au profit de laquelle il gagna plusieurs procès importants. En 1827 il exerça pour la première fois ses droits nobiliaires au sein de la Diétine de Zemplin et ne tarda pas, par le libéralisme de ses idées et l'entraînante éloquence de ses discours, à exercer une influence considérable sur ses concitoyens nobles et roturiers. Lorsque sévissait le choléra (1831), les paysans acccusaient leurs seigneurs d'avoir empoisonné les puits, les citernes, les ruisseaux, et menaçaient de se livrer aux plus effroyables vengeances « contre les empoisonneurs du peuple. » Kossuth intervint et, à sa voix, les préjugés populaires s'évanouirent, la consolation et la paix rentrèrent dans les âmes. Tel fut son premier triomphe oratoire. Lors de l'ouverture de cette longue Diète, qui dura de 1832 à 1836, Kossuth fut envoyé à Presbourg par un magnat dans l'impossibilité d'occuper son siége à la Chambre. De la sorte assistant aux séances, mais comme témoin plutôt que comme acteur, sans avoir le droit ni de parler ni de voter personnellement, le jeune suppléant put, d'abord s'habituer aux luttes parlementaires, puis profiter de sa propre éducation politique pour commencer celle du pays.

La Diète n'avait ni sténographes, ni *Moniteur* à son service. Le gouvernement autrichien, qui avait introduit la censure, ne permettait guère aux journaux de répéter, encore fort incomplétement, que ce qui ne lui déplaisait pas trop des discussions dont les deux Chambres étaient le théâtre. Kossuth se mit, avec un autre avocat, Orosz, à sténographier tout ce qui se disait dans l'enceinte législative; il organisa un bureau de copistes, et envoya son *Moniteur* autographié aux personnages les plus importants, à toutes les villes libres et à tous les comitats à la fois. La poste s'étant montrée infidèle, les courriers des magnats et ceux des libres administrations provinciales se firent les porteurs et distributeurs de la correspondance générale, qui se multiplia sans que l'autorité osât intenter un procès à ses auteurs. De manuscrite elle se transforma même en correspondance lithographiée, grâce à la protection de la Chambre des députés et surtout de Vesselinyi qui, pendant que l'on cherchait encore les moyens de rendre les débats publics, arriva un jour au sein des États faisant porter derrière lui tout un appareil lithographique, et s'écria : — « Vous discutez encore, voyez! moi, j'ai agi ! »

La Diète ayant été brusquement close (mai 1836), Kossuth, avec ses lithographes, se transporta à Pesth, dans l'intention de reproduire les débats des Diétines des comitats. Ordre lui fut intimé de cesser immédiatement ses correspondances. Il s'y refusa, déclarant qu'en sa qualité de noble, de citoyen libre, il tenait des lois de son pays le droit inviolable d'écrire selon sa pensée à qui bon lui semblait. Pour ôter à la police le prétexte même de la violence, le comitat de Pesth *prit à sa solde* le jeune avocat et sa lithographie et installa le bureau de correspondance dans la maison commune. Mais, voulant mettre fin à ce conflit qui prenait des proportions si inquiétantes, le gouvernement fit opérer une descente dans le domicile privé de Kossuth, saisir ses papiers, arrêter ses secrétaires et lui-même. Quelques semaines plus tard, Kossuth et ses *complices* furent traduits devant la cour septemirale et condamnés à quatre ans de prison.

Enfermé dans la forteresse de Bude avec plusieurs autres patriotes, Louis Kossuth employa les durs loisirs de sa captivité à lire et à étudier, préparant les armes qu'il devait employer plus tard contre les oppresseurs de sa patrie. Considéré déjà comme extrêmement dangereux, autant par son caractère inflexible que par ses talents, il eût sans doute été retenu captif, — selon la coutume autrichienne, — bien au delà du terme fixé dans sa condamnation, si l'opposition ne s'était trouvée assez forte pour contraindre le gouvernement à ne pas oublier de réunir la Diète à l'époque légale, et si la Diète de 1840 ne s'était montrée assez hostile pour que le cabinet de Vienne crût de son intérêt de changer la chancellerie hongroise et de proclamer une amnistie générale.

Libre et de plus rendu populaire par sa captivité, Kossuth cherchait le moyen de rentrer dans la vie politique lorsque le hasard le mit en rapport avec l'éditeur Landerer. Quelques semaines après l'opposition nationale possédait un organe, le *Pesti Hirlap* (la feuille de nouvelles de Pesth), et l'Autriche s'apercevait aux coups qui lui étaient portés qu'un publiciste de premier ordre venait de se dresser contre elle.

S'attachant moins aux côtés matériels de la question nationale qu'à ses tendances idéales, recueillant, de quelque nature qu'ils fussent, les griefs de tous les partis du pays contre le pouvoir autrichien, attaquant celui-ci sur vingt terrains à la fois, dénonçant une à une toutes ses violations de la Constitution, anciennes et récentes, préparant de la sorte une rupture complète entre lui et le parti libéral, dont les aspirations, auparavant un peu vagues, étaient de plus en plus dirigées vers l'indépendance absolue de la Hongrie, Louis Kossuth effraya ses amis par son succès même.

Mais le gouvernement ne sentit pas tout de suite la blessure, il ne s'aperçut pas du mal que tout choc d'idées devait naturellement lui faire. D'abord combattu par quelques personnes de son propre parti, Kossuth avait triomphé de toutes les objections qui lui avaient été opposées; il était devenu plus ferme, plus net dans ses affirmations; et le plan des grandes réformes de 1847-1848 était déjà tracé et en détail élaboré, lorsque, par suite de démêlés avec son éditeur, il dut quitter la rédaction du *Journal de Pesth*.

Journaliste en disponibilité, Kossuth redevint avocat, et continua par la parole l'agitation si bien commencée avec la plume. Les Diétines des comitats ayant constitutionnellement la faculté de se mettre en communication les unes avec les autres, la voix du grand orateur de la capitale eut le pays entier pour écho.

II

Un des moyens d'asservissement, employés contre la Hongrie par ses rois germanisateurs, avait été de la tenir industriellement serve. Protéger le travail indigène et ne se servir que de ses produits à l'exclusion de ceux des manufactures d'Autriche, de Styrie et de Bohême, c'était évidemment faire acte d'hostilité contre la politique séculaire de la maison régnante et bien marquer que la Hongrie voulait enfin développer complétement l'autonomie dont elle jouissait constitutionnellement mais non effectivement, car ses lois avaient été depuis trois siècles aussi souvent violées que jurées. Sous l'inspiration de Kossuth, les membres de la *Védegylet* (association protectrice) s'engagèrent mutuellement à ne se servir désormais d'aucun produit provenant des pays autrichiens ou devant, pour entrer, subir les taxes de la douane établie entre la Hongrie et l'Autriche. Durant plusieurs étés, durant plusieurs hivers, les belles dames, les gentilshommes élégants, renoncèrent au velours, à la soie, à la fine toile, pour ne se revêtir que des grossières étoffes, fabriquées en Hongrie par des industriels inexpérimentés. Cet isolement matériel de la Hongrie de l'Autriche inquiéta beaucoup le cabinet de Vienne, mais il comprit vite que ses adversaires ne possédaient pas assez de capitaux pour maintenir longtemps le système protecteur dans un pays trop longtemps traité comme une colonie, à laquelle on prend tout sans presque lui rien rendre, et qui, soigneusement maintenu en dehors du mouvement économique européen, contenait très-peu d'ouvriers indigènes, étant, du reste, par la nature de son sol autant que par les mœurs de ses habitants plus agricole qu'industriel. L'*Association nationale*, malgré le zèle de ses membres, devint bientôt incapable de suffire aux besoins de la consommation, des difficultés de toutes sortes lui furent suscitées et, l'infidélité d'un de ses agents supérieurs aidant les intrigues autrichiennes, elle disparut.

L'insuccès économique de Kossuth ne nuisit point à sa popularité, car, en 1847, le comitat de Pesth le nomma un de ses députés à la Diète de Presbourg.

La Diète se réunit le 7 novembre et fut ouverte, le 12, par le roi en personne. Dans les discussions très-vives auxquelles donna lieu le rejet par la table des magnats de l'adresse en réponse au discours royal présentée par Kossuth, votée par les députés, dans l'élaboration des réformes populaires, dans les interpellations contre la violation des lois nationales, le député de Pesth fut toujours le plus avancé des opposants et de la sorte s'acquit, à la Diète et au dehors, une influence considérable. Dans la première quinzaine de février 1848, lorsque par suite d'intrigues ministérielles, très-bien menées, à la majorité d'une voix, la seconde Chambre refusa de se prononcer énergiquement contre le système des administrateurs, il laissa tomber cette menace : — « Eh bien ! il n'y aura plus de paix entre nous après un tel vote ! Que la responsabilité en retombe sur la tête de nos adversaires ! » — D'audace en audace, la nation entière suivait le député constitutionnel presque devenu tribun, mais le parti conservateur, encore puissant dans l'Assemblée législative, réussissait, surtout grâce aux magnats, à retarder au moins le triomphe de l'opposition avancée, quand éclata, comme un coup de tonnerre, la révolution française du 24 février.

III

Certes, Kossuth aurait pu profiter de la circonstance pour entraîner son pays dans la révolution, et en ne le faisant pas il commit une faute, dont il s'est lui-même fort repenti plus tard. Réformiste plutôt que révolutionnaire, homme de plume et de parole plutôt qu'homme d'action, il ne sut pas d'un bond s'élever à la hauteur de la situation générale. Républicain d'instinct, mais de tempérament pacifique, il ne désira pas plus que d'obtenir, grâce aux circonstances, la réalisation complète du programme de 1847, sur la base constitutionnelle du

maintien de la dynastie régnante et de l'union avec l'Autriche. Dans son fameux discours du 3 mars, il rendit « grâces à Dieu de ce que le point de vue dynastique se trouvât conforme aux intérêts de sa patrie, » et ne demanda, pour arracher la Hongrie à son assoupissement de trois siècles, que l'institution d'un ministère responsable, combinée avec la concession d'une constitution libérale. Bien plus, la cour ayant hésité, jusqu'après la triomphante insurrection du 13 mars, à souscrire aux vœux extrêmement modérés des Hongrois, le grand agitateur fut le premier à empêcher la jeunesse de s'insurger, comme celle de Vienne, afin d'arracher aux magnats et au roi la réalisation de l'autonomie nationale. La grande manifestation du 15 mars s'étant produite à Pesth, juste au moment où, par peur, magnats et roi s'inclinaient devant l'opinion publique, il laissa encore échapper cette parole de mécontentement : — « Pesth n'est pas Paris, et jamais la représentation des pays entiers ne subira la volonté d'une fraction du tout national! » — Lorsqu'enfin, le 31 mars, les demandes de la Diète furent, bon gré mal gré, et avec certaines modifications, acceptées par le roi, Kossuth déclara se soumettre sans arrière-pensée aux résolutions royales : — « Si je disais, s'écria-t-il, à la fin de l'une de ses plus admirables haran-
» gues: si je disais : Je ne les accepte pas! on verrait couler le sang ; mais ce
» serait un crime! Certes, elles ne réalisent pas tous mes vœux les plus chers ;
» mais au moins elles nous donnent la possibilité d'en conquérir la réali-
» sation. »

Par la modération de Kossuth, on peut juger de celle des autres chefs du parti libéral, beaucoup moins avancés que lui, et c'est à juste titre que l'on a dit que la Révolution de 1848 ne fut pas en Hongrie à proprement parler une révolution, mais une réforme constitutionnelle, légalement effectuée. Le premier ministère concédé à la Hongrie comprenait les personnages les plus importants de l'opposition et notamment Louis Kossuth. Aussi fut-il, et par la Diète et par la nation, accueilli avec le plus vif enthousiasme.

Si Kossuth, membre du cabinet Batthyany, participa, au moins par sa présence trop prolongée au milieu d'hommes dont les opinions n'étaient pas les siennes, aux fautes qui furent commises durant l'été de 1848, on doit cependant lui rendre cette justice qu'il fit moins efforts pour exciter l'audace de ses collègues et personnellement ne dissimula jamais à la Diète et à la nation la gravité de la situation. Pendant que la *camarilla* ourdissait cette horrible intrigue de la rivalité des races, pendant que le ministère hongrois se fiait aux déclarations constitutionnelles du roi et, joué par lui, ne prenait aucune précaution contre les révoltes intérieures, ce fut Kossuth qui le poussa, dès que les hostilités austro-serbes devinrent évidentes, à appeler la jeunesse patriote aux armes. Mais de peur de mécontenter le monarque qui consentait à destituer officiellement Jellachich, toujours encouragé officieusement, le cabinet Batthyany ne voulut pas recevoir plus de 10,000 volontaires, emprunter plus de 12 millions et demi de florins, et l'enthousiasme patriotique, éveillé le 16 mai, fut plutôt attiédi que surexcité jusqu'à la réunion de la Diète. Les représentants de la nation étant assemblés à Pesth (2 juillet), et la duplicité de la cour étant rendue évidente par l'impossibilité d'une réconciliation avec l'agitateur des Croates, Jellachich, Kossuth put oser, le 11 juillet, beaucoup plus que ce que ses trop prudents collègues lui avaient permis deux mois auparavant. Malade, il monta à la tribune et présenta un exposé de l'état des affaires, terminé par ces mots : — « Oui, le pays est en danger » ou plutôt il sera en danger demain, à moins qu'il ne se décide à vivre! » — Et il demanda l'approbation du précédent crédit de 12,000,000, l'ouverture d'un crédit supplémentaire de 42 millions de florins et la levée de 200,000 hommes. La Diète, d'une seule voix, répondit : — « Nous accordons! nous accordons! » — « J'allais vous dire... j'allais vous dire... » reprit Kossuth chancelant sous le poids de l'émotion et tremblant de fièvre..., « mais vous vous » êtes levés comme un seul homme, et moi, je me prosterne devant la grandeur » de cette nation!... Autant d'énergie dans l'exécution que j'en ai rencontré » dans la décision, et les portes de l'enfer même ne renverseront pas la Hongrie! » — *Eljen Kossuth! Eljen a Haza!* (vive Kossuth, vive la patrie), s'écrièrent à la fois l'assemblée et les tribunes, et l'enthousiasme devint si frénétique que le président dut suspendre la séance. Le lendemain les journaux dispersèrent à travers le pays le splendide discours de Kossuth, qui, lu sur les places, dans les rues de toutes les villes et de tous les villages hongrois, souleva d'indicibles élans de patriotisme. En ce moment si le brillant orateur avait rompu avec ses collègues, il aurait sans nul doute été acclamé par les populations, enivrées de son éloquence, comme un nouveau Rakotzyi, et la nation entière l'aurait suivi, marchant sur Vienne.

IV

Batthyany empêcha Kossuth de sortir de la légalité et lui, il eut le tort de laisser l'éminent magnat perdre les plus précieuses semaines à rechercher l'adhésion du roi aux lois de salut public, votées par la Diète. Dans cette œuvre absurde du maintien de la légalité, — alors que toute légalité était violée par l'Autriche qui fomentait, soldait, armait les insurgés serbes, roumains, saxons, croates, — Kossuth se compromit en défendant contre l'opposition avancée des États la conduite de ses collègues, n'osant pas exiger le rappel des régiments hongrois d'Italie et même voulant promettre un secours à l'empereur d'Autriche, pour le cas où le roi de Hongrie laisserait ses fidèles sujets lever les troupes et les forces nécessaires à leur propre défense et de sa propre autorité coopérerait avec eux à l'apaisement des luttes intestines des nationalités. Pendant que le cabinet de Pesth attendait ainsi qu'il plût à l'Autriche de lui permettre de sauver le pays, Radetzky reprenait Milan et forçait Charles-Albert à signer l'armistice de Salasco (4-6 août) ; et aussitôt « le roi aimé » refusait nettement de sanctionner les lois qui lui avaient été présentées par « son peuple fidèle. » Ce défi fut jeté le 9 septembre, dans l'audience qui fut accordée à Schœnbrunn aux 100 délégués de la Diète de Pesth, et deux jours après, le 11, Jellachich franchit le Drave, au nom de l'empereur d'Autriche, envahissant le territoire du roi de Hongrie!

A la séance du 11 septembre, le président avertit la Diète que le ministère Batthyany avait donné sa démission et l'invita à pourvoir à la nécessité d'un gouvernement. Des cris de : « Vive Kossuth » éclataient. Le ministre de l'intérieur annonça alors qu'il n'avait pas encore abandonné son portefeuille, ayant jugé nécessaire que, dans une crise aussi grave, un ministre responsable restât au moins en fonctions. Cet acte de patriotisme ayant été fort applaudi, Kossuth déclara qu'il se considérait aussi comme obligé de conserver ses fonctions jusqu'à la nomination de son successeur légal et, retournant à son banc, il s'écria : — « Je reprends ma place, et je voudrais voir celui qui m'en chassera! »

Il était en effet à craindre que le roi, qui avait accepté la démission de Batthyany, et qui déjà, dans un *memorandum*, protestait contre les réformes de mars, ne voulût point instituer un nouveau ministère, et qu'ainsi la Hongrie, en s'obstinant à rester dans la légalité, demeurât sans gouvernement en présence d'une invasion. L'attitude de Kossuth et de la Diète contraignit le Palatin à charger Batthyany de la composition d'un nouveau ministère, mais à peine celui-ci eût-il été présenté que le Palatin, qui venait de se faire refuser une entrevue par l'envahisseur Jellachich, crut devoir prendre la fuite. La constitution du nouveau cabinet étant devenue impossible, la cour de

Vienne poussant l'illégalité jusqu'à mettre la Hongrie en état de siége sous le commandement du général Lemberg, la Diète, même sans violer la légalité à laquelle elle restait attachée avec une sorte de folie, dut, mais seulement pour « sauver la patrie et ses droits sanctionnés par la loi de 1848, » instituer un comité de défense, — 22 septembre, — qui, réorganisé le 8 octobre, sous la présidence de Kossuth, fut dès lors le vrai gouvernement de la Hongrie.

Grâce à sa popularité, à son activité, à son génie, Kossuth concentra dès ce moment presque en lui seul, tous les pouvoirs du comité qu'il présidait, et raconter sa biographie, c'est raconter la Révolution hongroise elle-même. En face de Jellachich, marchant sur Pesth, des Croates, des Serbes, des Saxons, des Valaques transylvains, insurgés au nom de l'Empereur, l'ardent tribun trouve instantanément la puissance de réparer les fautes commises durant tant de mois. A sa voix, les régiments de hussards, encore au service de l'Autriche, accourent former le noyau de la cavalerie de leur pays. La jeunesse, trop longtemps retenue, s'ébranle, et des volontaires qui jurent de servir *jusqu'à la victoire, jusqu'à la mort*, sont rangés par milliers dans les bataillons de *Honveds* (défenseurs de la patrie). Des compagnies d'artillerie et de génie sont improvisées, ainsi que des manufactures d'armes, de munitions, d'équipements et d'habillements militaires. Bientôt la Hongrie, surprise, sera de force à lutter contre les vieilles troupes autrichiennes, à les battre, à les écraser. Mais déjà, — en septembre, — avant que l'armée nationale puisse être formée, — on voit Kossuth parcourir tous les grands villages de la *Puszta* (steppe), en lancer toutes les populations, jusqu'aux vieillards, contre Jellachich qui, arrêté à Pakozo, s'enfuit honteusement vers Vienne, poursuivi par des paysans à peine armés! Si le magnifique élan, excité par le grand orateur, n'avait pas été encore une fois fatalement entravé par crainte d'enfreindre la légalité, de violer la frontière autrichienne quand les Habsbourg-Lorrains venaient de faire violer le territoire hongrois, certainement les vainqueurs de Jellachich auraient pu arriver dans les premiers jours d'octobre sous les murs de Vienne, opérer leur jonction avec les insurgés viennois, et du même coup sauver la Hongrie et l'Autriche démocratique. Par malheur, Kossuth ne triompha des hésitations des timides que le 28 octobre, l'armée hongroise alla se heurter à Schwechat contre Jellachich, Auersperg et Windischgraets réunis, perdit la bataille et ne put empêcher la mitraille impériale d'écraser les Viennois.

V

Pour avoir manqué l'occasion d'achever sa première victoire, la Hongrie se trouva placée dans une situation que l'Europe entière crut désespérée : quatre de ses forteresses intérieures étaient au pouvoir de l'ennemi, dans le Banat sévissait l'horrible guerre des Serbes contre les Magyars, le général Schlick avait déjà envahi la partie septentrionale du pays, les Impériaux, unis aux Valaques et aux Saxons, s'emparaient de la Transylvanie ; Jellachich augmentait ses hordes Croates, Windischgraets rassemblait toutes les forces autrichiennes, excepté celles employées à bloquer Venise; en un mot, comme disait Kossuth, la Hongrie était vraiment « attaquée de huit côtés à la fois, » étreinte dans un immense réseau de fer et de feu. Certes, lorsque le 2 décembre 1848, François-Joseph reçut la couronne de son oncle Ferdinand II et chargea son généralissime de réunir le royaume *rebelle* en un tout unitaire avec le reste de la monarchie autrichienne, qui n'eût cru que c'en était fait pour jamais de la vieille constitution de Saint-Étienne, de la nationalité hongroise elle-même? En voyant le généralisisme Windischgraetz avancer presque sans éprouver de résistance, prendre Bude et Pesth sans bataille; en voyant le comité de défense, la Diète, l'armée, reculer jusque derrière le Tisza, autour de Debreczen, qui eût rêvé, durant ce terrible hiver de 1848-1849, qu'au printemps suivant, avec les premières fleurs, s'épanouirait triomphante la liberté hongroise?...

Ce miracle fut dû, d'abord, au peuple, qui, — lorsque tant de lâches magnats passaient derrière l'ennemi, se mettaient même à son service; lorsque tant de députés désespérés hésitaient à aller occuper leurs siéges à Debreczen; lorsque, jusque dans l'armée, se produisaient tant de défections intéressées, — ne douta pas un seul instant du triomphe de la cause nationale et, sans élever le moindre murmure, persista à verser et son sang et son or dans l'espoir d'une victoire presque impossible. Mais qui exprima alors avec le plus d'exactitude, qui entretint le mieux de sa propre foi la foi du peuple? Ce fut Kossuth. Bem, qui d'un bond, reconquit la Transylvanie, considérée comme perdue, Damjanich et Perczel, qui étouffèrent l'insurrection serbe, Klapka qui, en battant Schlick, empêcha la jonction des armées autrichiennes et rendit possible la concentration des armées hongroises; Gœrgey lui-même, par sa belle retraite d'hiver; tous les généraux et, soyons justes, tous les soldats, sans doute, eurent la plus large part dans l'accomplissement de l'œuvre nationale. Mais la gloire particulière de Kossuth, c'est d'en avoir pris l'initiative et de l'avoir rendue possible en réussissant, par l'irrésistible enthousiasme qui débordait de son cœur dans ses proclamations et dans ses actes, à réunir un moment toutes les volontés si divergentes avant et après ce moment sublime.

Si, — ne recherchant pas les intrigues qu'ourdissent déjà les Pacifiques et Gœrgey, et qui plus tard produisent de si funestes résultats, — on se rappelle la glorieuse campagne d'août 1849, la guerre de Hongrie devient un poëme épique, où, pendant que la foule anonyme agit, deux grandes voix répondent, tantôt annonçant la victoire et tantôt la célébrant, celle du poète de Petœfi, celle de l'homme d'État, de Kossuth; l'une et l'autre criant : *En avant! En avant!*

> « S'il faut mourir, eh bien! soit, mourons tous!
> « Et que par nous vive notre Patrie!
>   En avant!

Ainsi chante le Rouget de l'Isle hongrois; et le président du comité de défense s'écrie à son tour :

« Hongrois, libres citoyens du pays d'Arpad, indépendant depuis mille
» ans, salut!

« ... Il existe un Dieu juste, qui a veillé sur nous avec sa sollicitude
» paternelle, avec sa bonté infinie. Il nous a envoyé des jours de souffrance
» afin que se réveillât dans nos cœurs l'amour de la patrie, afin que fût
» épuisée chez nous cette patience, avec laquelle nous supportions depuis
» plusieurs siècles l'oppression et l'esclavage. Ce Dieu nous a plongés dans
» l'infortune, pour nous apprendre à connaître le prix d'une indépendance
» menacée; il a voulu nous conduire dans la voie de la félicité suprême,
» après nous avoir contraints auparavant à exercer notre force, et à le
» mériter par notre dévouement et notre énergie...

» ... Dans quelques jours la Hongrie sera libre, et aucun ennemi ne
» viendra plus nous molester sur notre territoire. Recevez cette agréable
» nouvelle, mes frères! »

Pendant ce temps-là, l'armée nationale a repassé la Tisza; elle s'est heurtée à Kapulna contre les masses épaisses des Autrichiens et elle s'est trouvée, — cette armée improvisée d'hier, — capable de soutenir le choc. Puis à Hatvan, elle a pris son élan, et de Tapio-Bicske à Isaszegen Gœdœllœ, de Vacz à Magy-Sarlo, les Honveds n'attaquant plus qu'à la baïonnette, les hussards assommant à coups de poings leurs caricatures Croates, elle a débloqué Comorn, délivré la capitale, et refoulé l'ennemi dans Presbourg. Un pas de plus, la patrie est délivrée.

... *En avant!* crie encore Kossuth. Le général en chef, Gœrgey, crie aussi *en avant!*

VI

A la fin d'avril 1849, la question était enfin franchement pesée entre l'Autriche et la Hongrie. Le premier usage que le président du Comité de défense crut devoir faire de son autorité, fut de répondre aux attentats commis par le nouvel empereur François-Joseph, qui décrétait la suppression de l'autonomie hongroise au mépris des serments jurés depuis trois siècles par ses ancêtres, en faisant prononcer par l'Assemblée nationale la déchéance de la parjure maison de Habsbourg-Lorraine et l'indépendance de la nation hongroise, rentrant dans la plénitude de ses droits. Le grand acte du 14 avril, admirable résumé des griefs de la Hongrie contre l'Autriche, monument destiné à servir de base à la reconstitution de la nationalité hongroise, fut presque entièrement écrit sous la dictée de Kossuth. Cette œuvre, la plus belle à laquelle il pût attacher son nom, que ne l'exécuta-t-il une année plus tôt! Certainement il en aurait eu le pouvoir, et, grâce à lui, l'Autriche n'aurait pas survécu à la crise de 1848. En avril 1849, la *Déclaration de l'indépendance* ne reçut point en Europe l'accueil qu'elle méritait. Quoiqu'il n'y fût point question de république, mais uniquement de nationalité, les peuples libres eux-mêmes restèrent sourds à la voix de la Hongrie, n'ouvrirent point leurs rangs pour l'admettre parmi eux. A l'intérieur, bien qu'acclamée par la presque unanimité des populations, la rupture complète avec l'Autriche servit de principal prétexte aux intrigues militaires des pseudo-constitutionnels, du traître Gœrgey, et ce fut aussi du décret de la Diète de Debreczen que le cabinet de Vienne se servit pour dissimuler aux yeux des puissances occidentales l'iniquité de l'intervention russe, décidée, commencée même, antérieurement, en Transylvanie.

Nous n'avons pas l'espace nécessaire pour rendre compte dans tous ses détails de la conduite que tint Kossuth dans ces terribles circonstances. Élevé au rang suprême de *Gouverneur*, le 14 avril, il s'efforça tout d'abord de rallier toutes les opinions en ne se prononçant pas sur la forme du gouvernement, en n'acceptant le pouvoir que pour assurer les droits de la nation, décidé à n'être plus tard — comme il dit dans son serment — « qu'un pauvre et modeste citoyen de la Hongrie affranchie. » Sa modération, dès le début, n'empêcha pas le général Gœrgey, tiré par l'ex-président du Comité de défense de la foule des officiers secondaires et successivement élevé au rang de généralissime, d'ameuter contre lui les esprits timorés et de tramer un coup d'État militaire, qui avait pour but apparent de maintenir l'ancienne Constitution sous le roi légal. Ce coup d'État réussissant, Georgey, dont c'était le but principal, se serait empressé de prendre la place d'un rival. Pour exécuter son projet, il pensa qu'il devait, non pas laisser son armée poursuivre sa marche victorieuse sur Vienne, mais la ramener vers Bude et l'attarder au siége, pour le moment inutile, de cette forteresse. En perdant deux ou trois semaines à la prendre, le vainqueur avait permis à l'Autriche d'appeler la Russie à son secours et de barrer définitivement la route de Vienne aux Hongrois; et pourtant quand, le 5 juin, Kossuth put faire rentrer son gouvernement à Pesth, complétement délivré, le peuple, ivre de joie, mêla dans ses acclamations son nom à celui de Gœrgey.

Le gouverneur, depuis que le général de l'armée du Danube avait lancé la proclamation anti-parlementaire du 6 janvier, avait pu se rendre compte du caractère et des desseins du général en chef. Il aurait donc dû se préparer à agir contre lui à la première occasion favorable et dès que le salut public exigerait la punition du rebelle. Au contraire, on vit toujours Kossuth, sans doute parce qu'il admirait trop les talents militaires de son ennemi, s'efforcer de le ramener à lui en l'accablant d'honneurs. Au commencement de la campagne d'avril, il lui sacrifie Dembinski. Devenu chef de l'État, il en fait son ministre de la guerre, et, lors même que désobéissant formellement à ses ordres, il le voit s'acharner à livrer autour de Comorn, pendant que les Russes avançaient, les plus malheureux combats, il ne le destitua un instant que pour lui rendre quelques jours après ses dignités et le laisser libre, hélas! de perdre la Hongrie.

VII

Vis-à-vis de Gœrgey, qu'il aurait dû briser à temps, Kossuth montra une trop grande faiblesse. Mais pourquoi? Était-ce simplement par manque de courage personnel, comme l'ont tant répété ses ennemis? N'était-ce pas plutôt parce qu'il crut jusqu'à la dernière heure que Gœrgey était indispensable, comme chef d'une habileté reconnue, pour conduire les opérations militaires; parce qu'il le supposa beaucoup plus influent sur l'armée qu'il ne l'était réellement, et craignit de susciter des divisions précisément à l'heure où il fallait que tous les fils de la patrie restassent indivisiblement unis en face de l'ennemi commun?

Quoiqu'il en soit, pour éviter que le gouvernement national ne se trouvât surpris entre l'armée de Paskiévitch et celle de Haynau, Kossuth quitta une seconde fois Bude-Pesth et transporta sa résidence à Seyged (10-11 juillet). Espérait-il encore — comme on le croirait en lisant une de ses proclamations — que la Hongrie pouvait se sauver, et par son salut assurer à l'Europe entière la conquête et la liberté? — S'il espéra malgré tout, son illusion ne dura pas longtemps, car Gœrgey n'ayant pas opéré sa jonction avec les autres corps d'armée au moment opportun, les Russes et les Autrichiens purent couper les défenseurs de la patrie; Dembinski perdit la bataille de Szœreg (3 août), Bem, celle de Temesvar (9 août). Retiré à Arad, le Gouverneur, croyant, malgré les avis de quelques-uns de ses ministres, la situation insoutenable, renonça tout à coup à son autorité et transféra le pouvoir civil et militaire au général Gœrgey (11 août). Le surlendemain, le nouveau dictateur réunissait 30,000 soldats encore décidés à combattre, les conduisait au milieu des Russes, par lui-même avertis, et, dans les plaines de Vilegos, leur faisait mettre bas les armes. Bientôt la forteresse de Comorn, commandée par Klapka, fut seule à maintenir héroïquement le drapeau tricolore, qu'elle dut enfin abattre de ses murailles le 5 octobre. Dès lors, l'ordre régna en Hongrie.

Cependant Kossuth était entré par Orsara sur le territoire turc (19 août). Il espérait se rendre immédiatement en Angleterre, en passant par Constantinople. Mais la Porte, menacée par l'Autriche et la Russie, n'osa pas le laisser partir et le retint à Woddin, en Bulgarie. Craignant de ne point être appuyé par les gouvernements occidentaux, le Sultan fit proposer aux proscrits hongrois de se convertir à l'islamisme et de devenir ainsi sujets turcs. Kossuth refusa et écrivit à lord Palmerston, le 20 septembre : — « Entre la mort et le déshonneur, le choix ne saurait être ni douteux, ni difficile. » — Grâce à la protection de la France et de l'Angleterre, qui ordonnèrent à leurs vaisseaux d'aller mouiller dans les eaux du Levant, la Turquie garda ses hôtes, mais elle dut interner à Kutahia (Asie mineure) ceux d'entre eux qui étaient restés chrétiens. A la suite de réclamations très-pressantes de la diplomatie anglaise et américaine, Kossuth finit par être relâché le 22 août 1851. S'embarquant aussitôt pour l'Occident, il toucha à Gênes, où l'Italie salua en lui le représentant d'une sœur infortunée, et à Marseille, où il voulait prendre terre pour gagner Londres à travers la France. Mais le cabinet de Paris lui refusa cette faveur, et il poursuivit son voyage par mer, non sans avoir reçu de vives marques de sympathie des démocrates marseillais, représentant en cette circonstance la démocratie française. Quoique reçu à Londres avec le plus chaleureux enthousiasme, le proscrit ne tarda pas à faire voile pour l'Amérique. Il y séjourna durant la majeure partie de l'année 1852, parcourant les grandes villes des États-Unis du nord, de meeting en meeting. Ses discours, ses *lectures*, au nombre de six cents, obtinrent un tel succès qu'elles lui rapportèrent, assure-t-on, plus d'un million.

De retour à Londres, l'ex-Gouverneur fut un moment, on se le rappelle, membre du comité révolutionnaire européen avec Ledru-Rollin et Mazzini. Mais, après l'emeute de Milan, en février 1853, ayant nié sa participation à un appel aux armes, adressé sous son nom à la Hongrie, il se sépara du grand agitateur italien, et plus tard cessa aussi d'agir de concert avec les exilés français.

Il n'est pas nécessaire de chercher à cet isolement de l'agitateur hongrois des causes occultes. Nous avons assez répété et prouvé par ses actes que Kossuth est beaucoup plus patriote que républicain et plus politique que révolutionnaire. C'est à cause de cela que ses articles dans *le Globe* et ses lectures dans les principales villes de la Grande-Bretagne ont été si chaleureusement accueillis par les Anglais libéraux. C'est à cause de cela aussi qu'il put, en 1859, traverser la France, qui lui avait été fermée naguère, et, pendant que nos armées étaient en Italie, jouer contre l'Autriche un rôle, qui, sans la brusque paix de Villafranca, serait peut-être devenu très-important. Depuis lors, voyageant en France, en Italie, en Suisse, mais ayant sa résidence principale à Londres, il n'a pas cessé de parler et d'agir en faveur de sa patrie; ses discours, ses rapports avec les principaux hommes d'État de l'Europe n'ont pas peu servi à assurer les sympathies du monde libéral à l'admirable réveil qui s'est produit en Hongrie depuis l'année dernière.

Si au dehors de sa patrie, l'ancien Gouverneur a réussi à rester un personnage important, dans sa patrie même, sa popularité est toujours immense. Il ne faut pas être prophète pour prédire que, grâce aux circonstances, il ne tardera pas peut-être à recommencer sa vie active, si fatalement interrompue. Nous avons tout lieu de croire que l'expérience du passé lui épargnera à lui et à sa patrie les fautes et les désastres de 1848-1849. Il est des nations que la servitude anéantit. La Hongrie prouve à cette heure même qu'elle n'est point morte, et quiconque s'est approché de Kossuth a reconnu que, s'il n'a rien oublié, il a beaucoup appris. Son talent, que l'âge n'a point affaibli, sera un jour prochain, capable de renouveler les miracles d'enthousiasme d'avril 1849, avec les deux mêmes mots : *Patrie et Liberté*.

T. D.

Typ. Ernest Meyer, à Paris.

MICHELET

MICHELET

I

Ce sera sans contredit une des figures les plus finement accentuées, les plus originales de ce siècle. Nul n'aura touché à plus d'idées, non pour les mettre en lumière, car ce n'est pas un vulgarisateur; il n'élucide pas ce qu'il touche, mais il le met en relief; il force la pensée à s'y arrêter, à retourner dans tous les sens le bijou qu'il a ciselé et auquel il a donné une forme étrange et saisissante : la forme de son style, la forme de son génie, étranges et saisissants l'un et l'autre. Il pose des problèmes plus qu'il ne les résout, mais il les pose avec un art si merveilleux, avec une passion si vraie qu'il nous force nous-mêmes à chercher des solutions. Il a écrit et il termine en ce moment une *Histoire de France* qui ne ressemble à aucune histoire en ce qu'elle a moins pour objet de nous enseigner les faits que de nous obliger à les apprendre ailleurs pour leur appliquer ensuite les réflexions qu'ils lui inspirent, les déductions générales et à grande portée qu'il en tire. C'est un poète doublé d'un philosophe, c'est un grand écrivain doublé d'un apôtre. Mais ce n'est pas un enseigneur dans l'acception vulgaire du mot. Pour lire avec fruit Michelet, il faut savoir à l'avance les choses dont il parle, et alors il agite dans l'âme de ses lecteurs tout un monde de pensées, de sentiments, d'aspirations généreuses dont il a en lui le foyer et qu'il a le don de transmettre.

Si j'avais à définir d'un mot Michelet, je dirais que c'est un agitateur dans l'ordre moral, intellectuel, philosophique et religieux, comme O'Connell fut un agitateur dans l'ordre politique. O'Connell n'était ni un tribun, ni un orateur, ni un homme d'État, bien qu'il eût en lui l'étoffe et les capacités de l'homme d'État, de l'orateur et du tribun; c'était un agitateur. Il a agité son peuple d'Irlande, il a fait naître en lui l'ardente passion de son indépendance et de sa liberté.

On peut dire aussi de Michelet qu'il n'est ni un historien, ni un professeur, ni un poète, bien qu'il ait en lui tout ce qui constitue le poète, le professeur et l'historien; mais c'est un agitateur. Il a agité dans les âmes de ses contemporains, grâce à sa parole brève, incisive, je dirais volontiers une parole *rayée* tant elle porte loin ! il a agité plus d'idées, plus de passions que qui que ce soit parmi nous. Il a trouvé des chemins inconnus pour arriver jusqu'aux esprits les plus paresseux qui se sont réveillés au tocsin de sa phrase et ne se sont plus rendormis.

Ceux même qui ne se rendent pas compte de ce caractère tout particulier de la mission et du rôle de Michelet, sentent instinctivement qu'il est par-dessus tout un agitateur. Quiconque voit l'homme après avoir lu un seul de ses livres éprouve une surprise. On s'attend à trouver un homme de haute taille, une tête de lion, des muscles puissants comme était O'Connell, comme étaient tous les grands agitateurs politiques. L'agitation que fait Michelet n'a pas besoin d'aide extérieure. Du fond de son cabinet, la plume à la main, il fait son œuvre. La place publique, le forum, la tribune aux harangues, ce n'est point là sa place. La jeunesse a suivi avec enthousiasme ses cours au Collége de France. Même alors, sa parole écrite aurait eu plus de succès que sa parole parlée.

Il est de petite taille, fluet, d'une délicatesse extrême. Je ne sais quoi d'emphatique et de mesuré met tout d'abord en garde contre lui. Cette impression dure peu, mais on l'éprouve. Sa politesse a des formes exagérées; sa voix est pointue; elle fait éprouver la sensation d'une piqûre dès les premières notes, et la piqûre, insensiblement, devient une sensation agréable. Sa figure est d'une exquise finesse, mobile et douce; mais si l'on mettait son portrait, son vrai portrait, en tête de ses livres, il y ferait comme un contre-sens. Rien, dans ses traits ni dans son attitude extérieure, ne fait soupçonner la puissance de cette âme, la vigueur mâle de cet esprit, la jeunesse éternelle de son cœur,

II

Michelet a toujours trente ans dans ses livres. Son style original, sa pensée ne vieillissent pas. Bien plus! il rajeunit ses lecteurs tant il les emporte d'un vol hardi dans les hautes régions. En réalité et dans l'ordre de la nature, il a soixante-trois ans. Il est né à Paris le 23 août 1798 dans une humble et laborieuse famille. Son grand-père était maître de musique à Laon; son père était employé dans l'imprimerie des assignats. Les assignats furent supprimés; avec ou sans eux il fallait vivre. M. Michelet père fonda une imprimerie qui fonctionna jusqu'en 1810. Les imprimeries n'étaient pas en odeur de sainteté sous le premier Empire. Les presses de M. Michelet portèrent ombrage au gouvernement impérial, et sans plus de façon on les supprima.

Il fallait vivre pourtant et faire vivre ce petit bonhomme qui courait sur ses douze ans et dont l'enfance n'avait pas été gaie. Il grandit, ainsi qu'il l'a dit lui-même, « comme une herbe sans soleil entre deux pavés de Paris. »

Un ami de la famille, un vieux libraire, qui jadis avait été maître d'école, enseigna à l'enfant quelques bribes de latin. Ce fut comme une rosée pour une pauvre fleur mourant de soif. Le petit devait entrer comme apprenti à l'Imprimerie impériale, mais en le voyant mordre au latin, et si prompt à saisir toutes choses, on se ravisa, on se gêna et à force de sacrifices on put mettre l'enfant au collége Charlemagne. C'était le pied à l'étrier. Sa pauvre mère surtout fut heureuse; elle pressentit l'avenir et la gloire de son fils. Ah! ces cœurs de mères! comme ils nous portent et nous soutiennent dans la vie! Elles ne nous enfantent qu'une fois matériellement, mais à peine sommes-nous sortis de leurs entrailles bénies qu'elles nous enferment dans leur âme et, dans cette gestation mystérieuse, elles enfantent jour par jour, heure par heure, nos sentiments, nos idées, nos rêves, nos affections, tout ce que nous avons de meilleur en nous. Même quand elles ne sont plus là, quand la mort a éteint leur regard et emporté loin de nous leur sourire, elles nous enfantent encore, c'est toujours en elles que nous vivons.

Michelet a eu ce sentiment très-profond : « A chaque instant, a-t-il écrit quelque part, dans mes idées, dans mes paroles (sans parler du geste et des traits) je retrouve ma mère en moi ; c'est bien le sang de la femme. » Et ailleurs en parlant encore de sa mère, morte avant que le nom de son fils fût célèbre : « J'ai écrit tout ceci en pensant à une femme dont le ferme et sérieux esprit ne m'eût pas manqué dans ces luttes. Je l'ai perdue et néanmoins, toujours vivante, elle me suit d'âge en âge. Elle a eu mon mauvais temps et elle n'a pas profité de mon meilleur. Jeune, je l'ai contristée et je ne la consolerai pas. » Quelle erreur ! si nous ne consolions pas nos morts aimés en bien vivant et bien faisant, à quoi servirait de bien vivre et de bien faire ?

III

L'enfant était devenu un jeune homme. Michelet avait fait de solides et brillantes études. A vingt-trois ans, à la suite d'un très-remarquable concours, il fut appelé à la chaire d'histoire du Collège Rollin. Il y professa également les langues anciennes et la philosophie. Puis il entra à l'École normale, où il devint maître des conférences. Il publia en 1826 son premier ouvrage sous ce titre : *Tableaux synchroniques de l'Histoire moderne*, œuvre d'érudition où déjà perçait son génie, où se révélaient les tendances de son esprit et les aspirations de son âme.

La Révolution de 1830 lui ouvrit de plus larges horizons. Il fut nommé d'abord chef de la section historiques aux Archives du royaume. M. Guizot, que des préoccupations politiques allaient absorber de plus en plus, choisit Michelet pour le suppléer à la Sorbonne. Le roi Louis-Philippe le chargea en outre d'enseigner l'histoire à une de ses filles, la princesse Clémentine, qui venait très-souvent prendre sa leçon chez son professeur, l'attendant patiemment quand elle arrivait avant lui.

Michelet avait jusque-là vivement appelé sur lui l'attention publique par d'importants travaux historiques, tels que le *Précis de l'histoire moderne*, livre classique qui compte plus de vingt éditions; les *Principes de la Philosophie de l'histoire*, le commencement de son *Histoire de France*, la traduction des *Mémoires de Luther*, les *Origines du droit français*, cherchées dans les symboles et formules du droit universel, etc., mais ce fut seulement en 1838 lorsqu'il succéda à Daunou, au Collège de France, que sa véritable carrière, son apostolat s'ouvrit. L'Académie des sciences morales et politiques, en l'appelant au sein de l'Institut, récompensa, à la même époque, le savant et l'historien. L'opinion politique et les sympathies de la jeunesse allaient récompenser l'apôtre des idées nouvelles. Le parti clérical et ultramontain sentit qu'il allait avoir là un puissant adversaire et il n'épargna rien pour l'abattre. Toutes les influences furent mises en jeu. Mais l'éloquent professeur était en possession de sa chaire au Collége de France. Pouvait-on lui retirer son mandat avant qu'il en eût mésusé? Il fallait attendre et voir l'effet de son enseignement. Dès les premières leçons, Michelet conquit son jeune auditoire.

Presqu'en même temps que Michelet, un homme d'une haute valeur, grand penseur et grand poète, Edgard Quinet, avait été appelé au Collége de France. Une complète fraternité de principes les unissait. Leurs talents étaient aussi dissemblables que leurs personnes; ils différaient de tempérament, d'éducation, de caractère, mais ils se rapprochaient par leur mutuelle estime et leur communauté d'idées, d'idées générales du moins.

Ces deux hommes, par le seul prestige de leur parole, allaient électriser la jeunesse, préparer une révolution prodigieuse, non dans de secrets conciliabules et par des moyens ténébreux, mais au grand jour, en plein soleil, à la face de tous. La période pendant laquelle Michelet et Quinet professèrent au Collége de France sera une des plus vives et des plus brillantes périodes intellectuelles de ce siècle. Il existait entre les professeurs et la jeunesse attentive qui les écoutait une communication magnétique qui gagnait toutes les âmes. Michelet ne se bornait pas à parler, il écrivait des pages pleines de sa foi ardente, et de ce style taillé à facettes dont il a le secret, ce style qui ouvre à la pensée des perspectives infinies. Un des livres qu'il publia alors : *Du Prêtre, de la Femme et de la Famille*, souleva dans l'épiscopat des tempêtes. Le diocèse de Chartres était alors placé sous la direction d'un prélat fougueux, M. Clausel de Coussergues. Avec cette véhémence passionnée qu'il portait en toutes choses, il attaqua le livre de Michelet et le signala non-seulement comme une œuvre du démon, mais aussi comme attentatoire à la morale publique; il appela sur son auteur la sévérité des lois. Plusieurs collègues de M. Clausel de Coussergues joignirent leurs voix à la sienne.

Pour toute réponse Michelet dit : « Des pontifes, des Anciens du peuple, gesticuler, trépigner, écumer, grincer des dents ! triste spectacle ! » Et il poursuivit son enseignement avec calme, ne se laissant pas détourner de sa voie par ces clameurs insensées !

Le gouvernement de Louis-Philippe roulait alors sur la pente qui l'entraînait à sa ruine. Les efforts qu'il faisait pour s'y retenir ne servaient qu'à précipiter sa chute. Il se faisait au Collége de France un bruit qui le troublait; les applaudissements enthousiastes de cette jeunesse, qui se pressait autour des chaires d'Edgar Quinet, de Michelet, du poète Mickiewicks, inquiétaient M. Guizot et ses collègues. Qu'on impose silence à ces révolutionnaires! Que nous veulent ces rêveurs! N'avons-nous pas assez de nos embarras, de l'opposition qui nous talonne!

Le cours de Mickiewicks et celui d'Edgar Quinet furent fermés les premiers. Celui de Michelet fut fermé dans les premiers jours de janvier 1848. La communication de cette mesure, faite au nom du gouvernement par l'administration du Collége de France à l'illustre professeur, ne contenait aucune explication, aucun énoncé qui la motivât. C'était le bon plaisir appliqué au haut enseignement.

Le gouvernement eût voulu se perdre qu'il n'eût pas mieux agi. Ces coups d'État successifs le frappèrent d'une bruyante impopularité. Les élèves des Écoles allèrent en masse faire une visite à Michelet pour lui exprimer leurs respectueuses sympathies. Michelet n'était pas chez lui quand les délégués de cette jeunesse s'y présentèrent. Le professeur les remercia par une lettre qui fut publiée par tous les journaux de l'opposition. Je voudrais pouvoir la citer en entier; je ne le puis, et me borne à rappeler ces passages : « La chaire de morale et d'histoire devait spécialement alarmer le jésuitisme politique et religieux. Quoi de plus contraire à ce que nous voyons que l'enseignement de la morale, quoi de plus séditieux! Et l'histoire! Rien de plus terrible! elle montre au miroir du passé les lueurs de l'avenir; et l'on craint l'avenir, on ne veut point d'avenir, on en écarte tant qu'on peut sa pensée et ses yeux, comme si on pouvait l'anéantir en n'y pensant pas. » Et Michelet poursuit sur ce ton flagellant jusqu'à ce que, gagné, vaincu par son émotion, il s'écrie : « Toujours, jusqu'à la mort, j'irai versant mon cœur! » Ce cri de foi et d'amour retentit dans toutes les âmes. Et il a tenu, il tient parole; il va versant son cœur, ce cœur où battent, à côté des plus viriles énergies, toutes les tendresses féminines.

Parmi les collègues de Michelet au Collége de France, tous ne courbèrent pas la tête devant la mesure dont M. Letronne, administrateur du Collége, sur les ordres du ministre, M. de Salvandy, s'était fait l'exécuteur. M. Michel Chevalier s'honora en rendant publique une lettre fort remarquable adressée à Michelet. « La liberté de l'enseignement, disait-il, est une des libertés publiques les plus précieuses. Ce n'est pas seulement comme professeur, c'est bien plus comme citoyen que nous devons la soutenir. Je n'examine pas et n'ai pas à examiner si, placé dans votre chaire, j'aurais professé toutes les opinions auxquelles vous avez prêté l'autorité de votre parole. La question n'est même pas de savoir si ce n'est pas un malheur que le public soit privé des leçons d'un homme de votre talent si original et de votre érudition si vaste. Ce qui me frappe ici, c'est que, avec la doctrine dont on vient de vous faire l'application, ce ne sera plus qu'un jeu d'interdire l'enseignement à tout professeur dont l'indépendance aura porté ombrage à quelqu'un ou à quelque coterie en crédit, et que, désormais, l'arbitraire est substitué à la liberté. Sur ce point, tous les hommes qui aiment sincèrement la liberté sont tenus de marcher d'accord et de sympathiser avec vous. »

Cette protestation de M. Michel Chevalier produisit une impression très-profonde. On était alors à la veille des plus graves événements. De pareils actes les précipitaient. Un mois après, la Révolution de Février éclata. S'il était un homme à qui elle pût servir, c'était bien Michelet qui l'avait préparée et prédite. Mais son âme avait grandi dans ces luttes ardentes si vaillamment, si éloquemment soutenues. Il ne voulait plus que son action pût être gênée par qui que ce soit, ni par quoi que ce fût. Il n'avait qu'à choisir parmi les positions les plus élevées, les plus influentes, il refusa tout, obstinément, avec une invincible fermeté; il ne voulut pas même faire partie de la haute commission des études où ses travaux lui assignaient la première place. Quand tant de gens briguaient l'honneur de représenter la France à l'assemblée Constituante, il déclina toute candidature. Il s'enveloppa de solitude et s'enferma dans le travail. Nulle considération, depuis lors, n'a pu le décider à se départir de la ligne de conduite qu'il s'est tracée, et dans un temps où tant de convictions faiblissent, où tant de caractères plient et s'effacent, il est consolant de pouvoir mettre en relief des natures de cette trempe.

Nous avons gardé le souvenir d'une lettre qu'il écrivit à cette époque au directeur d'un journal ayant pour titre *le Bien-Être universel*. Avant de prendre la plume pour raconter cette existence si modeste et si grande, si laborieuse, si féconde, nous avons voulu rechercher cette lettre pour la relire. Nous ne résistons pas au plaisir d'en extraire un très-beau passage où cette âme passionnée se peint tout entière : « Votre titre m'a été au cœur, comme il l'eût fait dans mon enfance indigente, dans les terribles misères des derniers temps de l'Empire, quand j'ai passé tant d'hivers sans feu et presque sans pain... Vous ne vous arrêtez pas à la vieille malédiction qu'un passé sans cœur jetait sur le genre humain, enseignant que né malheureux, il restera malheureux, prétendant que la misère est une loi de Dieu, et la consacrant en quelque sorte. Le misérable est un serf! sanctionner la misère, c'est ordonner l'éternel esclavage. Dogme barbare, qu'ont démenti la raison et la nature, notre dogme révolutionnaire ! La Révolution française — qui fut un héros! — a vaillamment entrepris la restauration de l'homme. Elle a attaqué corps à corps le vieil ennemi de l'humanité, la misère, et elle a fait plus en dix ans pour l'amélioration du sort des masses que n'avait fait en mille ans le système qu'elle a renversé... Si l'on peut dire que la douleur a été parfois productive, si la souffrance a fait jaillir des étincelles de génie, il n'en reste pas moins vrai que les grandes œuvres individuelles ou populaires, qui ont fait le sort du genre humain, ont été les fruits de l'harmonie de l'âme, d'une existence équilibrée d'affections douces, de travail et d'un sérieux bonheur. »

L'homme est là tout entier dans la vigueur de sa foi, dans toute la puissance de sa dialectique. Le misérable est un serf! c'est dans ces mots concis, qui restent gravés au fond des âmes, que Michelet excelle à résumer les théories les plus complexes. Si le misérable est un serf, il faut donc combattre la misère comme on combat toute servitude. C'est sur ce terrain en effet qu'il faut attaquer le dogme catholique qui fait de la terre une vallée de larmes et qui, pour tout remède à la misère, offre aux infortunés qu'elle étreint les perspectives du paradis après la mort, et la soupe ici-bas mendiée à la porte d'un couvent ou au seuil d'une caserne.

V

Michelet, au lendemain de la Révolution de Février, avait refusé toute fonction éclatante, mais il avait repris son enseignement au Collége de France. Nous n'avons pas à dire ici ce que fut la réaction de 1849, cette coalition de tous les vieux partis se donnant le baiser Lamourette, M. Thiers tendant la main à M. de Montalembert ; cette réaction qui fit la loi de 1850 sous prétexte de liberté de l'enseignement et contre laquelle l'opinion publique proteste si énergiquement aujourd'hui ; qui fit la loi du 31 mai contre le suffrage universel. La chaire que Michelet occupait au Collége de France était le trouble-fête de la coterie ultramontaine. Pouvait-on tolérer une telle iniquité, un si grand scandale? alors surtout que Michelet définissait si bien, avec la chaleur de sa parole et la largeur de ses idées, la mission du haut enseignement. Selon lui, le professeur qui s'adressait à cette généreuse jeunesse déjà formée sur les bancs des colléges, n'avait à lui enseigner ni des sciences exactes, ni des vérités jugées, classées, estampillées. Cet enseignement avait bien plutôt pour objet, dans la pensée de l'illustre professeur, de proclamer des vérités nouvelles, d'abord taxées d'hérésies, et contre lesquelles pouvaient même s'élever des plaintes graves. « Peu à peu, disait-il, ces nouveautés subsistent par leur propre force, elles durent, elles vivent et en vivant elles tuent les erreurs contraires. Au bout de quelque temps on finit par sentir qu'on est ridicule en continuant de les attaquer, on les subit, que dis-je? on tâche de faire croire qu'on avait toujours pensé ainsi. L'hérésie de l'astronomie et de la physique moderne, hérésie victorieuse! est entrée par la brèche au mur de son ennemi et s'est fait enseigner jusque dans les écoles ecclésiastiques. Voilà le caractère du haut enseignement; il n'est pas seulement la transmission des vérités acquises à la science, adoptées, mises hors de contestation, il est la science à l'état vivant et mobile qui se fait sous les yeux du public, qui invente par-devant la foule. »

Nos fils auront de la peine à croire un jour que deux ans après l'accomplissement d'une révolution qui avait spontanément détruit l'esclavage, supprimé la peine de mort en matière politique, de pareilles propositions purent être regardées comme factieuses. On circonvint les professeurs du Collége de France, on aurait voulu que le coup qui devait frapper Michelet fût porté par ses collègues. Ceux-ci, consultés, répondirent qu'on pouvait bien, à la rigueur, reprocher à M. Michelet de négliger un peu trop l'enseignement des faits pour les généralités philosophiques, mais ils concluaient « qu'il n'y avait pas lieu d'en référer à M. le ministre de l'instruction publique. »

Vaine résistance! La perte de Michelet était décidée. Le ministère de l'Instruction publique avait alors pour chef M. Giraud; Giraud qui? Giraud quoi? homme honorable sans doute dans les relations de la vie privée, mais qui n'avait été porté à ce poste éminent que pour y exécuter les volontés de la coterie réactionnaire. M. Giraud prit un arrêté qui suspendit, *jusqu'à nouvel ordre*, le cours de Michelet, et cet arrêté invoqua la délibération des professeurs, bien que cette délibération lui fût contraire. En matière de bonne foi, les partis n'y regardent pas de si près! MM. Beugnot, de Falloux, de Melun, Mgr Dupanloup, M. de Montalembert respirèrent en paix, quand ce terrible adversaire fut tombé. La sensation fut vive et profonde dans le quartier latin. Deux mille jeunes gens vinrent avec calme se présenter aux portes de l'Assemblée législative et remirent entre les mains de trois représentants du peuple, MM. Versigny, Noël Parfait, Aubry (du Nord), une protestation ainsi conçue : « La liberté de penser vient d'être violée par la suspension du cours de Michelet. Nous, élèves des Écoles, nous en appelons de cette décision arbitraire à l'Assemblé souveraine et nous protestons. »

La majorité de l'Assemblée ne tint pas même compte de cette protestation dirigée contre elle-même. Le coup d'État survint, Michelet refusa de prêter serment et moins heureux qu'Arago, qui avait opposé le même refus, il fut révoqué.

Il n'est pas facile d'arrêter l'essor du génie. En supprimant la tribune d'où Michelet parlait à la jeunesse contemporaine, on ne supprima pas le tribun. Au lieu de parler à son auditoire restreint, le professeur destitué s'adressa aux masses ; il se donna tout entier alors aux travaux historiques qu'il avait depuis longtemps entrepris et les poussa avec vigueur. Il publia coup sur coup ces livres, je ferais mieux de dire ces poèmes où l'histoire est jugée bien plus que racontée, où des lueurs inattendues, tirées de faits jusque-là inaperçus, éclairent soudainement toute une époque.

J'ai souvent entendu critiquer cette façon d'écrire l'histoire. Écrire l'histoire, dit-on, c'est l'enseigner à ceux qui l'ignorent et Michelet ne l'enseigne pas. Cela est vrai, en donnant à ce mot : enseigner, sa signification élémentaire. Nous l'avons dit nous-mêmes, au début de ce travail : pour lire avec fruit les grandes études historiques de Michelet, il faut déjà savoir l'histoire, connaître les faits, de même qu'il faut savoir le latin et le droit canonique pour suivre un cours de théologie, et connaître les éléments de la médecine pour suivre avec fruit les cours d'un savant médecin. Michelet fait, comme historien, ce qu'il a fait au Collége de France comme professeur. Il emporte son lecteur dans les hautes régions et lui enseigne la philosophie, la morale de l'histoire bien plus qu'il ne lui raconte par le menu les faits historiques. C'est sa manière et je la crois bonne. Il peint une époque comme Martyns a peint les grandes scènes de la création, les cataclysmes du globe. Si on n'a aucune idée de ces scènes et de ces cataclysmes on ne peut jouir complétement de l'œuvre du peintre, on ne peut-être en communion avec lui. C'est le haut enseignement historique ; pour le suivre utilement il faut déjà savoir l'histoire, de même que pour suivre son enseignement au Collége de France, il fallait que l'auditoire qui l'écoutait fût déjà familiarisé avec le détail des faits dont il embrassait la généralité. La tendance de son esprit le porte dans ces hautes régions, et nous ne nous sentons pas la force de l'en blâmer. Nous le louons au contraire d'avoir, avec une émouvante puissance de style, avec l'admirable mouvement de sa pensée, élevé à ce point l'enseignement historique, ou plutôt l'enseignement philosophique et social de l'histoire.

VI

A l'époque où nous sommes parvenus, quand nul lien ne le rattachait plus à la vie officielle, un événement intérieur vint rajeunir la séve et imprimer une direction nouvelle au talent de Michelet. L'amour rayonna au déclin de sa vie et lui porta toutes les brises, toutes les activités de la jeunesse. Veuf depuis longtemps, Michelet se remaria en 1854. Il épousa une jeune femme qui avait reçu à la campagne une forte et solide éducation et qui, depuis longtemps, admirait le courageux professeur, l'éloquent écrivain. Elle vit l'homme qui était l'objet de son admiration et elle l'aima. Ils vécurent dans la solitude, aux bords de la mer, en face de l'Océan, seul témoin des mystérieuses tendresses de ces deux âmes passionnées.

C'est de cette union que sont nés les ouvrages qui, depuis quelques années, ont produit dans le monde et parmi les femmes surtout, de si profondes et si diverses impressions : l'*Oiseau*, l'*Insecte*, la *Femme*, l'*Amour*, etc. Ces impressions ne sont pas éphémères comme celles que produisent ordinairement sur une société affairée et blasée les œuvres littéraires, alors même qu'elles sont signées des noms les plus illustres. M. et Mme Michelet — car il y a ici une collaboration qui, pour n'être pas avouée, n'en est pas moins évidente, il y a une maternité incontestable — M. et Mme Michelet ont creusé un sillon où germeront bien des idées, bien des discussions encore.

Le premier de ces volumes, l'*Oiseau*, parut en 1856. C'est un chef-d'œuvre de grâce exquise, d'observation fine où se révèlent à chaque page l'esprit et le cœur d'une femme. Au surplus, je suis ici comme un témoin devant la justice et je dois dire la vérité, toute la vérité, sans tenir compte d'aucune considération. Le jour même de la publication de ce livre splendide, Michelet me fit l'honneur de venir lui-même m'en offrir un exemplaire, et je l'entends encore me disant avec toutes les ondulations de sa parole, et avec un légitime orgueil : « Je n'ai pu qu'y mettre des points et des virgules, c'est l'œuvre de madame Michelet. » C'était exagéré. Le grand écrivain a fait plus que d'y mettre des points et des virgules ; il y a mis de son style et du meilleur, il y a mis les tendres effluves de son âme, mais c'est le cœur d'une femme, qui a évidemment fécondé l'œuvre. Je suis porté à croire que, dans les collaborations intellectuelles, entre un homme et une femme, il se produit un phénomène contraire à celui qui se manifeste dans leur union amoureuse. Le baiser de l'homme féconde sa compagne et seule, à partir de ce moment, elle prépare dans ses flancs mystérieux l'enfantement d'un être nouveau qui viendra prendre place au foyer domestique. Dans les unions intellectuelles, au contraire, c'est la femme qui féconde l'idée et c'est l'homme qui la met en œuvre, qui l'enfante en un mot.

Quoiqu'il en soit, le succès du premier volume qui ouvrit cette nouvelle série de travaux, fut colossal. Il s'exhalait de ce livre un parfum de tendresse et d'amour. Ce n'était ni de la science exacte, ni de l'observation exclusive, c'était bien un peu de l'un et de l'autre, c'était, par-dessus tout, une ardente prière, une aspiration vers la vie universelle, vers l'éternelle lumière. L'auteur s'exprimait ainsi dès les premières pages : « Le temps pèse ; la vie, le travail, les violentes péripéties de ce temps, la dispersion d'un monde d'intelligence où nous vivions et auquel rien n'a succédé... Nous, quoique nous ayons perdu, nous demandions autre chose que des larmes à la solitude, autre chose que le dictame qui adoucit les cœurs blessés. Nous y cherchions un cordial pour marcher toujours en avant, une goutte des sources intarissables, une force nouvelle et des ailes ! Rappelez-vous le mot de Goëthe : De la lumière ! »

Si gangrenée, si matérialiste, si frivole qu'on la dise, notre société ne résista pas à cet appel vers les doux spectacles de la nature, vers la contemplation de l'œuvre divine, vers ces splendeurs qu'au milieu du choc de nos intérêts et du tumulte de nos passions nous perdons de vue trop aisément. Les femmes surtout se laissèrent aller avec enthousiasme à ce nouveau courant de sentiments et d'idées. Georges Sand avait ouvert la voie quelques années auparavant en transportant les scènes de ses meilleurs romans, tels que la *Petite Fadette*, la *Mare au Diable*, le *Champi*, etc., au milieu des champs fécondés par le travail humain ; M. et Mme Michelet découvraient un nouveau sillon de cette mine inépuisable.

Après l'*Oiseau* vint l'*Insecte*, c'est-à-dire l'éclatante manifestation de Dieu et de l'amour immense dans l'infiniment petit, dans les êtres que notre œil peut découvrir à peine et que notre pied foule avec dédain. C'était le même sentiment, la même donnée que pour l'*Oiseau*, mais dans un ordre de faits différents. Le succès ne fut pas moindre. Jamais leçons d'histoire naturelle n'avaient été données avec un tel charme, une telle élévation, avec un sentiment religieux si tendre et dans un si magnifique style.

Il y avait, et j'espère bien qu'il y aura une suite à cette série d'études. Tout à coup et à peu de distance l'un de l'autre, deux autres livres transportèrent les lecteurs vers d'autres sentiments : la *Femme*, puis l'*Amour*. Ici, ce n'était plus le poétique récit de merveilles inaperçues. Nos passions, nos mœurs, nos tendresses, la vie sociale en un mot était prise à partie et jugée. Ce que nous avons fait de l'amour, ce que nous avons fait de la femme; comment nous avons méconnu l'un et l'autre; ce que c'est que le véritable amour, ce que doit être la femme dans les sociétés modernes : tels étaient les problèmes que Michelet abordait résolûment. Tant de hardiesse causa d'abord une sorte de stupéfaction; les femmes se divisèrent. Les unes pleuraient de joie et d'admiration; les autres s'indignaient. Des livres, des brochures parurent en réponse à Michelet, repoussant avec indignation sa théorie qui consistait à représenter la femme comme une blessée à perpétuité, comme une créature faible et souffrante que l'homme doit dorloter et soigner, sa vie durant.

Il y avait de l'exagération dans les deux camps. En publiant son livre de l'*Amour*, Michelet avait pourtant expliqué comment cet ouvrage était né : « Par trois fois, en vingt-cinq ans, disait-il, l'idée de ce livre, du profond besoin social auquel il voudrait répondre, s'est présentée à moi dans toute sa gravité. La première fois, en 1836, devant un flot littéraire fort trouble qui nous inondait, j'aurais voulu montrer l'histoire. J'étais en plein moyen âge, mais les textes essentiels n'étaient pas publiés encore. Je fis quelques pages hasardées sur les femmes au moyen âge et m'arrêtai heureusement. En 1844, la confiance de la jeunesse, et, j'ose le dire, les sympathies de tous m'entouraient dans la chaire de morale et d'histoire. Je vis et sus beaucoup de choses. Je connus les mœurs publiques. Je sentis la nécessité d'un livre sérieux sur l'amour. En 1849, quand nos tragédies sociales venaient de briser les cœurs, il se répandit dans l'air un froid terrible, il semblait que tout le sang se fût retiré de nos veines; c'était en présence de ce phénomène qui semblait l'imminente extinction de toute vie, je fis appel à ce peu de chaleur qui restait encore; j'appelai au secours des lois une rénovation des mœurs, l'épuration de l'amour et de la famille. »

C'est donc cette effrayante tâche que Michelet osa entreprendre : renouveler les mœurs, les transformer, les améliorer par l'épuration des deux foyers sacrés d'où s'échappe toute vie individuelle ou collective : l'amour et la famille !

Si grand, si puissant qu'on le suppose, un homme ne mène jamais à terme une pareille entreprise à laquelle il faut ce qui n'est au pouvoir d'aucun être humain : le temps ! Michelet toutefois — et nous sommes heureux de lui rendre hautement cette justice — l'a poussée très-avant, il y a consacré des forces et une énergie merveilleuses, un talent hors ligne. Ainsi qu'il le dit lui-même, il apportait à cet enseignement une âme très-entière encore, une grande fraîcheur d'esprit; sous des formes parfois subtiles, une vraie simplicité de cœur; enfin en pleine polémique, un certain esprit de paix. Et par-dessus tout il y apporte (car, Dieu merci ! sa tâche n'est pas finie et nous ne voyons pas pourquoi nous emploierions l'imparfait au lieu du présent) il y apporte la force suprême, celle qui triomphe de tous les obstacles, la foi ! C'est cette foi invincible, c'est ce sentiment profond qui fait la puissance de l'enseignement de Michelet, qui donne à sa parole un accent vainqueur. On a cru qu'en supprimant sa chaire au Collége de France, en empêchant la jeunesse de se grouper autour de lui, on supprimerait sa parole. On s'est trompé. Les livres de Michelet ont un retentissement d'autant plus grand; son auditoire s'est élargi dans des proportions immenses; il a rendu les femmes attentives, il les a émues pour ou contre lui, et ce n'est pas une mince victoire que d'avoir arraché un grand nombre de ces âmes aux petites préoccupations de leurs colifichets, de les avoir réveillées de leur engourdissement et transportées dans le monde des idées !

A l'heure où nous écrivons ces lignes, un nouveau livre de Michelet vient de paraître et autour de nous l'on s'aborde en se demandant : Avez-vous lu *la Mer* par Michelet ? Nous n'avons pas voulu clore cette notice sans mentionner au moins, sans saluer au passage cette œuvre originale.

Je ne sais si ce volume aura le succès qu'ont eu les volumes précédents et surtout l'*Insecte* et l'*Oiseau*, mais ce qu'il est possible d'affirmer, même après une rapide lecture de ces pages éloquentes, c'est que la portée en est plus haute, plus directement utile. Le poète ne se borne pas à décrire les splendeurs de la mer, il nous sollicite vers elle; il étudie, il met en relief sa puissance créatrice, il nous la montre comme une nourrice bienfaisante qui peut régénérer, fortifier nos organes épuisés, nos nerfs affaiblis au milieu de la vie bruyante des cités. Il veut que nous transportions au bord de la mer les pâles et souffreteuses générations dont la misère, la débauche, les convoitises de toutes sortes peuplent nos hôpitaux, nos hospices, nos asiles d'enfants trouvés. La mer peut faire de ces infortunés des êtres vigoureux qui s'attacheront à leur bienfaitrice et donneront un jour à la France ce qui, d'année en année, va s'amoindrissant sous l'influence des attractions malsaines qu'exercent nos villes encombrées, elles lui donneront une population maritime, un peuple de matelots hardis et robustes.

Cet appel sera entendu. Il est impossible que dans un pays comme le nôtre, où une si grande étendue de côtes est baignée par deux mers, nous perdions plus longtemps les bénéfices de notre situation et que nous n'utilisions pas au profit de ceux qui en ont le plus pressant besoin, les forces mystérieuses et iné-. puisables que la mer recèle dans son sein.

On le voit, Michelet ici n'a pas seulement fait œuvre de poète, il a aussi fait œuvre de moraliste, de philosophe et d'homme d'État. C'est pour cela peut-être que ce nouveau livre n'aura pas le retentissement populaire qu'ont eu ses publications antérieures; sa valeur n'en est pas moins considérable. Il est beau et consolant, c'est d'un fortifiant exemple de voir cet homme, parvenu à l'âge où la fatigue de la vie se fait ordinairement sentir, où le repos devient un besoin, puiser au contraire dans sa foi, dans son amour, des vigueurs intellectuelles et morales que trop souvent, hélas! la jeunesse elle-même ignore; poursuivre son apostolat avec une si prodigieuse ardeur. Après une carrière si noblement remplie, après de si longues et si pénibles luttes, Michelet pourrait jouir de sa gloire paisiblement. Il est de ceux qui croient n'avoir rien fait tant qu'il reste quelque chose à faire.

Il ne faut rien moins que la puissance d'un profond sentiment religieux pour inspirer de tels dévoûments, une si généreuse passion. Ce sentiment n'a cessé d'animer Michelet. Il a raconté lui-même l'impression que produisit sur son âme la première lecture d'un livre dont on parle généralement beaucoup plus qu'on ne le lit : l'*Imitation de Jésus-Christ*. Michelet, bien jeune encore, se débattait contre les étreintes de la misère. « Dans les embarras extrêmes, incessants de ma famille, dit-il, ma mère étant malade, mon père si occupé au dehors, je n'avais reçu encore aucune idée religieuse. Et voilà que dans ces pages j'aperçus tout à coup, au bout de ce triste monde, la délivrance de la mort, l'autre vie et l'espérance! La religion reçue ainsi, sans intermédiaire humain, fut très-forte en moi. Elle me resta comme chose mienne, chose libre, vivante, si bien mêlée à ma vie qu'elle s'alimenta de tout, se fortifiant sur la route d'une foule de choses tendres et saintes dans l'art et la poésie, qu'à tort on lui croit étrangères. Comment dire l'état de rêve où me jetèrent ces premières paroles de l'*Imitation?* Je ne lisais pas, j'entendais, comme si une voix douce et paternelle se fût adressée à moi-même. Je vois encore la grande chambre froide et démeublée ; elle me parut vraiment éclairée d'une lueur mystérieuse. Je ne pus aller bien loin dans le livre, ne comprenant pas le Christ ; mais je sentis Dieu ! »

Nous avons cité ce passage, non-seulement parce qu'en lui-même il est fort beau, mais parce qu'il répond à ce préjugé qu'on ne peut-être vraiment religieux si l'on n'est affilié à une église officielle quelconque, et aussi parce qu'il montre comment le sentiment religieux peut naître dans une âme spontanément, sans le secours d'un prêtre. La religion, la vraie religion, la seule qui soit digne de ce nom est celle qui relie l'homme à Dieu, non à un Dieu de fantaisie relégué dans un empyrée ou dans un paradis lointain, mais au vrai Dieu vivant dans la nature entière et dans l'humanité. Cette religion d'amour, de charité, de dévoûment, n'a besoin, pour conquérir les âmes, ni d'une hiérarchie cléricale, ni d'un symbole exclusif, ni de temples particuliers, ni même de culte et de pompes extérieures.

Il suffit d'un mot, d'un sourire de notre mère pour la faire éclore en nous, pour nous faire *sentir Dieu,* suivant la belle expression de Michelet.

C'est au triomphe de cette religion douce et tolérante que Michelet consacre sa vie et c'est à cause de cet apostolat que nous avons voulu l'honorer publiquement ici.

L. J.

LE ROI DE PRUSSE

LE ROI DE PRUSSE

I

Parmi les nombreux réfugiés qui se trouvaient à Londres après la révolution de 1848, figurait S. A. R. le prince Frédéric, frère de S. M. Frédéric-Guillaume IV et héritier présomptif de la couronne. Lors des événements du 15 mars, le peuple de Berlin se porta vers le palais du futur régent dans le but de le saccager. On parvint à l'en empêcher, et, le lendemain, le prince, pour éviter toute tentative du même genre, jugea bon d'envoyer une somme assez considérable pour les blessés de la révolution. Cette démarche ne parvint pas à le rassurer complétement, car il s'empressa de quitter Berlin et même la Prusse.

L'héritier de la couronne, contrairement à ce qui a lieu ordinairement, ne jouissait pas d'une popularité bien considérable auprès des Prussiens. Lorsque le roi, les chambres et les ministres prêtèrent serment à la nouvelle constitution, sa place resta vide à la cérémonie. On vit dans cette absence l'intention calculée de ne prendre aucun engagement qui pût le lier aux principes du gouvernement constitutionnel, pour lequel il n'avait point paru jusqu'alors professer une bien vive sympathie. Le prince Frédéric n'était ni un orateur, ni un philosophe, ni un historien, comme son auguste frère; il se posait tout simplement en soldat ignorant des subtilités de l'école, ne se souciant pas plus du droit historique que du droit rationnel, et passant la plus grande partie de son temps à faire parader et manœuvrer les troupes de la garde royale et de la ligne, ce qui faisait dire aux plaisants qu'à la mort du roi régnant le trône de Prusse serait occupé par un caporal.

Comme il fallait pourtant que le rôle de tous les héritiers présomptifs, qui consiste à faire des agaceries à la popularité, fût rempli par quelqu'un de la famille, à défaut du prince, ce fut la princesse sa femme qui s'en chargea. Elle possédait toutes les qualités nécessaires pour s'en tirer d'une façon brillante et tout à fait naturelle. Fille du grand-duc de Saxe-Weimar, elle avait toutes les traditions de cette cour polie, où tous les grands hommes de l'Allemagne recevaient un accueil si empressé. La princesse de Prusse réunit à Berlin, sous son gracieux patronage, tout ce que la capitale renfermait de gens de mérite et d'esprits libéraux dans les arts, dans les lettres, dans la politique. Sans pédantisme et sans effort, dit un historien qui a tracé un tableau de la société prussienne, à l'époque dont nous parlons, sans blesser aucune des difficiles convenances de sa position, elle sut se concilier le dévouement de l'élite de la bourgeoisie berlinoise, qui lui sut un gré infini de quelques actes d'indépendance, surtout de l'empressement qu'elle mit à accepter la dédicace d'un livre de M. de Raumer, au moment même où une éclatante disgrâce venait de frapper cet homme d'État.

II

Le parti que le prince de Prusse semblait avoir pris de se tenir, autant que possible, en dehors des affaires, n'était point sans prudence et sans raison avec un roi comme son frère, livré à tous les instincts et à toutes les contradictions du caractère le plus mobile et le plus impressionnable. Frédéric-Guillaume IV offrait le résumé des défauts et des contrastes de l'esprit allemand. Nuageux et entêté, facile et cassant, perdu dans les abstractions les plus générales et noyé dans les détails, voyant les questions d'État à travers les vapeurs d'un mysticisme universel, son esprit brillant et inconsistant à la fois le rendait l'homme le moins propre à gouverner une grande nation comme la Prusse, surtout dans les circonstances difficiles où elle se trouvait placée. Pour bien juger Guillaume IV et pour bien comprendre les embarras qu'il devait causer à son gouvernement et à sa famille, il suffit de lire la collection de ses discours, qui a été imprimée il y a quelque temps. La correspondance française de Humboldt nous le montre également sous un jour assez complet. Nous le voyons d'abord occupé à dresser les statuts d'un nouvel ordre de chevalerie; il attache une si grande importance à ce que les noms des nouveaux chevaliers ne soient pas connus d'avance du public, qu'il les écrit lui-même sur une liste en caractères sanscrits. La grande affaire est, après cela, de savoir si les juifs seront admis à l'Académie de Berlin. Le roi se prononce pour l'affirmative, et entre ensuite dans un véritable désespoir en apprenant que Frédéric le Grand avait refusé autrefois de ratifier l'élection de Moïse Mendelssohn. Se montrer plus philosophe que l'ami de Voltaire, quel sujet de désolation pour un roi qui songe à acheter le Texas pour le donner à des missionnaires et à faire lui-même le pèlerinage de Jérusalem !

Personne n'a d'influence sur cette nature obstinée et changeante; les hommes qui l'entourent, et auxquels on donne le titre de favoris, dit Varnhagen von Ense, qui tient ces détails de Humboldt, ne peuvent qu'épier certaines fantaisies, certaines faiblesses du monarque, pour s'en servir en s'y conformant. S'ils voulaient sortir de ce cercle étroit, ils seraient brisés à l'instant. Le roi écoute volontiers les conseils, mais il se dispense de les suivre. Les plans qu'il semble abandonner sont ceux, au contraire, auxquels il tient le plus. Il fait des projets comme s'il devait vivre cent ans. Il rêve, ajoute Varnhagen, d'énormes bâtiments, de parcs, d'œuvres d'art; il prépare de longs voyages en Grèce et en Orient, campagnes napoléoniennes, mais pacifiques, à Londres, à Rome, à Saint-Pétersbourg, à Athènes; conquêtes d'artistes, de savants, mais non de pays ! Art et fantaisie sur le trône, et tout à l'entour jonglerie fanatique, hypocrite exploitation d'enfantillages ! — Et cependant le roi est vraiment spirituel, vraiment aimable, animé des meilleures intentions ! Et Varnhagen se demande : — Qu'arrivera-t-il encore de tout cela ?

Ce qui devait arriver n'était point difficile à prévoir, et l'on a vu dans quel état de faiblesse, et on peut même dire d'abaissement, la politique inconsistante de Frédéric-Guillaume IV a mis la Prusse dans les dernières années de son règne.

III

En 1847, à la veille même d'une révolution qui allait ébranler tous les trônes, le roi de Prusse croyait fermement encore au triomphe prochain et définitif de don Carlos et de don Miguel; il espérait bien, disait-il, aller bientôt à Paris saluer le souverain légitime. On doit comprendre dans quelle violente réaction il se jeta après le triomphe complet de la contre-révolution en Allemagne, à la suite des événements de 1848. On alla jusqu'à s'opposer à l'engagement de Mme Viardot-Garcia au Grand-Opéra de Berlin, parce que, disait-on, elle était trop *rouge*. Humboldt objecta en vain que le chant n'était d'aucune couleur, le ministre tint ferme, et l'illustre savant fut obligé de le quitter en lui disant : « Eh bien ! envoyez des engagements en blanc à Béthanie, et faites chanter les diaconesses. »

Déjà, en 1855, les grands événements dont l'Europe était le théâtre laissaient Guillaume IV fort indifférent; mais une vitre peinte, une volute antique, l'étymologie d'un nom de famille à deviner, était ce qui l'intéressait le plus, après les discussions théologiques cependant, pour lesquelles il se montrait passionné au point de correspondre avec plusieurs théologiens sur les questions les plus ardues du dogme et de la discipline. Il dirigeait lui-même la polémique de certains journaux contre l'évêque de Mayence et divers autres ecclésiastiques catholiques.

Pendant ce temps-là, le gouvernement prussien s'effaçait de plus en plus. Nous trouvons dans une lettre de Humboldt le passage suivant : « Le prince de Prusse, que je crois très-véridique, affirme, conformément à ses principes, avoir dit partout à haute voix qu'une guerre aurait été vraisemblablement évitée, si l'Autriche et la Prusse avaient fait tout de suite, et d'une manière active, cause commune avec les puissances occidentales. « Mais l'Autriche espérait tirer les marrons du feu, et la Prusse avait à régler des points de philosophie et de dogmatisme bien autrement importants que les questions soulevées par la guerre d'Orient. Le gouvernement prussien se livra plus que jamais aux charmes de la politique contemplative dont elle recueillit les fruits de tous côtés, et principalement dans l'affaire de Neuchâtel, où la Prusse put s'écrier, comme cet avocat plaidant pour un client battu : « Au fond, nous n'avons pas reçu le soufflet; nous n'en avons eu que le geste. »

IV

En 1847, Frédéric-Guillaume IV avait octroyé à ses sujets une constitution faite à souhait pour charmer les adeptes de l'école historique, c'est-à-dire purement gothique et féodale. Satisfait de son œuvre, et confiant dans son éternité, le roi, dans son cercle intime, s'occupait à déterminer l'endroit précis où les Hébreux avaient passé la mer Rouge, et demandait à ses ministres un mémoire sur la question de savoir pourquoi on ne jouait plus la musique de Palestrina, lorsque la révolution du 15 mars vint l'arracher à ces préoccupations importantes, et lui prouver que le droit historique ne protégeait pas aussi efficacement les monarchies qu'il se l'était imaginé. Il fallut violer ouvertement la tradition et convoquer une constituante à Berlin. Plus tard, lorsque la constituante et les constituants eurent été dispersés par les baïonnettes de la garde royale, Frédéric-Guillaume IV n'aurait pas mieux demandé que de revenir purement et simplement à son cher droit historique ; mais la révolution n'était pas tellement abattue qu'on pût se dispenser de lui faire quelques concessions. Une nouvelle constitution fut rédigée par laquelle se trouvent consacrés tous les principes généraux qui forment la base des sociétés modernes.

C'est avec cette constitution, à laquelle, ainsi que nous l'avons dit, il avait d'abord refusé de prêter serment, que le prince de Prusse est chargé de gouverner aujourd'hui comme roi. Il est bon d'ajouter que le jour où Frédéric est devenu régent, la formalité du serment a été remplie.

V

Las du séjour de Londres, et ennuyé de ne pas assister à la parade tous les matins et de ne plus passer de revue, rassuré du reste sur les dangers que pouvait courir sa vie en rentrant dans son pays, le futur roi de Prusse se décida à quitter l'Angleterre et à revenir à Berlin.

Au mois de mars 1849, il y avait dans les prisons de Berlin un jeune officier polonais, nommé Louis Mieroslawski, condamné à mort par la haute cour prussienne comme un des chefs de l'insurrection polonaise du grand-duché de Posen. La victoire du peuple sur les troupes royales vint le délivrer ainsi que ses compagnons de captivité. Trois mois plus tard, le gouvernement provisoire de Baden offrait à Louis Mieroslawski le commandement en chef de l'armée révolutionnaire du Rhin et du Necker.

Le gouvernement prussien, voyant la réaction reprendre des forces, accepta de la Diète germanique la mission de réprimer les mouvements révolutionnaires dans le midi de l'Allemagne, et fit marcher une armée sur le grand-duché de Baden.

Le prince de Prusse s'ennuyait fort à Berlin, n'ayant pour s'occuper que son gouvernement de la Poméranie, dont il s'est toujours assez peu soucié, et le régiment dont il était colonel. Le roi, plus philosophe que militaire, n'avait jamais conduit ni eu envie de conduire des armées ; son frère aîné était le soldat de la famille, il lui confia donc le commandement de l'expédition de Baden.

Soit que le prince, qui, depuis 1813 et 1814, où il suivit les armées alliées, n'avait plus fait campagne, fût un peu rouillé, soit que les troupes prussiennes ne fussent pas aussi excellentes qu'on a bien voulu le dire, les débuts de l'expédition ne s'annoncèrent pas d'une façon très-brillante. Le 16 juin 1849, Mieroslawski défit sur le Necker le corps de Peuker, et, le 9 juin, celui d'Hirschfeld à Waghausel, sur le Rhin. Forcé, par l'abandon de sa cavalerie, à se retirer sur Radstadt, il parvint, en s'appuyant sur la Murg, à tenir en échec 60,000 hommes conduits par les généraux Peuker, Hirschfeld et Graeben, placés tous les trois sous le commandement supérieur de l'héritier du trône.

Pour lutter contre les forces d'un état puissant, la révolution de Baden aurait eu besoin d'être soutenue par un appui extérieur. Cet appui lui manquant, Mieroslawski passa en France, et les derniers soldats qui lui restaient posèrent les armes.

La carrière militaire active du prince de Prusse ne se compose guère que de cette courte campagne. Le roi, pour le récompenser, lui donna le gouvernement de Coblentz, où il vint se fixer, et le commandement des provinces rhénanes. En 1854, il reçut le titre de colonel général de l'infanterie prussienne et le commandement de la forteresse fédérale de Mayence.

Quatre ans après, la maladie du roi son frère l'appela à prendre possession du gouvernement.

VI

La Prusse est le pays qui renferme le plus de nobles : on en compte, je crois, un sur treize habitants. C'est dans cette innombrable aristocratie que se recrute le parti des *Junker*. Vous vous rappelez sans doute le fameux baron de Thunderten-tronckh, qui « était un des plus puissants seigneurs de la Westphalie, car son château avait une porte et des fenêtres ; sa grande salle même était ornée d'une tapisserie. Tous les chiens de sa basse-cour composaient une meute dans le besoin ; ses palefreniers étaient ses piqueurs ; le vicaire du village était son grand-aumônier. Ils l'appelaient tous *Monseigneur* et ils riaient quand il faisait des contes. » Le type de ce personnage comique lui survit dans la personne de Junker.

Le Junker habite quelque masure délabrée au fond de la Poméranie ; il mange du pain bis et boit de la bière aigre toute l'année ; son revenu consiste en quelques florins qu'il dépense à acheter de la poudre et du tabac, car chasser et fumer sont ses deux seules occupations. Ennemi de toute innovation, le Junker estime assez la gloire militaire du grand Frédéric ; mais il tient que ce monarque a dérogé en soupant avec des philosophes. Le Junker ne sait pas toujours lire et écrire, mais il soutient qu'il n'y a pas d'autre droit que le droit historique, et que tout ordre basé sur le rationnalisme est incapable de durer. Le droit historique pour lui, c'est la féodalité ; si on ne restaure pas le moyen âge, si l'égalité devant la loi est maintenue, si les roturiers peuvent obtenir des emplois dans l'administration et des grades dans l'armée, c'en est fait de la Prusse, de l'Allemagne et de l'Europe tout entière.

Un des traits caractéristiques du Junker, c'est qu'il déteste la France ; c'est le Teuton et le gallophobe par excellence : il fredonne encore dans ses bons moments les chansons de 1812 ; il engraisse une oie toute l'année pour la manger le jour anniversaire de la bataille de Leipsick, et si la récolte de blé noir a été bonne, il arrose à cette occasion son rôti de quelques verres de brandwein.

Quand il a trouvé une demoiselle pouvant prouver exactement le même nombre de quartiers que lui, le Junker se marie, et il ne tarde pas à avoir de nombreux enfants. Les filles deviennent ce qu'elles peuvent ; l'aîné des garçons reste à la maison pour faire souche, les autres se dispersent et entrent soit dans l'armée, soit dans les administrations publiques. L'innombrable bureaucratie prussienne se compose presque entièrement de Junkers. Quoique l'argent du budget provienne d'une origine passablement empreinte de rationnalisme constitutionnel, les Junkers en vivent sans remords : c'est la seule occasion où ils consentent à mettre le droit historique de côté.

Le roi Frédéric-Guillaume IV, pendant son règne, n'a été en définitive qu'un Junker couronné ; il avait tous les goûts, tous les instincts, toutes les idées du hobereau prussien avec une teinte de mysticisme plus prononcée, et surtout plus d'instruction. Bon, affectueux, expansif en général, il prenait feu dès qu'on touchait à ses priviléges. A la moindre atteinte portée au droit historique de la royauté, le philosophe, l'artiste, le lettré disparaissaient : on voyait surgir aussitôt le Junker. On peut dire que c'est un Junker qui a régné depuis 1840 jusqu'au moment où une maladie terrible est venue forcer Guillaume IV de céder à son frère les rênes du gouvernement.

Le Junkérisme, par les liens qui le rattachent au sol et à la bureaucratie, est un parti qui ne manque pas d'une certaine puissance en Prusse; il a dans la presse un organe important; dans la chambre des seigneurs, son influence était assez forte pour tenir en échec le ministère et pour entraver la marche du gouvernement. Il a fallu dernièrement un petit coup d'État du régent pour briser la majorité junkériste de la première chambre du parlement, en y introduisant un nombre suffisant de membres moins exclusivement dévoués au droit historique et à la tradition.

La nomination de ces nouveaux membres a été fort louée en Prusse et considérée comme un acte de courage de la part du régent.

VII

Après le Junker vient le piétiste.

Si on avait besoin d'inquisiteurs protestants, on les trouverait, je crois, dans les rangs des piétistes. Ces messieurs ne le cèdent pas en insolence à nos ultramontains. Le piétisme, c'est la théocratie dans la réforme. Le pouvoir civil et le pouvoir religieux confondus, le gouvernement de Calvin à Genève, voilà l'idéal du piétiste; il a en abomination le mariage civil; il veut imposer la célébration du dimanche, et, si on le laissait faire, il supprimerait bien vite la tolérance religieuse et la liberté de conscience.

C'est le piétiste qui demande le maintien des lois contre les juifs et qui veut que le clergé soit entièrement maître de l'instruction publique. Comme on ne se confesse pas dans la religion luthérienne, le piétiste remplacerait volontiers le billet de confession exigé chaque semaine des sujets de l'État pontifical par un certificat de bonnes vie et mœurs délivré par le ministre de la paroisse; il s'empresserait, s'il avait le pouvoir, de rendre la présence au service divin et la fréquentation de la sainte table obligatoires pour tous les citoyens; il se délecterait à persécuter les catholiques, comme ceux-ci persécutent et molestent encore les protestants dans certains pays. Les lois suédoise appliquées avec tant de rigueur contre les catholiques sont des lois piétistes.

Pour expliquer l'existence d'un semblable parti chez une nation aussi éclairée que la Prusse, il faut songer que ce pays a été longtemps aux mains d'un ordre religieux, et que l'union de la force spirituelle et de la force temporelle dans une seule main peut paraître à bien des gens un retour pur et simple au droit historique. Aussi le piétisme et le junkérisme se prêtent-ils un mutuel appui et forment-ils, pour être plus exact, un seul et même parti sous deux noms différents.

Le parti piétiste comptait beaucoup sur Frédéric-Guillaume IV, quoique celui-ci lui jouât quelquefois d'assez mauvais tours, notamment le jour où il accordait une subvention annuelle pour l'achèvement de la cathédrale de Cologne. Cela fut considéré comme une manifestation ultra-catholique, et les piétistes en furent indignés. La *Gazette de la Croix* en jeta feux et flammes. Les brouilles entre le roi et les fidèles du parti n'étaient jamais cependant de bien longue durée. S. M. Guillaume IV envoyait au dévot journal quelque article de sa main sur quelque point de théologie où le catholicisme se trouvait fort mal mené, et le passé était oublié!

Le piétisme réussît-il à s'emparer du gouvernement, à remettre le gouvernement et l'administration aux mains des ministres du culte, à chasser les laïques des emplois, à supprimer les universités, à proscrire l'enseignement philosophique, à anéantir complètement la liberté de la presse, son triomphe n'en serait que plus éphémère. Le principe de liberté qui est dans la réforme, ou plutôt qui est toute la réforme, se ferait bientôt jour du fond même de la réaction, et la force de l'explosion pourrait se mesurer à la force de la compression. Les piétistes manquent de logique: pour être conséquents avec leur doctrine, ces zélés protestants devraient commencer d'abord par se faire catholiques.

On ne pense pas que le nouveau roi de Prusse incline beaucoup vers le piétisme : ses goûts militaires l'éloignent assez des discussions théologiques ; il aime mieux passer son temps à faire manœuvrer des troupes qu'à sonder des dogmes; il va au prêche, mais rien n'indique jusqu'ici qu'il soit d'humeur à faire un mauvais parti à ceux qui vont à la messe, ni même à ceux qui ne vont ni à la messe ni au prêche.

VIII

Nous voici maintenant arrivés aux unitaires.

Pour nous autres Français, rien de plus simple que cette idée d'unité; pour les Allemands, il n'en est pas tout à fait de même. Nos voisins de l'autre côté du Rhin ne conçoivent rien simplement. Ainsi, à leurs yeux, dans la question d'unité, une foule d'autres questions se trouvent renfermées : unité de l'Allemagne sans l'Autriche, ce qui serait une singulière unité ; unité avec l'hégémonie prussienne, unité sans l'hégémonie, unité avec pouvoir restreint des princes, unité avec leur souveraineté illimitée, on n'entend parler que d'unité dans la grande patrie allemande, et personne n'a l'air de s'entendre sur ce mot.

Ne nous effrayons pas trop de cette divergence d'opinions, chaque peuple procède à sa façon ; les Allemands arriveront à l'unité par un autre chemin que nous, mais enfin ils y arriveront. L'Allemagne ne saurait vivre encore bien longtemps dans la situation anormale où elle se trouve : Hesse-Cassel réclame à grands cris une constitution, Mecklembourg demande une représentation, Darmstadt revendique l'égalité religieuse, Dusseldorf proteste, ainsi que Dantzig, contre le système des corporations de métiers; à Hambourg, à Berlin, le mariage civil est l'objet de discussions passionnées; Bade a aboli le concordat; le Wurtemberg est sur le point de suivre cet exemple, et l'empereur d'Autriche vient d'octroyer une constitution à ses sujets. L'unité passera bientôt dans les faits ; de purement morale qu'elle est en ce moment, elle deviendra matérielle, c'est-à-dire politique et géographique.

Le prince-régent, devenu roi, aura-t-il la décision de caractère et la force d'intelligence nécessaires pour remplir le rôle de fondateur de l'unité allemande?

C'est ce qu'il est impossible jusqu'ici de savoir.

Le nouveau roi est l'objet de l'attente générale, non-seulement en Prusse, mais encore dans l'Europe entière. Les libéraux ont pris confiance en lui : « Rien n'est décidé à l'égard de la régence, que l'honneur du pays rend, hélas ! si nécessaire, écrivait Humboldt, à la date du 9 septembre 1858. Puisse le prince de Prusse tenir ce qu'il promet jusqu'à présent ! » Cet espoir semble indiquer qu'il s'était déjà fait un changement notable dans les opinions du régent, et qu'il n'en est plus à l'époque où il refusait d'assister, à côté de son frère, à la cérémonie de prestation de serment à la constitution. Cependant il faut bien convenir que l'extrême répugnance manifestée par le régent à l'idée de recevoir la régence des mains de la représentation nationale laisse craindre que le roi ne se soit pas préservé tout à fait de la contagion du pouvoir absolu et du droit historique.

IX

Il existe en Prusse un parti auquel les Allemands n'ont pas donné de nom, mais qui représente assez bien ce qu'on appelait autrefois en France le grand parti conservateur ou le grand parti de l'ordre, ou bien encore le parti des honnêtes gens. En Prusse comme en France, ces honnêtes gens se composent d'industriels privilégiés, de riches propriétaires, de professeurs à gros émoluments, de capitalistes qui aiment le *statu quo* par-dessus toutes choses, et qui traitent de révolutionnaires tous ceux qui trouvent que tout ne va pas toujours pour le mieux dans le meilleur des gouvernements possibles. Les membres de ce parti, il faut leur rendre cette justice, ne haïssent pas précisément la liberté : ils sont partisans du régime parlementaire; ils tiennent qu'on doit laisser une certaine latitude aux journaux. Mais si les chambres veulent faire autre chose que discuter, si le régime parlementaire veut passer de la parole à l'action, si les journaux se permettent de répandre des idées et des opinions contraires à celles que le grand parti de l'ordre professe, vite il faut mettre fin à tout cela et appeler le despotisme au secours de la société menacée.

Jusqu'à présent, les Junkers, les piétistes et les unitaires se sont beaucoup agités en Prusse, et, en définitive, ce sont les membres du parti dont nous venons de parler qui ont gouverné dans la question de Neuchâtel comme dans la question d'Orient, comme dans toutes les questions qui se sont présentées tant à l'extérieur qu'à l'intérieur; on n'a fait que suivre la politique de ce parti, c'est-à-dire la politique des intérêts matériels. Ne se mêler de rien en Europe, ni des affaires de l'Autriche ni des affaires de l'Italie; être l'ami de tout le monde, de la France et de l'Angleterre, de l'Italie et du Piémont; traiter l'unité allemande comme une utopie, vivre en paix avec tous les gouvernements grands, moyens et petits de la Confédération germanique, ne rien changer au système actuel, ne soumettre aux chambres que des projets de lois sur les chemins de fer, tel est en résumé le programme du parti dont nous voulons parler, programme qui a longtemps prévalu auprès du dernier roi, et qu'on cherche à faire prévaloir encore auprès du roi actuel. On n'y parviendra pas, nous l'espérons, et, quoique nos espérances n'aient encore été justifiées que par des faits privés et non point par des décisions politiques, il serait injuste de méconnaître l'importance d'un fait privé comme celui du mariage du fils aîné du roi actuel avec la fille de la reine d'Angleterre.

X

Noces à Londres, retour de noces à Berlin, dîners de gala, représentations de cour, concerts, promenades aux flambeaux. Jusqu'ici Frédéric V, comme régent, ne s'est guère laissé voir qu'au milieu des plaisirs. C'est l'homme des fêtes et des entrevues :

Entrevue de Bade ;
Entrevue de Coblentz ;
Entrevue de Varsovie.

On peut dire que, jusqu'à ce jour, on n'a guère fait que l'entrevoir lui-même, et qu'il est fort difficile de se faire une juste idée de ses projets. Le caractère de sa famille est l'indécision; vouloir et ne pas vouloir en sont des velléités. Telle a été, depuis le commencement de son règne jusqu'à la fin, la triste politique de son frère, si cela peut s'appeler une politique.

L'ex-régent comprendra-t-il plus largement le rôle de roi de Prusse?

L'Autriche et la Prusse se disputent la direction de l'Allemagne, mais la première nous semble bien moins en posture de l'obtenir que la seconde. Formée de races diverses, hostiles les unes aux autres, la monarchie autrichienne a besoin du secours de l'Allemagne pour les contenir, et, en retour de ce service, que peut-elle lui donner? Rien. L'Autriche est bien plus un embarras qu'un appui pour l'Allemagne. La Prusse, au contraire, presque entièrement allemande, semble constituée tout exprès, par sa langue, par son armée, par la culture intellectuelle de ses habitants, pour absorber l'Allemagne tout entière. Celle-ci ne s'y trompe pas : tout ce qui aspire à l'unité dans la Confédération germanique se tourne du côté de la Prusse, et cette tendance n'existe pas d'aujourd'hui seulement. Après la révolution de 1848, lorsqu'un parlement se réunit à Francfort pour constituer l'unité de l'Allemagne, le roi de Prusse devint tout de suite l'objet des attentions et des espérances des députés ; ils lui offrirent la couronne impériale, et Frédéric-Guillaume IV parut d'abord assez empressé de l'accepter. Ce fut encore une simple velléité : les espérances de l'Allemagne se brisèrent devant les perpétuelles indécisions du monarque prussien.

Les circonstances, nous le savons, ne sont plus les mêmes : le moment de rétablir l'empire d'Allemagne est passé ; il ne peut être question aujourd'hui que d'une forme d'unité plus restreinte. L'empire est remplacé par l'hégémonie ; mais dans cette hégémonie il y a de quoi tenter l'ambition d'un esprit élevé et d'un noble cœur.

La régence, dans les premiers jours de son existence, a passé par de rudes épreuves. Un pouvoir nouveau, mal affermi, disputé, un gouvernement jeune obligé de tolérer à côté de lui le vieux gouvernement, ne pouvait songer à résoudre des questions de l'importance de celle dont nous parlons. Il fallait d'abord déblayer le terrain de la régence, et l'établir ensuite sur des bases solides. Cela n'était point l'affaire d'un jour. Rien ne gêne plus désormais l'initiative de Frédéric ; il a en main l'autorité et la force nécessaires pour accomplir de grandes choses ; il s'agit de savoir maintenant s'il saura et s'il voudra en user.

Le roi de Prusse passait pour un homme de sens, de réflexion, mais très-réservé et se communiquant peu aux autres ; depuis son avènement, il faut convenir qu'il n'a guère justifié cette réputation. Il parle beaucoup, et même un peu à tort et à travers, s'il faut en juger par les discours assez intempérants auxquels il se livre. La prudence sied aux bouches royales. C'est une vérité à laquelle Frédéric V ne paraît pas attacher une importance suffisante ; s'il parle beaucoup, comme nous le disons, il n'aime pas qu'on lui réponde, comme les gens qui ont exercé pendant longtemps de grands commandements militaires, et qui sont accoutumés à se voir obéis sans discussion. Ce goût des habitudes militaires, appliqué à la politique, se trahit tout de suite chez le prince, par le choix qu'il fit, en prenant possession de la régence, du prince de Hohenzollern comme président du conseil des ministres ; ce prince, chef actuel de la branche cadette de Hohenzollern, burgrave de Nuremberg, duc de Sagau, etc., après avoir abdiqué en faveur de Guillaume IV et échangé sa principauté contre le titre d'Altesse Royale, et de prince puîné de la famille royale, ce prince n'est plus maintenant que lieutenant général au service de Prusse et colonel d'un régiment de la landwher. Il n'avait pas donné de bien grandes preuves de capacité politique lorsque le régent l'appela à jouer le premier rôle sur le théâtre des affaires. Dans les moments de crise ministérielle, et pour couper court aux ambitions qui s'agitaient autour de la présidence du conseil, et qui auraient souvent rendu la formation du cabinet impossible, Louis-Philippe faisait appel à quelque illustre épée, au maréchal Soult, au maréchal Gérard, au maréchal Mortier. Une nécessité de ce genre a peut-être contribué à l'avènement du prince de Hohenzollern au poste qu'il occupe. Ajoutons aussi que ce choix peut s'expliquer également par la ferme intention manifestée par le prince de Prusse, dès son entrée au pouvoir, d'opérer dans l'armée des changements et des réformes dont elle a grandement besoin.

L'organisation militaire de la Prusse serait excellente si les autres pays en avaient une semblable; dans l'état actuel des forces de l'Europe, elle présente des inconvénients qu'il est inutile de faire ressortir. L'armée prussienne n'existe guère en réalité que sur le papier. Le budget s'en trouve bien, mais on n'en peut dire autant de l'influence générale du gouvernement. La conscience des défauts essentiels de son organisation militaire contribue certainement à la position expectante que la Prusse a prise jusqu'ici en face des événements. Le nouveau souverain est décidé à appliquer tous ses efforts à modifier cette organisation, mais les chambres tiennent les cordons de la bourse, et nous verrons s'il parviendra à les leur faire délier.

XI

Outre les divers partis dont nous avons parlé tout à l'heure, il y a encore les *doctrinaires* en Prusse. On a défini en France le doctrinaire un *être impertinent et abstrait*. Nous ne nous permettrons pas d'appliquer la première de ces qualifications aux doctrinaires prussiens; quant à la seconde, nous sommes bien forcés de convenir qu'ils la méritent. Le lendemain même d'une révolution qui venait de renverser une monarchie vieille de huit siècles et d'en fonder une nouvelle, nos doctrinaires avaient entrepris de prouver que le roi improvisé sur les barricades régnait en vertu d'un droit personnel et abstrait que personne, pas même ceux qui l'inventèrent, n'ont jamais pu clairement définir. Si on ne comprend pas le principe, rien de plus clair que ses résultats. En créant une hostilité permanente entre la monarchie et la révolution, on sait où les doctrinaires ont mené peu à peu la monarchie.

Les doctrinaires prussiens ont entrepris une tâche non moins épineuse que celle de leurs homonymes de France; il s'agit pour eux de concilier le droit divin historique avec le droit constitutionnel et de faire vivre en paix le moyen âge avec l'ère moderne. Le ministre actuel des affaires étrangères, M. de Schleinitz, fut un des coryphées du doctrinarisme. Le nom de cet homme d'État n'était pas entouré d'un bien grand éclat lorsque le régent l'appela à remplir une place importante dans le cabinet. On le voit citer pour la première fois en 1848; il figure un peu plus tard sur la liste des membres du parti de Gotha; une obscurité assez complète l'enveloppe, jusqu'au jour où la feuille officielle l'enregistre parmi les noms des ministres de la régence. Sec, guindé, gourmé, M. de Schleinitz est-il bien l'homme qu'il faut pour conduire la barque diplomatique de la Prusse à travers les écueils dont elle est entourée, et pour rallier les sympathies de l'Allemagne à son gouvernement? C'est ce dont beaucoup de gens doutent : l'avenir nous apprendra s'ils ont raison.

M. d'Auerswald, ministre sans portefeuille, homme intelligent, libéral, tolérant, exerce une certaine influence sur le nouveau souverain, qui écoute aussi assez volontiers son secrétaire privé, M. de Borck, loyal et brave militaire, homme instruit, honnête et très-dévoué à sa personne.

Ministre sans portefeuille au département du foyer domestique, sans viser précisément à jouer un rôle politique et à dominer son mari, la reine de Prusse s'en fait écouter souvent : l'élévation de ses sentiments et de son intelligence, son instruction, lui donnent pleinement, assure-t-on, le droit de dire son mot sur les affaires. Elle le fait avec mesure, en femme qui sait se tenir à sa place. Les soins du gouvernement ne l'absorbent pas, et la meilleure partie de son temps est consacrée à l'éducation de ses enfants auxquels elle a inspiré une vive affection et un respect qui va jusqu'à la vénération. Sans fierté ni hauteur, elle sait garder dans la vie privée une dignité qui sied à sa naissance et à sa position.

C'est une justice à rendre aux princes allemands que presque tous bannissent, dans leurs rapports avec les particuliers, cette morgue et cette attitude olympienne dont ne savent pas toujours se garantir les princes des autres nations. Le roi de Prusse possède cette qualité à un haut degré : à Baden, on le voyait se mêler en simple bourgeois à la foule des promeneurs; à Berlin, ses habitudes ne changèrent pas pendant sa régence, et on le rencontrait souvent seul, soit dans les rues, soit à la promenade *Sous les Tilleuls*, ne se faisant remarquer que par sa simplicité et par la politesse de ses manières. Il se montre empressé et même galant auprès des dames, mais honni soit qui mal y pense! le roi a toujours été le modèle des maris prussiens.

Les habitants des villes de garnison entendaient souvent gronder le canon au moment où ils s'y attendaient le moins. Ils se disaient alors : « Voici le prince de Prusse qui arrive, nous aurons une grande parade demain! » Louis XIV, dit Saint-Simon, aimait à se promener à cheval le long des camps et à faire admirer sa grande mine aux soldats; il se complaisait aux détails d'habillement et d'armement de ses régiments, et il s'en occupait sans cesse avec ses colonels. Ce n'est sans doute point par coquetterie, car sa mine n'a rien que de très-ordinaire, que le roi se plaît à paraître à la tête de ses soldats, mais par suite de ce *caporalisme*, pour nous servir d'un mot inconnu du temps de Saint-Simon, qui a toujours été la manie des princes de sa famille. Le roi traite donc la question du bouton de guêtre avec une grande supériorité; il goûte à la soupe du soldat, il lui parle avec familiarité et veut qu'on le mène avec justice. Nous ignorons si cela suffit pour inspirer, comme général, de la confiance à une armée ; mais l'exemple du roi de Prusse prouve que c'est assez pour s'en faire aimer.

D'un abord ouvert à tout le monde, aimable, populaire, sans orgueil, pourvu qu'on ne touche pas au droit divin, le roi de Prusse n'éprouve peut-être pas une répugnance aussi invincible pour le régime constitutionnel que feu son frère ; au point de vue de l'origine divine du pouvoir royal, il est aussi intraitable que lui ; il a sur le cœur le petit voyage qu'il fit à Londres en 1848, et le mot de révolutionnaire suffit pour le mettre presque hors de lui. Ce n'est rien, pourvu qu'aujourd'hui qu'il est sur le trône, il ne lui prenne point fantaisie de confondre la liberté avec la démagogie, comme cela est arrivé à plus d'un souverain. Le roi de Prusse est entouré, lui aussi, de doctrinaires. Qu'il y prenne garde ! ces gens-là portent malheur.

Heureusement, nous avons pour nous rassurer sur l'avenir l'article d'un journal prussien qui, comme un gage de la sincérité des opinions libérales du futur roi, nous donnait, pendant sa régence, la nouvelle qu'il venait d'accepter les fonctions de grand-maître des francs-maçons prussiens.

EUGÈNE DELACROIX

EUGÈNE DELACROIX

I

Par une belle après-midi d'été, une bonne et un enfant qui se promenaient sous les arbres de la route qui mène de Paris à Charenton-Saint-Maurice furent accostés par une espèce d'original qui, malgré les efforts de la bonne, prit l'enfant dans ses bras, examina ses traits pendant plusieurs minutes avec la plus grande attention, et finit par le rendre à la pauvre femme effrayée en lui disant : « Voilà un gaillard qui sera bien certainement un grand homme, mais que d'accidents, que de peines, que de soucis, que de travail avant d'en venir là ! qu'il apprenne à lutter, il en aura besoin, car jusqu'au dernier moment sa gloire sera contestée ! »

L'enfant dont un fou venait de tirer ainsi l'horoscope sur un grand chemin se nommait Eugène Delacroix, né, le 26 avril 1799, à Charenton-Saint-Maurice.

Son père, Charles Delacroix, député à la Convention nationale, ministre des relations extérieures sous le Directoire, préfet des Bouches-du-Rhône et de la

Gironde sous l'Empire, était un homme intelligent, bon administrateur, qui a laissé des traces de son passage dans les départements dont il a eu la direction.

Aucune enfance d'homme célèbre n'est marquée d'autant d'événements extraordinaires que celle d'Eugène Delacroix.

Un jour, le feu prend au berceau où il dort, les flammes l'entourent, la fumée l'enveloppe, il va périr brûlé et asphyxié, lorsqu'on arrive à temps pour le sauver.

Un autre jour, trouvant sous sa main un paquet de vert-de-gris destiné à laver des cartes géographiques, il l'approche de ses lèvres et s'empoisonne; les médecins eurent beaucoup de peine à le tirer d'affaire.

Deux fois il est sur le point de s'étrangler : la première en avalant un grain de raisin; la seconde en passant à son cou le ceinturon de son frère, capitaine des chasseurs de la garde impériale.

Enfin, pour achever la kyrielle, il tombe dans le port de Marseille d'où un matelot le retire à peu près asphyxié.

On voit que, sous le rapport des accidents, la prédiction du fou n'avait pas tardé à s'accomplir. Nous verrons qu'elle s'est également vérifiée sur les autres points.

En 1808, Delacroix entrait au Lycée Impérial, où il allait se trouver le condisciple de Géricault, alors un des plus mauvais élèves des classes supérieures. Un jour de sortie, ne sachant trop que faire, le jeune lycéen entre au Louvre. L'invasion de 1815 n'avait pas encore dépouillé le Musée de ses plus belles toiles. On y admirait la *Transfiguration* de Raphaël, la *Déposition de Croix* de Corrége, le *Saint Pierre* du Titien, le *Saint-Marc* du Tintoret, et tant d'autres chefs-d'œuvre des écoles flamande, italienne, espagnole. A la vue de ces merveilles de l'art, l'élève du Lycée Impérial eut comme une vision de sa vocation future; il comprit qu'il serait peintre, et, ses études achevées, il entra dans l'atelier de Guérin. Ceci se passait deux ans après la Restauration. Eugène Delacroix avait dix-huit ans.

Pierre-Narcisse Guérin, membre de l'Institut de France, chevalier de la Légion d'honneur et de l'ordre de Saint-Michel, nommé baron par S. M. Louis XVIII, dit *le Désiré*, avait obtenu un des trois grands prix de Rome qui furent décernés en 1797, pour cette fois seulement et à cause de la force exceptionnelle du concours. Le tableau qui lui valut cette récompense représentait *Caton d'Utique se déchirant les entrailles*. On peut le voir encore aujourd'hui dans la salle d'exposition de l'école des Beaux-Arts. Son *Marcus Sextus* obtint un succès prodigieux à l'exposition. On était dans un moment de grand enthousiasme pour la peinture. Les camarades de l'auteur placèrent des branches de laurier sur son tableau, et, durant plus d'un mois, on trouva chaque jour, collés sur le cadre, des vers louangeurs dans le genre de ceux-ci :

> Au pied de ce sombre tableau,
> L'envie a déposé ses armes ;
> La critique éteint son flambeau ;
> Le sentiment verse des larmes.

Le 11 vendémiaire an VIII (3 octobre 1799), l'année même où naissait Eugène Delacroix, quarante-cinq ans avant le banquet donné, dans la salle Montesquieu, par les élèves de M. Ingres, à leur professeur, les amis, les confrères, les maîtres de Guérin lui donnèrent un festin magnifique où il siégea entre Vien et Regnault. Un fabricant de draps, M. Décrétot (que son nom soit transmis à la postérité) paya dix mille francs le *Marcus Sextus*, somme énorme pour cette époque. A partir de ce moment, chaque exposition est pour Guérin l'occasion d'un nouveau triomphe : le tableau de *Phèdre et Hippolyte*, exposé en 1802, est accueilli par une pluie de lauriers et de vers. M. Roger, un futur académicien, auteur de *Caroline ou le Tableau*, comédie représentée au Théâtre-Français, met l'éloge de Guérin dans la bouche de l'un de ses personnages.

> Me voici de retour... Ah ! quelle foule immense !
> Tout Paris au salon s'est réuni, je pense.
> Surprise avec raison, j'interroge : on me dit
> Que le jeune Guérin, Guérin, dont *le Proscrit*
> Du plus rare talent semblait l'effort suprême,
> Dans un nouveau tableau s'est surpassé lui-même.
> J'entre, et vois tout le monde interdit, étonné,
> Fixé sur un seul point, d'un seul côté tourné ;
> Chacun cherche un tableau, personne ne le quitte :
> C'est *Phèdre*, c'est *Thésée* et le noble *Hippolyte*,
> Dit-on de toutes parts. J'en approche un moment ;
> Quel effet ! quel prestige ! et quel enchantement !
> J'ai cru, je l'avouerai, voir leurs bouches muettes
> Prononcer les beaux vers du plus grand des poètes,
> Et par l'illusion de ce tableau divin,
> Entendre encor Racine en admirant Guérin.

Que dirait le public aujourd'hui si on lui décochait une pareille tirade sur un des peintres de ce temps-ci, fût-ce même M. Ingres, qui est pourtant presque passé à l'état de dieu, ou, tout au moins, de demi-dieu, comme chacun sait ?

Nous ne parlerons pas du succès qu'obtint Guérin avec son fameux tableau, ***Didon écoutant le récit d'Énée***, où l'on admira tant l'idée du faux Ascagne retirant malicieusement du doigt de la reine l'anneau conjugal de Sichée pendant qu'elle prête l'oreille aux hexamètres du pieux Énée :

Infandum, regina, jubes renovare dolorem !
Sed si tantus amor casus cognoscere nostros,
Et breviter Trojæ supremum audire laborem,
Quanquam animus meminisse horret, luctuque refugit,
Incipiam. . . . .

C'est l'année même où ce tableau fut exposé que M. Eugène Delacroix entra dans l'atelier de Guérin. Il est probable, néanmoins, que *Didon* le décida beaucoup moins à choisir pour maître ce peintre, dont la réputation tout de suite obtenue, l'existence brillante et facile, devaient si fort contraster avec sa vie de lutte et sa gloire contestée, que la *Clytemnestre*, composition dans laquelle on dirait que Guérin est sorti de sa nature pour chercher quelques-uns des effets que devait affectionner un peu plus tard l'école romantique.

Ce pauvre baron Guérin, grand réchauffeur de serpents, comme on va le voir, eut dans son atelier les trois artistes qui contribuèrent le plus à briser ce moule banal d'où sortaient coulés, d'après un procédé uniforme qui s'appelait alors le *beau idéal*, les dieux, les héros, les magistrats, les généraux de l'empire, tout ce qu'on adorait dans ce temps-là. Géricault, Eugène Delacroix, Scheffer furent ses élèves.

II

En 1822, trois ans après l'exposition de *la Méduse*, on lisait les passages suivants dans le compte rendu du salon publié par *le Constitutionnel* :

« Aucun tableau ne révèle mieux, à mon avis, l'avenir d'un grand peintre que celui de M. Delacroix, représentant *le Dante et Virgile aux enfers*. C'est là surtout qu'on peut remarquer ce jet de talent, cet élan de la supériorité naissante qui ranime les espérances un peu découragées par le mérite trop modéré de tout le reste.

« Le Dante et Virgile, conduits par Caron, traversent le fleuve infernal et fendent avec peine la foule qui se presse autour de la barque pour y pénétrer. Le Dante, supposé vivant, a l'horrible teinte des lieux ; Virgile, couronné d'un sombre laurier, a les couleurs de la mort. Les malheureux condamnés à désirer éternellement la rive opposée s'attachent à la barque : l'un la saisit en vain, et, renversé par un mouvement trop rapide, est replongé dans les eaux ; un autre l'embrasse et repousse avec les pieds ceux qui veulent aborder comme lui ; deux autres serrent avec les dents le bois qui leur échappe. Il y a là l'égoïsme de la détresse, le désespoir de l'enfer. Dans ce sujet si voisin de l'exagération, on trouve cependant une sévérité de goût, une convenance locale, en quelque sorte, qui relève le dessin, auquel des juges sévères, mais peu avisés ici, pourraient reprocher de manquer de noblesse. Le pinceau est large et ferme, la couleur simple et vigoureuse quoiqu'un peu crue. L'auteur a, outre cette imagination poétique qui est commune au peintre comme à l'écrivain, cette imagination de l'art qu'on pourrait appeler en quelque sorte l'*imagination du dessin*, et qui est tout autre que la précédente. Il jette ses figures, les groupe, les plie à volonté avec la hardiesse de Michel-Ange et la fécondité de Rubens. Je ne sais quel souvenir des grands artistes me saisit à l'aspect de ce tableau : je retrouve cette puissance sauvage, ardente mais naturelle, qui cède sans effort à son propre entraînement.

« Je ne crois pas m'y tromper, M. Delacroix a reçu le génie ; qu'il avance avec assurance, qu'il se livre aux immenses travaux, condition indispensable du talent......, etc. »

Ce compte rendu juste, mais un peu terne de forme, est signé : ADOLPHE THIERS.

Cet article est d'autant plus hardi que trois années nous séparent à peine du dernier salon où Girodet avait pu encore exciter l'enthousiasme de la foule en exposant *Pygmalion et Galatée*. Des vers furent placardés sur le cadre comme au temps de la jeunesse de Guérin, et tous les journaux répétèrent ce quatrain :

> Peintre charmant d'Endymion,
> Viens jouir des transports de la foule enchantée ;
> Tout Paris pour ta Galatée,
> A les yeux de Pygmalion.

Une couronne de laurier fut également placée sur le tableau pendant que les spectateurs battaient des mains ; l'auteur d'*Endymion*, du *Déluge*, d'*Hippocrate refusant les présents d'Artaxerxès*, de *la Révolte du Caire*, fut acclamé, comme on dirait aujourd'hui, en pleine exposition. Louis XVIII, roulé dans son fauteuil devant les tableaux du salon, daigna dire à Girodet : « En vérité, monsieur, je crois que Galatée va descendre de son piédestal ; comme vous avez bien traduit l'ingénieux hémistiche d'Ovide : *Deus stupet et timide gaudet !* » Le plus fort fut ce mot d'une femme d'esprit, qui mit le comble à tous les éloges : « On n'a rien vu d'aussi beau depuis le déluge. »

On peut juger, d'après ces éloges, s'il était temps qu'une révolution s'opérât dans la peinture.

III

Guérin, trouvait que les figures de son élève ressemblaient à des figures humaines comme un étui de violon ressemble à un violon. Un jour qu'il traversait la salle des Antiques du Louvre, pendant que Delacroix se livrait à quelques recherches sur son tableau du *Massacre de Scio*, qui devait figurer à l'exposition sur le point de s'ouvrir, Girodet, plus indulgent que Guérin, adressa au jeune peintre des éloges très-vifs, suivis de quelques observations relativement à un œil qui ne se trouvait pas à sa place sur la figure de la femme morte :

— Trouvez-vous la figure d'un aspect suffisamment émouvant dans son ensemble ? demanda Delacroix.

— Sans aucun doute, répondit Girodet, cette tête me touche profondément.

— En ce cas, je me garderai bien d'y rien changer.

> Vingt fois sur le métier remettez votre ouvrage,
> Polissez-le sans cesse, et le repolissez.

M. Delacroix, comme on le voit, n'est pas de l'avis de Boileau, et l'on ne peut point dire qu'il ait tout à fait tort.

L'auteur de *Dante et Virgile* exposa successivement : *le Christ au Jardin des Oliviers*, une allégorie représentant *la Grèce*, *Justinien*, *Marino Faliero*. A chaque nouveau tableau du maître, la critique romantique entonnait des chants de triomphe, et la critique classique se voilait la face d'épouvante. Lorsque parut le *Sardanapale*, le scandale sembla si grand, que les amis du *beau idéal* résolurent d'anathématiser solennellement M. Eugène Delacroix ; mais, avant d'en venir à cette dure extrémité, ils se décidèrent à faire une dernière tentative pour le ramener dans les voies de l'orthodoxie.

Il y avait alors, à la tête de l'administration des beaux-arts, un brave homme appelé Sosthènes de La Rochefoucauld, qui se chargea de faire rentrer paternellement la brebis égarée au bercail. Il fit donc venir le jeune peintre, et l'adjura, au nom de la vertu, de la famille, de la religion, du bon ordre, de la morale, à revenir au coloris de Guérin et au dessin de Girodet, et à ne plus faire gémir les honnêtes gens par les excentricités de sa palette. M. Sosthènes de La Rochefoucauld avait les larmes aux yeux en parlant ainsi. M. Eugène Delacroix lui répondit qu'il était touché de ses conseils, mais qu'il ne croyait offenser ni la morale, ni la religion, ni le bon ordre, ni la famille, en peignant les objets tels qu'il les voyait. Le directeur des beaux-arts, changeant de ton, et passant de l'exhortation à l'intimidation, menaça son interlocuteur de lui interdire l'eau et le feu du ministère, de le priver de toute commande du gouvernement, de lui fermer l'entrée des expositions, en un mot de l'excommunier.

— Si je ne travaille pas pour vous, répondit Eugène Delacroix, je travaillerai pour le public.

Il prit son chapeau, salua le directeur et sortit.

M. Sosthènes de La Rochefoucauld leva les bras au ciel, et, pour se consoler de cet échec, il prit sa plume et rédigea un arrêté pour raccourcir le jupon des danseuses de l'Opéra.

IV

Quant au peintre, à peine rentré dans son atelier, il tailla son crayon, et se mit à dessiner pour le public de magnifiques lithographies, que le public n'achetait guère, car le goût des bourgeois, qui n'est pas très-prononcé aujourd'hui pour les œuvres de Delacroix, l'était bien moins à cette époque. Goëthe le dédommagea du peu de succès de ses dessins par la joie avec laquelle il accueillit l'illustration de *Faust*, dont la vue, disait-il, lui faisait retrouver les impressions de sa jeunesse.

Walter Scott dut en dire autant devant *l'Évêque de Liége*, qui parut en 1829, si jamais le romancier a vu ce tableau, qui retraçait, avec une merveilleuse énergie, une des plus émouvantes scènes de *Quentin Durward*.

La révolution de juillet 1830 releva brusquement Eugène Delacroix de l'anathème lancé contre lui par M. Sosthènes de La Rochefoucauld. Dans ces premiers jours d'effervescence, où l'art se crut émancipé comme la politique, il se trouva une direction des beaux-arts assez hardie, assez révolutionnaire, tranchons le mot, pour commander, non pas un, mais deux tableaux à l'auteur de *Dante et Virgile* et du *Massacre de Scio*.

Ces deux tableaux devaient représenter : l'un *la Bataille de Jemmapes*; l'autre *la Bataille de Valmy*. Les scènes révolutionnaires, dont Eugène Delacroix avait été le témoin, avaient vivement impressionné l'artiste, et, avant de prendre le pinceau pour célébrer la gloire officielle du nouveau roi, il jeta sur la toile cette *Liberté*, fille du peuple, qui venait de triompher sur les barricades de juillet :

> C'est une forte femme, aux puissantes mamelles,
> A la voix rauque, aux durs appas,
> Qui, du brun sur la peau, du feu dans les prunelles,
> Agile et marchant à grands pas,
> Se plaît aux cris du peuple, aux sanglantes mêlées,
> Aux longs roulements des tambours,
> A l'odeur de la poudre, aux lointaines volées
> Des cloches et des canons sourds.
> . . . .

Nous avons vu cette *Liberté* à l'exposition de 1855, vingt-cinq ans après son apparition, et nous concevons l'impression qu'elle dut produire sur les contemporains et sur le poëte qui la traduisit, pour ainsi dire, dans des vers non moins ardents et non moins énergiques que la peinture.

V

En 1831, le gouvernement naissant de Louis-Philippe, ayant, pour une cause quelconque, maille à partir avec le Maroc, envoya une ambassade à Muley-abd-er-Rhaman. Le ministre des affaires étrangères attacha Eugène Delacroix à cette ambassade, non point comme secrétaire, mais comme artiste simplement. Non pas que notre fougueux coloriste n'eût fait un excellent diplomate au besoin ; Rubens a rempli de son temps plusieurs missions importantes. Fils d'un ancien ministre des relations extérieures, ayant été élevé parmi les plus fins diplomates de la France impériale, très-instruit, très-intelligent, M. Eugène Delacroix pourrait en remontrer à Rubens en fait de négociations. Heureusement pour nos plus illustres représentants à l'étranger, il aime infiniment mieux peindre que discuter autour d'une table verte.

Il partit donc comme attaché au département des dessins, croquis, aquarelles ; et le voilà, à peine débarqué, mettant crayon au vent, et s'escrimant contre tout ce qu'il rencontrait : costumes, armes, hommes, femmes, chiens, chevaux, sans compter ces lions, ces tigres qu'il a vus on ne sait où, animaux impossibles, mais vivants, qui, la gueule sanglante, la crinière en feu, le poil hérissé, la queue sifflante, semblent remplir ses tableaux de leurs rugissements. Le musulman n'aime pas à poser, sa religion le lui défend : ce ne fut qu'à grand'peine que le peintre parvint à se procurer des modèles ; il saisit, pour ainsi dire au vol, ces types orientaux que nous voyons se mêler si furieusement dans un *Choc de cavalerie arabe*, dans les *Exercices militaires des Marocains*, et dans une foule de toiles dont la plus belle, sans contredit, représente les *Convulsionnaires au Maroc*, terrible pandœmonium, après lequel la vue se repose plus agréablement sur *la Noce juive*. Pendant que tous les regards se portaient sur l'Orient pour le réveiller et pour le civiliser, pendant que les Saint-Simoniens allaient y chercher la femme libre, l'art, de son côté, allait s'y retremper et y chercher le secret d'un rajeunissement qu'il ne trouvait plus en Italie.

De 1832, date du retour d'Eugène Delacroix en France, jusqu'à l'exposition universelle de 1855, que d'œuvres sorties de cette imagination et de ce pinceau infatigables! On se rappelle quel effet elles firent réunies dans le salon du Palais de l'Industrie; on voyait là ses premières toiles mêlées aux dernières : *La Liberté*, — *le Christ en Croix*, — *le Christ au Jardin des Oliviers*, — *la Sibylle*, — *la Madeleine au désert*, — *Dante et Virgile*, — *Justice de Trajan*, — *Marc-Aurèle mourant*, — *l'Empereur Justinien*, — *Prise de Constantinople par les Croisés*, — *le Roi Jean à la bataille de Poitiers*, — *Bataille de Nancy*, — *Marino Faliero*, *les Deux Foscari*, — *l'Évêque de Liège*, — *le Massacre de Scio*, — *Boissy-d'Anglas*, — *le Combat du Giaour et du Pacha*, — *le Prisonnier de Chillon*, — *le Tasse en prison*, — *Mort de Valentin*, — *les Femmes d'Alger*, — *Noces juives dans le Maroc*, — *les Convulsionnaires de Tanger*, — *les Adieux de Roméo et de Juliette*, — *Juliette au tombeau des Capulets*, — *Hamlet*, — *le Naufrage de Don Juan*, — *la Famille arabe*, — *la Chasse aux lions;* toiles étincelantes qui faisaient songer aux peintures monumentales de la Chambre des députés, au salon de la Paix à l'Hôtel de ville, au plafond de la galerie d'Apollon, et à tant d'autres tableaux, esquisses, grisailles, aquarelles, eaux-fortes, lithographies, dessins semés en France et en Europe par cet artiste à la verve inépuisable.

Que deviendront tous ces tableaux après lui? Un des plus récents et des plus complets biographes de M. Eugène Delacroix, l'auteur des *Artistes vivants*, assure que cette idée le préoccupe infiniment. « Il se donne mille chagrins et mille soins afin de prévenir l'altération de ses tableaux : il les traite comme des enfants malades, les fait baigner dans l'huile, se tourmente pour eux des caprices de l'atmosphère, des hasards des voyages ; fait toutes sortes d'expériences sur la qualité des couleurs et des toiles, frémit à l'idée de la destruction, redouble d'activité au travail, et multiplie ses sujets avec acharnement. « Les peintres devraient songer, dit-il, à la fragilité de leurs productions : un incendie va consumer des milliers d'ouvrages ; des accidents sans nombre conspirent contre le bois et la toile, ces dépositaires de leurs inspirations. Ne semble-t-il pas qu'en multipliant leurs travaux dans la mesure de leurs forces, ils augmentent la chance de surnager sur la mer de l'oubli ? »

« Cette sorte de fureur pour le travail lui a fait prendre en horreur tout ce qui est de nature à troubler son application. Son amour de la solitude devient de jour en jour plus sauvage ; il s'enfermerait dans un antre pour n'y être pas dérangé. Il a un rare mépris pour le mariage, qui déshonore la plupart des artistes, en les jetant dans la misère, et il déteste les enfants à cause de leur turbulence et de leur importunité. « Vous aussi, dit-il à celui qui parle de se marier, vous pourrez vivre au milieu des horreurs du ménage, et travailler avec les marmots dans les jambes ? » Revenu des premiers emportements de la jeunesse, il s'est imposé rigoureusement l'ordre et l'économie. « Il faut garder, dit-il, le peu d'argent que l'on possède : Argent, liberté, dignité, c'est tout un pour l'homme prudent ; quiconque n'a pas assez d'argent pour se passer d'autrui, est aujourd'hui, plus que jamais, voué à l'impuissance et aux dernières humiliations de la servitude. » Travailler à l'abri des soucis matériels, voilà la préoccupation de toute sa vie. La peinture est pour lui cette maîtresse jalouse qui veut son homme tout entier ; aussi lui fait-il tous les jours le sacrifice de ses plaisirs et de sa santé : il mourra le pinceau à la main. Je tremble pour ce noble artiste, si courageux et si frêle, quand je le vois s'engager sous les voûtes humides de Saint-Sulpice, impatient de laisser sur les murailles durables d'un monument un chef-d'œuvre de plus à la postérité. »

La lecture est une des grandes distractions de Delacroix, parce que cette distraction est utile à son travail de peintre, avec lequel elle se confond pour ainsi dire. C'est à sa campagne de Champrozay, à quelques pas de Versailles, qu'il se retire pour se livrer au plaisir de feuilleter ses auteurs favoris, parmi lesquels figurent au premier rang les écrivains du dix-septième siècle. Le peintre romantique par excellence, l'interprète de Shakespeare, de Byron, de Walter Scott, de Dante, parle de Racine sur le même ton que M. Ingres parle de Raphaël ; on dirait qu'il aime la tragédie comme un vieil habitué de l'orchestre du Théâtre-Français, et qu'il a fait son éducation littéraire dans le *Cours* de Laharpe.

Si vous êtes un désœuvré, un flâneur, ne frappez point à l'atelier de la rue. Habile à reconnaître les physionomies, vous verrez accourir une vieille servante qui, sur la simple inspection de votre visage, vous fermera poliment la porte au nez.

M. Delacroix a deux sentinelles vigilantes chargées de surveiller les abords de son atelier ; quand l'une est dehors, l'autre reste et défend à l'ennemi d'approcher. Si, par ruse ou par hasard, vous parvenez à vous introduire dans la place, vous recevrez un accueil aimable, poli en apparence, mais, intérieurement, les plus fortes malédictions que puisse trouver un peintre dérangé au moment de l'inspiration s'élèveront contre vous. M. Delacroix, devenu plus ardent que jamais au travail, ne peut pas souffrir qu'on le trouble. « D'où vient, disait-il un jour à l'auteur de l'*Histoire des Artistes vivants*, que je ne m'ennuie pas un seul instant quand j'ai le pinceau à la main ? J'éprouve même que, si mes forces pouvaient y suffire, je ne cesserais de peindre que pour manger ou dormir. Autrefois, dans cet âge prétendu l'âge de la verve et de l'imagination, j'étais arrêté à chaque pas, et souvent dégoûté ; aujourd'hui, je n'hésite plus : la maturité est complète, l'imagination est aussi fraîche, aussi active que jamais, et délivrée des passions folles ; mais les forces physiques manquent, les sens usés demandent le repos, et pourtant, quelle consolation je trouve encore dans le travail ! Je me sens heureux de ne plus être heureux comme je l'étais autrefois. A quelle tyrannie sauvage l'affaiblissement du corps ne m'a-t-il pas arraché ! Il faut donc faire comme on peut. Si la nature nous refuse le travail au delà d'un certain nombre d'instants, ne lui faisons pas violence, estimons-nous heureux de ceux qu'elle nous laisse ; jouissons du travail pour le travail lui-même et des heures délicieuses qui le suivent ; ce repos a été acheté par une salutaire fatigue qui entretient la santé du corps, agit sur celle de l'âme, et empêche la rouille des années de dévorer les nobles sentiments. »

M. Delacroix travaille donc sans cesse avec une ardeur et un entrain qui ne faiblissent jamais. Il a toujours, dans son atelier, une douzaine de tableaux commencés ; il prend tantôt l'un, tantôt l'autre, cherchant à se distraire du travail par le travail, passant de l'Évangile à Shakespeare, de la Mère douloureuse à Juliette, de saint Paul à Hamlet, avec une verve toujours nouvelle. Rien n'égale la rapidité foudroyante du pinceau de M. Delacroix. En quelques heures on l'a vu esquisser un crucifiement de Jésus-Christ avec tous les personnages que comporte une pareille scène : apôtres, juifs, bourreaux, légionnaires, saintes femmes éplorées. Cette vie de travail et d'incessante production ne l'use point. M. Delacroix se plaint souvent d'être malade, mais il n'y paraît guère au nombre de ses tableaux ni à l'air de sa physionomie. A plus de soixante ans, il n'a pas un cheveu blanc !

VI

Cependant, au milieu de sa gloire, de ses travaux, de sa fortune, il semblait que quelque chose manquât au bonheur de l'auteur de *Sardanapale*.

Qu'a donc Delacroix ? se disait ses amis ; s'il avait un tigre de Nubie, nous pourrions supposer que la perte de ce quadrupède cause sa douleur, mais il n'a pas même un chat dans son atelier.

Il est commandeur de la Légion d'honneur.

Il a eu la même médaille que M. Ingres à l'Exposition universelle.

Il a des commandes du gouvernement tant qu'il en peut faire.

Il a vu de ses tableaux accrochés dans les salons de plusieurs bourgeois.

Que peut-il manquer à son bonheur ? Et ses amis cherchaient en vain sur l'oreiller de ce sybarite de quel côté la feuille de rose faisait un pli.

Cette tristesse, dont la cause se dissimulait à tous les yeux, était produite par une maladie que les médecins ne peuvent pas guérir, qu'ils ne connaissent guère, et que nous appellerons la nostalgie académique. On a vu bien des artistes et des gens de lettres en mourir, après en avoir souffert pendant toute leur vie.

M. Delacroix n'était pas de l'Institut.

Trois ou quatre fois il s'était présenté, et trois ou quatre fois il avait été repoussé par les membres de l'Académie des Beaux-Arts. Brisé par tant de défaites, un cri de désespoir suprême s'était échappé de son cœur : on lui avait vu signer un article de la *Revue des Deux-Mondes*

EUGÈNE DELACROIX
DE L'ACADÉMIE D'AMSTERDAM.

De l'Académie d'Amsterdam ! Voilà à quoi j'en suis réduit, semblait-il dire à la France ; moi, l'auteur de tant de chefs-d'œuvre qui ont porté si haut la gloire de l'école française ! On me force à me réfugier dans les instituts étrangers, on me chasse de l'académie natale ; je vais être obligé de me faire naturaliser Hollandais !

L'Académie s'émut à cette protestation éloquente, et en 1857 elle reçut, enfin, l'exilé dans son sein. C'est à partir de ce moment que sa tristesse disparut, et qu'il a commencé à faire des calembours.

C'est une chose bizarre que cet amour des distinctions académiques chez les principaux chefs du mouvement anti-académique de 1830. Victor Hugo, Sainte-Beuve, Alfred de Vigny l'ont éprouvé comme M. Delacroix; seulement il peut sembler plus naturel chez le peintre que chez le poëte; car il est bon que vous le sachiez, M. Delacroix a une prétention, une manie, une toquade, si vous aimez mieux ce terme familier, qui ne consiste à n'admirer que le genre classique, à se mettre à genoux devant les Grecs. Ne lui dites pas qu'il est le peintre romantique par excellence, vous le blesseriez. L'antique, rien que l'antique, vous dirait M. Delacroix, je ne sors pas de là... je suis avant tout pour la ligne, pour le contour, pour la rotule... En sculpture, le Parthénon; en peinture, Raphaël; en poésie, Racine, le plus grand des rotuliers littéraires!... Voilà ma profession de foi...

Ce langage vous étonne de la part d'un homme sorti tout entier des flancs du romantisme. Rappelez-vous comment les classiques l'ont traité au temps des grandes querelles entre la peinture d'après Homère et la peinture d'après Shakespeare; n'entendez-vous pas encore les cris, les huées, les éclats de rire des disciples de M. Ingres devant ces logogriphes, ces charades, ces rébus que M. Delacroix appelle, disaient-ils en se tordant de rire, des chevaux, des lions, des scènes d'amour ou de bataille?

M. Delacroix a oublié tout cela; vous le surprendriez fort si vous souteniez devant lui qu'il doit le meilleur morceau de sa réputation à une certaine école qui s'est appelée romantique, et qui, à force de persévérance, est parvenue à s'imposer. M. Delacroix a complètement oublié les lances brisées en sa faveur, les harangues du feuilleton, les préfaces des livres romantiques qui le proclamaient le fléau de la tradition, le messie d'un art nouveau.

La tradition! M. Delacroix ne connaît que cela.

Il a cherché, il est vrai, ses sujets de tableaux dans Shakespeare, Dante, Byron, Walter Scott, mais cela ne prouve rien. Il n'en était pas moins fanatique de la ligne et du dessin. Romantique en apparence, au fond il n'en restait pas moins un classique enragé. M. Eugène Delacroix, l'échevelé, le téméraire, l'aventurier en peinture s'il en fut, n'aimant, n'admettant que l'antique, criant à qui veut l'entendre : Hors de l'antique pas de salut! en vérité, cela est impossible, et ceux qui le présentent ainsi calomnient l'auteur du *Massacre de Scio*.

Faites-en donc l'épreuve vous-même, et demandez à M. Eugène Delacroix ce qu'il pense du romantisme. Il a dernièrement fait refuser sa porte à un de ses plus anciens amis qui, dans un récent article, l'avait surnommé le Victor Hugo de la peinture.

Quant à nous, ce petit travers ne nous étonne pas ; tous les artistes d'un grand talent ont des manies du même genre. Le romantisme a eu, comme toutes les révolutions, ses écarts et ses folies, mais il a été le signal de l'affranchissement de l'art délivré de la servitude des conventions, des écoles et des académies. Ne contrarions pas M. Delacroix, laissons-lui croire, puisque cela l'amuse, qu'il figure parmi les plus augustes représentants de la haute tradition classique, qu'il est un Ingres méconnu, cela n'empêchera point ses tableaux d'être la protestation la plus brillante qu'on ait faite dans ces derniers temps, en peinture, contre l'art classique et contre la tradition.

Cela peut le contrarier, mais il faut qu'il en prenne son parti.

M. Eugène Delacroix est membre du Conseil général du département de la Seine, de l'Académie des Beaux-Arts, et..... de l'Académie d'Amsterdam.

Comme il faut que tout homme d'esprit ait des petits ridicules innocents, M. Eugène Delacroix aime assez que l'on constate qu'il n'a jamais été en Italie.

Ce qui ne l'empêche pas d'adorer Raphaël et la peinture classique, comme vous savez.

VII

Eugène Delacroix a été, pendant trente ans, le point de mire de toutes les attaques ; les beaux esprits de l'Académie n'ont pas cessé de le percer de leurs traits les plus sanglants. On a dit qu'il peignait avec un pinceau ivre, qu'il brossait ses tableaux dans des accès de somnambulisme. L'artiste est resté impassible.

Les membres de l'Institut,

Les feuilletonistes graves,

Les Ingristes,

Les bourgeois,

ont formé une vaste coalition contre l'auteur du *Massacre de Scio*. La coalition a poussé M. Ingres, cela va sans dire ; elle a exalté Delaroche, elle a porté aux nues toutes les médiocrités imaginables, et n'a pas prononcé une seule fois le nom de

Delacroix sans le faire suivre de toutes sortes de railleries et d'imprécations, rien n'y a fait! La réputation du proscrit est sortie victorieuse de ces épreuves.

On se dispute ses tableaux aux ventes des commissaires-priseurs. Il n'est pas rare de rencontrer dans les salons bourgeois quelque toile du maître qui ne fait pas jeter les hauts cris aux amis de la maison.

Ceci peut servir à mesurer les progrès que nous avons faits depuis trente ans en peinture.

On a prétendu que le Français avait bien pu naître malin, mais non pas musicien ni peintre ; on lui refusait des oreilles et des yeux, le sentiment de l'harmonie et celui de la couleur.

La bonne huile est impossible à trouver.

Qui ne cultive la garance lui-même ne saurait en avoir dans toute sa pureté.

Les pinceaux laissent la moitié de leurs poils dans les couleurs.

Bref, dans quelques années, si l'on n'y met bon ordre, il deviendra complétement impossible de peindre, faute de toiles, de pinceaux et de couleurs.

M. Eugène Delacroix exagère probablement les torts des marchands de couleur de son époque ; j'hésite à croire que le bleu de Prusse et l'indigo en soient venus à ce point d'abaissement où nous voyons aujourd'hui tant de denrées coloniales, le café par exemple, qui ne recule pas devant les plus honteuses alliances, devant les relations les plus adultères. Espérons que nous ne verrons pas le vermillon et son confrère l'ocre figurer sur les bancs de la police correctionnelle, et que l'avenir ne sera pas privé des chefs-d'œuvre de la peinture moderne par suite de la connivence de la couleur avec la spéculation.

Si l'on met de côté les chagrins que peuvent causer à M. Delacroix les défauts des toiles qu'il emploie, on peut dire qu'il n'a pas trop à se plaindre de la destinée, et qu'en somme, la prédilection de l'inconnu dont nous avons parlé au commencement de cette biographie s'est complétement réalisée, hormis sur un point cependant.

Les soucis, les accidents, les luttes de tous genres ne lui ont pas manqué.

Il a conquis cette réputation au prix d'efforts constants, et cette réputation, quoi qu'en ait pu dire le prophète Charenton-Saint-Maurice, n'est plus contestée.

Les membres de l'Institut, joints aux feuilletonistes graves, renforcés des injustes et grossis des bourgeois, n'empêcheront pas Eugène Delacroix d'être un des plus grands artistes du dix-neuvième siècle. Il est, de plus, un des trois ou quatre hommes de génie qui survivront à cette époque.

Et cela, malgré la qualité des pinceaux qu'on pourra lui vendre.

En fait de musique, je ne me prononce pas, quoiqu'il semble que nous en soyons venus à soupçonner que Glück, Mozart, Weber pourraient bien être aussi agréables à entendre que Clapisson ou Adam; mais, en fait de peinture, je n'hésite pas à déclarer que la France deviendra peu à peu le pays artiste par excellence, et je le prouve par le débit facile des tableaux d'Eugène Delacroix.

Le public les achète, il finira par les comprendre.

Quant au peintre lui-même, il ne travaille pas pour gagner de l'argent, il obéit à l'inspiration, et caresse toutes ses compositions avec une tendresse vraiment paternelle. Il ne néglige rien pour assurer leur perfection et leur durée.

« Les peintures de Delacroix, dit l'intéressant biographe auquel nous avons déjà emprunté quelques détails, ont des dessous fortement bâtis, condition qui les fera toujours reconnaître dans l'avenir. Une seule chose pourrait nuire à leur durée, l'emploi trop rapide des vernis. Dans son impatience d'arriver à l'aspect définitif du tableau, il s'en sert pour faire sécher vivement ses couleurs et tromper ainsi les lenteurs du métier. C'est par suite de ces moyens imprudents que le tableau *le Dante et Virgile* éclate déjà comme une écorce de chêne. »

Selon l'artiste, ces accidents ont pour cause l'avidité des marchands qui trompent, dit-il, l'acheteur sur toutes les denrées.

T. D.

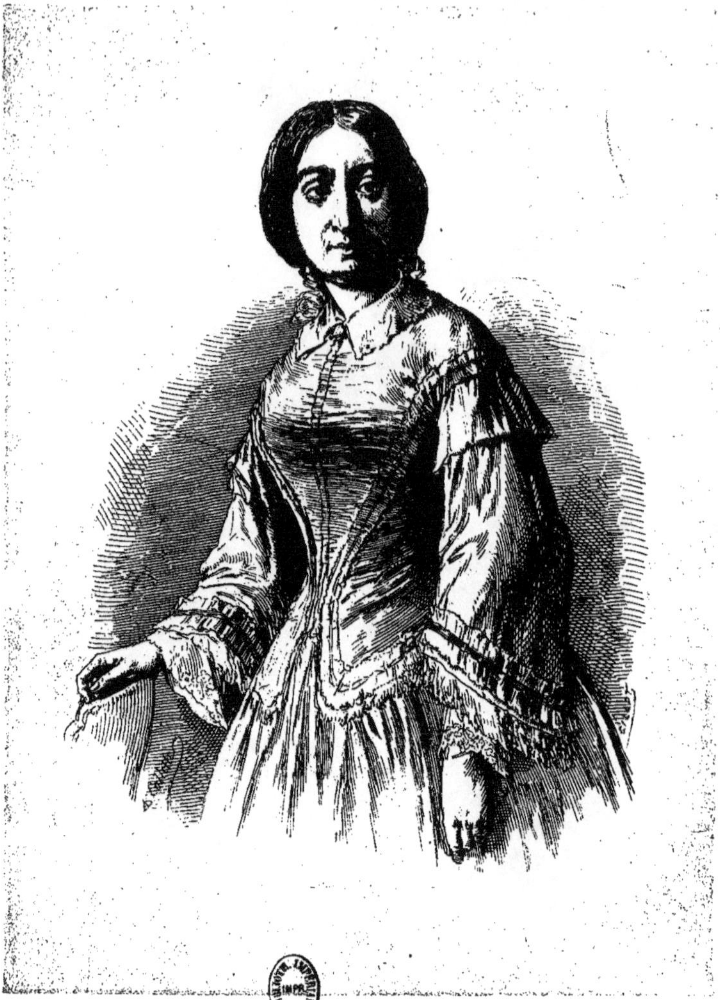

Typ. Ernest Meyer, à Paris.

GEORGE SAND

GEORGES SAND

I

'il est difficile de parler des hommes célèbres ou réputés tels, quand ils sont vivants, il l'est bien plus encore de raconter l'existence des femmes, que quelque gloire ou quelque réputation environne. Tant de calomnies, tant de médisances, tant de choses absurdes ont été débitées sur elle! L'opinion a été si souvent et si complétement faussée sur leur compte! Où est la vérité, où est l'erreur dans ces mille bruits que la méchanceté invente, que l'oisiveté et la sottise propagent? Et même alors qu'on parviendrait à les discerner l'une de l'autre, de quel droit le biographe pénétrerait-il dans la vie privée d'une femme, entretiendrait-il le public de ses amours ou de ses antipathies, de ses résistances ou de ses faiblesses? Mais, dit-on, cette femme a un talent hors ligne; elle est artiste ou poète, elle chante, elle écrit, elle peint, elle sculpte, et le public a le désir très-légitime de savoir qui elle est, comment elle vit, comment elle aime, comment elle souffre.

Que le public ait ce désir, c'est possible. Mais que vous vous croyiez le droit de le satisfaire et, pour cela, de scruter l'existence intime d'une femme, d'interpréter chacun de ses actes ou chacune de ses paroles, de toucher à ses affections pour les railler ou les dénaturer, nous le nions.

Lorsque vous racontez la vie d'un homme célèbre à quelque titre que ce soit, est-ce que vous vous croyez obligé de raconter ses passions ou ses aventures, de divulguer ses amours, d'ébruiter ses relations constantes ou mobiles? Non! Pourquoi n'en serait-il pas de même pour la femme que son génie ou son talent a mise en évidence? Jugez son œuvre bien ou mal, appréciez justement ou non son mérite, dites que sa réputation est légitime ou usurpée, rien de mieux! Mais n'allez pas plus loin, et respectez chez la femme ce que vous respectez chez l'homme, sinon je croirai que vous n'osez contre celle-là ce que vous vous croyez interdit contre celui-ci que parce que l'un peut vous demander raison de vos offenses, tandis que l'autre est obligé de les subir.

Tout homme qui, publiquement, calomnie une femme ou médit d'elle, commet en effet quelque chose de plus qu'une inconvenance, il commet une lâcheté.

S'il fallait satisfaire le goût d'un certain public pour les scandales, toutes les inventions, toutes les anecdotes relatives aux femmes célèbres n'y suffiraient pas, il faudrait épuiser la chronique intérieure des familles. Pourquoi une femme, que son génie ou son talent a mise en évidence, serait-elle moins honorée, moins respectée que celle qui vit dans l'obscurité? La gloire aurait là, convenons-en, un triste privilége.

Nous avons la réputation d'être un peuple galant et chevaleresque. Je n'en crois rien. Quand nous sommes en présence des femmes, ou quand nous désirons leur plaire, nous tournons assez spirituellement les fadeurs; nous excellons dans le bouquet à Chloris, nous adresserons un sonnet à Célimène, nous verserons un quatrain à l'eau de rose sur de roses appas, mais au fond nous ne savons ni aimer, ni respecter les femmes; notre bonheur, entre hommes, est d'en médire. Si une d'elles s'élève, aussitôt nous courons sus et nous ne nous arrêtons que lorsque nous l'avons salie par quelque bonne petite calomnie. Il semble que nous soyons plus tranquilles dès que nous avons lieu de croire ou de supposer qu'une femme publiquement admirée a une conduite peu régulière ou une certaine légèreté dans ses mœurs. De combien de talents féminins, de combien d'artistes, d'écrivains, de poètes ce travers, disons mieux, ce vice ne nous prive-t-il pas? Combien de mères résistent à la vocation de leur fille pour les arts ou pour les lettres, parce qu'elles redoutent ces dangereuses carrières où la femme n'arrive à la gloire qu'en laissant aux buissons du chemin les lambeaux de sa réputation ou de son honneur.

Nous avions ces réflexions sur le cœur, nous les aurions inévitablement écrites, après avoir dit de Mme Georges Sand ce que nous avons à en dire; nous les avons exprimées tout d'abord et le lecteur nous le pardonnera. Arrivons aux faits.

II

L'âge d'une femme ! Question délicate ! Pourquoi les femmes redoutent-elles tant qu'elle soit résolue ou seulement posée? N'est-ce pas de notre faute s'il en est ainsi? Nous n'aimons de la femme que sa jeunesse et sa beauté. Nous nous éloignons d'elle dès que ces deux rayons s'évanouissent. Savez-vous rien de plus méprisant que ce mot : une vieille femme ! Nous avons un terme qui suffit à entourer de respect la vieillesse d'un homme ; nous disons : c'est un vieillard ! Vous ne trouverez ni une expression analogue ni même une périphrase qui rende la même idée ou éveille le même sentiment pour une femme arrivée au déclin de sa vie.

Qu'y a-t-il donc d'étonnant à ce que les femmes ne veuillent pas vieillir? J'en sais qui sont mortes de chagrin à quarante ans. Pauvres femmes! Celles qui n'ont eu d'autres charmes que les charmes extérieurs doivent cruellement souffrir quand ils disparaissent sous la main du temps. Elles ne savent pas quelle royauté elles pourraient exercer dans leur vieillesse par des charmes moins périssables : ceux du cœur et ceux de l'esprit.

Mais si je me laisse entraîner ainsi de digression en digression, je n'arriverai pas.

Voici une femme du moins qui dit tout haut son âge. Le 5 juillet 1804 ou, pour parler le langage du temps, le 16 messidor an XII, Mlle Amantine-Lucile-Aurore Dupin naquit à Paris. Elle descendait, par son père, de Maurice de Saxe, fils naturel d'Auguste II, roi de Pologne, et de Mme Aurore de Kœnigsmark. Maurice de Saxe, en sa qualité de fils naturel, eut à son tour une fille naturelle qui fut mariée au comte de Horn; devenue veuve, elle épousa en secondes noces M. Dupin de Francueil, receveur général de l'apanage du Berry. Mme Dupin de Francueil, qui fut reconnue fille de Maurice de Saxe, par arrêt du Parlement, après la mort de l'illustre maréchal, était la grand'mère de la petite fille née le 5 juillet 1804. Le père de cette enfant, Maurice Dupin de Francueil, avait servi avec distinction sous la République et sous l'Empire. Il mourut bien jeune encore d'une chute de cheval.

Quand ce douloureux événement la rendit orpheline, l'enfant avait quatre ans au plus. Sa grand'mère la prit auprès d'elle dans le château de Nohant que Mme Georges Sand habite encore aujourd'hui et qui est désormais célèbre.

Dans un des livres les plus attachants qui soient sortis de sa plume féconde, l'illustre écrivain a raconté son enfance et sa jeunesse avec un charme inimitable. Bien mal avisé serait le biographe qui tenterait de résumer en quelques lignes arides ces pages délicieuses! Nous ne commettrons pas cette faute.

Que ceux qui voudront connattre Georges Sand lisent ses livres. Son imagination de bonne heure la tourmentait. Presqu'enfant encore, elle composait un roman qui n'a jamais été écrit, mais qu'elle a raconté. Plus tard, devenue jeune fille, après avoir passé par les exaltations de la vie dévote, elle organisait, dans le couvent des Augustines anglaises de la rue des Fossés-Saint-Victor, un théâtre dont elle était l'auteur, l'acteur et le metteur en scène. La communauté des Augustines prenait grand plaisir à cette inoffensive récréation.

Elle quitta le couvent en 1820 et retourna au château de Nohant où elle perdit bientôt la bonne fée de son enfance, son aïeule paternelle. A dix-huit ans, elle épousa M. le baron Dudevant, ancien militaire, gentillâtre campagnard qui, pour tout idéal, avait cette maxime : Bien vivre!

Deux enfants naquirent de cette union mal assortie : Maurice et Solange. Maurice Sand — il a pris avec raison le nom que sa mère a illustré — est un de nos artistes les plus distingués, un écrivain consciencieux, un fureteur de vieux bouquins. Solange Sand est devenue Mme Clésinger.

Il y avait entre les époux une trop profonde incompatibilité d'humeur pour que la vie commune fût longtemps possible. Cette jeune femme, que son génie tourmentait, souffrait le martyre au contact d'une nature si profondément antipathique à la sienne. Il fallait mourir dans cet enfer ou s'en échapper. Mme Dudevant s'adressa à un excellent prêtre, son ancien confesseur au couvent des Augustines, et le pria de lui ménager une retraite dans ce pieux asile où elle avait laissé, comme pensionnaire, des souvenirs qui n'étaient point encore éteints. Le prêtre se prêta de bonne grâce à cette négociation. La règle était sévère, elle interdisait formellement l'admission d'une personne étrangère; mais il pria, il insista, et fit si bien que les portes s'ouvrirent. Mme la baronne Dudevant quitta alors le domicile conjugal et vint se réfugier dans cette maison où s'étaient écoulées les années les plus enfiévrées de son adolescence.

Pouvait-elle y demeurer longtemps? Son illusion ne fut pas de longue durée. Du fond de cet abri, de ce port paisible, elle entendit au loin les tempêtes du monde; la vague grondait à ses pieds, et résolûment elle s'y confia, à la garde de Dieu! Son mari fut assez sage pour comprendre qu'à cette tête ardente il fallait de l'air, de l'espace et de la liberté. Il céda et consentit à ce que sa femme vînt à Paris, loin de lui, avec sa fille. Mais vivre à Paris! ce n'est pas chose facile pour une femme surtout qui compte demander au travail seulement d'honorables moyens d'existence. Mme Dudevant lutta avec courage contre les difficultés de la vie littéraire. Elle fit d'abord des traductions; puis, les traductions ne suffisant pas, elle mit en œuvre son talent de peintre et exécuta avec succès de menus travaux, des portraits au crayon et à l'aquarelle, des dessins d'ornement, des miniatures pour tabatières et bijoux.

Les nécessités de cette existence l'obligeaient à des démarches, à des courses nombreuses. Elle était remarquablement belle et sa beauté la gênait. Elle avait, pendant son enfance, au milieu de la libre vie des champs, porté bien souvent des costumes de jeunes garçons. Pour échapper aux poursuites et aux fades galanteries des hommes, elle eut l'idée de reprendre les vêtements avec lesquels elle était familiarisée.

Elle voulait écrire; sa tête était pleine de romans qui ne demandaient qu'à éclore. Mais les appuis dont tout débutant a besoin, où les trouver? Elle fut présentée à M. de Kératry qui, sèchement, lui dit qu'une femme ne devait pas écrire. Elle vit Balzac qui préparait alors son œuvre immense et qui ne fit guère attention aux projets littéraires de ce petit bas-bleu. Mme Dudevant rencontra Delatouche, alors fort répandu. Delatouche était un Berrichon, il prit sous sa haute et bienveillante protection cette inconnue et l'engagea à écrire des articles pour le *Figaro*. Elle y réussit médiocrement. Elle rencontra là un jeune homme devenu aujourd'hui académicien, M. Jules Sandeau. Ils produisirent en collaboration un roman complétement oublié : *Rose et Blanche* ou *la Comédienne et la Religion*. On trouva un éditeur et le livre parut sous le pseudonyme de Jules Sand. Il eut assez de succès pour donner quelque retentissement à ce nom de Sand qui apparaissait pour la première fois dans le monde des lettres. Aussi, lorsque Mme Dudevant présenta à l'éditeur un roman d'elle et d'elle seule sous le titre d'*Indiana*, elle fut accueillie. Et comment signerez-vous votre œuvre? dit le libraire. — Du pseudonyme de Georges Sand, répondit-elle. — Va pour Georges Sand! répliqua-t-il.

Indiana parut. Huit jours plus tard, le pseudonyme de Georges Sand était déjà un nom célèbre. Le succès cette fois fut immense. La presse entière loua ou critiqua la donnée morale de cette œuvre, elle fut unanime à constater la valeur hors ligne de l'écrivain, son style correct, pur, élevé.

Valentine parut bientôt après et souleva des discussions passionnées. A partir de ce moment, le pseudonyme de Georges Sand acquit une telle popularité qu'il devint le nom propre, le vrai nom de Mme Dudevant. Nous avons relu bien des fois ces deux premiers livres de la femme illustre et — ce qui vaut mieux encore — de l'excellente femme qui a produit tant d'œuvres remarquables, et — de combien de livres, hélas! pourrions-nous en dire autant! — nous avons retrouvé, en les lisant hier encore, le même charme, les mêmes émotions que nous éprouvâmes à la première lecture, il y a vingt-sept ans!

III

Je viens de citer les titres des deux premiers ouvrages de Georges Sand et je m'arrête effrayé devant l'étendue de ma tâche. La seule nomenclature des travaux dus à cette plume élégante est déjà à elle seule une assez rude besogne; l'entreprendrai-je? et si je l'entreprends, quelle place me restera-t-il pour juger l'œuvre et l'écrivain ? Il y a dans cette femme trois aspects principaux : elle a élevé le roman à des hauteurs désespérantes pour tous ceux et toutes celles qui tenteront de la suivre; elle a porté au théâtre une révolution en y faisant parler et agir de vrais paysans vivant de leur vraie vie, et enfin elle a pris au mouvement politique une part indirecte mais active.

Il y a aussi un quatrième aspect qui est bien simple, bien bourgeois, mais qui, à mes yeux du moins, a une importance essentielle : c'est celui sous lequel je vois Georges Sand non plus comme romancière ou auteur dramatique, ou écrivain politique, mais tout bonnement comme femme. Je ne sais et ne veux rien savoir de sa vie intime, des penchants de son cœur, de ses relations avec celui-ci ou avec celui-là. Elle a fait, comme femme, l'usage qu'il lui a convenu de faire de sa liberté; elle a usé de son droit dans la limite où il lui a plu d'en user. En pareille matière il n'y a qu'un juge : notre propre conscience, et le biographe n'a rien à y voir. Mais ce que je sais bien, ce que j'ai le droit d'affirmer sans contredit, c'est que cette femme est bonne et dévouée sans ostentation; c'est que, dans le cours de sa laborieuse et féconde carrière, elle a tendu la main aux faibles et aux petits; c'est qu'elle fait de sa fortune, conquise par le travail, un généreux et intelligent usage.

Lorsque je la vis pour la première fois — c'était en 1843 — elle occupait un petit appartement dans le square d'Orléans, rue Saint-Lazare. Elle vivait là, entourée de ses enfants, donnant ses soins, avec la patience d'une sœur de charité, à un pauvre grand artiste, Chopin, qui se débattait dans les étreintes de la maladie sous lesquelles il devait succomber; égayant à force de bonne humeur ses derniers moments. Nous corrigions, elle et moi, les épreuves du premier volume de poésies de mon compatriote, Charles Poncy, le poète-maçon qu'elle voulut patronner elle-même devant le public. Dans ce modeste intérieur une servante annonçait les noms les plus illustres de la littérature contemporaine. On devisait simplement, sans prétention, honnêtement; jamais un mot n'était prononcé que les enfants n'eussent pû entendre. La maîtresse du logis laissait volontiers la parole à ses hôtes; sa seule excentricité, bien excusable, consistait à fumer de petites cigarettes roulées avec du tabac oriental.

Il m'est resté de ce temps et de cette relation un souvenir qui s'est constamment dressé dans mon esprit et dans mon cœur contre les mille rumeurs que la malveillance colporte. Telle j'ai vu alors Mme Georges Sand, telle je l'ai vue toujours : affectueuse, simple, bonne et dévouée. Je ne crois pas qu'une seule femme ayant dû à un talent quelconque une célébrité plus ou moins éclatante ait échappé à l'interprétation malveillante ou calomnieuse de ses actes, de ses plus sincères affections. Mais Georges Sand y a été en butte plus que toute autre et moins que toute autre peut-être elle en a été atteinte. A quoi cela tient-il? à bien des causes; à une sorte de sauvagerie un peu rude qui est le fait de son éducation, de son caractère; au peu de cas qu'elle a fait en tout temps non pas de la critique mais des critiques, et surtout à ce malheureux mot de *gazetiers*, qu'en voulant désigner les journalistes elle mit dans la bouche d'un des personnages de sa pièce intitulée : *les Vacances de Pandolphe*.

J'ai l'honneur d'être journaliste et j'ai eu souvent à critiquer des œuvres littéraires ou artistiques; j'avoue que ce mot de *gazetiers*, toujours pris en mauvaise part, ne m'a pas profondément blessé en cette circonstance. Toute liqueur a sa lie; toute profession, si honorable qu'elle soit, a ses enfants perdus. Il est malheureusement vrai que le journalisme a ses *gazetiers*, pourquoi ne serait-il pas permis de le dire? Si puissante que soit la presse, nous ne sommes pas d'assez grands seigneurs pour qu'on n'ose pas nous dire nos vérités. Nous avons des *gazetiers* parmi nous, mais cela amoindrit-t-il le caractère honorable de ceux qui ne le sont pas, de ceux qui exercent dignement, loyalement ce difficile et pénible métier d'écrivain, ou plutôt d'improvisateur quotidien? Et Georges Sand elle-même n'a-t-elle pas pris, quand il l'a fallu, la plume du journaliste pour exposer ou défendre ses idées? N'est-ce pas la critique, si injuste qu'elle ait été parfois, n'est-ce pas l'influence du journal qui a donné à son nom le retentissement et la gloire qui l'environnent? Comment supposer qu'une femme d'une si haute intelligence, d'un sens si droit ait voulu attaquer ou dénigrer une profession qu'elle a elle-même exercée, qu'elle exercerait demain encore s'il le fallait, pour la défense de ses convictions.

Quant à cette rudesse un peu sauvage dont je parlais tout à l'heure, elle n'a rien qui me déplaise et je la préfère de beaucoup à cette banalité de formes, à ces gracieusetés stéréotypées que l'on rencontre trop souvent dans les relations littéraires. Je comprends que Georges Sand ait pu, par la silencieuse gravité de son allure, indisposer contre elle bien des gens, mais je crois aussi qu'elle a dû par là se concilier de sérieuses sympathies.

Et puis, elle est femme! voilà son tort capital. Nous voulons bien qu'une femme soit une tragédienne, une cantatrice, une artiste célèbre. Qu'elle se fasse un nom en dansant, en nous amusant, rien de mieux! Mais écrire, écrire avec talent! Il semble que ce soit un vol commis à notre préjudice. Que vient faire cette pécore, ce bas-bleu sur notre terrain? N'a-t-elle pas de pot au feu à soigner, de bas à raccommoder? Et les meilleurs, les plus grands parmi nous n'échappent pas à ce travers. Nous avons dit comment, au début de sa carrière, Georges Sand avait été repoussée. « Une femme ne doit pas écrire! » avait dit sentencieusement M. Kératry. Balzac, après le succès des premiers romans de Georges Sand, disait souvent, quand on lui demandait son avis : « Ne me parlez pas de cet écrivain du genre neutre! La nature a eu des distractions à son égard, elle aurait dû lui donner plus de *culotte* et moins de style! » Mais cette vaste intelligence ne pouvait longtemps persister dans un pareil déni de justice. Plus tard, Balzac connut et sut apprécier plus justement Georges Sand pour laquelle il ressentit une sincère et profonde amitié dont il voulut éterniser la trace en lui dédiant un de ses romans; c'est une page qu'il faut citer, car elle honore également celui qui l'a écrite et celle à qui elle était adressée :

« Ceci, cher Georges, ne saurait rien ajouter à l'éclat de votre nom qui
» jettera son magnifique reflet sur ce livre. Mais il n'y a là, de ma part, ni
» calcul, ni modestie. Je désire attester ainsi l'amitié vraie qui s'est continuée

» entre nous, à travers nos voyages et nos absences, malgré nos travaux et les
» méchancetés du monde. Ce sentiment ne s'altérera sans doute jamais. Le
» cortége de noms amis qui accompagnera mes compositions mêle un plaisir
» aux peines que me cause leur nombre, car elles ne sont point sans douleur,
» à ne parler que des reproches encourus par ma menaçante fécondité, comme
» si le monde qui pose devant nous n'était pas plus fécond encore. Ne sera-ce
» pas beau, Georges, si quelque jour l'antiquaire des littératures détruites ne
» retrouve dans ce cortége que de grands noms, de nobles cœurs, de saintes et
» pures amitiés et les gloires de ce siècle? Ne puis-je me montrer plus fier
» de ce bonheur certain que de succès toujours contestables? Pour qui vous
» connaît bien, n'est-ce pas un bonheur que de pouvoir se dire, comme je le
» fais ici, votre ami.

Paris, juin 1840.
» De Balzac. »

Ce sentiment, cette sainte et pure amitié dont parlait Balzac, Georges Sand l'a inspiré très-puissamment. Mais il n'entre pas aisément dans l'esprit des hommes que l'amitié soit possible entre un homme et une femme. Il n'est pas un des amis de Georges Sand qui n'ait été véhémentement soupçonné d'être son amant. [Pour un très-grand nombre de bourgeois, Messaline était une petite sainte auprès de *cette Georges Sand* (historique) qui a dévoré plus d'hommes que le Minotaure ne dévorait de vierges.

IV

A l'époque où Balzac adressait à Georges Sand cette belle dédicace placée en tête des *Mémoires de deux jeunes mariées*, la gloire littéraire de cette femme illustre n'était plus contestée. Sa fécondité n'était pas, Dieu merci! moins menaçante que celle de l'auteur de la *Comédie humaine*. Le poème magnifique qu'elle avait publié, en 1833, après *Indiana* et *Valentine*, sous le titre de *Lélia*, était considéré comme un des chefs-d'œuvre de notre langue.

Au retour de son premier voyage en Italie elle avait publié les *Lettres d'un Voyageur* qui avaient produit une très-vive sensation. Puis, ce fut *Jacques*, le plus discuté et le plus touchant peut-être de ses livres. Dans une notice que Georges Sand publia en 1853 nous trouvons, au sujet de ce roman, quelques lignes qu'il faut reproduire : « Que *Jacques*, dit-elle, soit l'expression et le résultat de pensées tristes et de sentiments amers, il n'est pas besoin de le dire. C'est un livre douloureux et un dénoûment désespéré. Les gens heureux qui sont parfois fort intolérants m'en ont blâmé. A-t-on le droit d'être désespéré? disaient-ils. A-t-on le droit d'être malade? Jacques n'est cependant pas l'apologie du suicide; c'est l'histoire d'une passion, de la dernière et intolérable passion d'une âme passionnée. Je ne prétends pas nier cette conséquence du roman : que certains cœurs dévoués se voient réduits à céder la place aux autres et que la société ne leur laisse guère d'autre choix puisqu'elle raille ou s'indigne devant la résignation ou la miséricorde d'un époux trahi. En ceci la société ne se montre pas fort chrétienne. Aussi Jacques finit-il peu chrétiennement sa vie en s'arrogeant le droit d'en disposer; mais à qui la faute? Jacques ne proteste pas tant qu'on croit contre cette société irréligieuse. Il lui cède au contraire beaucoup trop puisqu'il tue et se tue. Il est donc l'homme de son temps, et apparemment que son temps n'est pas bon pour les gens mariés puisque certains d'entre eux sont placés sans transaction possible entre l'état de meurtriers et celui de saints. »

Il y a là une irrésistible vigueur d'argumentation. Oui, cela est vrai en théorie, mais dans la vie combien trouverez-vous d'hommes de cet héroïsme qui touche à la fois aux deux limites de tout héroïsme : au sublime et au ridicule? J'ai rencontré pour ma part beaucoup de parodistes de Jacques, mais le héros, où est-il? Je ne l'ai trouvé que dans ce livre immortel.

Il n'est pas un des romans de Georges Sand qui ne puisse soulever des montagnes de discussions. Ce serait folie que de vouloir expliquer, critiquer, dans une notice aussi brève et aussi rapide que celle-ci, l'idée, la portée de chacun de ses ouvrages. Ce serait beaucoup que de les nommer.

Après *Jacques*, *André*; après *André*, *Leone-Leoni*, écrits tous deux à Venise; puis *Simon*, le *Secrétaire intime*, *Lavinia*, *Metella*, *Mattea*, la *Marquise*, un chef-d'œuvre! et *Mauprat*, et la *Dernière Aldini* et les *Maîtres mosaïstes*, et *Uscoque*.... mais je n'en finirais plus, vous dis-je.

Ce fut pendant cette première et abondante floraison de son magnifique talent, que Mme Dudevant fit consacrer par les tribunaux la séparation qui existait, de fait, entre elle et son mari. Elle était fort belle et jeune encore à cette époque, les malignités du monde l'épargnaient peu; il faut croire que la justice sut à quoi s'en tenir sur ces prétendus désordres, car le tribunal qui prononça la séparation de corps entre les époux décida que l'éducation des deux enfants serait confiée à la mère.

J'ai souvent entendu reprocher à Georges Sand ceci : elle s'inspire, dit-on, des hommes éminents avec lesquels elle a des relations amicales et prête à leurs doctrines, à leurs idées la merveilleuse puissance de son imagination et l'éloquence de son style. C'est ainsi qu'elle a été Saint-Simonienne dans *Indiana* et *Valentine*; chrétienne, grâce à l'influence de Lamennais, dans *Spiridion* et les *Sept cordes de la Lyre*; socialiste avec Pierre Leroux dans les *Compagnons du Tour de France*, dans *Horace*, dans *Consuelo*, dans la *Comtesse de Rudolstadt* et etc..

Où est le mal? artiste, philosophe, elle a cherché ardemment la vérité. Là où elle a cru la voir briller elle est allée humblement. Elle n'a pas cru que Dieu lui eût donné la science infuse ; elle a eu confiance dans les lumières des personnes considérables qu'elle aimait ou qu'elle estimait, plus que dans les siennes propres. Quand nous devrions à ces sortes de collaborations intellectuelles quelques beaux livres de plus ; quand nous ne leur devrions que l'intéressante étude des tâtonnements, des hésitations d'une grande intelligence et d'un noble cœur à la recherche du beau et du vrai, serait-ce une raison suffisante pour les maudire? En vérité, nous sommes bien injustes ! voilà une femme, mère de famille, qui, seule, sans fortune, sans appui, découragée dès ses premiers pas dans la littérature, aux prises avec les difficultés de la vie, attaquée, calomniée, s'élève au premier rang parmi les écrivains les plus illustres de notre pays; elle met vaillamment sa plume au service de toute idée généreuse; penseur hardi, elle touche aux plaies sociales les plus profondes, elle combat tous les préjugés, elle plaide avec une admirable éloquence, au moyen des plus ingénieuses fictions, la cause des faibles, et nous lui reprochons d'avoir prêté l'oreille aux voix diverses qui sollicitaient l'appui de sa magique parole ! Mais c'est le contraire qu'il faudrait lui reprocher. Nous comprendrions, si elle s'était enfermée dans son isolement, dans l'orgueil de son individualité, qu'on lui en eût fait un crime. Rassurons-nous ! on n'y eût pas manqué.

V

Quand on songe à la masse des œuvres que Georges Sand a produites, sans collaboration effective, par elle seule, par son propre effort, on demeure confondu. Nulle fécondité n'est comparable à la sienne. Sans doute, de cette œuvre immense, tout ne restera pas ; pourtant ce qui même est destiné à disparaître est magistralement empreint non-seulement de son talent, mais aussi de cette bonne volonté, de cette ardeur qu'elle porte à la recherche dont nous parlions plus haut, cette recherche du vrai et du beau qui a été, avec le travail, la plus constante passion de sa vie.

Sa vie pourrait se résumer en deux mots : elle a travaillé sans relâche. Rien n'a pu l'éloigner ou la distraire de sa tâche. Elle ne connaît pas ou du moins elle a victorieusement combattu ces fièvres éphémères qui nous portent presque tous, momentanément, vers quelqu'attrayant labeur où nous nous acharnons, pour retomber ensuite dans des accès de nonchalance. Elle travaille constamment, elle distribue son temps avec la régularité d'un homme d'affaires, et même pour qui connaît sa vie intérieure si laborieuse, sa production reste inexplicable.

J'ai cité déjà bien des livres, plus qu'il n'en faudrait pour la gloire de dix immortels. Que serait-ce si je voulais les mentionner tous : *Jeanne*, le *Meunier d'Angibault*, *Teverino*, *Isidora*, *Lucrezia Floriani*, *Adriani*, le *Piccinino*, la *Daniella!* et l'*Histoire de ma Vie!* et cette série impérissable : la *Petite Fadette*, *François le Champi*, la *Mare au Diable*, le *Château des Désertes*, le *Diable aux Champs!* sans compter les articles de Revues, les critiques d'art, les préfaces, les brochures, d'admirables pages, écrites au sujet de M_{lle} Pauline Garcia. Et les *Maîtres Sonneurs!* la *Fauvette du Docteur*, les *Beaux Messieurs de Bois-Doré*, la *Filleule*, le *Marquis de Villemer*, *Constance Verrier*, *Jean de la Roche*, une de ses plus parfaites créations. Et les *Dames Vertes*, l'*Homme de Neige*, *Narcisse*, le *Mont Revêche!*

Et son théâtre enfin, qui n'est pas la partie la moins originale de cette œuvre immense! Comme auteur dramatique, Georges Sand n'a pas eu de succès comparables à ceux de ses romans. Elle n'a pas le nerf comique, elle n'a pas le sens de la réalité qui est indispensable à la scène. Mais son œuvre scénique a une valeur considérable; elle a ouvert une voie que d'autres parcourront avec plus de bonheur sans doute, avec les qualités essentielles qui lui manquent; là où elle a semé d'autres récolteront; la gloire pourtant lui restera d'avoir introduit au théâtre un élément nouveau et tout puissant; l'élément nourricier en toutes choses : la campagne! les champs! Là encore elle a eu l'instinct, le sentiment profond de la vérité, la vérité qu'elle a toujours cherchée et qui a été la grande et généreuse ambition de sa vie.

Dans la nomenclature très-incomplète que j'ai donnée plus haut de ses plus retentissantes publications, j'ai omis à dessein le titre d'un livre sur lequel des jugements très-divers ont été portés. Ce livre a pour titre *Elle et Lui!* Si rapide et si insuffisante que soit cette notice, je ne puis pas ne pas m'arrêter un instant sur ce livre qui est à la fois une des plus belles œuvres que Georges Sand ait écrites et un des feuillets les plus intimes de sa vie. J'y toucherai avec la réserve et la délicatesse que commande un tel sujet; mais je ne puis me dispenser d'y toucher.

Un grand poète qui a été le poète de notre jeunesse, pour lequel j'ai et j'aurai toujours une profonde admiration, Alfred de Musset, était, sous le rapport de son organisation, de son tempérament, de ses habitudes, de ses nerfs en un mot, l'antipode de Georges Sand. Elle avait des fermetés et des résolutions viriles; il était capricieux, fantasque comme un enfant gâté. Son génie, pour éclore, avait besoin de toutes les surexcitations, de toutes les fièvres du cœur et des sens. Elle était calme, forte et maîtresse d'elle-même. Le démon du travail s'emparait de lui comme un bourreau s'empare d'un supplicié. Elle travaillait au contraire avec bonheur, avec sérénité, avec la conscience qu'elle accomplissait son devoir.

Ces deux êtres, si diversement privilégiés, ces deux organisations si dissemblables s'aimèrent et souffrirent de cruelles douleurs. Le monde s'est emparé de cet amour et l'a traîné sur la claie. Que n'a-t-on pas dit contre lui et contre elle! Le frère du poète, mû par un sentiment ou plutôt par un ressentiment pieux, se laissa entraîner à une regrettable inspiration. Il publia sous ce titre: *Lui et Elle*, une histoire à travers laquelle on pouvait suivre, sous un voile transparent, le douloureux pèlerinage des deux amants. Étrange façon d'honorer un mort que de toucher ainsi à une femme que ce mort a aimée! Cette publication mettait pour ainsi dire Georges Sand en demeure de s'expliquer elle-même. Elle écrivit ce livre: *Elle et Lui!* C'est, je le répète, une des plus splendides pages qu'ait écrites cette main qui a écrit tant de chefs-d'œuvre. Et cependant j'aurais voulu que ce livre ne parût pas, au moins du vivant de Georges Sand! J'aurais voulu, tant qu'il lui restait un souffle de vie, qu'elle gardât la dignité du silence en face des calomnies, des railleries cruelles qui, depuis plus de vingt ans, s'acharnent à salir cet amour, comme des corbeaux à un cadavre. J'aurais voulu, dans ma respectueuse affection pour cette femme illustre, que rien ne pût parvenir à délier ses lèvres sur ce mystère de deux âmes, ni lui faire oublier qu'en tête de son *Histoire de ma Vie*, elle avait pris pour épigraphe ces mots: « Charité envers les autres, dignité envers moi-même! » La dignité en ce cas, il me le semble du moins, consistait à ne se point défendre, à laisser retomber une attaque dictée sans doute par un sentiment respectable, mais qui ne pouvait aller si haut.

VI

Il me resterait à parler de l'écrivain politique et je ne m'en sens pas le courage. Voici pourquoi ! Tout ce que Georges Sand a pensé, cru, espéré, rêvé en politique, je le rêve, je l'espère, je le pense, je le crois. Tout ce qu'elle a écrit j'aurais été très-heureux et très-fier de l'écrire comme elle. Elle a rédigé, dit-on, en 1848, quand Ledru-Rollin était ministre de l'intérieur, des circulaires épouvantables. Ces circulaires, j'ai voulu les relire, et savez-vous l'impression qu'elles m'ont laissée ? La voici :

A l'heure du péril, quand les plus braves tremblaient, quand les plus riches auraient volontiers sacrifié la moitié de leur fortune à l'État pour être sûrs de conserver intacte l'autre moitié, quand toutes les ambitions fermentaient, quand pour élire un représentant du peuple les électeurs trouvaient devant eux cent candidats s'échevelant, se démentant dans les clubs, déclamant leur profession de foi, une femme qui n'avait rien à attendre, qui ne voulait rien ; que son talent, sa gloire, sa fortune élevaient au-dessus de toutes les agitations et de toutes les compétitions politiques, eut assez de courage, de patriotisme, de désintéressement et de généreuse audace pour prêter sa parole magique à l'exposition, à l'élucidation de certaines idées, de certains principes mal compris encore. Que l'expression ait quelquefois trahi ou exagéré sa pensée, c'est possible. Mais que cette pensée ait été mauvaise, non ! Elle aurait pu demeurer dans sa solitude, poursuivre ses travaux, s'enfermer dans son égoïsme. Sans arrière-pensée, sans préoccupations personnelles, elle vint apporter son contingent à la chose publique. Elle en a été récompensée par des haines et des calomnies. C'est tout simple et tout naturel. Bien faire et compter sur la reconnaissance des hommes comme sur une chose due, ce serait de l'usure.

Laissons la politique. Georges Sand n'a abordé ce brûlant terrain que pour y exprimer des aspirations, des idées qui commencent déjà à avoir droit de cité parmi nous. N'a-t-on pas canonisé des gens qui avaient été brûlés ? N'a-t-on pas dressé des statues à des hommes qui, de leur vivant, avaient été abreuvée d'humiliations et de dégoûts? Notre vie est éternelle ; la mort marque seulement les étapes de cette route mystérieuse qui nous mène vers Dieu. Sachons être patients?

J'aime mieux employer l'espace qui me reste, à parler de ses livres immortels. Quel que soit le jugement que l'on porte sur eux, sur leur moralité, sur l'influence qu'ils ont exercée, il est impossible de nier le magnifique talent de leur auteur. Nous ne pensons pas qu'une contradiction puisse sérieusement s'élever sur ce point. Ceux même qui ont le plus vivement attaqué la partie morale de ses productions rendent justice à leur valeur littéraire, mais ces attaques elles-mêmes nous paraissent dénuées de fondement. Le romancier peint les mœurs de son temps, il en flagelle les travers et les vices ; pour leur infliger ce châtiment public il faut bien qu'il les mette en évidence. Si le monde qu'il reflète est immoral, c'est le monde et non l'auteur qu'il faut accuser. Mais j'avoue qu'il est plus facile de jeter la pierre aux romanciers, en les accusant d'immoralité, que de s'accuser soi-même.

Je fus vivement frappé un jour en lisant cette phrase de Georges Sand ; elle est, je crois, dans l'*Histoire de ma Vie* : « Ma religion n'a jamais varié quant au fond. Les formes du passé se sont évanouies pour moi, comme pour mon siècle, à la lumière de la réflexion ; mais la doctrine éternelle des croyants : le Dieu bon, l'âme immortelle et les espérances de l'autre vie, voilà ce qui a résisté à tout examen, à toute discussion et même à des intervalles de doute désespéré ! »

En lisant cette profession de foi si simple, si complète, je me souviens que je me demandais combien, parmi ceux et celles qui jugent si légèrement et si sévèrement Mme Georges Sand, croyaient avec sincérité au Dieu bon, à l'âme immortelle et aux espérances de l'autre vie ; combien pouvaient dire comme elle : Voilà ma foi profonde et invincible ; elle a résisté à tout examen, à toute discussion, à tous les orages du doute.

Je voudrais citer quelques lignes encore ; je les ai lues bien souvent et jamais sans une profonde émotion. Il me semble qu'elle y a enfermé tout son cœur.

« Il m'importe peu de vieillir, il m'importerait beaucoup de ne pas vieillir seule. Je n'ai pas rencontré l'être avec lequel j'aurais voulu vivre et mourir, et si je l'ai rencontré je n'ai pas su le garder. Écoute mon histoire et pleure! Il y avait un bon artiste qu'on appelait Watelet, qui gravait à l'eau-forte mieux qu'aucun homme de son temps. Il aima Marguerite Lecomte et lui apprit à graver à l'eau-forte aussi bien que lui. Elle quitta son mari, ses biens et son pays pour aller vivre avec Watelet. Le monde les maudit, puis comme ils étaient pauvres et modestes on les oublia. Quarante ans après, on découvrit aux environs de Paris, dans une maisonnette appelée *Moulin-Joli*, un vieux homme qui gravait à l'eauforte et une vieille femme qu'il appelait sa meunière et qui gravait à l'eau-forte, assise à la même table. Le dernier dessin qu'ils gravèrent représentait le *Moulin-Joli*, la maison de Marguerite, avec cette devise : *Cur valle permutem sabina divitias operesiores!* (1) Il est encadré dans une chambre au-dessus d'un portrait dont personne ici n'a vu l'original. Pendant un an l'être qui m'a donné ce portrait s'est assis avec moi toutes les nuits à une petite table et il a vécu du même travail que moi. Au lever du jour nous nous consultions sur notre œuvre et nous soupions à la même petite table tout en causant d'art, de sentiment et d'avenir. L'avenir nous a manqué de parole. Prie pour moi, ô Marguerite Lecomte! »

Je donnerais bien des poèmes pour ces vingt lignes. La femme qui les a écrites a quelque chose de plus que du talent, quelque chose qui est supérieur au génie lui-même, elle a un grand cœur.

(1) Ce qui peut se traduire ainsi : Pourquoi changerais-je le *Moulin joli* contre des richesses embarrassantes.

TABLE

Le Pape Pie IX.	1
Garibaldi	17
Cobden	33
Victor-Emmanuel	49
Lord Palmerston	65
Le comte de Cavour	81
Lamartine	97
Abd-el-Kader	113
Rossini	129
Ingres	145
Léopold, roi des Belges	161
Le cardinal Antonelli	177
L'Empereur d'Autriche	193
Le maréchal O'Donnell	208
L'Empereur de Russie	225
Kossuth	241
Michelet	257
Le Roi de Prusse	273
Eugène Delacroix	289
Georges Sand	305

Typ. Ernest Meyer, à Paris.

www.ingramcontent.com/pod-product-compliance
Lightning Source LLC
Chambersburg PA
CBHW070437170426
43201CB00010B/1133